21世纪应用型本科会计系列规划教材

Fundamental Accounting

基础会计

徐贵丽 主 编
王 琳 亓玉芳 姜艳丽 鞠永强 副主编

东北财经大学出版社
Dongbei University of Finance & Economics Press
大连

图书在版编目（CIP）数据

基础会计/徐贵丽主编．—大连：东北财经大学出版社，2024.7（2025.7重印）

（21世纪应用型本科会计系列规划教材）

ISBN 978-7-5654-5293-2

Ⅰ.F230

中国国家版本馆CIP数据核字第2024FY9722号

东北财经大学出版社出版

（大连市黑石礁尖山街217号　邮政编码　116025）

网　　址：http://www.dufep.cn

读者信箱：dufep@dufe.edu.cn

大连东泰彩印技术开发有限公司印刷　东北财经大学出版社发行

幅面尺寸：185mm×260mm　字数：493千字　印张：20.5

2024年7月第1版　2025年7月第2次印刷

责任编辑：石真珍　周　晗　刘晓彤　赵宏洋　惠恩乐　责任校对：何　群

封面设计：原　皓　版式设计：原　皓

定价：52.00元

教学支持　售后服务　联系电话：（0411）84710309

前言

党的二十大报告提出，“构建高水平社会主义市场经济体制”“建设现代化产业体系”。会计信息是企业管理和决策的重要依据，是市场经济运行的基础，是宏观经济决策的核心数据来源，在促进新时代中国高质量发展方面发挥重大作用。会计作为经济管理的关键环节和重要手段，其核算与信息是企业进行科学决策的重要依据，会计知识及其行为涉及人们社会经济生活的方方面面，在信息化、知识化的时代，围绕数字化信息技术建立一套全新的现代会计理论与方法体系是会计发展的大势所趋。

习近平总书记提出把立德树人作为教育的根本任务。具体到财经类专业，在会计准则国际趋同的大背景下，要着力培养既能立足祖国大地又有国际视野的时代新人。基于此，本教材积极融入习近平新时代中国特色社会主义思想，深刻把握财经类专业学生培养目标，积极应对数字化对教学的冲击和挑战，更加重视学生的长远发展，注重对学生基本素质和能力的培养，尤其是培养学生发现问题、分析问题和解决问题的能力。

本教材适用于应用型本科院校会计学、财务管理、审计学等财经类专业，作为会计知识体系的基础，努力从培养学生的专业能力、社会能力和方法能力入手，充分吸收企业的会计工作实践，帮助学生初步建立会计核算思维、搭建会计基本框架、培养良好的品德修养和职业素质，力求形成自身的特色。

本教材的写作特色体现在如下方面：

第一，思政融入，立德树人。本教材按照教育部2020年5月发布的《高等学校课程思政建设指导纲要》的精神，结合基础会计教育特点，精心提炼各章思政要点，从价值塑造、知识传授和能力培养三个方面着手，将“立德树人”切实落实到教材的每个章节内容的设计、每个练习和每个案例的选择与编写中，引导学生树立正确的世界观、人生观和价值观。

第二，重组内容，全面系统。本教材对财经类专业所需的会计基础知识做了全面梳理，并结合一线教学反馈的信息，作出了适当调整，注重知识之间的衔接与联系，使其更具有逻辑性和规律性。同时，将各种与教材知识点相关联的阅读材料以二维码的形式呈现，不仅使教材的内容在时间和空间上得到延伸，更拓宽了学生的专业视野。

第三，业财融合，学以致用。为了将课堂教学与会计实务进行对接，本教材吸收一线会计实务工作人员参与编写，同时在会计凭证、会计账簿、会计报表章节结合会计实务尽可能展现会计实践场景。另外，本教材将课后练习题分为验证性习题和设计性习题，并加入案例，以提高学生理论联系实际、解决问题的能力。

第四，与时俱进，顺应时势。习近平总书记在十九届中央纪委四次全会上指出，要以党内监督为主导，推动人大监督、民主监督、行政监督、司法监督、审计监督、财会监督、统计监督、群众监督、舆论监督有机贯通、相互协调。本教材强化了对“财会监督”的认识，并体现在教材的相关内容中。同时，本教材紧扣当前会计改革的热点问题，融入会计改革、税务改革的内容，并将作者团队在省级一流本科课程建设、教学团队和学科建设中形成的教学成果吸收到教材中，使其内容能及时反映本课程的最新教学研究状况。

第五，通俗易懂，广泛适用。本教材尽量回避晦涩难懂的语言表述，列举生活中的会计现象来诠释抽象的会计理论，做到通俗易懂、言简意赅。另外，教材内容的安排在保持本学科特色的基础上，不排斥与其他相关学科的联系，兼顾了会计专业与其他经济管理类专业、高校学生与社会学生的需要。

本教材由山东青年政治学院徐贵丽教授担任主编并负责总体组织策划，山东管理学院鞠永强副教授、齐鲁师范学院亓玉芳副教授、山东政法学院王琳副教授、山东青年政治学院姜艳丽副教授担任副主编，协助主编工作。参与本教材编写的教师分工如下：第一、二章由徐贵丽编写；第三章由亓玉芳编写；第四章由王琳编写；第五章由曹婷编写；第六章由姜艳丽编写；第七章由祝琳编写；第八章由张西炜编写；第九章由赵志红编写；第十章由冯素珍编写；第十一章由孙瑜编写。另外，山东土地发展集团修玮高级会计师、山东重工集团冯晨光高级会计师参与了教材内容的研讨和总体设计。全书最后由徐贵丽教授修改和定稿。

在本教材的编写过程中，山东大学张玉明教授、山东财经大学杨明增教授、山东青年政治学院白洁教授、山东政法学院张黎教授、齐鲁师范学院钮小萌副教授、山东管理学院王亚楠副教授等老师都提出了宝贵的建议和意见，在此表示感谢！他们的支持与鼓励是我们在今后的教学工作中努力改进的动力。一并感谢东北财经大学出版社的领导和工作人员对本教材的出版所给予的支持与指导。

由于编者水平有限，加之时间仓促，书中不足之处在所难免，恳请广大读者批评指正，以使我们今后不断修订完善。

编　者

2024年5月

目录

第一章　会计、会计目标与会计方法

【内容导读】

学习会计知识应以了解会计的产生及其发展历程为起点，以史为镜，可知会计兴替，传承会计文明，理解会计现状，创造会计辉煌。本章以会计的发展历程为主线，循序渐进地介绍会计目标与会计定义、会计对象与会计假设、会计信息质量要求、会计核算基础等内容。

【学习目标】

✔ 价值塑造目标

➢ 熟悉国情与中国现代会计发展，坚定制度自信；

➢ 树立正确的唯物主义历史观，了解会计在人类历史长河中参与安邦治国和理财制用的历史贡献；

➢ 增强受托责任意识，培养经世济民、报效祖国的情怀。

✔ 知识传授目标

➢ 通过对中西方会计文明的学习，理解每一种会计制度、每一种会计方法的产生都有其深刻的社会背景；

➢ 理解会计的职能和核算基础，尤其要理解“会计治理”在个体、组织和国家层面的作用，逐渐培养作为“会计人”的社会责任和家国情怀；

➢ 初步建立会计核算思维。

✔ 能力培养目标

➢ 开阔视野，具备从宏观到微观、从微观到宏观，透过现象看本质的能力；

➢ 树立自信心，熟悉国情与中国现代会计发展，建立对中国文化的认同，坚定制度自信；

➢ 基于受托责任的视角，培养勇于承担责任的优良品质，具备有效解决代理问题的能力。

会计的萌芽源于人类认知了数字之后，是随着人们的生产实践和管理上的需要而产生和发展的，先后经历了古代会计、近代会计和现代会计的历史变革。人们从不同角度和层面对会计本质进行考察，形成了对会计本质的不同表述。现代会计是一项经济管理活动，是经济管理的重要组成部分，具有核算和监督两大基本职能。会计随着经济的发展而发展，会计职能也在同步发展。各部分资金运动构成了会计的一般对象。会计要对企业发生的各种经济活动有效地进行核算和监督，就必须对会计领域中的一些未知因素制定合理的目标。为了实现会计目标、完成会计任务，会计人员必须采用一系列专门的核算方法。企业会计核算应当以权责发生制为基础。历史表明，经济越发展，会计越重要。

第一节 会计的产生和发展

【导入案例】张明高中毕业后被某高校会计学专业录取。在大学入学前，张明决定开设一家小公司以挣取大学的学费。经过考虑，张明决定开一家家政服务公司。请问张明需要哪些资产来开设和维持公司运转呢？如果公司成功开设，预计在经营中会发生哪些收入和费用呢？他又怎么通过公司的经营情况来分析是否盈利呢？

会计的产生和发展经历了很长的历史时期，它是伴随着人们的生产实践和管理需要而产生、发展并不断完善起来的。

人类要生存，社会要发展，就要进行物质资料的生产。生产活动是人类最基本的实践活动，是决定其他一切活动的基础。人类通过生产活动，一方面创造物质财富，取得一定的劳动成果；另一方面要发生劳动耗费，包括人力、物力的耗费。在生产活动中，人们总是力求以尽可能少的劳动耗费取得尽可能多的劳动成果。因此，就有必要采用一定的方法对劳动耗费以及所取得的劳动成果进行观察、计量、记录和计算，会计由此而产生。

【提请注意】美国会计学家查尔斯·T. 亨格瑞在他所著的《会计学》一书中写道："会计历史悠久，会计记录可以追溯至古代的中国、巴比伦、希腊和埃及。"

最初的会计只是生产职能的附带部分，即在生产实践之外附带地把收、支记载下来。当社会生产发展到一定阶段，生产过程趋于复杂，出现了剩余产品，人类需要进一步控制和总结生产活动时，会计的重要性就越来越大，并且开始从生产职能中分离出来，成为一种具有独立职能的管理活动。

一、我国会计的产生和发展

“一部会计发展史表明，自有天下之经济，便必有天下之会计。经济世界有多大，会计世界也便会有多大”（郭道杨）。

原始社会末期，我国就出现了一些简单的计量、记录行为，如“结绳记事”“垒石计数”等，《周易正义》中讲“事大，大结其绳；事小，小结其绳，结之多少，随物众寡”。公元前2070年，大禹在完成国家建制的基础工作后，在茅山大会诸侯，汇总稽核他们的功德业绩，奠定了古代财计报告、审查与考核的基旨。西周时期，产生了“会计”一词。根据《说文解字》的注释，“会计”有“将有用之物合拢而不遗漏地汇聚增加”之意。“计”有三种解释：①计算，算也，谋略多也；②计算之本；③考察官吏。清代学者焦循曾对《孟子正义》中“会计”二字作如下解释：“零星算之为计，总合算之为会。”可见当时“会计”两字连用的基本含义，既指日常的零星记录、计算，又有年终的总和核算之意。西周王朝设置“司会”一职，来掌管国家和地方的钱粮赋税，进行月计岁会。西周的“周礼”中还有“参互、月要、岁会”记载，分别相当于现在的旬报、月报和年报。

延伸阅读1-1

“会计”命名的起源及趣闻

春秋时期教育家孔子曰：“会计当而已矣。”其意指会计的收、付、存要平衡正确无误。秦始皇统一中国后，社会生产力的发展进一步促进了会计的发展，先后出现了“籍书”（或称“簿书”），用“入”“出”作为记账符号来反映各种经济收入和支出事项。西汉王朝制定了《上计律》，赋予了会计以法律权威，并创立了“上计簿”，确立了中式会计报告的基本形态。魏晋南北朝时期，由于年复一年的战火，造成了社会经济的衰落，使得会计发展的步伐滞缓或停顿。隋朝建立后，在官制方面设立“度支”一部，通过记账、户籍制度把赋役征收制度与会计控制方法基本统一起来。唐宋时期是我国封建经济发展的高峰时期，也是中式会计全面发展的时期。唐朝晚期已有“计册”制度，流水账和誊清账已初步形成，分别类似于现在的日记账和分类账。唐末宋初创立和运用了“四柱清算法”。所谓“四柱”，是指“旧管”“新收”“开除”“实在”，其含义分别相当于“期初结存”“本期收入”“本期支出”“期末结存”。通过“旧管+新收-开除=实在”的平衡公式进行结账，以此来说明财产的来龙去脉。明朝制定了加强专库管理的“实物盘点制度”，并使用了“盘点清单”。传统意义上的“账房”会计组织形式就诞生于明朝民间。明末清初，在“四柱清算法”的基础上又产生了“龙门账”。龙门账把全部账目分为“进”（全部收入）“缴”（全部支出）“存”（全部资产）“该”（全部负债）四大类，它们之间的关系是：进-缴=存-该。根据“进”与“缴”两类账目的记录编制“进缴表”，计算确定盈亏；根据“存”与“该”两类账目的记录编制“存该表”，同样可以计算确定盈亏，且二者计算确定的盈亏数额应该相等，又称为“合龙门”。“进缴表”和“存该表”分别相当于现在的“利润表”和“资产负债表”。清朝乾隆至嘉庆年间，创立了“四脚账”，即对每一笔账项既登记“来账”，又登记“去账”，反映同一账项的来龙去脉。清朝末年，由于西式簿记传入的影响，以新式银行业为先驱的民间会计开始走上改良会计的道路。民国时期，国民政府实施了相对统一的会计制度，新式会计人才取代了旧式账房先生。

延伸阅读1-2

周公制礼与财计制度

中华人民共和国成立后，财政部先后多次制定统一的会计制度，指导全国的会计工作。1963年1月国务院发布《会计人员职权试行条例》，第一次明确了会计人员的职责、权限、任免、奖惩等内容。1980年1月和9月，中国会计学会和中国成本研究会相继成立。1985年1月颁布了《中华人民共和国会计法》，该法为中华人民共和国成立后会计工作的第一部根本大法，之后多次进行了修订。经过20世纪80年代的思想准备及理论探讨，1992年5月财政部与国家体改委联合颁布了《股份制试点企业会计制度》，较多地借鉴了国际会计惯例。同年11月，财政部发布了《企业会计准则》和《企业财务通则》，实现了改革会计核算制度和财务管理模式的重要转变。1998年，财政部颁布了《股份有限公司会计制度——会计科目和会计报表》。为了规范企业财务会计报告，保证会计信息的真实完整，2000年6月国务院发布了《企业财务会计报告条例》。同年12月，财政部还颁布了有助于规范企业会计核算工作、提高会计信息质量的《企业会计制度》。世纪之交，随着世界经济一体化进程的加快，电子计算机技术的飞速发展，我国现代会计的发展和变革也越来越快。2006年2月，财政部发布了39项企业会计准则和48项注册会计师审计准则，自2007年1月1日起在上市公司范围内施行，到2008年年底，所有大中型企业执行新会计准则。这标志着适应我国市场经济发展需求、与国际惯例趋同的企业会计准则体系和注册会计师审计体系正式建立。在经过多年的实施后，2014年，财政部对长期股权投资、职工薪酬、合并财务报表、金融工具列报、财务报表列报等5项准则进行了修订。2017年，为适应社会主义市场经济发展，进一步完善我国企业会计会计准则体系，提高财务报表列报质量和会计信息透明度，保持我国企业会计准则与国际财务报告准则的持续趋同，财政部又重新修订了其中的6项会计准则。2018年，对收入准则进行了修订。2019年，对非货币性资产交换、债务重组准则进行了修订。2020年，对保险合同准则进行了修订。截至2023年12月，我国共发布了1项基本准则和42项具体企业会计准则。

延伸阅读1-3

中华人民共和国成立后的会计发展

二、西方会计的产生和发展

在西方，随着自然经济、商品经济向市场经济过渡，从业主经营的手工作坊到合伙制的出现，从股份公司的兴起到跨国公司的涌现，会计始终与社会经济发展相适应，先后经历了从古代会计、近代会计到现代会计的历史变革。

（一）古代会计（公元15世纪中叶以前）

早先的会计仅仅是一种极其简单的计量、记录行为。随着自然经济占主导地位，并以小生产为主，有了一定的简单商品生产，会计才逐渐从生产职能中分离出来，成为由当事人采用专门方法进行的一种核算活动，其主要特征是单式簿记。单式簿记对经济事项的发生，主要采取序时流水登记的方法，平时只登记货币资金的收付和债权债务业务。这一时期，社会上只有少数人知晓会计原理，此时会计仅扮演着“账房管家”的角色。

（二）近代会计（15世纪中叶到20世纪五六十年代）

15世纪，伴随着意大利北部城市地区手工业的兴起和商业、银行业的繁荣，世界上最早的借贷复式簿记账册诞生。1494年，意大利数学家卢卡·帕乔利出版了《算术、几何、比与比例概要》一书，是会计发展史上第一个里程碑。该书第一篇第十一卷“簿记论”中，第一次系统地总结、介绍了以威尼斯复式簿记为主的借贷记账法，为借贷复式簿记在世界范围的传播奠定了基础。帕乔利之后的300年间，会计面临着一个相对稳定的商业资本主义背景，其主要职能是资产的记录和保管，借以防止因贪污盗窃而遭受损失。1581年，威尼斯“会计学院”的建立，表明会计已作为一门学科在学校里传播。18—19世纪英国爆发了工业革命，早期的成本计算会计应运而生。19世纪中叶以后，股份公司在西方得到了广泛的发展，并成为企业组织的主要形式。在经营方式上，股东直接从事经营管理。此时，会计服务的对象主要是公司内部管理。为了防止公司经营者的舞弊行为，保护投资者的权益，英国首先出现了以审查会计报表真实性为目标的独立审计。1853年，苏格兰爱丁堡会计师公会成立，是会计发展史上第二个里程碑，它标志着会计开始作为一种专门职业而存在。1911年泰勒的《科学管理原理》出版，标准成本会计的产生，是会计发展史上第三个里程碑。美国在经历了1929—1933年经济危机后，开始着手制定会计准则，用以规范会计行为，于是形成了以提供对外财务信息为主要任务的财务会计。

（三）现代会计（20世纪五六十年代以后）

这一阶段，主要是以美国为代表的西方会计界致力于财务会计准则的研究，使以簿记为基础的财务会计趋于系统化和标准化。20世纪50年代以来，跨国公司蓬勃兴起，直接导致国际会计的产生。1973年，国际会计准则委员会（IASC）成立，随即发布了一系列国际会计准则，引导各国会计逐步走向国际化。由于企业生产经营规模的扩大和市场竞争的加剧，企业管理得到了前所未有的重视，一方面，为适应管理的需要，系统的成本计算、有组织的内部控制制度等相继形成，成本会计取得了长足的发展；另一方面，企业管理对会计资料的迫切需要，促进了一个新的会计分支，即管理会计在原来成本会计基础上迅速成长，并从传统会计中独立出来。管理会计的产生是会计发展史上第四个里程碑。世纪之交，人类社会进入信息时代和知识经济时代，现代会计由手工簿记系统发展为电子数据处理系统（EDP会计）和网络系统。会计电算化，是会计在记录和计算技术方面的重大革命，是会计发展史上第五个里程碑。它大大促进了会计信息的传递，有助于提高会计信息的使用效率，必将把会计工作带入一个崭新的变革时期。

延伸阅读1-4

会计发展的里程碑

【课堂讨论】西方会计的发展，先后经历了从古代会计、近代会计到现代会计的历史变革。有人说“经济愈发展，会计愈重要”，这句话对吗？

第二节　会计的意义

【导入案例】李丽的母亲是一家公司的会计师，从小耳濡目染的李丽立志长大后也要成为一名像母亲一样优秀的会计师。高考填报志愿时，她毫不犹豫地填报了会计学专业。李丽的同学张红正在为如何填报高考志愿发愁时，得知赵红填报了会计学专业，于是她向李丽请教什么是会计，但李丽对会计的理解仅限于记账，具体她也说不出个所以然。那么，究竟什么是会计呢？有人说会计就是记账、算账、报账；有人说在财务部门工作的人就是会计；有人说会计是一项与数字有关的活动。这些说法对不对？会计的职能又是什么呢？

一、会计的概念和特征

（一）会计的概念

从会计产生和发展的历史来看，早期的会计只是运用一些简单的计量、记录方法，1494年以后，会计才逐渐从其他学科中独立出来，真正开始了划时代的飞跃。从这时起，部分会计学者就开始研究和运用各种科学的会计计量与记录方法，使近、现代会计具有了独有的特征。由于会计是随着社会经济环境的变化和管理上的要求而不断发展变化的，它的内涵和外延十分丰富，因此，虽然会计产生的历史相当悠久，但时至今日，人们对会计本质的认识仍众说纷纭，尚无一个完整和公认的概念。认识会计的本质，其意义在于把握会计的发展方向。

我们认为，现代会计是经济管理的重要组成部分，它是以货币作为主要计量单位，以真实合法的凭证为依据，通过采用一系列专门方法，对企业等经济组织的经济活动进行全面、连续、系统和综合的核算和监督，生产出可靠、相关的信息，以满足信息使用者经济决策的一项管理活动。

【提请注意】会计又被称为“商业语言”。对这门语言理解得越好，对于今后的人生发展越有帮助。美国的一项调查表明：公司经理们认为，对大学生来说，会计比其他任何商业课程都重要。

（二）会计的特征

会计是一项经济管理活动，但又不是一般的经济管理活动。从会计概念的表述中可以看出，现代会计具有以下四个基本特征：

1.以货币作为主要计量单位

会计对经济活动进行计量和记录时，可以采用实物、劳动和货币三种计量单位。其中，实物计量单位可以为经济管理提供必需的实物量指标，但无法进行综合；劳动计量单位可以为经济管理提供劳动消耗量指标，但现阶段同样不具有综合性；唯一具有综合性的就是货币计量单位，因为货币是一切商品共同的等价形式，它可以将复杂的不同质的经济活动加以计量和综合，以取得各种总括的价值指标。对经济活动实施价值管理，是会计与其他经济管理活动最主要的区别。

2.对经济活动进行综合、连续、系统和全面的核算与监督

综合是指以货币作为统一的计量单位，将大量零星、分散的数据加以分类、汇总；连续是指按照经济活动发生的时间顺序逐笔、逐日记录，不允许中断和间断；系统是指对各种经济活动的记录要采用一系列专门的方法，遵循一定的处理程序，分门别类、科学有序地进行登记；全面是指对各种经济活动都要能反映其来龙去脉，不可任意取舍，不能遗漏。

3.以合法凭证为依据

企业等经济组织发生的任何经济活动都会留下自己的痕迹，而会计就是以这些痕迹即交易或事项发生或完成的书面凭证为依据进行核算和监督的。为了保证会计信息的可靠性，对于取得或填制的书面凭证，必须经过审核并经确认无误后方能作为核算和监督的依据。因此，会计提供的信息具有可验证性。

4.有一套完整的方法体系

会计方法是由各种相互联系、相互区别而又相互制约的专门技术方法组成的一个完整的方法体系。在这个方法体系中，各种方法从不同的侧面对企业等经济组织发生的经济活动进行核算和监督。这些方法是经过长期会计实践活动总结出来的，是其他管理活动领域所不用或很少采用的。

二、会计的基本职能

会计职能是指会计在经济管理中所具有的功能，是会计本质的体现。马克思在《资本论》中曾把会计的基本职能概括为对“过程的控制和观念的总结”。所谓观念的总结，可以理解为反映经济活动，通过观察、计量、记录和报告等手段来完成；所谓过程的控制，可以理解为对经济活动全过程进行的监督，主要体现在会计对经济活动的合法性、合理性和真实性进行有效控制和指导，使企业的经济活动按照一定的目的和要求运行，并达到预期目标。在这里，马克思指明了会计的基本职能有两个：一是反映；二是监督。我国《会计法》将会计的基本职能界定为核算和监督，即进行会计核算和实行会计监督。

1.会计核算职能

会计核算职能是指会计运用一系列专门方法，主要利用货币计量单位，对经济活动过程和结果进行确认、计量、记录和报告，为有关方面提供有用的信息。会计核算的内容具体表现为生产经营过程中的各种经济业务，包括：（1）款项和有价证券的收付；（2）财物

的收发、增减和使用；（3）债权债务的发生和结算；（4）资本、基金的增减和经费的收支；（5）收入、费用、成本的计算；（6）财务成果的计算和处理；（7）其他需要办理会计手续、进行会计核算的事项。

2.会计监督职能

会计监督职能是指会计人员按一定的标准和要求，对特定主体经济活动的合法性、合理性进行审查，以便合理地组织经济活动，达到预期的目的。合法性审查是指保证各项经济业务符合国家法律法规，遵守财经纪律，执行国家有关方针政策，杜绝违法乱纪行为；合理性审查是指检查各项财务收支是否符合特定主体的财务收支计划，是否有利于预算目标的实现，是否有违背内部控制制度要求的现象，为增收节支、提高经济效益严格把关。会计监督的内容主要包括：（1）监督经济业务的真实性；（2）监督财务收支的合法性；（3）监督公共财产的安全性和完整性。

另外，会计监督是对业务发生的全过程进行监督，包括事前监督、事中监督和事后监督。事前监督是在交易尚未进行时的监督，主要通过参与预算编制、合同谈判等工作进行监督；事中监督是对正在进行的经济活动进行监督，主要通过对公司成本费用的计算，发现异常事项，及时进行监督；事后监督是对已经发生的经济活动进行会计监督，主要是在支付环节进行。比如，财务人员首先要对报销发票进行真伪鉴别，剔除不是报销范围的发票，对记载不准确、不完整的原始凭证予以退回，并按规定更正、补充；其次要严格按公司费用标准进行报销，超标部分一律自己承担。事前监督可以起到预防作用，事中监督可以及时发现问题，事后监督可以总结经验教训，避免发生经营风险。

实务中对企业经济活动的监督是全方位的，不仅有会计内部监督，更有财政、审计、税务、人民银行、证券监管、保险监管等外部监督。

3.会计核算和会计监督是两个既相互联系又相互独立的基本职能

会计核算和会计监督两个职能的关系是不可分割、相辅相成的。会计核算是会计监督的基础，只有正确地进行会计核算，会计监督才能有真实可靠的依据；会计监督是会计核算的继续，如果只有会计核算而不进行严格的监督，会计核算所提供的信息质量就难以保证，甚至会变得毫无意义。因此，会计核算和会计监督两个职能贯穿于会计工作的始终，只有将二者有机地结合起来，才能充分发挥会计在经济管理中的作用。

会计除核算和监督两个基本职能以外，还有预测、决策、控制、分析和考核等拓展职能。

【课堂讨论】有人认为会计的本质就是一个以提供财务会计信息为主的经济信息系统，请从会计产生和发展的历史轨迹中对此加以分析。

第三节　会计的对象和目标

【导入案例】李一同学对社会上的会计师一直比较崇拜，希望将来也能成为一名优秀的会计工作者。今年，他刚参加完高考，就加入了“用友会计俱乐部”组织的暑期夏令营活动，其中有一项内容是实地参观东方公司财务部。当俱乐部成员坐进东方公司会议室后，负责接待的王会计师首先介绍了公司的基本情况，财务部门的组织结构、岗位设置及人员配备。为了说明会计工作的内容，王会计师列举了本月发生的10项主要经济活动：(1) 销售商品收回货款；(2) 与南方公司签订一份购销合同计划；(3) 向希望工程捐款；(4) 经董事会商议，决定下年1月份购买国债；(5) 营销员出差归来报销差旅费；(6) 生产车间到仓库领用材料；(7) 购买一项设备，经按照调试已投入使用；(8) 公司下一年度费用预算顺利通过董事会决议；(9) 从当地人才市场引进一批研究生和大学生；(10) 董事会向生产和销售部门下达任务书。

王会计师在解说中，一再强调会计工作的重要性。听完后，李一不禁自问：东方公司本月发生的上述经济活动，会计人员是否都要进行核算？它们都是会计核算的对象吗？如果是，会计人员又是在什么前提下进行会计核算的？会计核算的基础是什么？

一、会计的对象

（一）会计的一般对象

会计对象是指会计核算和监督的内容。会计的对象存在于社会再生产过程之中。社会再生产过程分为生产、分配、交换和消费四个环节，它包括多种多样的经济活动，具体表现为价值运动和使用价值运动。因为使用价值没有统一的标准和计量尺度，不便于比较和汇总，而会计是以货币作为主要的计量单位，找出了各种再生产过程中的共同点，即价值运动，借助价值形式能达到会计确认、计量和报告交易或事项的目的。所以，会计所核算和监督的是社会再生产过程中的价值运动，这种价值运动是能用货币连续、系统、全面、综合表现的，也可叫资金运动，这就是会计对象的最一般表述。

资金是指社会再生产过程中各种财产物资的货币表现。

（二）制造业企业的资金运动

社会再生产过程中的资金运动，在不同的单位里，其表现形式是不完全相同的。本书主要研究企业单位的资金运动。由于制造业企业生产经营过程比较复杂又最为完整，所以本书以制造业企业为例，来阐述其资金运动的具体表现形式。

制造业企业资金运动的形式具体表现为资金进入企业、资金在生产经营过程中的循环与周转和资金退出企业。

1.资金进入企业

企业存在的前提是必须拥有一定数量的资金。企业通过各种方式筹集资金，资金便进入企业。其来源主要包括所有者的资金投入和债权人的资金投入，前者构成了企业的所有者权益，后者则形成了企业的负债。

2.资金在生产经营过程中的循环与周转

企业的生产经营过程包括供应、生产和销售等环节。在供应过程中，企业要用筹集到的货币资金去购买材料物资，企业资金由货币资金形态转化为储备资金。进入生产过程后，生产部门领取和耗用各种材料物资，这时储备资金又转化为生产资金。产品生产完工后，生产资金又转化为成品资金。将库存商品出售后，成品资金又转化为货币资金。企业的资金，随着供、产、销三个过程的进行，从货币资金开始，依次转化为储备资金、生产资金、成品资金，最后又回到货币资金，这一转化过程叫作资金循环。资金周而复始的循环称为资金周转。资金的循环与周转就是各种资金形态在生产过程中的相继进行和并列存在的对立统一。

【提请注意】储备资金主要是指原材料等物资占用的资金，生产资金主要是指在产品、半成品等占用的资金，成品资金主要是指库存商品等占用的资金。

3.资金退出企业

资金退出企业是指企业的资金不再参加生产经营过程中资金的循环与周转，而游离于企业资金运动之外。如上交税费、偿还各项债务、向投资者分配利润等。

制造业企业的资金运动见图1-1。

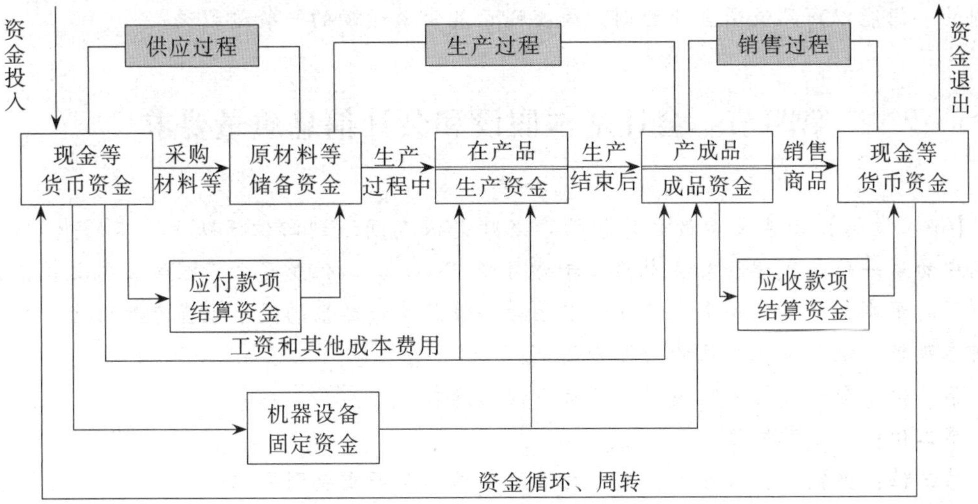

图1-1　制造业企业资金运动图

二、会计目标

会计目标是指在一定的社会化经济环境下，人们通过会计实践活动所期望达到的目的。它是由会计的本质所决定的，制约着会计系统的构造、运行程序及其方法。确定会计目标需要考虑两个基本因素：一是资源配置的需要，社会经济的发展要求社会经济资源必须配置到最有效率的地方，会计必须服务于这个目标。为此，会计目标应首先明确向谁提供信息以及提供什么样的信息，以有利于信息使用者通过决策而使资源实现有效配置。二是在现代经济社会中，委托—代理关系普遍存在。会计目标一方面要满足资源配置的需要，另一方面又要能反映代理人履行经营管理责任（受托责任）的情况，以利于委托人进行评价并作出决策。

基于以上分析，现代会计目标主要包括以下两个方面的内容：

（一）向信息使用者提供决策有用的信息

会计作为一项管理活动，其目标在于向信息使用者提供有助于其作出正确决策的数量化信息，包括企业现金流量的信息和经营业绩及资源变动的信息。例如，投资者进行投资决策需要大量可靠且相关的会计信息，而会计信息的提供又必须依赖于会计系统。

【提请注意】会计信息使用者包括外部和内部两个方向。前者主要包括投资者、银行、政府有关部门、中介机构、商业伙伴、社会公众等；后者主要包括企业内部管理者及企业职工。会计信息使用者需要什么样的信息，取决于信息使用者的目的及需求。

（二）反映企业管理层受托责任的履行情况

随着企业所有权与经营权的分离，企业管理者接受委托人委托经营管理企业及其各项资产，因而负有受托责任。由于企业所有者十分关注资本的保值和增值，需要定期了解企业管理层保管、使用资产的情况，决定是否需要调整投资决策、是否需要更换管理层等工作，这时会计工作就必须以提供信息服务于决策为目标取向。因此，会计的目标应能充分反映企业管理层受托责任的履行情况。只有这样，才能有助于企业所有者正确评价企业的经营管理责任和资源使用的有效性。

【课堂讨论】社会再生产过程中的资金运动，在不同的单位里，其表现形式是不完全相同的。你能以商品流通企业为例，简要列示其资金运动的一般过程吗？

第四节　会计基本假设和会计信息质量要求

【导入案例】在某大学教会计学的李老师暑假期间遇到四位活跃于股市的中学同学。他们中的第一位是代理股票买卖的证券公司经纪人，第二位是受资产经营公司之托任某上市公司的董事，第三位是个人投资者，最后一位是某证券报的股票投资专栏记者。当问及如何在股市中操作时，四位的回答分别是：

第一位：分析股价涨跌规律，不看会计信息。

第二位：凭直觉炒股。

第三位：关键是获得各种信息，至于财务信息是否重要则很难说。

第四位：公司财务信息非常重要。

试对上述观点加以评论，并提出你的见解。

一、会计基本假设

会计的产生与发展离不开特定的社会经济环境，这种社会经济环境对会计的影响，最直接的“影响力”或“着力点”就是会计对象，它决定了会计管理活动中必然存在着许多不可确知的或变化不定的因素。因此，会计要对企业发生的各种经济活动有效地进行核算和监督，就必须对会计领域中的一些未知因素作出合理的假设。所谓会计假设又称为会计核算的基本前提，是指对那些未经确认或无法正面论证的经济事物和会计现象，根据客观的正常情况或趋势所作出的合乎逻辑的推断，是日常会计处理的前提或必要条件。从会计目标的角度看，会计目标的实现也是以会计基本假设为前提来推定和假定谁是会计信息的使用者，以及会计信息的使用者需要什么样的会计信息。

【提请注意】会计假设绝不是毫无根据的主观臆造，而是在长期的会计实践中，人们逐渐认识到的普遍公理。这些公理不需加以证明和验证就能被公众承认，它代表了人们对正确开展会计工作所遵循的若干要求的科学判断，是建立企业会计准则的理论基石。

根据我国颁布的《企业会计准则》，会计基本假设包括会计主体、持续经营、会计分期、货币计量四个假设。

（一）会计主体假设

会计主体又称为会计个体，是指会计为其服务的特定单位或组织。它规定了会计确认、计量和报告的空间范围，明确了会计人员为谁核算、核算谁的经济业务。在会计主体假设下，企业应当对其本身发生的交易或事项进行会计确认、计量和报告，反映企业本身所从事的各项生产经营活动。企业的经营活动必须与企业的相关利益主体如投资者、债权人等以及其他企业的经营活动区分开来，这样才能使企业成为真正的市场竞争主体。会计核算工作中通常所讲的资产、负债的确认，收入的取得，费用的发生等，都是针对特定会计主体而言的。会计核算依据这一假设，才能真实、正确地反映企业本身的财务状况、经营成果和现金流量，以满足企业独立核算、自负盈亏的要求，并便于会计信息使用者根据会计信息作出正确的决策。可见，明确界定会计主体是开展会计确认、计量和报告工作的重要前提。

会计主体不同于法律主体。一般来说，法律主体必然是会计主体，但会计主体并不一定是法律主体。会计主体可以是独立法人，也可以是非法人单位（如合伙企业）；可以是一个企业，也可以是企业内部的某一个单位或一个特定的部分（如企业的分公司、企业设立的营业部）；可以是单一企业，也可以是由几个企业组成的企业集团。例如，某基金管理公司管理8只证券投资基金。对于该公司而言，公司既是法律主体，又是会计主体。而各只基金尽管不属于法律主体，但需要单独核算，并向基金持有人定期披露基金的财务状况和经营成果等，因此，每只基金也属于会计主体。

【提请注意】会计主体可以是以营利为目的的各种性质的企业，如公司、工厂等，也可以是非营利组织，如机关、学校、社会团体等。但由于会计主体以营利性的企业最为典型，会计业务也较全面，所以在以后的论述中除特指以外，会计主体均以企业为例。

【课堂讨论】我国有一些企业推行了内部银行，实行内部经济核算。试问：厂内车间或班组是企业内部的核算单位，它们是会计主体吗？

（二）持续经营假设

持续经营是指企业在可以预见的未来，不会面临破产和清算，将会持续地经营下去。持续经营假设规定了会计核算的时间范围。会计核算只有以企业持续、正常的生产经营活动为前提，企业才能按照既定的用途使用现在的资产，企业的销货款才能在未来按期收回；同时，企业所承担的债务，也才能按事先承诺的条件去清偿。这样才能解决有关财产计价、费用摊销和预提、收益确认等问题，使企业在会计信息的收集和处理上所使用的会计处理方法保持稳定，企业的会计确认、计量和报告才能真实可靠。

企业持续经营假设与会计主体假设有着密切的联系。持续经营假设是在确定了企业是会计主体之后作出的规定。因为设定了企业作为一个会计主体之后，只有设定它在可预见的未来能持续经营下去，才能进一步选择和确定会计核算的具体方法。

【例1-1】某企业购入一台生产设备，预计使用寿命为9年，由于考虑到该企业将会持续经营下去并且不少于9年，所以企业可以合理地预见该固定资产会在持续的生产经营过程中长期发挥作用，并服务于生产经营过程。为此，该生产设备就应当根据历史成本进行记录，并采用恰当的折旧方法，将历史成本分摊到预计使用寿命期间所生产的相关产品的成本当中。

当然，在市场经济环境之下，是企业就会有破产、清算的风险，也就是说，企业不能持续经营的可能性总是存在的。因此，就需要企业定期对其持续经营能力作出分析和判断。如果可以判断企业不能持续经营，企业就应当改变会计核算的原则和方法，并在企业财务报告中作相应披露；否则，就不能客观地反映企业的财务状况、经营成果和现金流量，会误导会计信息使用者的经济决策。

（三）会计分期假设

会计分期是指将一个企业持续经营的生产经营活动划分为若干相等的会计期间，以便分期结算账目和编制财务会计报告。

企业的经营活动是连续不断进行的，在时间上具有不间断性。要对连续不断的经营活动过程进行确认、计量和报告，从而提供有用的会计信息，会计首先必须解决企业经营活动从什么时候开始，又到什么时候终止，以便对财务状况、经营成果和现金流量进行总括反映。显然，在实际工作中，等到企业歇业时，一次性核算盈亏，既是不允许的，也是行不通的。因此，就需要将企业持续经营的生产经营活动人为地划分为若干个期间，以便确认某个会计期间的收入、费用和利润，确认某个会计期末的资产、负债和所有者权益，定期编制财务会计报告。

根据我国《企业会计准则》的规定，会计期间分为年度、半年度、季度和月度。年度、半年度、季度和月度均按公历起讫日期确定。以每年1月1日至12月31日作为一个会计期间，称为会计年度，它是最重要的会计期间。短于一年的会计期间统称为会计中期。

有了会计分期假设，才产生了当期与前期、后期的差别，不同类型的会计主体才有了记账的基础，进而出现了应收、应付、折旧、递延、预提、摊销等会计处理方法。

（四）货币计量假设

货币计量是指企业在会计核算过程中采用货币作为计量单位，确认、计量和报告企业的生产经营活动。在会计的确认、计量和报告过程中选择货币作为基础进行计量，是由货币本身的属性决定的。货币是商品一般等价物，是衡量一般商品价值的共同尺度，具有价值尺度、流通手段、贮藏手段和支付手段等特点。其他计量单位如重量、台、件等，都只能从一个侧面反映企业的生产经营情况，无法在量上进行汇总和比较，不便于会计计量和经营管理。

货币计量假设规定了会计核算的统一尺度——货币，还包含两层含义：一是记账本位币（用于记账的货币）的选择。会计核算应以人民币作为记账本位币。业务收支以人民币以外的货币为主的企业，也可以选择人民币以外的一种货币作为记账本位币，但编制的财务会计报告应当折算为人民币反映。在境外设立的中国企业向国内报送的财务会计报告，应当折算为人民币。二是币值稳定的假设，即在一般情况下，会计核算应当按照币值稳定的原则进行。对于货币购买能力的波动可以不予考虑，否则，货币计量假设就不能成立。

【提请注意】会计核算统一采用货币计量也存在缺陷。例如，企业经营战略、研发能力、市场竞争力等因素会对企业财务状况和经营成果产生重大影响，但这些因素往往难以用货币来计量，但这些信息对于使用者决策又相当重要。为此，企业可以在财务会计报告中补充披露有关非财务信息来弥补上述缺陷。

二、会计信息质量要求

当人类社会步入21世纪后，伴随着“蓝田股份”神话的破灭和“安然公司”的轰然倒塌，有关会计信息的质量问题再度成为人们关注的焦点。在早期的会计文献中，有关会计信息质量特征的研究是随着会计目标的研究一道进行的，甚至被视为会计目标的一个独立部分。20世纪七八十年代，美国会计原则委员会、注册会计师协会和财务会计准则委员会以及国际会计准则委员会分别对会计信息质量问题展开了较为系统的研究，并相继提出了具体的会计信息质量特征。1992年，我国财政部发布的《企业会计准则》第二章以“一般原则”的形式也提出了会计信息的质量特征。2006年，财政部发布的《企业会计准则——基本准则》将会计信息质量要求归纳为八个方面，这是对企业财务会计报告中所提供的会计信息质量的基本要求，是会计信息使用者据此进行有效决策所应具备的基本特征。

（一）可靠性

延伸阅读1-5

“蓝田神话”的破灭

可靠性，强调真实性，是指企业应当以实际发生的交易或事项为依据进行会计确认、计量和报告，如实反映企业的财务状况、经营成果和现金流量，做到内容真实、数字准确、项目完整、资料可靠。它不仅要求会计信息反映的事项符合实际、不偏离事实，会计人员依据相同的会计信息并遵循相同的会计准则，可以得到相同或基本相似的结论，具有可验证性，而且要求会计信息是会计人员不偏不倚进行处理的结果，避免倾向于事先预定的结果或某一特定使用者的需要。

【例1-2】东方公司于2023年末发现公司销售下滑，无法实现年初确定的销售收入目标，但考虑到在2024年春节前后，公司销售可能会出现较大幅度的增长，该公司为此提前预计库存商品销售，在2023年末制作了若干份虚假销售合同，填制了多份虚假商品出库凭证，确认销售收入实现的同时增加应收账款。该公司的这一会计处理就不是以其实际发生的交易事项为依据的，而是公司虚构的交易事项，因此违背了会计信息质量要求中的可靠性原则，也违背了我国《会计法》的有关规定。

【课堂讨论】可靠性是否意味着对会计信息质量的要求必须达到百分之百的真实可靠？

（二）相关性

延伸阅读1-6

诚信是会计信息可靠的基础

相关性是指企业提供的会计信息应当与财务会计报告使用者的经济决策需要相关。它必须满足政府宏观经济管理的需要，满足各有关方面了解企业财务状况、经营成果和现金流量的需要，满足企业加强内部经营管理的需要。相关性具有一定的针对性，由于不同的财务会计报告使用者有着不同的需要，因此，相关性并不要求企业提供的会计信息能够满足所有使用者的需要。

一项会计信息有无价值，关键是看其与使用者的决策需要是否相关，是否具有预测价值和反馈价值。预测价值是指相关的会计信息有助于使用者预测企业未来的财务状况、经营成果和现金流量，并可根据预测的结果，为决策者作出其认为最佳的选择；反馈价值是指相关的会计信息能帮助决策者证实或者修正过去的有关预测和决策的结果，它与预测价值往往同时存在并相互影响。

企业在会计核算中区分收入和利得、费用和损失，在编制资产负债表时区分流动资产和非流动资产、流动负债和非流动负债以及在会计计量属性方面适度引入公允价值等，都是为了提高会计信息的预测价值，进而提升会计信息的相关性。

【提请注意】可靠性和相关性是会计信息质量的主要要求，其关系是：（1）可靠性是第一位的，相关性是第二位的。（2）可靠性和相关性都是服务于“决策有用性”的，前者是手段，后者是目的，只有既可靠又相关的信息，才是“有用”的信息。

（三）可理解性

可理解性是指企业提供的会计信息应当清晰明了，便于财务会计报告使用者理解和使用。它受两个因素的制约：一是使用者的素质，不同的使用者对会计信息有着不同的理解力；二是会计信息本身的清晰性和易理解程度。会计信息只有清晰明了，易于理解，才能提高会计信息的有用性，实现财务会计报告的目标，满足向使用者提供决策有用信息的要求。不可理解的会计信息对使用者而言是无用的。

（四）可比性

可比性是指企业提供的会计信息应当具有可比性。这主要包括两层含义：

（1）同一企业不同时期可比

同一企业不同时期发生的相同或者类似的交易或者事项，应当采用一致的会计政策，不得随意变更。这样才便于投资者等财务报告使用者了解企业财务状况、经营成果和现金流量的变化趋势，比较企业在不同时期的财务报告信息，全面、客观地评价过去、预测未来，作出决策。但是，满足会计信息可比性要求，并非表明企业不得变更会计政策，如果按照规定或者在会计政策变更后可以提供更可靠、更相关的会计信息，可以变更会计政策。但有关会计政策变更的情况，应当在附注中予以披露说明。

（2）不同企业相同会计期间可比

不同企业同一会计期间发生的相同或者相似的交易或者事项，应当按照统一规定的会计政策，确保会计信息口径一致、相互可比，以使不同企业按照一致的确认、计量和报告要求提供有关会计信息。这样才便于投资者等财务报告使用者评价不同企业的财务状况、经营成果和现金流量及其变动情况。

【例 1-3】东方公司是上市公司。上期期末对某项长期股权投资提取了减值准备 100 000 元，鉴于股市行情下跌，本期末又对该项长期股权投资提取了减值 100 000 元；同时根据《企业会计准则》的要求，交易性金融资产在资产负债表日按公允价值计量，不再计提跌价准备。以上两种会计处理都符合可比性的要求，但是，鉴于本期经营亏损，将已达到预定可使用状态的工程借款的利息支出予以资本化，则违背了可比性的要求。

【提请注意】可比性并不是绝对意义上的同等反映，而是一个比较接近现实的可比性概念。

（五）实质重于形式

实质重于形式是指企业应当按照交易或者事项的经济实质进行会计确认、计量和报告，而不应当仅仅按照它们的法律形式为依据。在实际工作中，由于交易或事项的法律形式并不总能完全反映其实质内容，所以，会计信息要想反映其所应反映的交易或事项，就必须根据交易或事项的经济实质来进行判断，而不能仅仅根据它们的法律形式；否则，就无法如实反映经济现实，容易导致会计信息失真，不利于会计信息使用者的决策。例如，企业以融资租赁方式租入的固定资产，虽然从法律形式上来讲，承租企业并不拥有其所有权，但是由于租赁合同中规定的租赁期相当长，接近于该资产的使用寿命，租赁期结束时承租企业有优先购买该资产的选择权，在租赁期内承租企业有权支配该资产并从中受益等；从其经济实质来看，承租企业能够控制融资租入固定资产所创造的未来经济利益，所以在进行会计确认、计量和报告时，应将以融资方式租入的固定资产视为承租企业的一项资产。

【例 1-4】企业在销售某商品的同时又与客户签订了售后回购协议，请问此项销售成立吗？

企业在销售某商品的同时又与客户签订了售后回购协议。在这种情况下，就需要按照销售的经济实质来判断是否应当确认销售收入。如果企业已将商品所有权上的主要风险和报酬转移给购货方，满足了收入确认的各项条件，则销售实现，应当确认收入；如果企业没有将商品所有权上的主要风险和报酬转移给购货方，没有满足收入确认的各项条件，即使企业已将商品交付给购货方，销售也没有实现，不应当确认收入。

（六）重要性

重要性是指企业提供的会计信息应当反映与企业财务状况、经营成果和现金流量有关的所有重要交易或者事项。它要求企业在充分保证会计信息质量和满足相关使用者需要的前提下，对某些次要的信息和数据可适当简化处理，以便降低会计信息成本。然而，究竟哪些信息和数据是次要的，不需要在财务会计报告中单独反映，则需要会计人员根据自己的执业经验作出合理的判断。一般来说，企业应当根据其所处环境和实际情况，从项目的性质和金额大小两方面来判断其重要性。

【例 1-5】我国要求上市公司对外提供季度财务报告。考虑到季度财务报告披露的时间较短，从成本效益原则的角度考虑，季度财务报告没有必要像年度财务报告那样披露详细的附注信息。为此，《企业会计准则第32号——中期财务报告》规定，公司季度财务报告附注应当以年初至本中期期末为基础编制，披露自上年度资产负债表日之后发生的，有助于理解企业财务状况、经营成果和现金流量变化情况的重要交易或者事项。这种附注披露就体现了会计信息质量的重要性要求。

【提请注意】会计信息质量重要性要求是相对的，同一交易或者事项在两个规模不同的企业，其重要性和范围是不同的。

（七）谨慎性

谨慎性是指企业对某些交易或事项进行会计确认、计量和报告时，应尽可能避免高估资产或收益、低估负债和费用。

在市场经济环境下，企业的生产经营活动面临着许多风险和不确定性。例如，企业的应收款项因债务人发生财务困难或破产而有可能发生坏账损失；固定资产因技术进步而有可能提前报废；售出的商品有可能发生退货或返修等。会计信息质量的谨慎性要求企业在面临不确定性因素作出职业判断时，应保持应有的谨慎，充分估计到各种风险和损失，既不高估资产或收益，也不低估负债或费用。

【例 1-6】东方公司在会计期末对其拥有的存在减值迹象的各项资产进行减值测试，并对已经发生减值的各项资产计提减值准备，就是会计信息质量谨慎性要求的具体体现。

需要注意的是，谨慎性的应用不允许企业计提秘密准备，如果企业故意低估资产或者收入，或者故意高估负债或者费用，都不符合会计信息的可靠性和相关性要求，会损害会计信息质量，扭曲了企业实际的财务状况和经营成果，从而对使用者的决策产生误导，这是不符合会计准则要求的。

延伸阅读1-7

谨慎是会计人手中的安全阀

（八）及时性

及时性是指企业对于已经发生的交易或事项，应当及时进行确认、计量和报告，不得提前或延后。会计信息具有时效性，其价值在于帮助使用者作出经济决策。即使是可靠、相关的会计信息，如果不及时提供，也就失去了时效性，对于使用者的决策有用性大大降低，甚至不再具有任何利用价值。

会计信息质量的及时性要求具体体现在三个方面：一是及时收集会计信息，即在交易或事项发生后，及时收集整理相关原始凭证；二是及时处理会计信息，即按照《企业会计准则》的要求，及时对交易或事项进行确认、计量和记录，并及时编制财务会计报告；三是及时传递会计信息，即按照有关规定，及时地将财务会计报告传递给报告使用者，便于其及时使用和决策。

【例 1-7】我国上市公司对资产负债表日后事项中的调整事项，不论是有利还是不利的均应进行处理，并调整报告年度或报告中期的财务报表；如果属于非调整事项，也不论有利还是不利的均应在报告年度或报告中期的附注中进行披露。这就是会计信息质量及时性要求的具体体现。

【课堂讨论】为什么说会计信息质量要求是一组具有内在逻辑的动态性概念，它们应随着时代的变迁进行不断的、及时的调整？

三、会计核算原则

（一）权责发生制

企业生产经营活动在时间上是持续不断的，不断地取得收入，不断地发生各种成本费用，将收入和相关的费用配比就可以计算和确定企业生产经营活动产生的利润（或亏损）。由于企业生产经营活动是连续的，而会计期间是人为划分的，所以难免有一部分收入和费用出现收支期间和应归属期间不一致的情况，所以在处理这类经济业务时，应正确选择合适的会计处理基础。可供选择的会计处理基础包括权责发生制和收付实现制两种。

企业会计的确认、计量、记录和报告应当以权责发生制为基础。权责发生制是指按照权责关系的实际发生和影响期间来确认企业的收入和费用。凡是当期已经实现的收入和已经发生或应当负担的费用，不论款项是否收付，都应当作为当期的收入和费用；凡是不属于当期的收入和费用，即使款项已在当期收付，也不应当作为当期的收入和费用。在权责发生制下，应计入某一会计期间的收入和费用与款项的实际收付并不是一回事。例如，款项已经收到，但销售并未实现；或者款项已经支付，但并不是为本期生产经营活动而发生的。判别、确定应该计入某一会计期间的收入和费用的经济业务，其标准是对企业经济资源和义务确实产生了影响，且这种影响是以权利和责任的发生与否为依据来加以判断的。如果权责关系发生于不同期间，就应运用应收、应付，预收、预付和待摊、预提等一系列会计处理方法，以便真实地反映某一会计期间的经营成果。

【提请注意】会计分期假设是产生权责发生制这一会计核算基础的直接原因。权责发生制是相对于收付实现制来说的。收付实现制是以收到或支付现金作为确认收入和费用的依据，即收到现金时确认收入，支出现金时确认费用。目前，我国企业采用权责发生制，行政单位采用收付实现制。事业单位除经营业务采用权责发生制外，其他业务采用收付实现制。

【例 1-8】东方公司 2023 年 12 月发生的经济业务见表 1-1 中的“业务内容”。

要求：请分别采用权责发生制和收付实现制确定其收入、费用的归属期，并计算东方公司 12 月份的盈亏。

表 1-1　　东方公司经济业务内容

业务内容	业务发生期	现款收付期	权责发生制下的收入、费用归属期	收付实现制下的收入、费用归属期
12月5日，销售商品100 000元，款项于12月19日收到	12月	12月	12月	12月
12月14日，收到上月销售商品80 000元	11月	12月	11月	12月
12月16日，销售商品90 000元，款项于2024年2月8日收到	12月	2月（次年）	12月	2月（次年）
12月17日，购买原材料，当日支付相关费用70 000元	12月	12月	12月	12月
12月26日，预付下个月房租费10 000元	1月（次年）	12月	1月（次年）	12月
12月28日，发生费用60 000元，款项于2024年1月6日支付	12月	1月（次年）	12月	1月（次年）
12月30日，预收货款50 000元，商品于下个月发出	1月（次年）	12月	1月（次年）	12月
权责发生制下12月份的盈亏计算	100 000+90 000−70 000−60 000=60 000（元）			
收付实现制下12月份的盈亏计算	100 000+80 000−70 000−10 000+50 000=150 000（元）			

【提请注意】对一项经济业务，首先应判断其业务发生期和现款收付期。如果两者属于同一期间，那对权责发生制和收付实现制来说没区别。如果两者不属于同一期间，权责发生制以业务发生期为准，而收付实现制则以现款收付期为准。

（二）配比原则

配比原则主要是指收入与费用的配比原则，一般是在收入确定的情况下，将与该收入有关的费用寻找出来，进行配比，以计算当期损益，能够与收入进行配比的费用，一般与相关的收入存在直接的因果关系，或者虽没有直接因果关系，但存在期间关系，即发生在同一期间的收入和费用。

配比原则是由权责发生制延伸出来的一个原则，权责发生制的目的是要严格区分不同期间的收入和费用，以使相关的收入与相关的费用进行配比。配比包含两个层次：一是因果关系配比，比如卖手机的收入不能与卖电脑的成本进行匹配，必须是卖手机的收入与卖手机的成本进行配比，才能计算出卖手机的利润；二是期间配比，有些费用的发生与某一具体收入不存在明显的因果关系，但与收入所在的期间存在关系，如发生的广告费用、办公费用等，需要与发生在同一会计期间的收入进行配比。

（三）划分收益性支出与资本性支出原则

企业支出一般是指货币性支出，其结果要么形成资产，要么形成费用。形成资产的成为资本性支出，形成费用的成为收益性支出。从经济学观点看，凡是能够形成未来利润的支出，都应被看成是资本性支出（投资），在会计上则被称为资产。因此，一项支出究竟是收益性支出还是资本性支出，取决于支出带来的受益期限的长短和目的。如果受益期只是支出的当期，则是收益性支出，会计将其计入费用，一次性从当期收入中进行弥补。如果受益期超过一个会计期间，则是资本性支出，会计将其计入成本，形成一项资产，该资产的成本在其受益期间进行分配。比如，购买一台电脑和五包打印纸，会计首先判断电脑的使用时间一般超过3年，属于资本性支出，计入企业的固定资产，其购买成本将在3年中进行分摊；打印纸属于耗材，属于即用即耗型，在购买时就一次性计入当期的费用。

四、会计的确认与计量

（一）会计确认

企业在生产经营过程中发生的经济业务，会产生大量有价值的数据信息。会计面对这些数据信息，有一个识别和选择的过程。这个识别与选择的过程，首先既有对经济业务内容是否符合会计标准而归属于会计的对象、作为会计对象又具体属于哪个会计要素、会计要素应在何时核算的时间选择问题；其次，会计还要采用专门的方法对有关数据信息进行分门别类的继续加工和整理，使会计数据信息更趋于条理化、系统化；同时，又要对伴随企业生产经营活动而不断变化的经济业务引起各会计要素的变动加以识别与确定；最后，为了满足会计信息使用者的需要，对已经加工生成的会计数据信息，如何借助于会计报表这个载体，仍有一个选择、分类的问题。

上述会计的识别、选择、确定和分类就是会计确认。所谓会计确认是指企业发生的交易或事项按照规定的标准判别其是否属于会计对象并作为会计要素加以计量以及应否列入会计报表的辨认过程。

1.会计确认的分类

会计确认一般分为初次确认和再确认。

（1）初次确认

初次确认是指对企业发生的交易或事项所产生的原始数据信息进行具体识别、选择、确定和分类，并进入会计核算系统的筛选过程。这里的会计核算系统泛指交易或事项发生后，应由会计处理到按复式记账的要求编制会计分录，然后再按会计分录分类记入各会计要素所属账户的借方或贷方，并定期将全部账户的本期借方发生额和贷方发生额、期初借方余额和贷方余额、期末借方余额额和贷方余额相加，测试它们的借贷金额合计数是否各自相等。

企业在不同的会计期间会发生各种不同的交易或事项，初始确认就是要对这些交易或事项进行分析，从而确定是否属于会计对象及如何影响会计要素。如企业对外签订的各种合同、对内编制的各种费用预算等，这些并不构成会计核算的对象。如果不加区分，将企业所发生的全部交易或事项都视为会计对象而进行核算，就会直接影响会计数据信息的有用性和相关性。因此，会计主体必须根据会计假设、会计目标和会计信息质量的要求，将发生的全部交易或事项进行筛选，筛选后再依复式记账的要求，编制会计分录，登记有关账簿。

（2）再确认

再确认是指对已经加工生成的会计数据信息进行确认，将会计账簿信息转化为会计报表信息的过程。它主要解决两个问题：一是会计账簿中的哪些信息应当列入会计报表；二是对已确认过的数据信息在日后由于变动而对变动影响的再确认。由于初次确认所形成的各种账簿信息，相对来说还是比较分散的，为实现会计的目标就必须对这些账簿信息继续进行加工、浓缩、提炼，或加以扩充、重新分类和汇总，最终编制出各种会计报表。在这一过程中，原则上账户与报表中的项目应互相对应。账户中的金额应分别或单独或汇总或细分，计入表内有关的项目，并构成有关报表的小计、合计和总计。因此，再确认实际上是对已形成的会计信息的重新归类和组合，以满足会计信息使用者的需要。

2.会计确认的标准

会计确认必须以会计确认的标准为依据。会计确认的标准主要包括：

（1）符合会计要素的定义和特征。

（2）可用货币计量，即只有能用货币表现的交易或事项，才属于会计对象要素，予以确认。

（3）可靠性，即数据信息是真实的、可验证的和不偏不倚的。

（4）相关性，即数据信息在用户决策中有举足轻重的作用。

（5）合法性，即企业的交易或事项必须符合国家的法律、法规。

（6）实质重于形式，即企业应当按照交易或事项的经济实质或事实进行会计确认，而不应当仅仅按照它们的法律形式作为会计确认的依据。

（二）会计计量

会计计量是现代会计的核心。因为会计的“语言”就是量化的信息，缺少计量的会计是无法想象的。所谓会计计量是指在会计确认定性的前提下，运用一定的计量单位和计量方法，选择被计量对象的合理属性，确定应予记录的各项经济项目金额的会计处理过程。企业应当按照规定的会计计量属性进行计量，确定相关金额。企业在一定时期内所发生的交易或事项，首先通过会计确认确定为会计对象后，然后再对其进行计量，转化为满足有关方面需要的会计信息。其特征主要表现在：①没有一种计量能离开数字的计算过程；②没有一种计量不存在不同程度的估计；③会计计量的对象是由企业交易或事项产生的各种要素，每项要素都有自己的特征，计量必须同应予计量的要素特征相适应，具体表现为资产的计价和收益的决定；④会计的计量既然同价值有关，而货币是价值唯一可以计量的存在形式，那么与价值有关的计量就必须而且只能用货币作为同价值密切相关的各项会计要素计量的单位。

一般来说，会计计量包括计量单位和计量属性两个要素。在不同的计量单位和计量属性下，会计要素确定的金额各不相同。

1.计量单位

如前所述，现代会计的特征之一就是以货币作为主要的计量单位。这里所讲的货币是指名义货币（或面值货币），即各国主要流通货币的法定单位，如美国的美元、美分，英国的英镑、先令、便士，我国的人民币元、角、分等，而不是指一般购买力货币。因为按照名义货币单位进行计量具有如下特征：①符合货币计量和“币值稳定”的会计假设；②可以保证计量单位的统一，便于会计核算和监督；③在物价变动不大的情况下，能比较准确真实地反映企业的财务状况、经营成果和现金流量；④对于实物和劳动计量单位而言，可以简化计量手续，减轻会计人员的工作量等。

【提请注意】一般购买力货币单位是以各国货币的一般购买力作为计量单位。根据一般购买力单位进行计量时，对不同时期的货币购买力变动应当加以调整，并以一定时日的货币购买力（以一般物价指数近似地表示）调整或折算不同时期的名义货币单位，从而使不同时期的货币保持在不变的计量基础上。该种计量单位的存在是以物价变动为前提的。在物价变动时，它能够反映货币购买力变动对会计信息的影响，保持会计计量结果的可能性。但是，这种计量单位的调整换算过程比较复杂，目前基本没有在会计实务中应用。

2.计量属性

计量属性是指计量对象应予计量的某一要素的特性或外在表现形式，即可以用货币计量的方面。从会计的角度看，计量属性反映的是会计要素金额的确定基础，主要包括历史成本、重置成本、可变现净值、现值和公允价值等。

（1）历史成本

历史成本又称原始成本，是指过去的交易或事项发生时买卖双方自愿达成的交换价格。作为过去的市场价格的历史成本已经排除了市场价格的不确定性和风险，因而具有可靠性、相关性和可验证性。在历史成本计量下，资产按照购置时支付的现金或现金等价物的金额，或者按照购置资产时所付出的对价的公允价值计量；负债按照其因承担现时义务而实际收到的款项或者资产的金额，或者承担现时义务的合同金额，或者按照日常活动中为偿还负债预期需要支付的现金或者现金等价物的金额计量。

（2）重置成本

重置成本又称现行成本，是指企业重新购置与其所拥有的某项资产相同或者与其功能相当的资产需要支付的现金或者现金等价物。在重置成本计量下，资产按照现在购买相同或者相似资产所需支付的现金或者现金等价物的金额计量；负债按照现在偿付该项债务所需支付的现金或者现金等价物的金额计量。在会计实务中，一般对盘盈的资产采用重置成本计量属性。

（3）可变现净值

可变现净值是指企业在日常活动中某项资产预计带来现金收入扣除将要支付的现金流出后的净额。在可变现净值计量下，资产按照其正常对外销售所能收到现金或者现金等价物的金额扣减该资产至完工时估计将要发生的成本、估计的销售费用以及相关税金后的金额计量。

（4）现值

现值是指资产或者负债形成的未来现金流量的折现价值。在现值计量下，资产按照预计从其持续使用和最终处置中所产生的未来净现金流入量的折现金额计量；负债按照预计期限内需要偿还的未来净现金流出量的折现金额计量。

【提请注意】现金流量是指企业的现金流入与流出，是某一期间内企业现金流入和流出的数量。影响现金流量的因素有经营活动、投资活动和筹资活动。

（5）公允价值

公允价值是指在公平交易中，熟悉情况的当事人自愿进行资产交换或负债清偿的金额。它是以契约为基础对未来交易的估计，是估计的未实际发生但将进行现行交易的价格；它不同于历史成本是以过去的交易或事项为基础的当时交换价格。估计和尚未实际发生的现行交易是公允价值的重要特征。达成公允价值的条件是：①信息公开，双方对于交易对象所了解的信息是对称的；②双方自愿，若没有相反的证据表明所进行的交易是不公正的或非自愿的，市场交易价格即为资产或负债的公允价值；③对资产或负债进行公平交易。在公允价值计量下，资产和负债按照在公平交易中，熟悉情况的交易双方自愿进行资产交换或者债务清偿的金额计量。

对五种计量属性的理解总结见表1-2。

表1-2　**计量属性理解总结表**

计量属性	对资产的计量	对负债的计量
历史成本	按照购置时的金额	按照承担现时义务时的金额
重置成本	按照现在购买时的金额	按照现在偿还时的金额
可变现净值	按照现在销售时的金额	—
现值	按照将来时的金额折现	
公允价值	有序交易中出售资产所能收到的价格	有序交易中转移负债所需支付的价格

【提请注意】企业在对会计要素进行计量时，一般应当采用历史成本。在某些情况下，为了提高会计信息质量，实现财务会计报告目标，《企业会计准则》允许采用重置成本、可变现净值、现值、公允价值计量的，应当保证所确定的会计要素金额能够取得并可靠计量。如果这些金额无法取得或者不能可靠地计量的，则不允许采用其他计量属性。

【课堂讨论】公允价值与历史成本的区别主要在哪里？

【例1-9】某公司2021年1月1日购买一台设备，设备预计使用10年，截至2023年12月31日，该设备可能涉及的计量属性见表1-3。

表1-3　**某设备的计量属性**

内容	金额（元）	计量属性
2021年1月1日，以银行存款100 000元购进一台设备	100 000	历史成本
2023年12月31日，如果重新购买一台已使用3年的设备，预计应支付的全部款项为75 000元	75 000	重置成本
2023年12月31日，如果将该设备出售，预计售价为75 000元，出售时支付的各种费用的合计为5 000元	70 000	可变现净值
该设备可以继续使用7年，预计每年带来的收益为13 000元，共计91 000元，将未来的收益折算为2023年12月31日的价值为85 000元	85 000	现值
该设备在类似的市场上，双方自愿交易的价格为80 000元	80 000	公允价值

第五节　会计核算方法

【导入案例】会计学专业和财务管理专业的大一新生在东方公司张会计师的引导下，实地参观了东方公司财务部门。张会计师对照会计岗位和工作流程，介绍了设置账户、复式记账、填制和审核凭证、登记账簿、成本计算、财产清查和编制财务会计报告等7种会计核算方法。张会计师介绍完后，同学们展开了热烈的讨论。有的同学认为会计工作挺简单的，只要掌握了上述7种会计核算方法，并严格按照一定的顺序进行，就能履行好会计职责，完成会计任务，实现会计目标。你认为上述观点正确吗？

会计的方法主要是指从事会计工作所使用的各种科学技术方法。它是用来核算和监督会计对象、履行会计工作职责的手段，是会计的重要组成部分。会计的方法与会计的职能紧密相连。随着社会经济的发展，会计核算和监督的内容日趋复杂，经济管理工作对会计不断提出新的挑战，会计的方法由会计核算方法、会计监督方法、会计分析方法、会计控制方法、会计预测方法和会计决策方法六个部分组成。这六个部分既有联系，又有相对的独立性，它们所应用的方法各不相同。其中，会计核算方法是最基本的会计方法，它能为其他会计方法提供有关的数据和依据。本书主要介绍会计核算方法。

会计核算方法是以货币为主要计量单位，对各单位已发生的交易或事项进行确认、计量和报告的一系列专门方法。其一般包括设置账户、复式记账、填制和审核凭证、登记账簿、成本计算、财产清查和编制财务会计报告。

一、设置账户

设置账户是对会计对象的具体内容进行分类核算和监督的一种专门方法。会计对象的内容是多种多样的，为了对各项交易或事项进行系统的核算和监督，就必须按照交易或事项的内容、特点和经济管理的要求，分别设置账户，分类反映各会计要素的增减变化和结果，以便提供管理所需要的会计信息。

二、复式记账

复式记账是记录交易或事项的一种专门方法。它要求对发生的每一笔交易或事项都要以相等的金额在两个或两个以上的账户中相互联系地进行记录，通过账户的对应关系可以完整地反映交易或事项的全貌，便于检查账户记录的正确性。

三、填制和审核凭证

填制和审核凭证是保证会计记录真实可靠、合理、合法和对交易事项进行核算和监督的一种专门方法。在会计工作中，任何一笔需要记账的交易或事项都必须先取得或填制凭证，并由经办人员或有关单位签字盖章，而且会计部门和有关部门要对凭证进行认真审核，这是会计核算工作程序的第一个环节。只有经过审核无误的会计凭证，才能作为登记账簿的依据。

四、登记账簿

账簿是会计账簿的简称，是由具有一定的格式、相互联系的账页所组成的，用来全面、连续、系统地记录交易或事项的簿籍。登记账簿就是以审核无误的会计凭证为依据，将发生的每笔交易或事项分门别类地登记到有关账户中去的一种专门方法。登记账簿是会计信息加工的一项重要程序，它可以将分散的交易或事项汇总起来，提供完整而系统的会计资料。

五、成本计算

成本计算是企业按照一定的对象归集和分配生产经营过程中所发生的全部费用，从而计算各个对象的总成本和单位成本的一种专门方法。例如，供应工程要计算各种材料物资的采购成本；生产过程要计算各种产品的生产成本等。成本计算主要是满足企业加强内部管理和正确确定经营盈亏的需要，也是正确计量资产、负债和所有者权益，如实反映企业财务状况的要求。通过正确计算成本，可以反映企业生产经营过程中所发生的各项费用支出情况，从而促进企业加强核算和监督，努力降低成本，不断提高经济效益。

六、财产清查

财产清查是通过盘点财产物资及债权、债务的核对，查明各项资产、负债和所有者权益实有数，以保证账实相符的一种专门方法。在实际工作中，由于某些主观或客观原因，往往会造成账面记录与实际情况不符。为了如实反映情况，加强财产物资管理，提高资金的使用效果，就必须定期或不定期地开展财产清查工作，如发现账实不符，应查明原因，明确责任，并及时调整账簿记录，保证会计核算资料的可靠性。

七、编制财务会计报告

财务会计报告是总括反映会计主体在某一特定日期财务状况和某一会计期间经营成果及现金流量的书面文件。它是根据账簿记录，遵循一定的编制要求，采用专门的方法编制而成的。编制财务会计报告，是提供会计信息的主要形式，是会计核算工作程序的最后一个环节。

上述七种会计核算方法，并不是彼此孤立的，而是相互联系、密切配合的，构成了一个完整的会计核算方法体系。一般地说，经济交易或事项发生后，经办人员要填制或取得原始凭证，经会计人员审核整理后，依会计科目设置账户，运用复式记账法，编制记账凭证，并据以登记账簿。对于生产经营过程中发生的各项费用，要进行成本计算。一定时期终了，通过财产清查，在保证账实相符的基础上，根据账簿记录编制财务会计报告（如图1-2所示）。

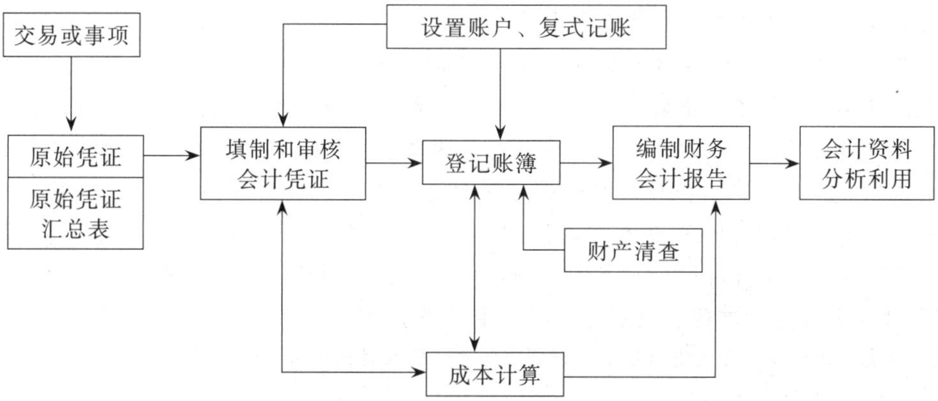

图1-2　会计核算工作程序图

【提请注意】在实际工作中，会计核算的各种方法并不是按固定顺序来运用的，它们之间往往交叉使用。例如，在填制和审核凭证时必须考虑到设置账户和复式记账的要求。设置账户和复式记账是会计核算方法的核心，它几乎贯穿于会计核算工作的全过程。

【课堂讨论】如何以图表的形式勾画出会计核算各种专门方法之间的关系？

思政园地

新中国经济建设的伟大成就与中国会计发展

任何时期的会计发展都会受到政治、经济、科技、文化、道德等多种因素的影响和制约，其中核心是经济因素。影响会计发展的经济因素又可以分为经济体制和经济发展水平两大方面，尤其是国家经济发展水平（社会化大生产的程度与水平）直接影响并制约着会计的诸多方面。

中华人民共和国成立以后，中国社会的政治制度、经济制度发生了根本性变化。在中国共产党的领导下，我国国内生产总值（GDP）由1952年的679.1亿元发展到2020年的101.60万亿元，增长约1 495倍，中国经济实现了历史性的飞跃，我国也全面进入小康社会，并向现代化强国迈进。

改革开放后我国国内生产总值一直保持高速增长。2011年我国成为世界第二大经济体，国内生产总值基数已经较大，还能持续保持高速增长实属不易。可以说，中国经济的稳定增长对世界经济也是一个巨大贡献。

新中国的经济建设和社会发展成就充分证明"没有共产党就没有新中国，只有社会主义才能救中国，只有中国特色社会主义才能发展中国"，中国共产党是中国革命和社会主义现代化建设的领导核心。新中国的会计事业就是在这样的历史背景下建立、成长和发展的，没有新中国经济建设所取得的伟大成就，就不可能有中国会计事业的大发展。

可以说，新中国会计事业的发展是建立在我国经济建设取得的巨大成就基础上的。1949年中华人民共和国的成立，标志着我国建立社会主义会计的伟大事业拉开了序幕，中国会计从此进入崭新的历史阶段。

新中国会计事业发展的巨大成就包括：构建了与中国政治经济体制相适应的中国特色会计管理体制；建立了完善的会计法律规范体系，并成为中国法律规范体系的重要组成部分；我国会计事务主管机构财政部以及广大会计工作者开展了大量工作，在会计学术团体建设领域取得了不少成就，很多工作具有开创性。

其中，完善的会计法律规范体系，对规范会计行为、评价会计工作业绩、保证会计职能发挥、完成会计任务、推动中国特色社会主义经济建设具有重要意义。会计法律规范体系是指由会计法律、会计行政法规、会计行政规章制度、会计惯例和会计职业道德等组成的规范体系的总称。我国会计法律规范体系包括《中华人民共和国会计法》（简称《会计法》）、《企业会计准则——基本准则》、42项企业具体会计准则及应用指南、《企业会计准则解释》、《政府会计准则——基本准则》、《政府会计制度——行政事业单位会计科目和报表》、政府具体会计准则、政府会计准则制度解释等。

资料来源：田昆儒，在历史坐标中认识新中国会计的发展——为庆祝中国共产党成立100周年而作[J]. 财会月刊，2021（13）.

【思政解读】

党的二十大报告的主题是"高举中国特色社会主义伟大旗帜，全面贯彻新时代中国特色社会主义思想，弘扬伟大建党精神，自信自强、守正创新，踔厉奋发、勇毅前行，为全面建设社会主义现代化国家、全面推进中华民族伟大复兴而团结奋斗”。回顾中华人民共和国成立70多年来，党的领导，党的路线、方针、政策与共产党人的初心和使命一脉相承，与为中国人民谋幸福、为中华民族谋复兴的思想光芒一以贯之，体现在党和国家的大政方针之中。会计法律规范体系建立完善，也是国家财政落实党的大政方针的具体体现，它符合中国特色社会主义制度的要求，对促进国民经济发展、促进企业发展、促进改革开放作出了重大贡献。

新中国会计事业发展与国家发展进程高度一致，并与国家经济体制高度契合。新中国社会发展与经济建设的伟大成就，离不开新中国会计人的巨大贡献。随着中国经济的强劲发展、中华民族的伟大复兴以及中国在世界会计领域话语权的提升，中国会计发展成就在世界范围内受到越来越多会计学者的关注。我们坚信，新中国的会计学者和实际工作者坚持正确的政治方向，努力学习，勤奋工作，勇于创新，继往开来，定会继续开创中国特色社会主义会计的新局面。

思考与练习

一、思考题

1. 我国会计发展史上的“四柱结算法”和“龙门账”分别是指什么？

2. 什么是会计？其特征主要包括哪些？简要论述会计的一般对象？

3. 什么是会计目标？现代会计目标主要包括哪两个方面？

4. 什么是会计基本假设？在我国，会计基本假设主要有哪些？

5. 会计核算有哪些基本方法？它们之间的关系如何？

6. 通过网络或者报刊等媒体，了解某一上市公司一年的年报资料，初步认识其对外提供信息的范围与内容，并作出必要的分类。

7. 有人说，要找到学习会计的感觉，关键之一在于动手实践。请每人准备一个具有收、支、余三栏的账册，开始如实记录本学期你的收入与支出。

二、单项选择题

1.我国“会计”一词最早产生于（　　）时期。

A.原始社会　　B. 西周　　C. 西汉　　D. 南北朝

2.会计的基本职能一般包括（　　）。

A.会计计划与会计决策　　B.会计预测与会计控制

C.会计控制与会计决策　　D.会计核算与会计监督

3.会计以货币为主要计量单位，通过确认、记录、计算、报告等环节，对特定主体的经济活动进行记账、算账、报账，为各有关方面提供会计信息的功能称为（　　）。

A.会计核算职能　　B.会计监督职能　　C.会计控制职能　　D.会计预测职能

4.会计人员在进行会计核算的同时，对特定主体经济活动的合法性、合理性进行审查，称为（　　）。

A.会计控制职能　　B.会计核算职能　　C.会计监督职能　　D.会计分析职能

5.会计核算职能是会计监督职能的（　　）。

A.保证　　B. 继续　　C. 指导　　D. 基础

6.会计核算和监督的内容是特定主体的（　　）。

A.经济活动　B.实物运动　C.资金运动　D.经济资源

7.会计的目标是由会计的（　　）决定的。

A.对象　B.职能　C.本质　D.假设

8.会计主体是指（　　）。

A.企业的投资人　B.会计所服务的特定单位

C.企业的债权人　D.管理当局

9.会计主体从（　　）上对会计核算范围进行了有效的界定。

A.空间　B.时间　C.空间和时间　D.内容

10.将一个持续经营会计主体的生产经营活动划分为若干个相等的会计期间是指（　　）假设。

A. 会计分期　B. 会计主体　C. 会计年度　D. 持续经营

11.（　　）界定了从事会计工作和提供会计信息的空间范围。

A.会计职能　B.会计对象　C.会计内容　D.会计主体

12.会计核算上所使用的一系列会计原则和方法都是建立在（　　）基础上的。

A.会计主体前提　B.持续经营前提　C.会计分期前提　D.货币计量前提

13.在我国均按（　　）将会计期间分为年度、半年度、季度和月度。

A.公历起讫日期　B.农历起讫日期　C.7月制起讫日期　D.4月制起讫日期

14.企业资产以历史成本计价而不以现行成本或清算价格计价，依据的会计假设是（　　）。

A.会计主体　B.持续经营　C.会计分期　D.货币计量

15.在可预见的未来，会计主体不会破产清算，所持有的资产将正常营运，所负的债务将正常偿还。这属于（　　）。

A.会计主体假设　B.持续经营假设　C.会计分期假设　D.货币计量假设

16.按照现行制度规定，企业确认收入与费用的原则是（　　）。

A.收付实现制　B.实地盘存制　C.权责发生制　D.永续盘存制

17．企业采用的会计处理方法和程序前后各期应当一致，不得随意变更，这是会计核算的（　　）信息质量要求。

A.配比性　B.谨慎性　C.可比性　D.客观性

18.对应收账款计提坏账准备，遵循的会计信息质量要求是（　　）。

A.历史成本　B.收付实现制　C.谨慎性　D.配比

19.将融资租入的固定资产视为承租企业的资产核算体现（　　）的要求。

A. 可比性　B.实质重于形式　C. 明晰性　D.配比

20.会计期间发生的一切经济业务，都要依次经过的基本核算环节是（　　）。

A.设置会计科目、成本计算、复式记账

B.复式记账、财产清查、编制财务会计报告

C.填制和审核凭证、复式记账、编制财务会计报告

D.填制和审核凭证、登记账簿、编制财务会计报告

三、多项选择题

1.会计的特点具体表现在（ ）。

A.以货币为主要计量单位　B.以真实、合法的会计凭证为依据

C.以实物为主要计量单位　D.以真实、合法的会计账簿为依据

2.1985年1月，我国颁布了第一部《会计法》，首次将会计的基本职能确定为（ ）。

A.核算　B.决策　C.控制　D.监督

3.会计核算职能是指会计以货币为主要计量单位，通过（ ）等环节，对特定主体的经济活动进行记账、算账、报账。

A.确认　B.记录　C.计量　D.报告

4.会计监督职能是指会计人员在进行会计核算的同时，对经济活动的（ ）进行审查。

A.合法性　B.合理性　C.时效性　D.盈利性

5.制造业企业的资金运动形式主要包括（ ）。

A.资金进入企业　B.资金退出企业　C.资金运用　D.资金调拨

6.会计期间可以分为（ ）。

A.月度　B.季度　C.年度　D.半年度

7.根据我国颁布的《企业会计准则》，会计基本假设包括（ ）。

A.持续经营　B.会计主体　C.会计分期　D.货币计量

8.下列说法正确的是（ ）。

A. 会计核算过程中采用货币为主要计量单位

B. 我国企业的会计核算只能以人民币为记账本位币

C. 业务收支以外币为主的单位可以选择某种外币为记账本位币

D. 在境外设立的中国企业向国内报送的财务报告，应当折算为人民币

9.按照权责发生制原则的要求，下列经济业务中应计入本期收入或费用的有：（ ）。

A. 预收货款，存入银行　B. 发出产品，货款原已预收

C. 摊销固定资产修理费　D. 预提短期借款利息

10.相关性信息质量要求，是指会计核算提供的信息，应当（ ）。

A. 满足企业加强内部经营管理的需要

B. 符合国家宏观经济管理的要求

C. 满足企业投资者、债权人了解企业财务状况和经营成果的需要

D. 满足企业投资者、债权人了解企业成本费用情况的需要

11.可靠性是指企业应当以实际发生的交易或事项为依据，进行会计（ ），如实反映财务状况、经营成果和现金流量，做到内容真实、数字准确、项目完整、资料可靠。

A.确认　B.计量　C.判断　D.报告

12.下列说法正确的是（ ）。

A.可靠性和相关性是会计信息质量的主要要求

B.可靠性是第一位，相关性是第二位

C.相关性是第一位，可靠性是第二位

D.无论是可靠性，还是相关性，都服务于“决策有用性”

13.会计信息质量的及时性，具体体现在及时（　　）会计信息。

A.收集　　B.处理　　C.储存　　D.传递

14.下列（　　）属于会计核算的方法。

A.会计分析　　B.成本计算　　C.财产清查　　D.复式记账

15.会计核算的专门方法，包括（　　）。

A.设置账户和复式记账　　B.填制和审核凭证

C.登记账簿和成本计算　　D.财产清查和编制财务会计报告

四、判断题

（　　）1.会计的产生和发展经历了很长的历史时期，它是伴随着人们的生产实践和管理上的需要而产生、发展并不断完善起来的。

（　　）2.龙门账中的“进缴表”和“存该表”，分别相当于现在的“收支表”和“盘点表”。

（　　）3.会计的本质是一项管理活动，但会计不是一般的经济管理活动。

（　　）4.会计核算是会计监督的基础，会计监督是会计核算的继续。

（　　）5.会计的监督职能是会计人员在进行会计核算的同时，对特定会计主体经济活动的合法性、合理性进行审查。

（　　）6.企业在一定会计期间内所发生的一切经济活动都构成会计核算的对象。

（　　）7.会计主体不同于法律主体。法律主体一般是会计主体，但会计主体不一定是法律主体。

（　　）8.会计主体假设为会计核算规定了时间范围。

（　　）9.我国企业的会计期间按年度划分，以公历年度为一个会计年度，即从每年1月1日至12月31日为一个会计年度。这主要是考虑我国的计划年度和财政年度采用的是公历年度并符合一般的会计习惯。

（　　）10.会计核算上所使用的一系列会计原则和会计处理方法都是建立在会计主体持续经营前提基础上的。

（　　）11.货币量度是会计核算的唯一计量尺度。

（　　）12.在我国境内设立的企业，会计核算都必须以人民币作为记账本位币。

（　　）13.谨慎性就是要求在会计核算中尽量低估企业的资产、负债、收益和费用。

（　　）14.实质重于形式是指企业应当按照交易或事项的经济实质进行会计核算，而不能以其法律形式作为会计核算的依据。

（　　）15.在实际工作中，会计核算的7种专门方法并不是完全按照固定的顺序来进行的，往往可以交叉使用。

第一章
即测即评

五、实务题

（一）［目的］理解权责发生制和收付实现制的区别

1.［资料］甲企业2月份发生如下经济业务：

（1）支付1月份电费5 000元；

（2）收回1月份的应收账款10 000元；

（3）收到2月份的营业收入8 000元；
（4）支付2月份应负担的办公费900元；
（5）支付下季度保险费1 800元；
（6）应收2月份营业收入25 000元，款项尚未收到；
（7）2月份预收客户货款5 000元；
（8）负担上季度已经预付的2月份保险费600元。

要求：请分别计算甲企业在权责发生制和收付实现制下的2月份的收入和费用，填入表1-4。

表1-4　甲企业2月份收入和费用的确认与计量

业务号	权责发生制		收付实现制	
	收入	费用	收入	费用
（1）				
（2）				
（3）				
（4）				
（5）				
（6）				
（7）				
（8）				
合计				

2.乙企业7月份发生如下经济业务：
（1）销售产品5 000元，货款存入银行；
（2）销售产品10 000元，货款尚未收到；
（3）付7—12月份的租金3 000元；
（4）收到6月份应收的销货款8 000元；
（5）收到购货单位预付货款4 000元，下月交货；
（6）本月应付水电费400元，下月支付。

要求：根据上述经济业务内容，分别计算乙企业在权责发生制和收付实现制下7月份的收入和费用，填入表1-5中。

表1-5　乙企业7月份收入与费用的确认与计量

业务号	权责发生制		收付实现制	
	收入	费用	收入	费用
（1）				
（2）				
（3）				

续表

(4)				
(5)				
(6)				
合计				

3.丙公司8月份发生如下经济业务：

(1) 购买商品20 000元，用银行存款支付10 000元，余款尚未支付。

(2) 销售产品100 000元，收到货款50 000元，存入银行，余款尚未收到。

(3) 预付下半年度房屋租赁费50 000元。

(4) 本月支付短期借款利息15 000元，其中已预提5 000元。

(5) 本月分配的工资费用与实际支付的工资均为100 000元。

(6) 收回外单位前欠应收账款20 000元。

要求：请分别计算丙公司在权责发生制和收付实现制下8月份的收入与费用，填入表1-6中。

表1-6 **丙公司8月份收入与费用的确认与计量**

业务号	权责发生制		收付实现制	
	收入	费用	收入	费用
(1)				
(2)				
(3)				
(4)				
(5)				
(6)				
合计				

(二) [目的] 理解会计假设、会计信息质量要求的含义

[资料] 某会计师事务所是由张新、李安合伙创建的，最近发生了下列经济业务，并由会计作了相应的处理：

1. 6月10日，张新从事务所出纳处拿了380元现金给自己的孩子购买玩具，会计将380元记为事务所的办公费支出，理由是：张新是事务所的合伙人，事务所的钱也有张新的一部分。

2. 6月15日，会计将6月1—15日的收入、费用汇总后计算出半个月的利润，并编制了财务报表。

3. 6月20日，事务所收到某外资企业支付的业务咨询费2 000美元，会计没有将其折算为人民币反映，而直接记到美元账户中。

4. 6月30日，计提固定资产折旧，采用年数总和法，而本月前计提折旧均采用直

线法。

5. 6月30日，事务所购买了一台电脑，价值12 000元，为了少计利润，少缴税，将12 000元一次性全部计入当期管理费用。

6. 6月30日，收到达成公司的预付审计费用3 000元，会计将其作为6月份的收入处理。

7. 6月30日，在事务所编制的对外报表中显示“应收账款”60 000元，但没有“坏账准备”科目。

8. 6月30日，预付下季度报刊费300元，会计将其作为6月份的管理费用处理。

要求：根据上述资料，分析该事务所的会计在处理这些经济业务时是否完全正确，若有错误，主要是违背了哪项会计假设或会计原则。

研讨与交流

一、如何看待会计工作

会计的发展经历了很长的历史时期。最早的会计只是生产职能的附带部分。当社会生产发展到一定阶段后，会计才逐渐从生产职能中分离出来，成为一种具有独立职能的管理活动。1854年，苏格兰爱丁堡会计师公会成立，标志着会计开始作为一种专门职业而存在。近百年来，会计的迅猛发展反复证明了这样一条历史规律：“天下未乱计先乱，天下欲治计乃治。”正所谓“经济越发展，会计愈重要”。但不可否认，当人类社会进入21世纪后，社会上人们对会计及其重要性的认识和理解，仍智者见智，仁者见仁。有人说：“做会计真好，雨不打头、风不打脸，又惬意，一个月的账半个月就做完了。”有人说：“会计工作太简单了，不就是点点钱、数数票子、报销差旅费、发放工资薪酬、支付水电费，哪需要学几年，更不需要考证评职称。”有人说：“由于市场竞争压力大，企业纷纷精简机构以求降低成本，作为财会部门要不了几个会计，只要一两个就足够了。”还有人说：“会计大多看领导眼色行事，领导叫干啥就干啥。”也有人说：“会计是国际通用的一种商业语言，是一门科学，会计工作很重要。现代会计人员不仅要记账、算账和报账，还要学会管账和用账，俗话说得好，会计是内当家的，是领导的左膀右臂，工作既要扎实，又要创新，一点也不能马虎。”

要求：请结合自己的学习体会，谈谈你对会计及其重要性的认识和理解。

二、区分会计主体与非会计主体的活动

张先生开了一家小商店，经营油盐酱醋等小商品。张先生日常生活中需要的啤酒、油盐酱醋等商品就直接从自己的商店里拿，也从来不记账，因为他觉得都是自己家的东西，反正没有与他人发生经济往来。但是，税务局的检查人员在检查中提出他有逃避缴纳税款的嫌疑，张先生觉得很委屈。

要求：你认为税务局检查人员的说法有道理吗？

三、如何获取信息以及对信息的要求

我们在日常生活中会作出各种各样的决策，我们都希望自己所作出的决策是正确的。决策的正确性不仅取决于决策者自身的决策能力，而且取决于是否占有充分而可靠的信息。所以，信息是我们进行决策的基础。以下是一些决策问题：①您决定学会计学专业、财务管理专业还是审计学专业？②公司董事会决定将新增加的一笔5 000万元投资，是投放于沿海还是投资于内地？③公司采购人员决定某种原材料是从A公司还是从B公司购买？④公司股东大会决定是否增加股利分红的额度？⑤您正考虑是否投资购买一家公司的股票？

要求：请思考上述问题，在确定某一决策时都需要哪些信息？对这些信息有哪些要求？

第二章　会计要素与会计等式

【内容导读】

本章内容为第一章会计对象的延续与拓展。会计要素是会计对象具体构成内容的别称，也是具有深刻意义的会计专业名词，更是不可或缺的财务会计概念。本章重点研究会计要素的定义、作用和特征，以及体现这些要素相互之间数量上相等关系的会计等式。

【学习目标】

✔ 价值塑造目标

➢培养平衡即美的哲学思维，资产永远等于负债加权益；

➢树立权利与义务的对等理念，树立债权人权益优先于所有者权益的观念；

➢树立“有来路才有归途”的哲学思想，将人生财富放入会计等式以衡量对社会的净贡献。

✔ 知识传授目标

➢通过学习资产、负债、所有者权益、收入、费用和利润的概念与分类，初步建立财务报表的概念框架；

➢理解资产、负债和所有者权益是构成会计等式的要素，缺一不可，不管发生什么经济业务，都不会破坏会计等式的平衡关系；

➢理解“资产=负债+所有者权益”所要表达的含义就是有多少资产就对应多少权益，揭示的逻辑是“资金占用=资金来源”；

➢理解所有者（股东）权益是剩余权益，股东是公司最终风险的承担者。

✔ 能力培养目标

➢通过会计要素和会计等式的学习，培养将经济业务转化为会计语言的能力，以及用会计语言正确描述经济业务的能力；

➢培养将会计平衡思想运用到日常生活和工作之中的能力，不必纠结于一时的得与失。从长远看，得与失是平衡的，从而增强获得内心平衡和幸福感的能力；

➢培养欣赏会计的平衡之美，善于发现会计恒等式带来的人生哲学思考。

第一节　会计要素

【导入案例】4月初，东方公司账面资料显示，企业总资产2 504 000元，其中904 000元是负债形成的，其余1 600 000元是投资者的投资。经过一个月的生产经营，东方公司本月份实现营业收入2 000 000元，发生相关成本费用1 600 000元。4月30日，企业总资产2 708 000元，其中1 108 000元是负债形成的。试问，东方公司4月30日财务状况如何？当月收入和费用分别是多少？

一、会计要素的基本概念及意义

会计要素是对会计对象进行的基本分类，是会计核算对象的具体化，又称会计对象要素。它主要解决会计向会计信息使用者提供哪些会计信息以及如何提供这些信息的问题。从一般意义上说，会计的对象就是企业的资金活动，即能够用货币表现的各种经济业务，但只是对会计对象的一般描述，比较抽象，而且无法从整体上把握会计的内容。由于企业的经营活动多种多样，而每天发生的经济业务更是数不胜数。为了便于会计确认、计量、记录和报告，就要利用会计要素形式，使会计对象更加具体化，即经济业务的发生所引起的资金运动又具体表现为会计要素的增减变动。确立会计要素对于设置账户、登记账簿、编制财务报告、为会计信息使用者提供各种有用的会计信息具有重要意义。

延伸阅读2-1

坚持中国特色是我国会计发展的必由之路

二、会计要素的分类及内容

我国《企业会计准则》将会计要素分为六大类，即资产、负债、所有者权益、收入、费用、利润。其中，前三类表现资金运动的相对静止状况，属于反映企业在某一特定日期财务状况的会计要素；后三类表现资金运动的显著变动状态，属于反映企业在一定时期内经营成果的会计要素。

（一）反映企业财务状况的会计要素

1.资产

资产是企业过去的交易或者事项形成的、由企业拥有或者控制的、预期会给企业带来经济利益的资源。

【提请注意】交易是指以货币为媒介的商品或者劳务的交换，如购买材料物资等；事项则是指没有实际发生货币交换的经济业务，如企业完工产品验收入库等。

作为一项资产，应具备以下几个特征：

（1）资产从本质上来说是一种经济资源，可以作为要素投入到生产经营中去。就其存在形态来看，既有有形的，也有无形的；既可以是货币形式的，也可以是实物形式的。

（2）资产是由过去的交易或者事项形成的。资产必须是现实的资产，曾经拥有的但在过去已经消失的经济资源，不再列作企业的资产；资产也不能是预期的，未来的交易或者事项以及未发生的交易或者事项可能产生的结果不能确认为企业的资产。

【课堂讨论】7月初，东方公司与销售方签订一份购买合同，计划在年底购买一批机器设备。试问：这批设备能否确认为东方公司7月的资产？

（3）资产必须是企业拥有或者控制的。所谓拥有是指法律意义上的拥有，即所有权全部转移，企业付清了资产全部的价款并取得了所有权凭证。所谓控制是指企业持有资产所有权的法定权利。这是因为所有权可以分割或者共有，企业可能没有取得资产在法律上的所有权但拥有使用该资产的法定权利。如融资租赁的固定资产，承租企业虽然没有拥有所有权，但对其拥有控制权，同样可以作为承租企业的资产来确认。

（4）资产预期会给企业带来经济利益。如果某项物品预期不能为企业带来经济利益，就不能确认为企业的资产。

【例 2-1】东方公司 10 月 18 日购进一台全新的数控机床，以替换原有的旧机床。自新机床投入使用后，旧机床一直未再使用，且不能给公司带来经济利益。目前，新机床已承担全部的生产任务。试问：以前的机床是否是东方公司的固定资产？

由于东方公司原有的机床已经长期闲置不用，不能给企业带来经济利益，旧机床不应确认为该公司的固定资产。

【提请注意】一个企业拥有或者控制的经济资源从其形态看是资产，但从其来源途径看则表现为负债和所有者权益。

按照流动性不同，资产可分为流动资产和非流动资产。

（1）流动资产。流动资产是指预计在一个正常营业周期中出现、出售或者耗用，或者主要是为了交易目的而持有的资产，主要包括货币资金、交易性金融资产、应收及预付账款、存货等。对于制造业企业而言 ，一个正常营业周期是指从货币资金购买原材料到生产的产品销售出去，并转化成货币资金所需要的时间。

货币资金是指企业拥有的以货币形态存在的那部分资产，包括现金、银行存款和其他货币资金。其中，其他货币资金包括外埠存款、银行汇票存款、银行本票存款、信用卡存款、信用证保证金存款和存出投资款等。

交易性金融资产是企业为了近期内出售而持有的金融资产，如企业以赚取差价为目的从二级市场购入的各种股票、债券、基金等。

应收及预付款项是指企业在日常经营活动中发生的各种债权，包括应收票据、应收账款、预付账款以及其他应收款。

（2）非流动资产。非流动资产是指流动资产以外的资产，主要包括长期股权投资、固定资产、无形资产、其他资产等。

长期股权投资是指企业持有的对其子公司、合营企业、联营企业的权益投资以及企业持有的对被投资单位不具有控制、共同控制或者重大影响，且在活跃市场中没有报价，公允价值不能可靠计量的权益性投资。

固定资产是指同时具有以下特征的有形资产：①为生产商品、提供劳务、出租或者经营管理而持有的；②使用寿命超过一个会计年度，如房屋、建筑物、机器设备、大型交通运输工具等。

无形资产是指企业拥有或者控制的、没有实物形态的可辨认非货币资产，主要包括专利权、非专利技术、商标权、土地使用权等。

其他资产是指除以上各项资产以外的资产，如长期待摊费用等。

2. 负债

负债是指企业过去的交易或者事项形成的、预期会导致经济利益流出企业的现时义务。

作为一项负债，应具有以下几个特征：

（1）负债是由过去的交易或者事项形成的，是企业当前承担的一项经济责任。凡是企业将来发生的交易或者事项可能产生的义务，不能确认为负债。

（2）负债的清偿预期会导致经济利益流出企业。在大多数情况下，企业往往需要用资产或者提供劳务方式偿付债务。有时，企业通过承诺新的负债或者转化为所有者权益来了结一项现有的负债。

（3）负债反映了债权人对企业资产的要求权。负债一般都有确切的债权人、到期值和到期日。

【课堂讨论】东方公司发生如下经济业务：（1）2月，向银行借入一年期借款80万元，将要到期，尚未偿还。（2）7月，向南方公司购买原材料一批，价款100万元，款项尚未支付。（3）9月，北方公司向法院起诉东方公司，要求赔偿30万元，法院尚未审理宣判。（4）9月，东方公司财务处作出下一年度银行借款计划，计划向银行借款200万元。（5）9月，应向职工发放工资78万元，因资金紧张，至年底尚未发放。试问：上述哪些属于东方公司本年度负债？哪些不属于？为什么？

按流动性不同，负债可分为流动负债和非流动负债。

（1）流动负债。流动负债是指预计在一个正常营业周期中清偿或者主要为交易目的而持有的负债，主要包括短期借款、应付账款、预收账款、应付职工薪酬、应交税费、其他应付款等。

短期借款是指企业为维持正常生产经营周转而向银行或者其他金融机构借入的期限在一年以内（含一年）的各种借款。

应付账款是指企业由于购买原材料、商品或者接受劳务等而发生的债务。

预收账款是指销货单位按照合同或者协议规定预先向购货单位或者个人收取的货款或者定金。

应付职工薪酬是指企业根据有关规定应付给职工的各种薪酬，包括职工工资、奖金、津贴和补贴，职工福利费，医疗、养老、工伤、生育等社会保险费，住房公积金，工会经费、职工教育经费和非货币性福利等。

应交税费是指企业应缴纳的各种税费，如增值税、消费税等。

其他应付款是指除了以上各种债务以外的负债，主要包括应付租入包装物租金、存入保证金等。

（2）非流动负债。非流动负债是指流动负债以外的负债，主要包括长期借款、应付债券、长期应付款等。

长期借款是指企业向银行或者其他金融机构借入的期限在一年以上的各种借款。

应付债券是指企业为筹集长期资金而对外发行债券所形成的一种负债。

长期应付款是指企业除长期借款、应付债券以外的其他一切长期应付款。

【提请注意】与流动负债相比，非流动负债除了具有负债的共同特征外，还具有债务金额大、偿还期限长、可以分期偿还等特点。

3.所有者权益

所有者权益是指企业资产扣除负债后由所有者所享有的剩余权益。对于公司来说，所有者权益又称为股东权益。

所有者权益具有以下特征：

（1）它是一项永久性投资。除非发生减资、清算，或者分派现金股利，所有者权益一般不需要由企业归还给投资者。

（2）企业清算时，所有者权益置于债权人权益之后，所有者权益只有在清偿所有的负债之后才能返还给所有者。

（3）所有者凭借所有者权益有权参与企业管理和利润分配。

【课堂讨论】为什么说所有者权益是一种剩余权益？其数额如何计算？

所有者权益一般分为实收资本、资本公积、盈余公积和未分配利润。其中，盈余公积和未分配利润又合称为留存收益。

实收资本是指投资者按照企业章程或者合同、协议的约定实际投入企业的资本。

资本公积是指所有者投入但不构成实际资本，直接计入所有者权益的利得和损失等，包括资本溢价（或者股本溢价）及直接计入所有者权益的利得和损失等。

【提请注意】利得是指由企业非日常活动所形成的、会导致所有者权益增加的、与所有者投入资本无关的经济利益的流入，如他人的赠与等；损失是指由企业非日常活动所形成的、会导致所有者权益减少的、与所有者分配利润无关的经济利益的流出。

盈余公积是指企业按照有关规定从税后利润中提取的各种公积金，包括法定盈余公积、任意盈余公积等。

未分配利润是指企业留存于以后年度分配或者待分配的利润。

【提请注意】所有者权益与负债的区别：尽管所有者权益与负债都对企业资产拥有要求权，共同构成企业权益，但是两者是有区别的：所有者投入的资本，企业一般可长期使用，不需按期偿还，也不需要支付使用费；而负债有确切的期限，到期一定要偿还，有时还会发生有关的费用，如银行借款的利息费用等；所有者可以凭借其所有者权益参与企业管理和利润分配，而债权人无此项权利，它只能按照预先约定的条件取得利息收入，如短期借款等。

（二）反映企业经营成果的会计要素

1.收入

收入是指企业在日常活动中形成的、会导致所有者权益增加的、与所有者投入资本无关的经济利益的总流入，包括销售商品收入、劳务收入、租金收入等，不包括为第三方或者客户代收的款项等。

收入包括以下几个特征：

（1）收入是指企业的日常活动中产生的，而不是从偶发的交易或者事项中产生，如企业销售商品、提供劳务的收入等。企业出售固定资产和无形资产、取得罚款收入也能给企业带来经济利益，但由于不属于企业的日常活动，所以不属于收入的范畴，而是属于企业的利得。

（2）收入可能表现为企业资产的增加，如增加银行存款、应收账款等；也可能表现为企业负债的减少，如以商品或者劳务抵偿债务；或者二者兼而有之，如商品销售的货款中部分收取现金，部分抵偿债务。

（3）收入可能导致所有者权益增加。这里所说的收入能增加所有者权益，仅指收入本身的影响，而收入扣除与之配比的费用后的净额，既可能增加所有者权益，也可能减少所有者权益。

（4）收入只包括本企业经济利益的流入，不包括为第三方或客户代收的款项。

（5）收入与所有者投入的资本无关，所有者投入资本形成的经济利益的总流入不构成收入，而应确认为企业所有者权益的组成部分。

收入按照企业经营业务的主次，分为主营业务收入和其他业务收入。

主营业务收入是指企业为完成其经营目标所从事的经常性活动实现的收入。主营业务收入一般占企业总收入的比重较大，对企业的经济效益会产生较大的影响。不同的行业其主营业务收入有所不同。如工业企业的主营业务收入主要包括销售商品、自制半成品、提供工业性劳务等取得的收入。

其他业务收入是指企业为完成其经营目标从事的与经常性活动相关的活动实现的收入。其他业务收入属于企业日常活动中次要交易实现的收入，一般占企业总收入的比重较小，主要包括技术转让收入、销售材料收入、出租包装物收入等。

【例2-2】东方公司10月分别发生了出售和出租固定资产、无形资产的收入以及出售不需要的材料的收入，请问这些收入是否应确认为企业的收入?

出售固定资产、无形资产并非企业的日常活动，这种偶发性的收入不应确认为收入。出租固定资产、无形资产在实质性上属于让渡资产使用权，出售不需要的材料的收入属于企业日常活动中的收入，因此应该确认为企业的收入，具体确认为其他业务收入。

【提请注意】会计收入并不一定与现金有关。例如，向客户预收的货款，企业的现金虽然增加，但是企业因尚未提供商品或劳务，因此不能作为收入确认，而是增加了一项负债。

2. 费用

费用是指企业在日常活动中发生的、会导致所有者权益减少的、与向所有者分配利润无关的经济利益的总流出。

费用具有以下几个特征:

费用是指企业日常经营活动中发生的，如购买原材料、支付工人工资等发生的经济利益的流出。但是有些偶发的交易或者事项虽然也会导致经济利益流出，但是不属于企业的日常经营活动，所以不属于费用，而是属于企业的损失，如出售固定资产净损失、因违约支付罚款、对外捐赠、自然灾害净损失。

(1) 费用的发生可能表现为资产的减少，如生产产品耗用材料等；也可能表现为负债的增加，如负担长期借款利息等；也可能两者兼而有之，如发生某笔费用支付部分现金，同时承担部分债务等。

(2) 费用最终会导致企业所有者权益的减少。一般而言，在费用一定的情况下，企业收入增长，会使利润增加，从而增加所有者权益；在收入一定的情况下，费用增加，会使利润减少或者亏损增加，从而减少所有者权益。

(3) 费用与向所有者分配利润无关。向所有者分配利润属于企业利润分配的内容，不构成企业的费用。

【课堂讨论】费用包括企业所有的支出吗？它与资产有着什么样的关系？

费用可以按照不同的标准进行分类：

(1) 费用按照其经济内容可以分为外购材料、外购燃料、外购动力、工资薪酬、折旧费、利息支出、税金、其他费用等。

(2) 费用按照其经济用途可以分为直接费用、制造费用和期间费用。

直接费用是指直接为生产产品或者提供劳务而发生的各种费用，包括直接材料、直接人工和其他直接费用。

制造费用是指企业为生产产品或者提供劳务而发生的各种间接费用，包括生产车间管理人员的工资薪酬、折旧费、修理费、水电费、保险费等。

期间费用是指企业在日常经营活动中发生的，应计入当期损益的费用，包括销售费用、管理费用和财务费用。销售费用是指企业在销售商品和材料、提供劳务等日常经营活动中发生的各项费用以及专设销售机构的各项经费，如展览费、广告宣传费等。管理费用是指企业行政管理部门为组织和管理生产经营活动而发生的各项费用，如由企业统一承担的公司经费、业务招待费、咨询费等。财务费用是指企业为筹集生产经营资金等理财活动而发生的各项费用，如利息支出等。

【提请注意】在制造成本法下，直接费用和制造费用构成产品的生产成本，期间费用不计入成本，而是直接计入当期损益。

3.利润

利润是指企业在一定会计期间的经营成果，包括企业在一定会计期间内实现的收入减去费用后的净额、直接计入当期利润的利得和损失等。

利润是企业生存和发展的基础，是企业扩大再生产的主要资金来源。它体现了投资者权益，是吸引所有者投资的动力和根源。企业实现的利润不仅是反映企业经营成果资金运动的动态形式的一个基本指标，而且是衡量、评价企业经营成果与管理效率的最综合的尺度。从理论上讲，企业在权责发生制前提下，通过恰当运用配比原则，可以确定某一会计期间的利润。但是在现实生活中，企业利润的高低往往受主客观因素的影响，因而利润又具有不确定性。

企业利润是企业在生产经营过程中各种收入减去费用后的净额并加上各种利得和减去各种损失后的余额。不同的企业有着不同的利润构成。企业利润有营业利润、利润总额和净利润。其中，营业利润是指企业在销售商品、提供劳务等日常生活中所产生的利润；营业利润加上营业外收入，减去营业外支出的数额称为利润总额；营业外收入和营业外支出是指企业发生的与其生产经营无直接关系的各项收入和支出，如处置固定资产净收益或净支出、罚款净收入或净支出等；利润总额减去所得税费用后的数额即为企业的净利润。所得税费用是指企业确认的应从当期利润总额中扣除的所得税费用。

延伸阅读2-2

会计要素的划分

【提请注意】配比原则是指企业进行会计核算时，收入与取得该收入发生的成本、费用应当相互配比，以便计算特定业务或特定期间的经营成果。收入与费用配比包括两方面问题：一是收入和费用在因果关系上的配比，即取得一定的收入时发生了一定的支出，而发生这些支出的目的就是取得这些收入；二是收入和费用在时间意义上的配比，即一定会计期间的收入和费用的配比。

上述各种会计要素及其具体项目的定义只说明应具备的一般特征。要确定某一项目能否作为某一会计要素项目，除了满足会计要素的定义以外，还应同时具备会计确认的两个基本条件：与该项目有关的经济利益很可能流入或者流出企业；与该项目有关的经济利益能够可靠地计量。

【课堂讨论】当我们走进一家超市，你所看到的各种各样的商品是不是该超市的资产？你能否判断出这家超市有无负债和所有者权益？一段时间过后，你能用什么方法确定这家超市是盈利还是亏损？

第二节 会计等式

【导入案例】4月初，东方公司账面资料显示，企业总资产2 504 000元，其中904 000元是负债形成的，其余1 600 000元是投资者的投资。上述三个数字之间存在着什么样的关系？4月份发生多笔经济业务后，上述关系是否会被打破？假如经过一个月的生产经营，东方公司在4月份实现营业收入2 000 000元，发生相关成本费用1 600 000元。东方公司在4月份实现了多少利润？收入、费用和利润之间又存在着怎样的关系？

一、会计等式的意义

会计等式是表明各会计要素之间内在联系的数学表达式，又称为会计恒等式。

（一）资产、负债、所有者权益之间的关系

企业为了进行生产经营活动，必须拥有或者控制一定数量的、能满足其生产经营需要的经济资源，即资产，如库存现金、厂房、机器设备、原材料等，然而企业的这些资产不是凭空而来的。它们最初进入企业的来源不外乎两个方面：一是所有者以投资的方式投入；二是债权人提供，如银行借款等。由于企业的所有者和债权人为其提供了全部资产，他们对企业的资产就应该享有要求权。这种对企业资产的要求权，在会计上称为“权益”。其中，属于所有者的部分称为所有者权益；属于债权人的部分，称为负债。可见，资产和权益实质上是同一事物（经济资源）的两个不同的侧面，即：

资产=权益

资产表明企业拥有或者控制什么经济资源，拥有或者控制多少资源；权益表明谁提供这些经济资源，谁对这些经济资源拥有要求权。因此，资源和权益必须同时存在，有一定数额的资产，就必然拥有一定数额的权益；反之，有一定数额的权益也必然拥有一定数额的资产。从数量上看，在任何一个时点一个企业所拥有的资产总额必定等于权益总额。用公式表示如下：

资产=权益=负债+所有者权益

【提请注意】负债和所有者权益虽然都属于权益，但并非两种平等的权益，负债优先于所有者权益。如企业由于某些原因解散清算，其变现的资产首先应该用于偿还负债，清偿债务后余下的资产才能在企业所有者之间分配。因此，上述会计等式还可以表示为“资产-负债=所有者权益”，但不能表示为“资产-所有者权益=负债”。

（二）收入、费用、利润之间的关系

随着商品的销售或者劳务的提供，企业一方面取得各类收入，另一方面为取得收入会发生相关的各种耗费（即费用）。在一定的会计期间内，企业获得的总收入扣除相关的总费用就形成了企业的利润。用公式表示如下：

收入-费用=利润

【提请注意】当收入大于费用时，形成企业的利润，反之就是亏损。

（三）会计六要素之间的关系

“资产=负债+所有者权益”会计等式反映的是企业在某个会计期间开始时（即某一特

定时日）的财务状况。“收入-费用=利润”会计等式反映的是企业在某一会计期间的经营成果。随着经济活动的进行，在会计期间内，企业一方面取得了收入，并因此而增加了资产或减少了负债；另一方面要发生各种各样的费用，并因此而减少了资产或增加了负债。所以，企业在会计期间内的任一时点上，即未结账之前，原来的会计等式就转化为下面的形式：

资产=负债+所有者权益+（收入-费用）

到了会计期期末，企业将收入与费用相抵减，计算出利润（或亏损），并按规定的程序进行分配，剩余的又全部归入所有者权益项目。这样在会计期期末结账之后，会计等式又恢复到会计期期初的形式，即：

资产=负债+所有者权益

由此可见，会计等式揭示了会计要素之间的联系，它是设置账户、复式记账、试算平衡和编制会计报表的理论依据。会计等式的这种平衡关系可以用一张简略的资产和权益平衡表来反映。例如，东方公司12月1日有关资产和权益资料见表2-1。

表2-1　资产和权益平衡表

12月1日　单位：元

资产	月末余额	负债及所有者权益	月末余额
库存现金	200	负债：	
银行存款	50 000	短期借款	30 000
应收账款	18 000	应付账款	20 000
原材料	200 000	预收账款	108 200
库存商品	40 000	应付股利	10 000
固定资产	800 000	长期借款	700 000
		小计	868 200
		所有者权益：	
		实收资本	60 000
		资本公积	100 000
		盈余公积	80 000
		小计	240 000
合计	1 108 200	合计	1 108 200

表2-1说明东方公司12月1日拥有资产总额1 108 200元。这些资产是从不同渠道取得的：负债868 200元，其中短期借款30 000元、应付账款20 000元、预收账款108 200元、应付股利10 000元、长期借款700 000元；所有者权益240 000元，其中实收资本60 000元、资本公积100 000元、盈余公积80 000元。该公司从不同的渠道取得或者形成的这些资产又具体分布和占用在以下方面：库存现金200元、银行存款50 000元、应收账款18 000元、原材料200 000元、库存商品40 000元、固定资产800 000元。可见，对于东方公司来说，在12月1日这一特定时点上，资产和权益总额都是1 108 200元，两者保持平衡。

延伸阅读2-3

大学生的“会计等式”

二、经济业务对会计等式的影响

经济业务是指企业在生产经营过程中发生的、可能引起会计要素增减变化的经济活动，也称为会计事项。资产和权益的数量不是静止不变的，经济业务的发生必然会影响资产和权益在数量上的变化，但是无论怎样变化，都不会破坏会计等式的平衡关系，即：

资产=负债+所有者权益

下面以东方公司12月发生的经济业务为例来说明经济业务的类型及其对会计等式的影响。

【例2-3】1日，收到北方公司投入资本100 000元存入公司银行存款账户。

这项业务的发生一方面会引起资产—银行存款增加100 000元，另一方面使所有者权益—实收资本也增加100 000元。由于资产总额和所有者权益总额同时增加100 000元，因此会计等式依然成立。经过这一变化，会计等式的平衡关系变为：

资产（1 108 200+100 000）=负债（868 200）+所有者权益（240 000+100 000）=1 208 200（元）

【例2-4】5日，公司用银行存款归还短期借款20 000元。

这项业务的发生一方面会引起资产—银行存款减少20 000元，另一方面使负债—短期借款也减少20 000元。由于资产总额和负债总额同时减少20 000元，因此会计等式依然成立。经过这一变化，会计等式的平衡关系变为：

资产（1 208 200-20 000）=负债（868 200-20 000）+所有者权益（340 000）=1 188 200（元）

【例2-5】9日，公司收到南方公司前欠款8 000元，当即存入银行。

这项业务的发生一方面会引起资产—银行存款增加8 000元，另一方面资产—应收账款减少了8 000元。由于资产内部两个项目一增一减，增减金额都是8 000元，因此会计等式依然成立。经过这一变化，会计等式的平衡关系变为：

资产（1 188 200+8 000-8 000）=负债（848 200）+所有者权益（340 000）=1 188 200（元）

【例2-6】10日，公司向银行借入短期借款10 000元，直接用于归还北方公司的货款。

这项业务的发生一方面会引起负债—短期借款增加10 000元，另一方面又同时引起负债—应付账款减少了10 000元。由于负债内部两个项目一增一减，增减金额都是10 000元，因此会计等式依然成立。经过这一变化，会计等式的平衡关系变为：

资产（1 188 200）=负债（848 200+10 000-10 000）+所有者权益（340 000）=1 188 200（元）

【例2-7】15日，公司购买不需要安装的机器设备一台，价款60 000元暂未支付。

这项业务的发生一方面会引起资产—固定资产增加60 000元，另一方面又同时引起负债—应付账款增加了60 000元。由于资产和负债总额同时等额增加，因此会计等式依然成立。经过这一变化，会计等式的平衡关系变为：

资产（1 188 200+60 000）=负债（848 200+60 000）+所有者权益（340 000）=1 248 200（元）

【例2-8】28日，公司经与南方公司协商，同意将所欠南方公司应付账款10 000元转作对本公司的投资。

这项业务的发生一方面会引起负债—应付账款减少10 000元，另一方面又同时引起所有者权益—实收资本增加了10 000元。由于负债和所有者权益两个项目一增一减，增减金额都是10 000元，因此会计等式依然成立。经过这一变化，会计等式的平衡关系变为：

资产（1 248 200）=负债（908 200-10 000）+所有者权益（340 000+10 000）=1 248 200（元）

【例 2-9】30 日，公司用资本公积 50 000 元转增资本。

这项业务的发生一方面会引起所有者权益—实收资本增加 50 000 元，另一方面又同时引起所有者权益—资本公积减少了 50 000 元。由于所有者权益内部两个项目一增一减，增减金额都是 50 000 元，因此会计等式依然成立。经过这一变化，会计等式的平衡关系变为：

资产（1 248 200）=负债（898 200）+所有者权益（350 000+50 000−50 000）=1 248 200（元）

【例 2-10】31 日，本公司董事会经决议，用盈余公积分配利润 30 000 元。

这项业务的发生一方面会引起负债—应付股利增加 30 000 元，另一方面又同时引起所有者权益—盈余公积减少了 30 000 元。由于负债和所有者权益内部两个项目一增一减，增减金额都是 30 000 元，因此会计等式的平衡关系依然成立。经过这一变化，会计等式的平衡关系变为：

资产（1 248 200）=负债（898 200+30 000）+所有者权益（350 000−30 000）=1 248 200（元）

【例 2-11】31 日，本公司按照法定程序减资 70 000 元。

这项业务的发生一方面会引起资产—银行存款减少 70 000 元，另一方面又同时引起所有者权益—实收资本减少 70 000 元。由于资产和所有者权益总额同时减少了 70 000 元，因此会计等式依然成立。经过这一变化，会计等式的平衡关系变为：

资产（1 248 200−70 000）=负债（928 200）+所有者权益（320 000−70 000）=1 178 200（元）

以上东方公司 12 月份发生的九笔经济业务具有典型性，分别代表着九种不同类型的经济业务，即：

（1）资产和所有者权益要素同时增加，增加金额相等；

（2）资产和负债要素同时减少，减少金额相等；

（3）资产要素内部有关项目有增有减，增减金额相等；

（4）负债要素内部有关项目有增有减，增减金额相等；

（5）负债和资产要素同时增加，增加金额相等；

（6）负债要素减少，所有者权益要素增加，增减金额相等；

（7）所有者权益要素内部有关项目有增有减，增减金额相等；

（8）负债要素增加，所有者权益要素减少，增减金额相等；

（9）资产和所有者权益要素同时减少，减少金额相等。

尽管企业发生的经济业务错综复杂，但是归纳起来，不外乎上述九种类型。通过分析，可以看出无论哪一种类型经济业务的发生，都不会破坏会计等式的平衡关系。

【课堂讨论】在九种不同类型的经济业务中，你能否判断出哪几种类型的经济业务既不破坏会计等式的平衡关系，也不会影响资产和权益要素的总额？哪几种类型的经济业务虽不破坏会计等式的平衡关系，但是会影响资产和权益要素的总额？

东方公司 12 月发生的九笔经济业务所引起的资产和权益的增减变化及其结果见表 2-2。

表2-2　　　　经济业务引起的资产和权益变化表　　　　单位：元

资产	变化前金额	增加金额	减少金额	变化后金额	负债及所有者权益	变化前金额	增加金额	减少金额	变化后金额
库存现金	200			200	负债：				
银行存款	50 000	108 000	90 000	68 000	短期借款	30 000	10 000	20 000	20 000
应收账款	18 000		8 000	10 000	应付账款	20 000	60 000	20 000	60 000
原材料	200 000			200 000	预收账款	108 200			108 200
库存商品	40 000			40 000	应付股利	10 000	30 000		40 000
固定资产	800 000	60 000		860 000	长期借款	700 000			700 000
					小计	868 200			928 200
					所有者权益：				
					实收资本	60 000	160 000	70 000	150 000
					资本公积	100 000		50 000	50 000
					盈余公积	80 000		30 000	50 000
					小计	240 000			250 000
合计	1 108 200	168 000	98 000	1 178 200	合计	1 108 200	260 000	190 000	1 178 200

【课堂讨论】我国《企业会计准则》将会计要素划分为资产、负债、所有者权益、收入、费用和利润六大要素，其中反映企业财务状况的前三个要素之间存在着内在的联系，即：资产=负债+所有者权益。试问反映企业经营成果的后三个要素之间是否也存在着某种内在的联系？为什么？企业会计六大要素之间有无联系？如果有，能否用公式加以表示？

思政园地

存贷双高的康美药业：300亿元的财务谎言

2019年，康美药业近300亿元财务造假案震惊了整个中国资本市场。此前很长一段时间，这家企业是A股市场上被人追捧的大白马，被誉为中国民族医药健康产业的一面旗帜，如今神话破灭，成为A股史上最大规模财务造假案的企业，终将走向末路。

康美药业于2002年上市后，一直保持着很高的增长速度，巅峰时期的市值接近1 400亿元，而从巅峰到坠落，只有短短几个月时间。康美药业风波始于2018年10月，有媒体发文质疑康美药业“存贷双高”，公司在拥有大笔现金的同时，还借入大笔有息负债。康美药业的股价随即开始跳水，从最高时的每股21. 88元跌到2018年12月底的每股9.08元，短短两个月缩水一半还多。至2021年4月16日，康美药业股票市值只剩102亿元。康美药业发布业绩下修公告披露，预计2020年净利润亏损为244.8亿~299.2亿元，日均亏损约1亿元。

市场的反应引起了监管层的注意。2018年12月，因涉嫌信息披露违法违规，康美药业被中国证监会立案调查，财务造假事件败露。2020年5月，中国证监会发布行政处罚决定书（〔2020〕24号）认定，2016—2018年年度报告中，康美药业营业收入、利息收入、营业利润、货币资金、固定资产、在建工程、投资性房地产存在虚假记载。其中，2016年虚增营业收入206.4亿元，2017年虚增100.3亿元，2018年半年度虚增84.8亿元。康美药业通过财务不记账、虚假记账，伪造、变造大额定期存单或银行对账单，配合营业收入造假、伪造销售回款等方式，虚增货币资金，其中2016年虚增货币资金225.5亿元，2017年虚增299.4亿元，2018年虚增361.9亿元；另外，还虚增固定资产、在建工程、投资性房地产共36.1亿元。

中国证监会对康美药业信息披露违法违规行为作出行政处罚及市场禁入决定，公司及相关人员涉嫌犯罪行为被移送司法机关。

2020年7月9日，康美药业实际控制人马兴田因涉嫌违规披露、不披露重要信息罪被公安机关采取强制措施。

2021年2月，为康美药业提供审计服务的会计师事务所及其4名注册会计师被中国证监会认定出具存在虚假记载的审计报告、未对康美药业业务管理系统实施相应审计程序、未获取充分适当的审计证据、对康美药业财务报表审计存在缺陷，受到处罚。对该所处罚创下会计师事务所被罚金额最高的新纪录。注册会计师中3人被警告、罚款和证券市场禁入，1人被警告和罚款。

资料来源：作者根据新闻报道资料整理而成。

【思政解读】

根据会计等式平衡原理，康美药业在虚增收入（利润）的同时，必须虚增资产或虚减负债，才能够满足平衡要求。康美药业便采用虚增货币资金和固定资产等典型的粉饰手段，导致银行存款、有息贷款即“存贷双高”的异常现象，引起业界质疑，最终被证实财务造假。从会计技术角度讲，根据会计等式平衡原理的要求，虚增的利润往往需要虚增资产来掩饰，资产的不真实一旦暴露，必将使利润造假行为无处遁形，造假企业终将自食恶果。

企业与人一样，往往对自身的蜕变很难察觉，那些由盛转衰的企业，开始也都认为自己不会重蹈覆辙，但由于缺乏积极的企业价值观念，很难抵御诱惑和挫折，缺乏明辨是非的能力，缺乏诚信为本、遵纪守法的原则，随着环境的改变，自身也就会发生堕落。这也就不难理解，为什么很多像康美药业一样一时得势的企业最终却变成了“流星”。从康美药业“神话”破灭，可见诚信守法对企业和个人的重要性，作为会计从业人员，更是必须秉承诚信为本、操守为重、遵循准则、不做假账的原则。

思考与练习

一、简答题

1. 什么是会计要素？我国会计要素是如何划分的？

2. 什么是资产、负债、所有者权益？资产、负债、所有者权益各有哪些特征？其内容包括哪些？

3. 什么是收入、费用和利润？收入、费用和利润各有哪些特征？其内容又包括哪些？

4. 什么是会计等式？如何表述？

5. 经济业务发生会引起会计要素变化的类型有哪几种？为什么说它们不会破坏会计等式的平衡关系？

二、单项选择题

1. 长期待摊费用属于会计要素中的（　　）。

A.资产　　B.负债　　C.所有者权益　　D.费用

2.企业所拥有的资产从财产权利归属来看，一部分属于投资者，另一部分属于（　　）。

A.企业职工　　B.债权人　　C.债务人　　D.企业法人

3.下列项目中，属于无形资产的是（　　）。

A.应收账款　　B.商标权

C.开办费　　D.租入固定资产的改良支出

4.广义的权益一般包括（　　）。

A.资产和所有者权益　　B.债权人权益和所有者权益

C.所有者权益　　D.资产和债权人权益

5.下列（　　）属于企业的流动资产。

A.存货　　B.厂房　　C.机器设备　　D.专利权

6.从特定企业来看，下列各项目中，属于流动负债的是（　　）。

A.生产设备

B.欠银行的贷款40万元，将于3年后偿还

C.现金

D.欠银行的贷款10万元，将于6个月后偿还

7.下列各项中，属于所有者权益的是（　　）。

A.长期借款　　B.银行存款　　C.预收账款　　D.实收资本

8.下列各项中，不属于收入要素内容的是（　　）。

A.销售商品取得的收入　　B.提供劳务取得的收入

C.出租固定资产取得的收入　　D.营业外收入

9.下列各项中，不属于费用要素内容的是（　　）。

A.销售费用　　B.管理费用　　C.财务费用　　D.预付账款

10.经济业务发生如涉及负债和所有者权益两个会计要素，则引起这两个要素（　　）。

A.同时增加　　B.同时减少　　C.一增一减　　D.不变动

11.最基本的会计等式是（　　）。

A.资产=负债+所有者权益

B.期初余额+本期增加额-本期减少额=期末余额

C.收入-费用=利润

D.资产=负债+所有者权益+（收入-费用）

12.某企业本期期初资产总额为100 000元，本期期末负债总额比期初减少10 000元，所有者权益比期初增加30 000元。该企业期末资产总额是（　　）。

A.90 000元　　B.100 000元　　C.120 000元　　D.130 000元

13.下列经济业务会引起资产类项目和负债类项目同时增加的是（　　）。

A.从银行提取现金　　B.用银行存款归还企业的银行短期借款

C.赊购原材料　　D.接受投资者投入的现金资产

14.经济业务发生仅涉及资产这一要素时，则必然引起该要素中某些项目发生

( )。

A.同增变动 B.同减变动 C.一增一减变动 D.不变动

15.某公司资产总额为60 000元，负债总额为30 000元，以银行存款20 000元还短期借款，并以银行存款15 000元购买设备，则上述业务入账后该公司的资产总额为（ ）。

A.30 000元 B.40 000元 C.25 000元 D.15 000元

16.记账之后，在月末结账之前，会计等式的表现形式为（ ）。

A.资产=负债+所有者权益 B.资产=负债+所有者权益+（收入-费用）

C.资产=负债+所有者权益+利润 D.资产-负债=所有者权益

17.下列各项经济业务中，不影响企业资产总额变动的业务是（ ）。

A.从其他企业赊购材料 B.收到客户所欠货款直接存入银行

C.收到法人单位投资直接存入银行 D.从银行借入短期借款

18.在下列经济业务中，只能引起同一个会计要素内部增减变动的业务是（ ）。

A.取得借款存入银行 B.用银行存款归还前欠货款

C.用银行存款购买材料 D.赊购原材料

19.企业销售产品一批，货款未收，这项业务引起会计等式中（ ）。

A.资产与负债同时增加 B.资产与所有者权益同时增加

C.资产与收入同时增加 D.收入与负债一增一减

20.收到所有者投资的价值30万元的机器设备，使（ ）。

A.资产总额和所有者权益总额不变

B.资产总额和所有者权益总额同时减少

C.资产总额和所有者权益总额同时增加

D.资产总额和权益总额一增一减，增减金额相等

21.资产=负债+所有者权益不是（ ）。

A.试算平衡的理论依据

B.复式记账的理论依据

C.编制资产负债表的理论依据

D.总分类账户与明细分类账户平行登记的理论依据

22.某企业所有者权益总额为6 000万元，负债总额为4 000万元，那么该企业的资产总额为（ ）万元。

A.2 000 B.10 000 C.6 000 D.以上答案都不对

23.下列等式中，(）是会计恒等式。

A.资产=负债+权益 B.资产=债权人权益+业主权益+费用-收入

C.资产=负债+所有者权益 D.资产=负债+所有者权益+收入

24.下列各项中，会引起留存收益总额发生增减变动的是（ ）。

A.盈余公积转增资本

B.盈余公积补亏

C.任意盈余公积用于建造集体福利设施

D.用税后利润补亏

三、多项选择题

1.根据我国《企业会计准则》的规定，会计要素包括（　　）。
A.资产和费用　B.负债和收入　C.利得和损失　D.利润和所有者权益

2.下列属于资产类项目的有（　　）。
A.货币资金　B.盈余公积　C.短期借款　D.预付账款

3.下列属于负债项目的有（　　）。
A.应付职工薪酬　B.应交税费　C.长期借款　D.预收账款

4.关于资产的特征，下列说法正确的是（　　）。
A.资产从本质上来说是一种经济资源　B.资产是由过去的交易或事项形成的
C.资产必须为企业所拥有或控制　D.资产预期会给企业带来经济利益

5.下列属于负债要素项目的有（　　）。
A.短期借款　B.预收账款　C.预付账款　D.应交税费

6.下列项目中，属于非流动资产的有（　　）。
A.固定资产　B.长期股权投资　C.无形资产　D.存货

7.下列项目中，属于负债要素特点的有（　　）。
A.是由现在的交易或事项所引起的偿债义务
B.是由过去的交易或事项所形成的现时义务
C.是由将来的交易或事项所引起的偿债义务
D.将会导致经济利益流出企业

8.所有者权益包括（　　）。
A.银行借款　B.实收资本　C.资本公积　D.未分配利润

9.下列项目中，属于费用要素特点的有（　　）。
A.企业在日常活动中发生的经济利益的总流出
B.会导致所有者权益减少
C.与向所有者分配利润无关
D.会导致所有者权益增加

10.下列属于期间费用的是（　　）。
A.管理费用　B.财务费用　C.销售费用　D.制造费用

11.下列项目中，属于非流动负债项目的有（　　）。
A.长期应付款　B.长期借款　C.其他应付款　D.应付债券

12.下列各项中，属于流动资产的有（　　）。
A.专利权　B.低值易耗品　C.预付账款　D.包装物

13.企业取得的下列款项中，符合“收入”会计要素定义的有（　　）。
A.出租固定资产收取的租金　B.出售固定资产收取的价款
C.出售原材料收取的价款　D.出售自制半成品收取的价款

14.下列（　　）属于企业的流动负债。
A.预收账款　B.预付账款　C.应交税费　D.应付工资

15.下列各项经济业务中，能引起会计等式左右两边会计要素变动的有（　　）。
A.收到某单位前欠货款20 000元存入银行

B.以银行存款偿还银行借款

C.收到某单位投来机器设备一台，价值80万元

D.以银行存款购买材料8 000元

16.资产与权益的恒等关系是（　　）。

A.复式记账法的理论依据　　B.编制资产负债表的依据

C.试算平衡的理论依据　　D.总账与明细账平行登记的理论依据

17.下列项目中，属于所有者权益的来源的有（　　）。

A.所有者投入的资本　　B.不应计入当期损益的利得或者损失

C.留存收益　　D.收入

18.下列（　　）经济业务会使资产和权益总额发生同时增加的变化。

A.用银行存款购入固定资产　　B.赊购原材料

C.向银行借入短期借款　　D.收到所有者投资转入的一批新设备

19.下列（　　）经济业务的发生不会使得“资产=负债+所有者权益”这一会计等式左右双方的总额发生变动。

A.用资本公积转增实收资本　　B.从银行提取现金

C.赊购固定资产　　D.用银行存款归还短期借款

20.下列会计等式表述正确的是（　　）。

A.资产=权益　　B.资产=负债+所有者权益

C.收入-费用=利润　　D.资产=负债+所有者权益+（收入-费用）

四、判断题

（　　）1.反映企业财务状况的会计要素是收入、费用和利润。

（　　）2.资产就其存在形态来看，必须是有形的，如房屋、机器设备、原材料等。

（　　）3.流动资产是指预计在一个正常营业周期中变现、出售或耗用的，或者主要为交易目的而持有的资产。

（　　）4.企业负债的清偿，在大多数情况下，往往需要用资产或提供劳务方式偿还。

（　　）5.资产包括固定资产和流动资产两部分。

（　　）6.所有者权益是一项永久性投资，一般不需要由企业归还给投资者。

（　　）7.资产是指企业现时的交易或者事项形成的，由企业拥有或者控制的，预期会给企业带经济利益的资源。

（　　）8.未来交易或事项可能产生的结果可以确认为企业的资产。

（　　）9.对于某一项财产，要成为企业的资产，其所有权必须属于企业。

（　　）10.资产定义中强调的“过去的交易、事项形成”是指资产负债表日及以前的交易、事项。

（　　）11.按照我国《企业会计准则》的规定，负债不仅指现实已经存在的债务责任，还包括某些将来可能发生的、偶然事项形成的债务责任。

（　　）12.收入是指企业在日常活动中形成的、会导致所有者权益增加的、与所有者投入资本无关的经济利益的总流入。

（　　）13.企业在生产经营过程中所发生的一切支出，均属于费用要素。

（　　）14.利润是企业在一定会计期间内实现的收入减去费用后的净额。

（　　）15. 企业实现的利润或发生的亏损，都属于企业的财务成果。

（　　）16. 企业的利得和损失包括直接计入所有者权益的利得和损失以及直接计入当期利润的利得和损失。

（　　）17. 企业取得收入，意味着利润便会形成。

（　　）18. 资产等于权益是反映企业资金运动的静态平衡关系，如考虑收入、费用等动态要素，则资产不一定等于权益。

（　　）19. 企业收到某单位还来前欠货款1万元。该项经济业务会引起会计等式左右两方会计要素发生同时增加的变化。

（　　）20. 企业无论发生哪种类型的经济业务，都不会破坏“资产=负债+所有者权益”这个会计等式。

第二章
即测即评

五、实务题

（一）［目的］了解会计要素的构成内容

［资料］东方公司的会计要素内容如下：

短期借款、存货、实收资本、银行存款、应交税费、无形资产、预收账款、应付债券、主营业务收入、未分配利润、财务费用、投资收益。

要求：将以上内容分别列示在资产、负债、所有者权益、收入、费用、利润要素项目内。

（二）［目的］练习对会计要素进行分类，并掌握它们之间的关系

［资料］东方公司1月末财务状况的详情如下：

（1）存放在出纳员处的库存现金1 700元；

（2）存入银行的存款2 939 300元；

（3）投资者投入的资本金13 130 000元；

（4）向银行借入3年期的借款500 000元；

（5）向银行借入5个月期的借款300 000元；

（6）仓库库存产成品940 000元；

（7）生产车间正在加工中的产品581 000元；

（8）应收外单位产品货款43 000元；

（9）应付外单位材料货款55 000元；

（10）预先支付给供货商的货款50 000元；

（11）预先收取华发公司购货款40 000元；

（12）对外短期投资60 000元；

（13）在用公司办公楼价值5 700 000元；

（14）在用公司机器设备等价值4 730 000元；

（15）公司的资本公积共960 000元；

（16）盈余公积共440 000元；

（17）外欠某企业设备款200 000元，还有1.5年到期；

（18）拥有某企业上年发行的三年期公司债券650 000元；

（19）上年尚未分配的利润70 000元。

要求：根据上述资料对会计要素进行分类，并计算出各要素总额。

（三）［目的］理解经济业务和会计要素的对应关系

要求：请判断表2-3中各项目能否确认为某一会计要素，如果能，请回答出属于哪个具体会计要素，填入表2-3中。

表2-3　**经济业务与会计要素对应表**

序号	经济业务	金额（元）	能否确认为某一会计要素	具体会计要素
1	向银行提现，存放在财会部门的库存现金	3 600		
2	销售商品应收客户货款	800 000		
3	一台已经废弃、不能再使用的设备	175 000		
4	向银行申请并取得一笔短期借款	500 000		
5	接受某一投资者投入的资本	1 000 000		
6	公司从亨达公司临时租用一套设备	470 000		
7	公司决定下个月购买一辆小汽车	320 000		
8	销售商品，实现收入	790 000		
9	从银行借款（3年）而产生的应付利息	20 000		
10	发生的电话费、水电费等	6 500		
11	因违约而支付的罚款	1 000		
12	生产产品而耗用原材料	580 000		
13	根据税法规定计算的应交税费	42 000		
14	向地震灾区捐赠	100 000		
15	留待以后年度分配的利润	1 670 000		

（四）［目的］练习会计要素之间的相互关系

［资料］东方公司年末总资产比年初总资产多45 000元，年末流动资产是年末流动负债的3.5倍。年末的资产、负债及所有者权益见表2-4。

表2-4　**东方公司年末简易资产负债表**　单位：元

资　产	期末余额	年初余额	负债及所有者权益	期末余额	年初余额
			流动负债：		
			短期借款	9 700	4 500
流动资产：			应付账款	4 900	（⑩）
货币资金	16 500	12 500	应交税费	（⑦）	6 500
应收账款	（①）	43 500	流动负债合计	28 400	23 000
预付账款	24 000	（④）	非流动负债：		
存货	42 000	20 000	长期借款	109 600	80 000
流动资产合计	（②）	（⑤）	所有者权益：		
非流动资产：			实收资本	120 000	120 000
固定资产	200 600	164 000	盈余公积	（⑧）	32 000
			所有者权益合计	162 000	152 000
总　计	（③）	（⑥）	总　计	（⑨）	255 000

要求：计算表2-4中括号中的数据，并验证资产、负债和所有者权益之间的关系。

（五）［目的］分析经济业务对会计等式的影响

［资料］假设东方公司3月31日资产、负债和所有者权益的状况见表2-5。

表2-5 **东方公司3月份简易资产负债表** 单位：元

资 产	金 额	负债及所有者权益	金 额
库存现金	180	短期借款	20 000
银行存款	11 800	应付账款	13 480
应收账款	4 700	实收资本	147 000
原材料	30 000	盈余公积	3 200
库存商品	12 000	未分配利润	20 000
生产成本	25 000		
固定资产	120 000		
合 计	203 680	合 计	203 680

假设东方公司4月份发生如下经济业务：

（1）2日，向南方公司购入A材料一批，价款6 000元，材料验收入库，货款通过银行存款支付（暂不考虑增值税）；

（2）5日，收到南方公司所欠货款4 700元，存入公司银行存款账户；

（3）7日，收到国家投入全新的机器设备一台，价值34 000元，已交付使用；

（4）10日，以银行存款2 000元归还到期的银行借款（借款期为半年）；

（5）15日，以现金预付职工出差费800元；

（6）19日，生产领用材料计价4 200元；

（7）25日，从银行提取现金120元；

（8）26日，公司用盈余公积3 200元转增资本；

（9）26日，生产完工产品12 000元，转入成品库；

（10）27日，债权人同意将公司所欠货款10 000元转作对本公司的投资；

［要求］将资产、负债和所有者权益各项目的4月初金额和月份内增减变化的金额填入表2-6中，同时计算出月末余额和合计数，并判断经济业务的发生是否会破坏会计等式的平衡关系。

表2-6 **东方公司4月份资产、负债和所有者权益计算表**

资 产	期初数	本 月 增加数	本 月 减少数	月末 余额	负债及 所有者权益	期初数	本月 增加数	本 月 减少数	月末 余额
库存现金					短期借款				
银行存款					应付账款				
应收账款					实收资本				
原材料					盈余公积				
库存商品					未分配利润				
生产成本									
固定资产									
合 计					合 计				

研讨与交流

一、古董花瓶能否确认为资产？

某企业是机械制造企业，花费50 000元人民币购买古董花瓶一个。对于这个花瓶是否应确认为企业的资产，引发了以下争论：有人认为，企业不能从花瓶上得到经济利益，跟生产经营也没什么直接联系，因此，花瓶不应确认为资产，而将其作为期间费用比较合适；有人极力反驳，认为这个古董花瓶是有价值的，企业可以随时把它卖掉变现，可以为企业带来未来的经济利益的流入。

要求：对于古董花瓶的确认问题，你的观点是什么？

二、李勇的创业选择是否合适？

李勇从某大学酒店管理专业毕业之后决定和高中同学王兵创办一家快餐公司，从事餐饮服务行业。公司注册资本50 000元，于2024年2月1日正式成立。该公司开业后，2月份发生以下经济业务：

1. 李勇和王兵分别投入资金10 000元，从银行借款30 000元（银行借款年利率是6%），均存入银行存款账户。

2. 从银行提取现金600元。

3. 用银行存款购置专业设备40 000元，米、面、油等常备材料6 000元；另外向城郊某公司分5次赊购肉类食品、鲜活产品和各类蔬菜等原料2 000元。

4. 餐饮收入18 000元，兼营小食品零星收入1 500元。

5. 各种餐饮食品的成本是7 500元。

6. 支付工人工资3 000元，各种税金1 000元。

7. 本月应负担的餐饮专用设备的磨损成本为400元。

要求：

（1）分析本公司2024年2月末资产、负债和所有者权益所涉及的项目有哪些？其金额各是多少？会计等式是否平衡？

（2）计算确定2024年2月份的经营成果。

（3）假如李勇大学毕业后本来可以到一家星级酒店上班，月薪1 600元。根据你所计算的结果，评价李勇的创业选择是否合适。

三、李先生应如何出资加入滨海科技公司？

赵先生、钱先生和孙先生各出资100万元于年初创建滨海科技公司，主营游戏软件开发与销售业务。该公司注册资本300万股，其中赵先生以专利权出资，钱先生以自有房屋出资，孙先生以现金出资。经过一年的运营，该公司本年实现利润总额200万元，所得税税率25%，无纳税调整事项。年末，公司决定本年利润不予分配，并吸收李先生加盟，将股本扩大至400万股。实施增资扩股后，四位投资者的持股比例均为25%。

要求：

（1）该公司创建时的经济业务发生后，其资产和权益的数额各为多少？

（2）该公司本年可能发生哪些收入和费用？其会对会计等式产生何种影响？

（3）你认为李先生理论上的最低出资额应为多少？

第三章 账户设置与复式记账

【内容导读】

自本章开始将转向对会计方法的学习。会计方法一般是指会计记录与会计报告的方法，账户设置与复式记账在会计方法中处于首要位置。

本章首先讨论账户的设置依据——会计科目、账户的定义、结构和功能，以及账户的设置原则、账户体系的构成及分类方法等，然后介绍复式记账的定义及理论依据，并重点讨论当今为世界各国通用的复式记账方法——借贷记账法，在此基础上，介绍账户平行登记的方法。

【学习目标】

✔ 价值塑造目标

➢理解复式记账取代单式记账是商业文明的进步；

➢培养能讲清楚每一笔钱来自何处又用到何处的会计基本素养。

✔ 知识传授目标

➢理解为每一个账户取好名称（会计科目），确定账户登记增减的方向，运用复式记账原理记录企业每一笔经济业务的来龙去脉，是保证会计信息真实、准确的第一步；

➢通过学习账户结构、借贷记账法的记账规则和会计分录的编制，初步理解企业经济业务的账务处理；

➢通过学习借贷记账法的记账规则和会计等式进行试算平衡，看到会计的平衡之美。

✔ 能力培养目标

➢培养反思能力，思考会计记录为什么会从单式记账转向复式记账；

➢遵守能量守恒定律，通过有借必有贷、借贷必相等的记账规则联想到学习也是守恒的，即付出等于收获。

第一节 会计科目

【导入案例】红苹果家具公司目前拥有如下资产、负债和所有者权益，你知道它们在会计账簿上的规范名称吗（见表3-1）？

表3-1　资产、负债和所有者权益项目的内容和规范名称

内容	规范的名称	内容	规范的名称
现存钞票	库存现金	向银行借周转款	短期借款
存款	银行存款	未付供货商款项	应付账款
木材	原材料	应向职工支付的工资	应付职工薪酬
完工的桌子	库存商品	应向国家上缴的税金	应交税费
厂房、机器	固定资产	老板投入的本金	实收资本
专利权	无形资产	未分完的利润	未分配利润

一、会计科目的概念

会计要素是对会计对象的基本分类，但仅有基本的分类是无法满足经济管理和会计信息使用者的要求，还必须采用一定的科学方法对会计要素的具体内容作进一步的分类。这种科学的分类方法，在会计上称为设置会计科目。

会计科目是指对会计要素的具体内容进行分类核算和监督的项目名称。每一会计科目都应明确反映某一特定的经济内容。如对资产要素的具体内容，可根据其性质和用途的不同，分别设置“库存现金”“银行存款”“原材料”“应收账款”“固定资产”等会计科目；同样，对负债要素可根据不同的内容和特点，分别设置“短期借款”“应付账款”“应付职工薪酬”“应交税费”等会计科目。合理设置会计科目，可以对会计要素的具体内容进行科学归类，便于会计分类核算和监督企业的经济活动，为正确编制会计凭证、登记账簿和编制会计报表提供依据。

二、设置会计科目的原则

通常，企业所使用的会计科目应根据财政部统一制定的《企业会计准则——应用指南》设置。在此前提下，企业可根据自己的实际情况和需要，增减或合并某些会计科目。设置会计科目一般应遵循以下几项原则：

（一）设置会计科目必须结合会计对象的特点

不同性质的会计主体，其经济活动具有不同的特点。如工业企业是以制造产品为主，为了核算和监督生产耗费，应设置“生产成本”“制造费用”等科目；而建筑企业主要从事工程的建造业务，则应设置“工程施工”“机械作业”等科目。

（二）设置会计科目必须符合经济管理的要求

设置会计科目，要符合国家政府部门进行宏观经济管理的要求，考虑会计核算指标的一致性、可比性，并保持相对稳定；要符合企业加强内部经济管理的要求，以帮助企业内部管理当局作出正确的经济决策；要符合包括投资者、债权人等在内的有关方面了解企业生产经营情况的要求。例如，企业实行经济核算制，应设置“本年利润”“利润分配”等科目；由于国家对银行存款和现金两种货币资金的管理要求不同，应分别设置“银行存款”和“库存现金”两个科目；为了核算企业应付给职工的工资、职工福利、社会保险

费、住房公积金等各种薪酬，应设置“应付职工薪酬”会计科目等。

（三）设置会计科目必须做到统一性和灵活性相结合

统一性是指在设置会计科目时，要根据《企业会计准则——应用指南》，对一些主要会计科目的设置及核算内容进行统一规定，以保证会计核算指标在一个部门乃至全国范围内综合汇总、分析利用。灵活性是指在保证统一核算指标的前提下，各单位可以根据本单位的具体情况和经济管理的要求，对统一规定的会计科目作必要的增补或合并。例如，在核算实际收到投资者投入资本时，一般企业用“实收资本”科目，股份有限公司用“股本”科目。

【提请注意】统一性和灵活性是一对矛盾，企业在设置会计科目时应两者兼顾。

（四）设置会计科目的名称要简单明了，字义相符，内容确切

在设置会计科目时，要根据单位经济业务的特点尽可能简洁明了地规定会计科目的名称。会计科目的名称应与其核算内容相一致，且能够望文生义，不致产生误解。会计科目都有其特定的核算内容，科目之间在内容上应具有互排性。会计科目的数量和详细程度应根据企业规模的大小、业务繁简程度和管理的需要而定。全部会计科目设置以后，将形成一个完整的核算指标体系。

（五）设置会计科目应保持相对稳定

会计科目设置的稳定性，主要表现在会计科目的名称和含义，特别是每个科目的核算内容应保持相对稳定，这样才便于不同时期分析比较会计核算指标和在一定范围内汇总核算指标。由于会计科目的设置，是由《企业会计准则——应用指南》加以规定的，因此，为了保证会计科目设置的相对稳定，《企业会计准则——应用指南》的制定或修订也应保持相对稳定。

【提请注意】设置会计科目应注意防止两种倾向：一是要防止会计科目过于简单化，造成经济管理的困难；二是要防止会计科目变动频繁，过于繁琐，增加会计核算的工作量。

三、会计科目的分类

1. 会计科目按其反映的经济内容不同分为资产类、负债类、共同类、所有者权益类、成本类和损益类科目。

（1）资产类科目

按资产的流动性分为反映流动资产、长期股权投资、固定资产、无形资产和长期待摊费用等的科目。其中，反映流动资产的科目又可划分为库存现金、银行存款、交易性金融资产、应收账款、预付账款、原材料、库存商品、其他应收款等。

（2）负债类科目

按负债的流动性分为反映流动负债和非流动负债的科目。其中，反映流动负债的科目又分为短期借款、应付账款、预收账款、应付职工薪酬、应交税费、其他应付款等；反映非流动负债的科目又分为长期借款、应付债券、长期应付款等。

（3）共同类科目

共同类科目主要包括清算资金往来、货币兑换、衍生工具等科目。该类科目本书暂不涉及，不作介绍。

(4) 所有者权益类科目

按所有者权益的形成和性质分为实收资本、资本公积、盈余公积和未分配利润等科目。

【提请注意】由于利润是收入与费用相抵后的结果，并最终归属于所有者权益，因此，将利润归于所有者权益类科目。

(5) 成本类科目

成本类科目主要反映企业在生产产品和提供劳务过程中所发生的与成本有关的内容，如生产成本、制造费用、劳务成本等科目。

【提请注意】成本类科目是制造业企业设置的特殊的会计科目，就其性质而言，由于其余额反映的是企业的在产品成本（即未完工产品的价值），属于企业的存货，应归属于资产类科目，但它同时又是企业核算产品制造成本的专用科目，具有两重性。

(6) 损益类科目

损益类科目主要反映企业在生产经营过程中取得的各项收入和发生的各项费用。前者如主营业务收入、营业外收入、其他业务收入等科目；后者如主营业务成本、营业外支出、其他业务成本、管理费用、财务费用、销售费用等科目。

2.会计科目按其所提供信息的详细程度及统驭关系分为总分类科目和明细分类科目。

(1) 总分类科目

总分类科目又称总账科目或一级科目，是指对会计要素具体内容进行总括分类核算的科目。它提供总括性资料，如“原材料”“应收账款”等科目。

(2) 明细分类科目

明细分类科目又称明细科目，是指对总分类科目所包含的内容所作的进一步分类的科目。它提供详细核算资料。明细分类科目按照其分类的详细程度不同，又可分为子目和细目。子目又称二级科目，它是介于总分类科目与细目之间的科目，它所提供的核算资料比总分类科目详细，但比细目提供的资料概括；细目又称三级科目，是指对某些二级科目所作的进一步分类。

设置二级科目和三级科目是为了获得管理上所必需的详细资料。在实际工作中，会计科目的级次应根据具体情况灵活设置，并不是分得越细越好，也不是说每个一级科目下都必须设有二、三级科目，有的会计科目也许只需要设置二级科目，甚至一级科目即可。

(3) 总分类科目与明细分类科目的关系

总分类科目对其所属明细分类科目起着统驭控制作用，明细分类科目则对总分类科目起着补充说明作用。

【课堂讨论】请以原材料为例，简要列示其一级科目、二级科目及细目的设置。

企业常用会计科目表见表3-2。

表3-2 **企业会计科目表**

序号	编号	会计科目名称	序号	编号	会计科目名称
一、资产类			43	2202	★应付账款
1	1001	★库存现金	44	2205	★预收账款

续表

序号	编号	会计科目名称	序号	编号	会计科目名称
2	1002	★银行存款	45	2211	★应付职工薪酬
3	1015	其他货币资金	46	2221	★应交税费
4	1101	交易性金融资产	47	2231	★应付股利
5	1121	应收票据	48	2232	★应付利息
6	1122	★应收账款	49	2241	★其他应付款
7	1123	★预付账款	50	2601	★长期借款
8	1131	★应收股利	51	2602	应付债券
9	1132	应收利息	52	2801	长期应付款
10	1231	★其他应收款	53	2811	专项应付款
11	1241	坏账准备	54	2411	预计负债
12	1401	材料采购	55	2901	递延所得税负债
13	1402	★在途物资	三、共同类（略）		
14	1403	★原材料	四、所有者权益类		
15	1404	材料成本差异	56	4001	★实收资本
16	1406	★库存商品	57	4002	★资本公积
17	1407	发出商品	58	4101	★盈余公积
18	1408	委托加工物资	59	4103	★本年利润
19	1461	存货跌价准备	60	4104	★利润分配
20	1501	债权投资	五、成本类		
21	1502	债权投资减值准备	61	5001	★生产成本
22	1503	其他债权投资	62	5101	★制造费用
23	1504	其他权益工具投资	63	5201	劳务成本
24	1524	长期股权投资	64	5301	研发支出
25	1525	长期股权投资减值准备	六、损益类		
26	1526	投资性房地产	65	6001	★主营业务收入
27	1531	长期应收款	66	6051	★其他业务收入
28	1601	★固定资产	67	6101	公允价值变动损益

续表

序号	编号	会计科目名称	序号	编号	会计科目名称
29	1602	★累计折旧	68	6111	★投资收益
30	1603	固定资产减值准备	69	6117	其他收益
31	1604	★在建工程	70	6301	★营业外收入
32	1605	工程物资	71	6401	★主营业务成本
33	1606	固定资产清理	72	6402	★其他业务成本
34	1701	★无形资产	73	6405	★税金及附加
35	1702	累计摊销	74	6601	★销售费用
36	1703	无形资产减值准备	75	6602	★管理费用
37	1711	商誉	76	6603	★财务费用
38	1801	★长期待摊费用	77	6701	资产减值损失
39	1811	递延所得税资产	78	6702	信用减值损失
40	1901	★待处理财产损溢	79	6711	★营业外支出
二、负债类			80	6801	★所得税费用
41	2001	★短期借款	81	6901	以前年度损益调整
42	2201	★应付票据			

注：带★的属于本书中涉及的会计科目；

四、会计科目的编号

企业在进行会计核算时，所运用的会计科目很多。为了表明会计科目的性质及其所属的类别和关系，并方便会计电算化，必须对会计科目进行统一编号。

会计科目的编号由财政部颁布的《企业会计准则——应用指南》统一规定，常用的方法是数字编号法，一般用四位数字，每一位数字都有其特定的含义。从左至右的第一位数字表示会计科目的主要大类。例如，“1”表示资产类，“2”表示负债类，“3”表示共同类，“4”表示所有者权益类，“5”表示成本类，“6”表示损益类。第二位数字表示每一大类内部的顺序编号，第三位和第四位数字表示具体科目名称。如用001表示库存现金，用002表示银行存款等。所有会计科目数字编号见表3-2。

延伸阅读3-1

会计科目的设置及使用

企业不应当随意打乱科目编号，某些会计科目之间留有空号，供增设会计科目之用。

会计人员在填制记账凭证、登记账簿时，应填制会计科目的名称，或者同时填制会计科目的名称和编号，但不能只填编号，不填科目名称。

【课堂讨论】会计科目按其反映经济内容的分类和会计六要素的分类为什么不完全一致？

第二节 账户

【导入案例】两位初学会计的同学在一起讨论会计科目和账户是不是一回事。

甲说："因为账户是根据会计科目设置的，因此会计科目和账户就是一回事。"

乙说："你说得不对，因为会计科目具有一定的结构，而会计账户只是一个名称，没有结构。因此两者根本就不是一回事。"

甲说："会计科目的名称就是账户的名称，如库存现金科目、库存现金账户。二者反映的经济内容是一致的，因此，两者是一回事。"

乙说："会计科目是对会计对象具体内容的分类，而账户是对会计要素的分类，因此两者不是一回事。"

分析讨论：请说明甲、乙两位同学的说法是否正确？如不正确请说明理由。

一、账户的概念

账户是根据会计科目设置的，具有一定的格式和结构，用来连续、系统地记录经济业务引起的各会计要素增减变动情况及其结果的载体。设置账户是会计核算的一种专门方法。通过账户记录提供的会计核算资料，既能反映企业一定时期内每一笔或全部经济业务的情况，又是编制会计报表的基础。

账户与会计科目是两个不同的概念，它们既有联系又有区别。一方面，账户和会计科目所反映的经济内容是相同的，两者相辅相成，会计科目是设置账户的依据，是账户的名称，账户则是会计科目的具体运用。没有会计科目，账户便失去了设置的依据；没有账户，就无法发挥会计科目的作用。另一方面，会计科目本身并不存在结构问题，而账户作为一种核算和监督的工具，必须具备一定的格式和结构，以便记录和反映每一笔经济业务对会计要素的影响。在实际工作中，对会计科目和账户往往不加严格区分，而是相互通用。

二、账户的基本结构

为了全面、清晰地记录各项经济业务所引起的各个会计要素的增减变动情况及其结果，账户不但要有明确的核算内容，而且要有一定的结构。账户的结构就是指账页的格式。

企业发生经济业务后所引起的各个会计要素的变动虽然错综复杂，但从数量上看不外乎有增加和减少两种情况。因此，为了能反映出各个会计要素的变动情况，账户在结构上也应相应地分为左右两个部分：一部分登记增加数，另一部分登记减少数。这就形成了账户的基本结构。账户的结构与记账方法有着密切的联系，不同的记账方法，账户的结构是不同的，即使采用同一种记账方法，账户的性质不同，其结构也是不同的。

在借贷记账法下，账户的基本结构见表3-3。

表3-3 **账户的基本结构**

会计科目：

年		凭证号码		摘要	增加（减少）	减少（增加）	余额
月	日	字	号				

【提请注意】在账户中，哪一方登记增加额、哪一方登记减少额取决于所采用的记账方法和所记录的经济内容。

为了方便教学，上述账户的基本结构可简化为"T"字形，如图3-1所示。

左方	账户名称	右方
增加（减少）		减少（增加）

图3-1 "T"形账户基本结构

三、账户的金额要素

账户一般要提供四个金额要素，即期初余额、本期增加发生额、本期减少发生额和期末余额。其中，本期增加发生额和本期减少发生额统称为本期发生额，表示各账户所反映的经济内容在本期内变动的情况；期末余额反映的是经济内容变动的结果。当经济业务发生后，应将增加额与减少额记在相应的栏目内，一定期间记录到账户增加方的数额合计数，称为本期增加发生额；一定期间记录到账户减少方的数额合计数，称为本期减少发生额；期初余额、本期增加发生额与本期减少发生额的差额就是账户的期末余额。余额按表示的时间不同，分为期初余额和期末余额两种。账户的本期期末余额转入下期即为下期的期初余额。上述四个金额要素之间的关系如下：

期末余额=期初余额+本期增加发生额-本期减少发生额

【提请注意】账户的余额在方向上一般应与增加方一致。

【例3-1】以东方公司5月"银行存款"账户为例，通过"T"形账户的运用，列示账户内四个金额要素之间的关系，如图3-2所示。

5月份银行存款的期初余额为60 000元，5月份发生如下经济业务：

（1）5月3日，销售商品收到30 000元的货款；

（2）5月5日，购买一台设备，支付了50 000元；

（3）5月12日，销售商品收到了150 000元的货款；

（4）5月16日，采购材料支付了100 000元的材料款；

（5）5月27日，采购材料支付了50 000元的材料款。

左方	银行存款		右方
期初余额	60 000		
5.3	30 000	5.5	50 000
5.12	150 000	5.16	100 000
		5.27	50 000
本期增加发生额	180 000	本期减少发生额	200 000
期末余额	40 000		

图3-2 "T"形账户的运用

【提请注意】"银行存款"是资产类账户，左边表示增加，右边表示减少。

第三节 复式记账

【导入案例】东方公司6月份发生的部分经济业务如下：

（1）从银行提取现金1 000元；

（2）以现金支付办公费800元；

（3）公司销售商品取得收入150 000元，存入银行；

（4）向北方公司购进原材料16 000元，货款未付。

上述经济业务的发生会引起会计要素发生增减变动，应在哪些账户中进行记录？采用什么样的记账方法？如何记？

一、记账方法

记账方法是指在账户中记录经济业务所采用的方法。根据历史考察，记账方法从简单到复杂，从不完善到逐步完善，曾先后采用单式记账法和复式记账法两种。

（一）单式记账法

单式记账法是最早出现的一种记账方法，是指对发生的经济业务一般只在一个账户中进行登记的记账方法。其主要特点是：每笔经济业务只记入一个账户，一般只登记现金、银行存款的收付业务和各种债权、债务的往来款项。例如，用库存现金5 000元购买原材料，仅在现金账上登记库存现金减少了5 000元，一般不在"原材料"账上登记材料增加；购买材料货款未付，只在"应付账款"账上登记负债的增加，而不在"原材料"账上登记材料的增加。即使有时也在"原材料"账上登记，但各记各的，两个账户之间没有必然的联系，也不存在相互平衡的概念。因此，单式记账法是一种比较简单、不完整、不严密的记账方法，它不能全面、系统地反映经济业务的来龙去脉，无法了解各会计要素有关项目的增减变动情况，也不便于检查账户记录的正确性和真实性。

【提请注意】单式记账法是古代会计所采用的一种记账方法。到近代后，由于其不能适应社会化大生产的需要而被复式记账法所取代。复式记账法是在单式记账法的基础上逐步发展完善起来的。在现代会计中，单式记账法一般只用于备查账簿的登记。

（二）复式记账法

复式记账法是会计等式的一种应用，它是指对发生的每一项经济业务都要以相等的金额在两个或两个以上相互联系的账户中进行登记的记账方法。例如，企业向银行提取现金3 000元，运用复式记账法反映此项经济业务，一方面要在“库存现金”账上登记增加3 000元，另一方面又要在“银行存款”账上登记减少3 000元；又如，企业用银行存款6 400元偿还前欠南方公司货款，既要在“银行存款”账上登记减少6 400元，同时又要在“应付账款”账上登记减少6 400元。

与单式记账法相比，复式记账法有以下几个特点：

（1）账户设置完整，且相互联系地形成一个系统的账户体系。

（2）对每一项经济业务，都必须同时在两个或两个以上相互联系的账户中作双重记录。

（3）对每一项经济业务，都要以相等的金额进行分类登账，并以双重记录为基础对账户记录及结果进行试算平衡。

复式记账法是一种比较科学、完善的记账方法，现代会计核算均采用复式记账法。复式记账法按其记账符号、记账规则、账户分类和试算平衡方法的不同，可分为借贷记账法、增减记账法和收付记账法等。其中，借贷记账法是目前世界上绝大多数国家所广泛采用的一种记账方法，也是我国《企业会计准则》中明确规定的企业统一采用的记账方法。

【提请注意】第一位将复式簿记引入中国的，是清末洋务派蔡锡勇先生（1847—1898）。蔡锡勇先生在1905年所著的《连环账谱》中最早介绍了借贷记账法。

二、借贷记账法

延伸阅读3-2

人类智慧的绝妙创造——复式记账法

（一）借贷记账法的概念及起源

借贷记账法是以“借”和“贷”为记账符号，以“有借必有贷，借贷必相等”为记账规则的一种复式记账方法。

借贷记账法起源于公元13—14世纪的意大利。这个时期，意大利正处于资本主义萌芽时期，商贸业发达，经济繁荣，已是商业高利贷和银行业的中心。当时，佛罗伦萨一带经营钱庄的商人，一方面收存商人的游资，给以利息；另一方面又把钱借给商人，收取较高的利息。钱商记账时，向钱商借钱的是债务人，称为借主，其借款数额记在该人名账户的借方，表示人欠的增加；贷款给钱商的人是债权人，称为贷主，其贷款数额记在该人名账户的贷方，表示欠人的增加。钱商在中间划账，由此而产生“借”和“贷”。由于人欠我、我欠人的数额有相等的求偿权，能得到对比，这就为借贷记账法建立了理论基础。后来，随着商品经济的发展，威尼斯商人又把这种方法推广运用在商业经营企业，将借主、贷主之意逐渐由人推及于物。这样，“借”“贷”两字就逐渐失去了原来的本身含义，而转化为单纯的记账符号和会计上的专门术语，其作用在于指明记账的方向、账户对应关系及账户余额的性质。到15世纪，借贷记账法已流行于意大利沿海城市，并逐渐完善，被用来反映资本的存在形态和所有者权益的增减变化。此时，“借”（debit，简写为Dr）和“贷”（credit，简写为Cr）已成为通用的国际商业语言。

延伸阅读3-3

借贷记账法产生与发展简况

延伸阅读3-4

中国与西方复式记账的由来

【提请注意】1907年，中国第一位会计师谢霖与清史学家孟森合作的《银行簿记学》在日本东京出版，这是我国第二本介绍借贷记账法的著作。1858年后由英国人控制的海关是我国最早应用借贷记账法的部门。

（二）借贷记账法的平衡原理

借贷记账法的主旨是追求结果的平衡。平衡的依据是会计恒等式，即资产=负债+所有者权益。该等式揭示了两种平衡之美：

第一，会计主体内各会计要素之间的数字平衡关系。有一定数量的资产，就必然有相应数量的负债和所有者权益与之对应；反之，有一定数量的负债和所有者权益，就一定有相应数量的资产与之对应。

第二，各会计要素增减变化的相互联系。同一会计要素内部一增一减，不同类要素之间的同时增加或同时减少都不会破坏等式的平衡关系。

延伸阅读3-5

借贷记账法在中国的传播

（三）借贷记账法的内容

1.记账符号

记账符号是指在账户中表示记账方向的记号。账户的记账方向分为左、右两方，分别登记其反映的经济内容的增加和减少。借贷记账法以“借”和“贷”作为记账符号，账户的左方为借方，右方为贷方。“借”和“贷”既不单纯代表增加，也不单纯代表减少，其确切的含义必须结合具体的账户来确定。对于一个具体账户而言，“借”和“贷”究竟哪个代表增加、哪个代表减少，要根据账户的性质来确定。

2.账户的具体结构

账户的具体结构取决于其本身的性质。按照会计等式“资产+费用=负债+所有者权益+收入”，把账户分为两类性质不同的账户。处于等式左边的资产和费用账户为一类，反映资金的使用形式，其借方记录增加，贷方记录减少；处于等式右边的负债、所有者权益和收入账户为一类，反映资金的来源渠道，其贷方记录增加，借方记录减少。

【提请注意】上述两类性质不同的账户，其记录增加、减少的方向恰好是相反的。

（1）资产类账户。资产类账户的结构是：借方登记资产的增加额，贷方登记资产的减少额，账户的余额一般在借方，表示期末资产的实有数额，如图3-3所示。

借方　　资产类账户　　贷方

期初余额	×××		
本期增加额	×××	本期减少额	×××
	×××		×××
本期借方发生额	×××	本期贷方发生额	×××
期末余额	×××		

图3-3　资产类账户的结构

资产类账户期末余额（借方）=期初余额（借方）+本期借方发生额-本期贷方发生额

（2）负债和所有者权益类账户。负债和所有者权益类账户的结构是：贷方登记负债和所有者权益的增加额，借方登记负债和所有者权益的减少额，账户的余额一般在贷方，表示期末负债和所有者权益的实有数额，如图3-4所示。

借方　负债和所有者权益类账户　贷方

借方		贷方	
		期初余额	×××
本期减少额	×××	本期增加额	×××
	×××		×××
本期借方发生额	×××	本期贷方发生额	×××
		期末余额	×××

图3-4　负债和所有者权益类账户的结构

负债和所有者权益类账户期末余额（贷方）=期初余额（贷方）+本期贷方发生额-本期借方发生额

【提请注意】既反映资产又反映负债的账户称为双重性质账户，其结构是：当该账户反映资产内容时，就按资产类账户结构登记；当该账户反映负债内容时，就按负债类账户结构登记。在每一个会计期末，用借方发生额与贷方发生额相比较，若是借方余额，则反映企业的资产；若是贷方余额，则反映企业的负债。

（3）成本类账户。成本类账户是用来反映企业在生产经营过程中应计入产品成本的各项费用。由于产品生产完工时转化为产成品资产形式，因此成本类账户的结构与资产类账户一致：借方登记成本的增加额，贷方登记成本的转出额。会计期末，如果已经发生的所有成本均已转出，则期末没有余额；如果尚有一部分成本没有转出，则会有借方余额，表示期末在产品的成本数额，如图3-5所示。

借方　成本类账户　贷方

借方		贷方	
期初余额	×××		
本期增加额	×××	本期减少额	×××
	×××		×××
本期借方发生额	×××	本期贷方发生额	×××
期末余额	×××		

图3-5　成本类账户的结构

成本类账户期末余额（借方）=期初余额（借方）+本期借方发生额-本期贷方发生额

（4）损益类账户。损益类账户包括收入类账户和费用类账户。收入类账户的结构是：贷方登记收入的增加额，借方登记收入的减少额及转出额，期末没有余额，如图3-6所示。费用类账户的结构是：借方登记费用的增加额，贷方登记费用的减少额及转出额，期末没有余额，如图3-7所示。

借方　收入类账户　贷方

借方		贷方	
本期减少额及转出额	×××	本期增加额	×××
	×××		×××
本期借方发生额	×××	本期贷方发生额	×××

图3-6　收入类账户的结构

借方　费用类账户　贷方

借方		贷方	
本期增加额	×××	本期减少额及转出额	×××
	×××		×××
本期借方发生额	×××	本期贷方发生额	×××

图3-7　费用类账户的结构

【提请注意】损益类账户从设置的目的上而言，是一个分类核算企业经营过程中各项损益的过渡性账户。为了对收入和费用进行配比以计算当期利润，在期末时，要将损益类账户本期所有的发生额都转入“本年利润”账户，因此，损益类账户期末没有余额。

3.“借”“贷”的双重含义

借贷记账法下，“借”“贷”是一对抽象且对立的矛盾符号，理解它们的含义，可以从以下两个角度：

（1）表示资金数量变化的双重含义。

“借”表示资金运动数量变化时，一方面表示资产、费用的增加，另一方面表示负债、所有者权益或收入、利润的减少；“贷”表示资金运动数量变化时，一方面表示负债、所有者权益或收入、利润的增加，另一方面表示资产、费用的减少。

“借”和“贷”在不同性质账户中的具体含义可参见表3-4。

表3-4 **“借”和“贷”含义表**

账户类别	借的含义	贷的含义	余额方向
资产类	增加	减少	借
负债类	减少	增加	贷
所有者权益类	减少	增加	贷
成本类	增加	减少	借或无
损益类中的收入类和利得类	减少	增加	无
损益类中的费用类和损失类	增加	减少	无

（2）表示资金运动结果时的双重含义。

“借”和“贷”表示资金性质时，“借”表示资产性质，“贷”表示负债、所有者权益性质。共同类账户如果出现借方期末余额，则表明是资产性质，如果出现贷方期末余额，则表明是负债性质；成本类账户如果有期末余额，则表明是在产品金额。对于制造企业，除季节性生产企业外，成本类的“制造费用”账户期末应无余额。凡是余额在借方的账户为资产类账户；凡是余额在贷方的账户为权益类账户。上述分析结果亦可列表3-5综合其内涵归纳并简示。

表3-5 **“借”和“贷”含义综合分析表**

账户类别	资产（费用）	=	负债+所有者权益（收入、利润）
借	+	↕	-
贷	-		+

4.记账规则

记账规则是指运用记账方法记录经济业务时应当遵循的规律。借贷记账法的记账规则是：有借必有贷，借贷必相等。“有借必有贷”是指对于发生的每一笔经济业务，在一个或几个账户中记借方，同时必须在另一个或几个账户中记贷方；“借贷必相等”是指记入借方的金额与记入贷方的金额必须相等。

【课堂讨论】如何理解借贷记账法下账户的基本结构？你能根据账户的余额方向来确定该账户的性质吗？试举例加以说明。

下面以东方公司6月份发生的部分经济业务为例来说明借贷记账法的记账规则。

【例3-2】1日，收到北方公司投入资本100 000元存入公司“银行存款”账户。

这项业务的发生一方面会引起资产—银行存款增加100 000元，应记在借方；另一方面使所有者权益—实收资本也增加100 000元，应记在贷方。记录结果如图3-8所示。

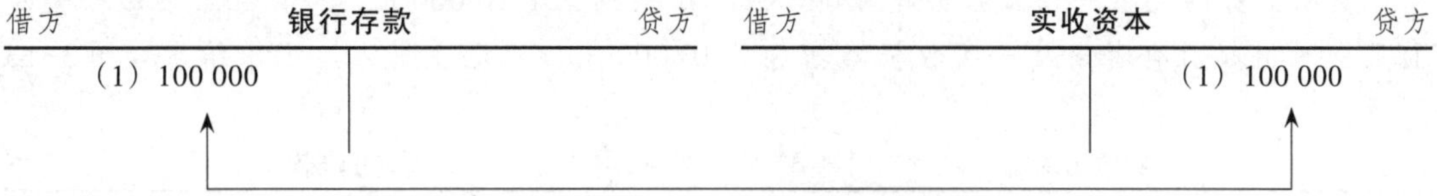

图3-8　资产和所有者权益同时等额增加

【例3-3】5日，公司用银行存款归还短期借款20 000元。

这项业务的发生一方面会引起资产—银行存款减少20 000元，应记在贷方；另一方面使负债—短期借款也减少20 000元，应记在借方。记录结果如图3-9所示。

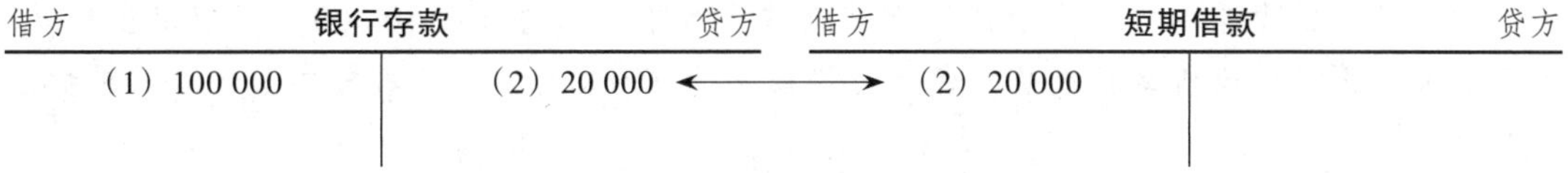

图3-9　资产和负债同时等额减少

【例3-4】9日，公司收到南方公司前欠款8 000元，当即存入银行。

这项业务的发生一方面会引起资产—银行存款增加8 000元，应记在借方；另一方面使资产—应收账款减少8 000元，应记在贷方。记录结果如图3-10所示。

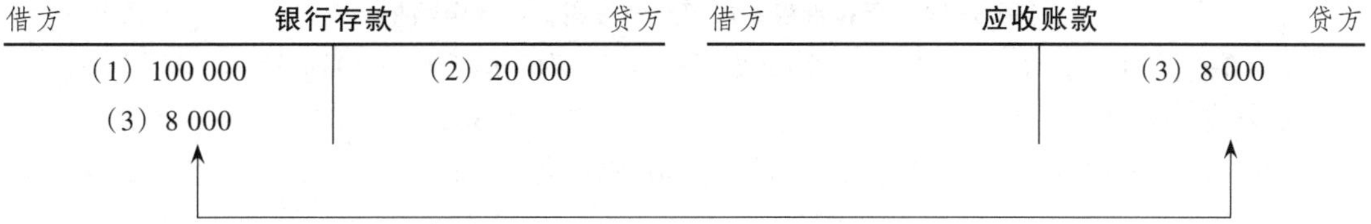

图3-10　资产内部此增彼减，增减金额相等

【例3-5】10日，公司向银行借入短期借款10 000元，直接用于归还北方公司的货款。

这项业务的发生一方面会引起负债—短期借款增加10 000元，应记在贷方；另一方面又同时引起负债—应付账款减少了10 000元，应记在借方。记录结果如图3-11所示。

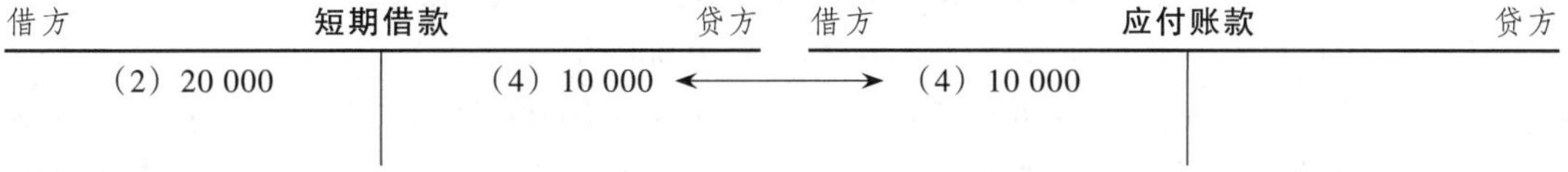

图3-11　负债内部此增彼减，增减金额相等

【例3-6】15日，公司购买不需要安装的机器设备一台，价款60 000元暂未支付。

这项业务的发生一方面会引起资产—固定资产增加60 000元，应记在借方；另一方面又同时引起负债—应付账款增加了60 000元，应记在贷方。记录结果如图3-12所示。

固定资产

借方	贷方
(5) 60 000	

应付账款

借方	贷方
(4) 10 000	(5) 60 000

图3-12 资产和负债同时等额增加

【例3-7】28日，公司经与南方公司协商，同意将所欠南方公司应付账款10 000元转作对本公司的投资。

这项业务的发生一方面会引起负债—应付账款减少了10 000元，应记在借方；另一方面又同时引起所有者权益—实收资本增加了10 000元，应记在贷方。记录结果如图3-13所示。

实收资本

借方	贷方
	(1) 100 000
	(6) 10 000

应付账款

借方	贷方
(4) 10 000	(5) 60 000
(6) 10 000	

图3-13 负债和所有者权益此增彼减，增减金额相等

【例3-8】30日，公司用资本公积50 000元转增资本。

这项业务的发生一方面会引起所有者权益—实收资本增加了50 000元，应记在贷方；另一方面又同时引起所有者权益—资本公积减少了50 000元，应记在借方。记录结果如图3-14所示。

实收资本

借方	贷方
	(1) 100 000
	(6) 10 000
	(7) 50 000

资本公积

借方	贷方
(7) 50 000	

图3-14 所有者权益内部此增彼减，增减金额相等

【例3-9】31日，本公司董事会经决议，用盈余公积分配利润30 000元。

这项业务的发生一方面会引起负债—应付股利增加了30 000元，应记在贷方；另一方面又同时引起所有者权益—盈余公积减少了30 000元，应记在借方。记录结果如图3-15所示。

应付股利

借方	贷方
	(8) 30 000

盈余公积

借方	贷方
(8) 30 000	

图3-15 负债和所有者权益此增彼减，增减金额相等

【例3-10】31日，本公司按照法定程序减资70 000元。

这项业务的发生一方面会引起资产—银行存款减少70 000元，应记在贷方；另一方面又同时引起所有者权益—实收资本减少70 000元，应记在借方。记录结果如图3-16所示。

银行存款

借方	贷方
(1) 100 000	(2) 20 000
(3) 8 000	(9) 70 000

实收资本

借方	贷方
(9) 70 000	(1) 100 000
	(6) 10 000
	(7) 50 000

图3-16 资产和所有者权益同时减少

通过上述九种经济业务的账务处理可以看出，在借贷记账法下，不论发生哪种类型的

经济业务，记入账户时总是遵循“有借必有贷，借贷必相等”的记账规则。

5.账户的对应关系和会计分录

（1）账户的对应关系。

运用借贷记账法对某项经济业务进行账务处理时，总会在有关账户之间形成一种既相互对立又相互依存的应借、应贷关系。我们把账户之间应借、应贷的相互关系称为账户的对应关系。通过账户的对应关系，可以了解经济业务的内容，检查对经济业务的处理是否合理合法。存在着对应关系的账户，叫作对应账户。

【提请注意】账户对应关系是相对于某项具体的经济业务而言的，并非指某个账户与某个账户是固定的对应账户。

（2）会计分录。

为了保证账户记录及其对应关系的正确性，在实际工作中，对发生的每一项经济业务并不是直接根据有关原始凭证记入有关账户，而是先要编制会计分录，然后再根据会计分录登记有关账簿。

会计分录也称记账公式，是指按照复式记账的要求，对发生的每一项经济业务指出其应登记的账户名称、方向和金额的一种记录。每一笔会计分录应包括三项要素：一是记账符号，表明记账方向，即应该记入借方还是贷方；二是会计科目，即经济业务涉及的科目名称；三是金额。

编制会计分录是会计核算日常工作的初始阶段，其编制的正确与否直接影响着会计信息的真实性和正确性。在实际工作中，会计分录编写在记账凭证上；在教学过程中，则采用下列格式书写会计分录：

借：账户名称	×××	
贷：账户名称		×××

【提请注意】会计分录的格式规范：①先借后贷，贷方记录写在借方记录的下面一行并向右移一至二格，不得等齐平行排列，借贷金额也要相应错开；②每行先写借或贷，再写账户名称，最后写金额；③金额后不要写计量单位；④如果有几个“借”或几个“贷”，要求分别将借和贷的文字和金额数字对齐；⑤若有二、三级账户应在一级账户后划杠书写。

（3）会计分录的编制步骤。

①判断经济业务的性质（采购、生产还是销售等）；

②分析该经济业务要使用的会计科目；

③确定该会计科目的类别（资产、负债、所有者权益、收入、费用），分析其增减变化；

④确定账户的方向，是借方还是贷方；

⑤按格式编制会计分录。

现将前面所列举的九笔经济业务编制会计分录如下：

【例3-2】	借：银行存款	100 000	
	贷：实收资本		100 000
【例3-3】	借：短期借款	20 000	
	贷：银行存款		20 000

【例3-4】借：银行存款　　8 000
　　贷：应收账款　　8 000
【例3-5】借：应付账款　　10 000
　　贷：短期借款　　10 000
【例3-6】借：固定资产　　60 000
　　贷：应付账款　　60 000
【例3-7】借：应付账款　　10 000
　　贷：实收资本　　10 000
【例3-8】借：资本公积　　50 000
　　贷：实收资本　　50 000
【例3-9】借：盈余公积　　30 000
　　贷：应付股利　　30 000
【例3-10】借：实收资本　　70 000
　　贷：银行存款　　70 000

（4）简单会计分录与复合会计分录。

会计分录有简单会计分录和复合会计分录之分。

简单会计分录是指由一个账户的借方和另一个账户的贷方相对应所组成的会计分录。如上述例3-2至例3-10均属简单会计分录。

复合会计分录是指由一个账户的借方和另外两个或两个以上账户的贷方，或者由一个账户的贷方和另外两个或两个以上账户的借方，或者由多个账户的借方和多个账户的贷方相对应所组成的会计分录。复合会计分录实际上是由若干简单的会计分录合并而成的。

例如，采购原材料50 000元，用银行存款支付20 000元，其余30 000元暂欠。该项经济业务，一方面使资产类账户原材料增加了50 000元，应记在借方；另一方面使资产类账户银行存款减少了20 000元，应记在贷方；还使负债类账户应付账款增加了30 000元，应记在贷方。作会计分录如下：

借：原材料　　50 000
　贷：银行存款　　20 000
　　　应付账款　　30 000

【课堂讨论】两个或两个以上简单的会计分录可以合并成一个复合会计分录吗？

6.试算平衡

试算平衡是指根据会计等式和记账规则来检查和验证账户记录是否正确的过程。当企业把一定时期内所发生的经济业务全部登记入账后，按理就可以根据各个分类账户记录的有关资料，编制会计报表。然而，各分类账户在登记过程中难免会发生错误。如何来检查和验证账户记录结果的正确性呢？通常采用试算平衡的方法来进行。

借贷记账法下试算平衡的方法包括发生额试算平衡和余额试算平衡两种。

（1）发生额试算平衡法。

发生额试算平衡法是指根据本期所有账户借方发生额合计与贷方发生额合计的恒等关系，来检验本期发生额记录是否正确的方法。其公式为：

全部账户本期借方发生额合计=全部账户本期贷方发生额合计

【提请注意】在借贷记账法下，企业对发生的每项经济业务都要按照“有借必有贷，借贷必相等”的记账规则进行记账，从而使每项经济业务所编制的会计分录的借方发生额和贷方发生额相等，且在一定时期内，所有账户的借方发生额合计与贷方发生额合计分别是每项经济业务的会计分录的借方发生额与贷方发生额的积累，所以二者之间必然相等。

（2）余额试算平衡法。

余额试算平衡法是指根据本期所有账户借方余额合计与贷方余额合计的恒等关系，来检验本期账户记录是否正确的方法。根据余额时间不同又分为期初余额平衡与期末余额平衡两类。前者是指期初所有账户借方余额合计与贷方余额合计相等；后者是指期末所有账户借方余额合计与贷方余额合计相等。其公式为：

全部账户的借方期初余额合计=全部账户的贷方期初余额合计

全部账户的借方期末余额合计=全部账户的贷方期末余额合计

【课堂讨论】试算平衡法的理论依据是什么？

在实际工作中，发生额试算平衡和余额试算平衡工作一般是通过定期编制试算平衡表来完成的。试算平衡表是一张记录每个账户的名称、发生额和余额的账户汇总表。该表一般应在将所发生的经济业务全部登记入账后，将所有账户的借方发生额和贷方发生额分别进行合计，结合期初余额，在分别计算出期末借方余额或期末贷方余额的基础上，再据以编制。

延伸阅读3-6

平衡发展是行稳致远的关键

现根据第二章东方公司12月初的资料和当月发生的九笔经济业务为例，编制试算平衡表，见表3-6。

表3-6　**总分类账户本期发生额及余额试算平衡表**

编制单位：东方公司　　2023年12月　　单位：元

账户名称	期初余额		本期发生额		期末余额	
	借方	贷方	借方	贷方	借方	贷方
库存现金	200				200	
银行存款	50 000		108 000	90 000	68 000	
应收账款	18 000			8 000	1 000	
原材料	200 000				200 000	
库存商品	40 000				40 000	
固定资产	800 000		60 000		860 000	
短期借款		30 000	20 000	10 000		20 000
应付账款		20 000	20 000	60 000		60 000
预收账款		108 200				108 200
应付股利		10 000		30 000		40 000
长期借款		700 000				700 000
实收资本		60 000	70 000	160 000		150 000
资本公积		100 000	50 000			50 000
盈余公积		80 000	30 000			50 000
合计	1 108 200	1 108 200	358 000	358 000	1 178 200	1 178 200

通过编制试算平衡表，可以检查和验证账户记录的正确性。如果表3-6中每一个大栏

目借贷双方金额合计不相等，就可以确定账户的记录或计算有错误。但是，如果表3-6中每个大栏目借贷双方金额合计相等，也只能说明账户记录和计算基本正确，而不能绝对地确定记账或计算没有错误，因为有些错误并不影响表3-6中借贷双方的平衡关系。比如，漏记或重记某一项经济业务；编制会计分录时，只发生账户颠倒或其他错误，而金额未错；记账时发生了串户；借方和贷方的有关金额发生同样错误，恰好相互抵销等。诸如此类的错误，并不能通过试算平衡来发现。

延伸阅读3-7

复式记账的启示——铭记感恩之账

【课堂讨论】借贷记账法的记账规则为“有借必有贷，借贷必相等”，是否可以将其理解为“有增必有减，增减必相等”？

第四节　总分类账户与明细分类账户

【导入案例】东方公司如果把10万元现金存入银行，具体情况是，存入中国工商银行5万元，存入中国建设银行2万元，存入招商银行3万元，请问如何在会计账户中体现上述银行存款的具体情况呢？

一、总分类账户和明细分类账户的账户设置

总分类账户简称总账，是根据一级会计科目设置的，它只能采用货币量度作为统一的计量单位。在总分类账户中进行的记账、算账工作称为总分类核算。

明细分类账户简称明细账，是根据明细分类科目设置的，其计量单位不仅可以采用货币量度，有时还可以采用实物量度等。在明细分类账户中进行的记账、算账工作称为明细分类核算。

【提请注意】大多数总分类账户都要设置明细分类账户，各单位可根据具体情况而定。

总分类账户提供总括的核算资料，是所属明细分类账户的统驭、控制账户，对所属明细分类账户起着统驭、控制的作用。明细分类账户提供详细的核算资料，是总分类账户的从属账户、被控制账户，对其所隶属的总分类账户起着补充和说明的作用。

某一总分类账户与其所属明细分类账户所反映的对象和性质是相同的，登记的原始依据也是相同的，它们只是提供的核算资料详略程度不同而已。

二、总分类账户与明细分类账户的平行登记

根据总分类账户与明细分类账户之间的关系，在会计核算中，为了便于账户记录的核对，保证核算资料的完整性和正确性，总分类账户与其所属明细分类账户必须采用平行登记的方法。

平行登记是指每项经济业务发生后，既要在总分类账户中进行登记，又要在其所属明细分类账户中进行登记。其要点可概括为：

（一）同期间登记

对于每一项经济业务，在同一会计期间内，既要记入有关的总分类账户，又要记入各总分类账户所属的明细分类账户（没有明细分类账户的除外）。如果涉及的明细分类账户不止一个，则应分别记入有关的几个明细分类账户。

【课堂讨论】同期间能否看成是同一时间？为什么？

（二）同方向登记

对于每一项经济业务，记入总分类账户的方向应与记入其所属明细分类账户的方向相同，即如果总分类账户的金额登记在借方（或贷方），其所属明细分类账户的金额也应登记在借方（或贷方）。

（三）同金额登记

对于每一项经济业务，记入总分类账户的金额与记入其所属明细分类账户的金额之和相等。

现举例说明总分类账户及其所属明细分类账户平行登记的方法。

【例3-11】东方公司12月初“原材料”账户借方余额9 000元，其中甲材料100千克，每千克50元，计5 000元；乙材料200千克，每千克20元，计4 000元。“应付账款”账户贷方余额6 000元，其中应付南方公司4 000元，应付北方公司2 000元。

该公司12月份发生下列经济业务（暂不考虑增值税）。

（1）8日，向南方公司购入下列材料，已验收入库，货款未付。

甲材料50千克　每千克50元　计2 500元

乙材料100千克　每千克20元　计2 000元

合计　4 500元

（2）15日，向北方公司购入乙材料50千克，每千克20元，计1 000元，材料已验收入库，货款未付。

（3）20日，以银行存款归还前欠南方公司货款8 000元、北方公司货款1 500元。

（4）31日，本月生产产品领用材料如下：

甲材料80千克　每千克50元　计4 000元

乙材料250千克　每千克20元　计5 000元

合计　9 000元

根据以上经济业务编制会计分录，并在“原材料”和“应付账款”总分类账户及其所属明细分类账户中进行平行登记，如图3-17～图3-20所示。

会计分录：

（1）借：原材料——甲材料	2 500	
——乙材料	2 000	
贷：应付账款——南方公司		4 500
（2）借：原材料——乙材料	1 000	
贷：应付账款——北方公司		1 000
（3）借：应付账款——南方公司	8 000	
——北方公司	1 500	
贷：银行存款		9 500
（4）借：生产成本	9 000	
贷：原材料——甲材料		4 000
——乙材料		5 000

借方			贷方
	“原材料”总分类账户		
期初余额	9 000		
(1)	4 500	(4)	9 000
(2)	1 000		
本期发生额	5 500	本期发生额	9 000
期末余额	5 500		

图3-17 “原材料”总分类账户

“原材料”明细分类账户

借方	甲材料		贷方
期初余额	5 000		
(1)	2 500	(4)	4 000
本期发生额	2 500	本期发生额	4 000
期末余额	3 500		

借方	乙材料		贷方
期初余额	4 000		
(1)	2 000	(4)	5 000
(2)	1 000		
本期发生额	3 000	本期发生额	50 00
期末余额	2 000		

图3-18 “原材料”明细分类账户

借方			贷方
	“应付账款”总分类账户		
		期初余额	6 000
(3)	9 500	(1)	4 500
		(2)	1 000
本期发生额	9 500	本期发生额	5 500
		期末余额	2 000

图3-19 “应付账款”明细分类账户

借方	南方公司		贷方
		期初余额	4 000
(3)	8 000	(1)	4 500
本期发生额	8 000	本期发生额	4 500
		期末余额	500

借方	北方公司		贷方
		期初余额	2 000
(3)	1 500	(2)	1 000
本期发生额	1 500	本期发生额	1 000
		期末余额	1 500

图3-20 “应付账款”明细分类账户

【课堂讨论】总分类账户的期末余额与其所属明细分类账户的期末余额一定在同一方向吗？试举例说明。

三、总分类账户与明细分类账户的核对

在将一定时期内所发生的经济业务全部登记入账后，总分类账户与其所属明细分类账户是否按照平行登记的方法进行登记，登记的结果是否正确，需要进行核对。核对的方法通常依每一总分类账户所属明细分类账户的记录分别编制“明细分类账户本期发生额及余额表”(见表3-7、表3-8)，然后将其汇总的明细分类账户期初余额、本期发生额和期末余额的数字与相应的总分类账户数字进行核对。如果核对相符，则一般说明总分类账户和明细分类账户

的记录是正确的；反之，有关账户的记录肯定有问题，应该仔细检查更正直至核对无误为止。

表3-7 “原材料”明细分类账户本期发生额及余额表 单位：元

明细分类账户名称	期初余额		本期发生额		期末余额	
	借方	贷方	借方	贷方	借方	贷方
甲材料	5 000		2 500	4 000	3 500	
乙材料	4 000		3 000	5 000	2 000	
合计	9 000		5 500	9 000	5 500	

表3-8 “应付账款”明细分类账户本期发生额及余额表 单位：元

明细分类账户名称	期初余额		本期发生额		期末余额	
	借方	贷方	借方	贷方	借方	贷方
南方公司		4 000	8 000	4 500		500
北方公司		2 000	1 500	1 000		1 500
合计		6 000	9 500	5 500		2 000

【课堂讨论】如何根据表3-7、表3-8中的数字与图3-17～图3-20中的数字进行核对？

【课堂讨论】当你走进任何一家企业的财务会计部门，你都能发现这样一个事实：总账会计的地位及能力水平都高于其他一般会计。那么，你是否认为总分类账户就比明细分类账户重要？为什么？

第五节 账户按用途和结构分类

账户按经济内容分类可以使我们了解完整的账户体系包括哪些账户，以及各类账户所核算的会计对象的具体内容是什么，这对于正确区分账户的经济性质、合理设置和运用账户以满足利益相关者的需要具有重要意义。但是，仅按经济内容对账户进行分类还不能使我们了解各种账户的作用，以及它们是如何向会计信息的使用者提供所需的信息的。为了运用账户来记录经济业务，掌握账户在提供会计信息方面的规律性，就需要在按经济内容分类的基础上，进一步研究账户按用途和结构分类。

一、账户按用途和结构分类的意义

账户的用途是指设置和运用账户的目的是什么，以及通过账户记录能够提供哪些核算指标。例如，我们设置固定资产、原材料等实物资产账户的目的是反映相应的实物资产，通过这些账户记录能够提供相应的实物资产的增减变动及余额、结余额方面的核算资料。

账户的结构是指在账户中如何记录经济业务，以取得各种必要的核算指标。在不同的记账方法下，记录经济业务的具体方法是不同的，即反映会计要素的增减变动及余额（如果有余额的话）的方法不同。在借贷记账法下，账户的结构具体是指账户的借方核算什么内容，账户的贷方核算什么内容，期末余额（如果有余额的话）在哪一方，具体表示什么内容。

企业错综复杂的经济活动所涉及的会计数据资料都需要通过账户来加以记录和反映，而每一个账户都是根据经营管理和对外报告会计信息的需要而设置的，都有其特定的用途和结构，因而按账户的用途和结构分类的账户体系与按经济内容分类的账户体系就可能不完全一致。一方面，按经济内容归为一类的账户，可能具有不同的用途和结构；另一方面，具有相同或相似用途和结构的账户，就其反映的经济内容而言，可能归属于不同的类别。因此，尽管账户的用途和结构都直接或间接依存于账户的经济内容，但按经济内容分类的账户体系并不能代替按用途和结构分类的账户体系。

按经济内容分类是账户的基本分类方法，按用途和结构分类的账户体系是对按经济内容分类的账户体系的必要补充。

二、账户按用途和结构的分类

现以制造业企业为例，说明在借贷记账法下按用途和结构分类的账户体系。按用途和结构分类的账户体系，包括基本账户、调整账户、成本账户和损益计算账户四大类。基本账户具体又可分为盘存账户、投资权益账户、结算账户和跨期摊配账户；调整账户根据调整方式不同，又可分为抵减账户和抵减附加账户；成本账户具体又可分为集合分配账户、成本计算账户和对比账户；损益计算账户具体又可分为收入计算账户、费用计算账户和财务成果计算账户。以下简要说明各类账户的用途、结构和特点。

（一）盘存账户

盘存账户是用来核算、监督各项财产物资和货币资金（包括库存有价证券）的增减变动及实有数的账户。它是任何企业单位都必须设置的基本账户。在这类账户中，借方登记各项财产物资和货币资金的增加数，贷方登记其减少数，余额总是在借方，表示期末各项财产物资和货币资金的实有数。这类账户一般都可以通过盘点方式进行清查，核对账实是否相符。盘存账户的基本结构如图3-21所示。

借方　　　　盘存账户	贷方
期初余额：财产物资或货币资金的期初实有数 本期发生额：财产物资或货币资金的本期增加额	本期发生额：财产物资或货币资金的本期减少额
期末余额：财产物资或货币资金的期末实有数	

图3-21　盘存账户的基本结构

属于盘存类的账户有“库存现金”“银行存款”“原材料”“库存商品”“固定资产”等。这类账户的特点是：可以通过实地盘点和对账的财产清查方法，核对货币资金和实物资产的实际结存数与账面结存数是否相符，并检查其经营管理上存在的问题。除“库存现金”和“银行存款”账户外，其他盘存账户普遍运用数量金额式等明细分类账，可以提供实物和价值两种指标。

（二）投资权益账户

投资权益账户是用来核算投资者投资的增减变动及实有额的账户。它是任何企业都必须设置的基本账户。在这类账户中，贷方登记投资者投资的增加数或其他所有者权益的增值额，借方登记投资者投资的减少数或其他所有者权益的抵减额。若其余额在贷方，表示投资者权益的实有数额；若没有余额或其余额在借方，在有限责任公司的企业组织形式下，表示投资者的权益已降至零。投资权益账户的基本结构如图3-22所示。

借方	投资权益账户 贷方
	期初余额：期初所有者权益余额
本期发生额：本期所有者权益的抵减数	本期发生额：本期所有者权益的增加数
	期末余额：期末所有者权益余额

图3-22 投资权益账户的基本结构

属于投资权益类的账户有“实收资本”“资本公积”“盈余公积”等。

资本公积产生的主要原因是资本溢价等，属于资本的非经营性积累；盈余公积是留存收益形成的公积金，是企业经营活动中产生的资本增值。这两部分的所有权属于企业的投资者，本质上是投资者对企业的一种权益性投入。因此，将“资本公积”“盈余公积”账户归入投资权益账户。

投资权益账户的特点是：有的账户（如“实收资本”）应按照企业的投资者分别设置明细分类账户，以便反映各投资者对企业实际拥有的所有者权益数额；投资权益账户只提供价值指标。

（三）结算账户

结算账户是用来核算和监督企业与其他单位或个人之间债权、债务往来结算业务的账户。由于结算业务性质的不同，结算账户具有不同的用途和结构，结算账户按用途和结构分类，具体又可分为债权结算账户、债务结算账户和债权债务结算账户三类。

1.债权结算账户

债权结算账户也称资产结算账户，是用来核算和监督企业债权的增减变动和实有数的账户。在这类账户中，借方登记债权的增加数，贷方登记债权的减少数，余额一般在借方，表示期末债权的实有数。债权结算账户的基本结构如图3-23所示。

借方	债权结算账户 贷方
期初余额：债权的期初实有数	
本期发生额：债权的本期增加数	本期发生额：债权的本期减少数
期末余额：债权的期末实有数	

图3-23 债权结算账户的基本结构

属于债权结算类的账户有“应收账款”“其他应收款”“应收票据”“预付账款”等。

2.债务结算账户

债务结算账户也称负债结算账户，是用来核算和监督本企业债务的增减变动和实有数的账户。在这类账户中，贷方登记债务的增加数，借方登记债务的减少数，余额一般在贷方，表示期末债务的实有数。债务结算账户的基本结构如图3-24所示。

借方	债务结算账户 贷方
	期初余额：债务的期初实有数
本期发生额：债务的本期减少数	本期发生额：债务的本期增加数
	期末余额：债务的期末实有数

图3-24 债务结算账户的基本结构

属于债务结算类的账户有“应付账款”“其他应付款”“应付职工薪酬”“应交税费”“应付股利”“短期借款”“长期借款”“应付债券”“长期应付款”等。

3.债权债务结算账户

债权债务结算账户也称资产负债结算账户，是用来核算和监督本企业与其他单位或个人以及企业内部各单位相互往来结算业务的账户。由于这种相互之间的往来结算业务经常发生变动，企业有时处于债权人的地位，有时则处于债务人的地位。为了能在同一个账户中反映本企业与其他单位的债权、债务的增减变化，借以减少会计科目的使用，简化核算手续，在借贷记账法下，可设置同时具有债权债务双重性质的结算账户，在这类账户中，借方登记债权的增加或债务的减少数，贷方登记债务的增加或债权的减少数；若期末余额在借方，为企业债权减去债务后的净债权；若期末余额在贷方，为企业债务减去债权后的净债务。债权债务结算账户的基本结构如图3-25所示。

借方　　债权债务结算账户　　贷方

借方	贷方
期初余额：债权大于债务的期初差额 本期发生额：本期债权的增加或债务的减少数	期初余额：债务大于债权的期初差额 本期发生额：本期债务的增加或债权的减少数
期末余额：净债权	期末余额：净债务

图3-25　债权债务结算账户的基本结构

这类账户所属的各明细账，有时是借方余额，表示尚未收回的净债权；有时是贷方余额，表示尚未偿还的净债务。所有明细账借方余额之和与贷方余额之和的差额，应同有关总账的余额相等。由于在总分类账户中，债权和债务能自动抵减，所以总分类账户的余额不能明显反映企业与其他单位债权债务的实际结余情况。这样，资产负债表的有关项目，必须根据总分类账户所属明细账的余额分析计算填列，将属于债权部分的余额以“应收账款”或“预付账款”等项目列在资产负债表的资产方，将属于债务部分的余额以“应付账款”或“预收账款”等项目列在资产负债表的负债和所有者权益方，以便如实反映债权债务的实际状况。

如果企业不单独设置“预收账款”账户，而用“应收账款”账户同时核算企业应收账款和预收账款的增减变动情况和结果，这时的“应收账款”账户就是一个债权债务结算账户。同理，如果企业不单独设置“预付账款”账户，而用“应付账款”账户同时核算企业应付账款和预付账款的增减变动情况和结果，则此时的“应付账款”账户就是一个债权债务结算账户。在借贷记账法下，可以将“其他应收款”账户和“其他应付款”账户合并，设置一个“其他往来”账户，用来核算其他应收款和其他应付款的增减变动情况和结果，此时，“其他往来”账户也是一个债权债务结算账户。

结算账户的特点是：按照结算业务的对方单位或个人，来设置明细分类账户，以便及时进行结算和核对账目；结算账户只提供价值指标；结算账户要根据期末余额的方向来判断其性质，当余额在借方时，是债权结算账户，当余额在贷方时，是债务结算账户。

（四）跨期摊配账户

跨期摊配账户是用来核算和监督应由若干个会计期间共同负担的费用，并将这些费用摊配于各个相应的会计期间的账户。企业在生产经营过程中所发生的费用，有些是应由几个会计期间共同负担的，按权责发生制要求，必须严格划分费用的归属期，把应由若干个会计期间共同负担的费用，合理地分摊到各个会计期间。为此，需要设置跨期摊配账户来实现权责发生制的要求。跨期摊配账户的借方用来登记跨期费用的实际预付数，贷方用来登记由各个会计期间负担的费用摊销数，余额总是在借方，反映已经支付的有待摊销的费用数。跨期摊配账户的基本结构如图3-26所示。

借方　　跨期摊配账户	贷方
期初余额：已支付但尚未摊配的待摊费用数 本期发生额：本期增加的待摊费用数	本期发生额：待摊费用的本期摊销数
期末余额：已支付但尚未摊配的待摊费用数	

图3-26 跨期摊配账户的基本结构

“长期待摊费用”账户是典型的跨期摊配账户。这类账户的特点是：预付的款项作为资产，只有摊销时方可转化，且只提供价值指标。

（五）抵减账户

抵减账户亦称备抵账户，是用来抵减相关被调整账户金额以反映其实际余额的账户。其调整可用下列公式表示：

被调整账户余额-备抵账户余额=被调整账户的实际余额

由于备抵账户对被调整账户的调整，实际上是对被调整账户余额的抵减，因此，被调整账户余额的方向与备抵账户的余额方向必定相反。如果被调整账户的余额方向在借方（或贷方），则备抵账户的余额方向一定在贷方（或借方）。

“累计折旧”“固定资产减值准备”“坏账准备”“存货跌价准备”“长期股权投资减值准备”“累计摊销”“无形资产减值准备”等账户是较典型的抵减账户。“累计折旧”“固定资产减值准备”账户是用来调整“固定资产”账户的。用“固定资产”账户的账面余额（原始价值）与“累计折旧”“固定资产减值准备”账户的账面余额相抵减，可以取得有关固定资产耗损和减值方面的数据，其差额就是固定资产现有的实际价值（实际净值），见表3-9。通过三个账户余额的对比分析，可以了解固定资产的新旧程度、资金占用状况、减值情况和生产能力。“坏账准备”账户是用来抵减“应收账款”等账户的，用“应收账款”等账户的账面余额与“坏账准备”账户的账面余额相抵减，可以取得有关可收回相关债权方面的数据，其差额就是可收回的相关债权额。“存货跌价准备”账户是用来抵减存货项目的，用存货项目的账面余额与“存货跌价准备”账户的账面余额相抵减，可以取得有关存货的实际价值方面的数据，其差额就是存货的实际价值。现以“固定资产”、“累计折旧”和“固定资产减值准备”三个账户为例说明被调整账户与备抵账户之间的关系，如图3-27所示。

表3-9　　固定资产净值计算表　　单位：元

固定资产的期末余额	900 000
减：累计折旧的期末余额	62 000
固定资产账面净值	838 000
减：固定资产减值准备	20 000
固定资产实际净值	818 000

固定资产

借方	贷方
期初余额 900 000	
期末余额 900 000	

累计折旧

借方	贷方
	期初余额 60 000
	本期发生额 2 000
	期末余额 62 000

固定资产减值准备

借方	贷方
	本期发生额 20 000
	期末余额 20 000

图 3-27 固定资产与其备抵账户

（六）抵减附加账户

抵减附加账户亦称备抵附加账户，是既用来抵减，又用来增加被调整账户的余额，以求得被调整账户实际余额的账户。抵减附加账户既可以作为抵减账户，又可以作为附加账户来发挥作用，兼有两种账户的功能（所谓附加账户，是用来增加被调整账户的余额，以求得被调整账户的实际余额的账户。在实际工作中，很少设置单纯的附加账户）。这类账户在某一时刻执行的是哪种功能，取决于该账户的余额与被调整账户的余额在方向上是否一致，当其余额与被调整账户余额在不同方向时，它所起的是抵减作用；当其余额与被调整账户余额在相同方向时，它所起的是附加作用。

“材料成本差异”账户就是“原材料”账户的抵减附加账户。当“材料成本差异”账户是借方余额时，表示实际成本大于计划成本的超支数；用“原材料”账户的借方余额加上“材料成本差异”账户的借方余额，就是原材料的实际成本；当“材料成本差异”账户是贷方余额时，表示实际成本小于计划成本的节约数，用“原材料”账户的借方余额减去“材料成本差异”账户的贷方余额，即为原材料的实际成本。原材料实际成本还原表见表 3-10。“材料成本差异”账户与被调整的“原材料”账户之间的关系如图 3-28 所示。

表 3-10 原材料实际成本还原表 单位：元

“原材料”账户的借方余额（计划成本）	80 000
加：“材料成本差异”账户的借方余额（超支差）	2 000
减：“材料成本差异”账户的贷方余额（节约差）	6 000
原材料的实际成本	76 000

材料成本差异——A 类

借方	贷方
本期发生额 6 000	本期发生额 4 000
期末余额 2 000	

原材料

借方	贷方
本期发生额	本期发生额
A类 60 000	A类 40 000
B类 70 000	B类 10 000
期末余额 80 000	

材料成本差异——B 类

借方	贷方
	本期发生额 7 000
	1 000
	期末余额 6 000

图 3-28 原材料与其抵减附加账户

抵减账户与抵减附加账户同属于调整账户。这类账户的特点是：不能离开被调整账户而独立存在。

（七）集合分配账户

集合分配账户是用来汇集和分配经营过程中某一阶段所发生的某种间接费用，借以核算、监督有关间接费用计划执行情况，以及间接费用分配情况的账户。设置这类账户，一方面可以将某一经营过程中实际发生的间接费用和计划指标进行比较，考核间接费用的超支和节约情况；另一方面也便于将这些费用分配出去。集合分配账户借方登记费用的发生额，贷方登记费用的分配额，在一般情况下，登记在集合分配账户中的费用，期末应全部分配出去，故这类账户通常没有余额。集合分配账户的基本结构如图3-29所示。

借方 集合分配账户	贷方
本期发生额： 汇集经营过程中间接费用的本期发生额	本期发生额： 本期分配到有关成本计算对象上的间接费用额

图3-29 集合分配账户的基本结构

“制造费用”账户属于典型的集合分配账户。这类账户的特点是：具有明显的过渡性质，平时用它来归集那些不能直接计入某个成本计算对象的间接费用，期末将费用全部分配出去，由有关成本计算对象负担。这类账户期末一般无余额。

（八）成本计算账户

成本计算账户是用来核算和监督经营过程中应计入特定成本计算对象的经营费用，并确定各成本计算对象实际成本的账户。设置和运用成本计算账户，对于正确计算在途物资、产品生产和产品销售的实际成本，考核有关成本计划的执行和完成情况具有重要的作用。成本计算账户的借方汇集应计入特定成本计算对象的全部费用（其中，一部分是在费用发生时直接计入的，另一部分是先记入集合分配账户，在会计期末通过一定的分配方法转到成本计算账户）。贷方反映转出的某一成本计算对象的实际成本。期末余额一般在借方，表示尚未完成的某一阶段成本对象的实际成本。如“生产成本”账户，借方余额表示尚未完成生产过程的在产品的实际成本。成本计算账户的基本结构如图3-30所示。

借方 成本计算账户	贷方
期初余额：未转出成本计算对象的实际成本 本期发生额：经营过程中发生的应由成本计算对象承担的费用	本期发生额：转出成本计算对象的实际成本
期末余额：期末未转出成本计算对象的实际成本	

图3-30 成本计算账户的基本结构

属于成本计算类的账户有“在途物资”“生产成本”等。这类账户的特点是：除了设置总分类账户外，还应按照各个成本计算对象和成本项目设置专栏，分别设置明细分类账户，进行明细分类核算；既提供实物指标，又提供价值指标。

（九）对比账户

对比账户是用来核算经营过程中某一阶段某项经济业务按照两种不同的计价标准进行对比，借以确定其业务成果的账户。

按计划成本进行材料日常核算的企业所设置的“材料采购”账户，就属于对比账户。该账户的借方登记材料的实际成本，贷方登记按照计划价格核算的材料的计划成本，通过借贷双方两种计价对比，可以确定材料成本差异。对比账户的基本结构（以“材料采购”账户为例）如图3-31所示。

借方 对比账户 贷方

借方	贷方
期初余额：未入库材料的实际成本 本期发生额：入库材料的实际成本及转入“材料成本差异”账户贷方的实际成本小于计划成本的节约差	本期发生额：入库材料的计划成本及转入“材料成本差异”账户借方的实际成本大于计划成本的超支差
期末余额：在途材料的实际成本	

图3-31 对比账户的基本结构

这类账户的特点是：借贷两方的计价标准不一致；期末确定业务成果转出后，该账户的借方余额是剔除了计价差异后的按借方计价方式计价的资产价格。

（十）收入计算账户

收入计算账户是用来核算和监督企业在一定时期（月、季或年）内所取得的各种收入和收益的账户。收入计算账户的贷方登记取得的收入和收益，借方登记收入和收益的减少数及期末转入“本年利润”账户的收入和收益额。

由于当期实现的全部收入和收益都要在期末转入“本年利润”账户，所以收入计算账户期末无余额。收入计算账户的基本结构如图3-32所示。

借方 收入计算账户 贷方

借方	贷方
本期发生额：收入和收益的减少数及期末转入“本年利润”账户的收入和收益数	本期发生额：本期收入和收益的增加额

图3-32 收入计算账户的基本结构

属于收入计算账户的有“主营业务收入”“其他业务收入”等。这类账户的特点是：除了设置总分类账户外，还应按照业务类别设置明细分类账，进行明细分类核算；收入计算账户只提供价值指标。

（十一）费用计算账户

费用计算账户是用来核算和监督企业在一定时期（月、季或年）内所发生的应计入当期损益的各项费用、成本和支出的账户。费用计算账户的借方登记费用支出的增加额，贷方登记费用支出的减少数和期末转入“本年利润”账户的费用支出数。由于当期发生的全部费用支出数都要于期末转入“本年利润”账户，所以该类账户期末无余额。费用计算账户的基本结构如图3-33所示。

借方 费用计算账户 贷方

借方	贷方
本期发生额：本期费用支出的增加额	本期发生额：本期费用支出的减少数和期末转入“本年利润”账户的费用支出数

图3-33 费用计算账户的基本结构

属于费用计算的账户有“主营业务成本”“税金及附加”“其他业务成本”“销售费

用”“管理费用”“财务费用”“营业外支出”“所得税费用”等。这类账户的特点是：除了设置总分类账户外，还应按业务内容、费用支出项目等设置明细分类账户，进行明细分类核算；费用计算账户只提供价值指标。

（十二）财务成果计算账户

财务成果计算账户是用来核算和监督企业在一定时期（月、季或年）内全部经营活动最终成果的账户。财务成果计算账户的贷方登记期末从收入计算账户转入的各种收入数，借方登记期末从费用计算账户转入的各种费用支出数。在平常月份（1—11月份），贷方余额表示企业所实现的利润数，借方余额表示企业所发生的亏损数。年终时将实现的利润或发生的亏损转入“利润分配”账户，结转后应无余额。财务成果计算账户的基本结构如图3-34所示。

借方 **财务成果计算账户** 贷方

借方	贷方
本期发生额：本期从费用计算账户转入的各项费用支出数	本期发生额：本期从收入计算账户转入的各项收入数
期末余额：（1—11月份）发生的亏损额	期末余额：（1—11月份）实现的利润数 年末无余额

图3-34 财务成果计算账户的基本结构

“本年利润”账户属于典型的财务成果计算账户。这类账户的特点是：借方和贷方所登记的内容应遵循权责发生制和配比要求。贷方所登记的各项收入与借方所登记的各项费用支出数，一方面要与相应的会计期间相配合，另一方面从事某类业务活动所得的收入与相应的费用相配比。也就是说，借方登记的各项费用是为取得贷方所登记的各项收入而发生的，贷方登记的各项收入数是因为支付了借方所登记的各项费用而取得的，两者在时间和受益关系上相互配比，会计期间的财务成果才是真实准确的。财务成果计算账户只提供价值指标。1—11月份期末有余额，在贷方即是利润数，在借方则是亏损数，年终结账后无余额。

制造业企业按用途、结构分类所建立的账户体系，如图3-35所示。

以上重点介绍了按经济内容及按用途和结构分类的账户体系，这对于我们正确地设置和运用账户来核算、监督经营过程和经营成果，为利益相关者提供有用的会计信息具有重要意义。

此外，按账户与会计报表的关系，还可将账户分为资产负债表账户、利润表账户和制造成本表账户。

资产负债表是反映企业某一特定日期财务状况的会计报表，表中各项目所反映的是企业某一特定日期资产、负债和所有者权益的实有数额，是根据资产类账户、负债类账户和所有者权益类账户的期末余额直接填列或分析计算填列的。资产类账户、负债类账户和所有者权益类账户是编制资产负债表的主要依据。为此，在会计上把资产类账户、负债类账户和所有者权益类账户亦称为资产负债表账户。

利润表是反映企业一定时期财务成果的报表，表中各项目所反映的是企业一定会计期间所取得的收入、发生的费用，以及实现的利润（或亏损），是根据收入类账户、费用类账户和利润类账户的本期发生额直接填列或分析计算填列的。收入类账户、费用类账户和

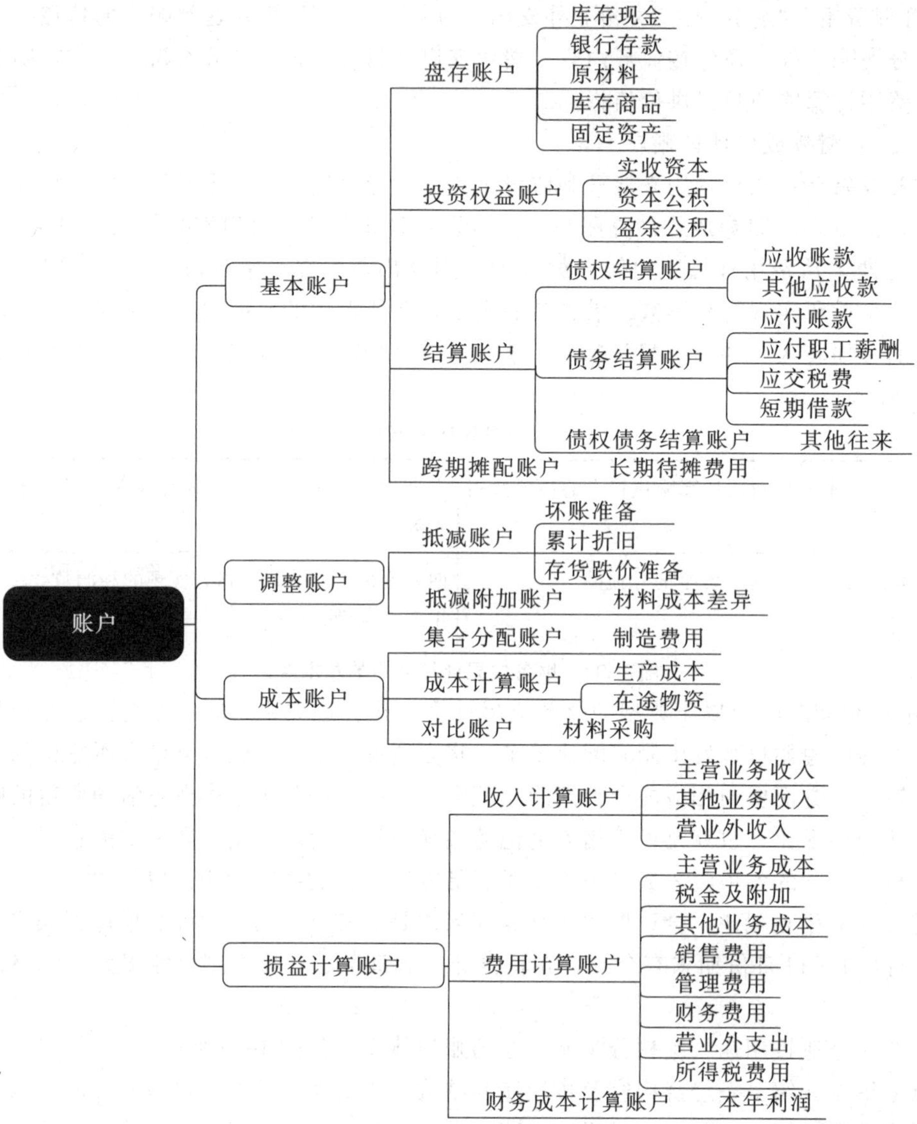

图 3-35 账户按用途和结构分类图

利润类账户是编制利润表的主要依据，为此，在会计上把收入类账户、费用类账户和利润类账户亦称为利润表账户。

制造成本表是反映企业一定时期产品生产成本及其构成的报表。制造成本表属于不对外公开披露的报表。由于成本类账户的发生额是编制制造成本表的直接依据，所以“生产成本”“制造费用”等账户通常被称为制造成本表账户。

这种账户分类，对于正确运用各类账户所提供的数据资料编制会计报表具有重要作用。

思政园地

中国近代复式簿记的改良与改革之争

古老的中国簿记文化和方法技术，有着深厚的历史沉淀，几千年的历史成就，在传承中一直影响着中国近代簿记乃至近代会计的发展。与西方簿记发展历程相比较，中国固有复式簿记“龙门账”与“四角账”，是中国近代簿记发展的光辉起点，在当时钱庄、票号、商业以及类似自贡盐井这类工场手工业中的应用是成功的，对这些行业的经营与管理起到了一定促进作用。中国固有复式簿记的产生与应用，既为引进应用西式簿记奠定了思想基础与实践基础，也为中国会计发展奠定了思想基础与实践基础，是世界复式簿记发展史中的一部分。

20世纪初，在中国爱国知识分子队伍中，普遍存在一种改良和改革思想。当时，在帝国主义经济侵略和官僚垄断资本压榨下，中国的民族资本主义工商业越来越不景气，管理不善、簿记或会计方法落后，也是造成工商业日趋衰败的一个具体原因。这广泛引起中国会计界爱国人士的注意，他们试图通过簿记或会计改良或改革，杜绝贪风、整顿吏治，以达改善政府财政状况和振兴中国实业之目的，因此掀起了一场改良与改革中式簿记或会计的运动。

徐永祚先生，中国近代著名会计学家，改良中式簿记派的代表，早在担任上海银行周报编辑期间，便立志从事改良中式簿记工作。他在初步接触西式复式簿记时，曾主张完全改用西式簿记。经过一段从事会计师工作的业务实践，他认为“鉴于西式簿记不能为一般人所认识，完全效仿，究有未便”，乃主张取西式簿记之内容，而保留中式簿记之形式。通过与工商企业的广泛接触和对使用中式簿记的企业进行调查研究以后，他认为：“中式簿记，并非全无组织。记账方法，并非全不合理，病在参差不一耳。不仅在形式上，有维持之必要，即在实质上，亦有保存之……绝非西方簿记所能取而代之。但其缺点甚多，非加改良不可。”徐永祚先生所进行的改良，既维护中式簿记所固有的优势，也主张取人之长，补己之短，在改良方案中，有借鉴，有局部结合，也具有一定创建性，并非保守性的。

中国近代另一位著名的会计学家和会计职业教育家潘序伦先生，是20世纪30年代改革中国会计运动的发起人之一。潘序伦先生及其同仁改革旗帜鲜明，把全部工作都集中在改革中国会计方面，他们主张以西式取代中式，但并非生搬硬套，并不否定中式簿记的历史成就，把“改良中式簿记”看作一种过渡性办法，可以为会计改革提供经验和教训。加之他们立足于引进新的簿记或会计方法，在具有代表性的工商企业试行，其改革方案本身是具有创造性的。

两大学术派别之争，是在相互研究问题、相互探讨改革或改良方法、求同存异的指导思想下进行的，这种争论推动了中国会计学术和会计业务实践的发展。

资料来源：郭道扬.会计史研究：3卷［M］. 北京：中国财政经济出版社，2008.

【思政解读】

从历史时序上来考察，中国近代簿记改良和会计改革是渐进式的，引进、改良与改革逐步开展，目标明确而非盲目之举，稳健而非急功近利。合乎情理是中国人的处世哲学，这一点在西式簿记引进、改良、改革及创作中具体体现出来。中国对复式簿记的引进应用又是创造性的，坚持了引进应用切合中国国情的原则。

通过改良与改革中式簿记之争，使会计学术影响社会化，展现了老一辈会计大家优秀的学术道德风范和高尚的品质，为后辈树立了光辉的典范，影响了中国几代人。无论是改良或改革中国会计，其立足点都集中到以下几个方面：发扬光大簿记或会计学术，提高会计在中国的学术地位和影响；兴办会计教育，传授基本理论和技能，造就新式会计人才；创办会计师事务所，为发展中国的民族工商业服务，推动中国审计事业的发展；创办学术刊物，以老带新，造就新一代会计学术研究与教育人才；深入大、中、小型工商企业与金融业具体开展改良与改革会计的工作，提高会计实务水平。改良与改革中国会计运动所形成的效果，既是对中国会计的贡献，也是对世界会计的贡献，为后来中国现代会计的发展奠定了基础。

思考与练习

一、思考题

1. 什么是会计科目？设置会计科目应遵循哪几项原则？其分类如何？

2. 什么是账户？账户与会计科目的关系如何？

3. 简要列示借贷记账法下账户的基本结构。

4. 借贷记账法的主要特点包括哪些？

5. 什么是总分类账户和明细分类账户？总分类账户与其所属明细分类账户为什么要采用平行登记的方法？平行登记的要点包括哪些？

二、单项选择题

1. 会计科目是（　　）。

A. 会计要素的名称　B. 会计报表的名称　C. 账户的名称　D. 账簿的名称

2. “制造费用”科目按其所归属的会计要素不同，属于（　　）类科目。

A. 资产　B. 负债　C. 损益　D. 成本

3. 下列账户，属于损益类的是（　　）。

A. 预收账款　B. 销售费用　C. 制造费用　D. 利润分配

4. 下列会计科目中，（　　）属于负债类科目。

A. 预收账款　B. 预付账款　C. 财务费用　D. 资本公积

5. 账户是根据（　　）设置的，具有一定格式和结构，用于分类反映会计要素增减变动情况及其结果的载体。

A. 会计要素　B. 会计对象　C. 会计科目　D. 会计信息

6. 一个账户的增加方发生额与该账户的期末余额一般都应在该账户的（　　）。

A. 借方　B. 贷方　C. 相同方向　D. 相反方向

7. 根据明细分类科目设置的，用来对会计要素具体内容进行明细分类核算的账户称为（　　）。

A. 总账账户　B. 明细账户　C. 备查账户　D. 综合账户

8. 下列账户中，期末一般无余额的是（　　）账户。

A. 管理费用　B. 生产成本　C. 利润分配　D. 应付账款

9. 下列有关账户的表述中，不正确的是（　　）。

A. 账户是根据会计科目设置的，它没有格式和结构

B. 设置账户是会计核算的重要方法之一

C. 账户哪一方登记增加，哪一方登记减少，取决于记录的经济业务和账户的性质

D. 账户中登记的本期增加金额及本期减少金额统称为本期发生额

10.损益类账户的期末余额一般（　　）。

A.在借方　　B.在贷方　　C.无法确定方向　　D.为零

11.在借贷记账法下，“库存商品”账户的余额（　　）。

A.只能在借方　　B.只能在贷方

C.既可能在借方也可能在贷方　　D.肯定为零

12.关于会计科目，下列说法中不正确的是（　　）。

A.会计科目是对会计要素的进一步分类

B.会计科目按其提供信息的详细程度及统驭关系不同分为总分类科目和明细分类科目

C.会计科目可以根据企业的具体情况自行设定

D.会计科目是设置账户的依据

13.账户的基本结构是指（　　）。

A.账户的具体格式　　B.账户登记的方向

C.账户登记的日期　　D.账户中登记增减金额等的栏次

14.账户的左方和右方，哪一方记增加，哪一方记减少，取决于（　　）。

A.开设账户时间的长短　　B.所记金额的大小

C.所记经济业务和账户的性质　　D.所记经济业务的重要程度

15.复式记账法是对发生的每一项经济业务，都要以相等的金额，在（　　）中进行登记的一种记账方法。

A.一个账户　　B.两个账户

C.两个或两个以上的账户　　D.相互联系的两个或两个以上的账户

16.借贷记账法下的双重性账户，其性质要根据（　　）来决定。

A.经济业务　　B.借方发生额　　C.贷方发生额　　D.期末余额的方向

17.在借贷记账法下，账户的借方用来登记（　　）。

A.资产的增加或权益的减少　　B.资产的减少或权益的增加

C.资产的增加或权益的增加　　D.资产的减少或权益的减少

18.下列肯定会引起所有者权益总额增加的情况是（　　）。

A.资产与负债同增　　B.资产与负债同减

C.资产增加、负债减少　　D.资产减少、负债增加

19.一项资产增加、一项负债增加的经济业务发生后，都会使资产与权益原来的总额（　　）。

A.发生同增的变动　　B.发生同减的变动　　C.不会变动　　D.发生不等额变动

20.借贷记账法余额试算平衡的依据是（　　）。

A.借贷记账法记账规则　　B.借贷记账法账户结构

C.会计恒等式　　D.利润确定的基本等式

21.下列引起资产和负债同时减少的经济业务是（　　）。

A.从银行提取现金　　B.赊购材料一批

C.用银行存款偿还银行借款　　D.通过银行收到应收账款

22.某企业月初权益总额为80万元，假定本月仅发生一笔以银行存款10万元偿还银行借款的经济业务，则该企业月末资产总额为（　　）。

A.80万元　　B.90万元　　C.100万元　　D.70万元

23.某账户的期初余额为500元，期末余额为3 000元，本期减少发生额为800元，则本期增加发生额为（　　）元。

A.4 300　　B.2 200　　C.1 700　　D.3 300

24.根据资产与权益的恒等关系以及借贷记账法的记账规则，检查所有账户记录是否正确的过程称为（　　）。

A.复式记账　　B.对账　　C.试算平衡　　D.查账

25.下列有关总分类账户与明细分类账户关系的表述中，错误的有（　　）。

A.总分类账户对明细分类账户具有统驭控制作用

B.总分类账户与明细分类账户登记的依据不同

C.总分类账户与其所属的明细分类账户在总金额上应当相等

D.明细分类账户对总分类账户具有补充说明作用

26.下列记账错误中，不能通过试算平衡检查发现的是（　　）。

A.将某一账户的发生额500元误写成5 000元

B.漏记了某一账户的发生额

C.将应记入“管理费用”账户的借方发生额误记入“制造费用”账户的借方

D.重复登记了某一账户的发生额

27.总分类账户与其明细分类账户的主要区别在于（　　）。

A.记录经济业务的详细程度不同　　B.记账的依据不同

C.记账的方向不同　　D.记账的期间不同

28.下列会计分录中，不属于复合会计分录的是（　　）。

A.借：制造费用　　10 000
　　　管理费用　　5 000
　贷：累计折旧　　15 000

B.借：银行存款　　80 000
　贷：实收资本——A公司　　55 000
　　　　　　　——B公司　　25 000

C.借：管理费用——维修费　　80 000
　贷：原材料——甲材料　　60 000
　　　　　　——乙材料　　20 000

D.借：制造费用　　500
　贷：库存现金　　500

三、多项选择题

1.下列会计科目中，属于资产类科目的有（　　）。

A.预收账款　　B.预付账款　　C.原材料　　D.短期借款

2.下列会计科目中，属于成本类科目的有（　　）。

A.生产成本　　B.主营业务成本　　C.制造费用　　D.销售费用

3.账户的基本结构由（　　）三部分构成。

A.增加栏　　B.减少栏　　C.结余栏　　D.日期栏

4.在借贷记账法下，期末结账后，一般有余额的账户有（　　）。
A.资产类账户　　B.收入类账户　　C.费用类账户　　D.负债类账户
5.在借贷记账法下，账户的借方应登记（　　）。
A.费用的增加　　B.所有者权益的减少
C.收入的增加　　D.负债的减少
6.下列账户的四个金额要素中，属于本期发生额的是（　　）。
A.期初余额　　B.本期增加金额　　C.本期减少金额　　D.期末余额
7.下列经济业务中，涉及两个资产类账户，其中一个记增加，另一个记减少的有（　　）。
A.以银行存款购买原材料　　B.以银行存款归还前欠货款
C.收到其他单位还来前欠货款　　D.向银行提取现金
8.损益类账户一般具有的特点有（　　）。
A.费用类账户的增加额记借方　　B.收入类账户的减少额记借方
C.期末一般无余额　　D.年末一定要结转到“利润分配”账户
9.以下有关明细分类科目的表述中，正确的有（　　）。
A.明细分类科目也称一级会计科目
B.明细分类科目是对会计要素具体内容进行总括分类的科目
C.明细分类科目是对总分类科目作进一步分类的科目
D.明细分类科目能提供更加详细具体会计信息的科目
10.会计科目按其所归属的会计要素不同，分为资产类、负债类、（　　）五大类。
A.收入类　　B.成本类　　C.所有者权益类　　D.损益类
11.借贷记账法的试算平衡包括（　　）。
A.发生额平衡　　B.余额平衡　　C.差额平衡　　D.总账与明细账平衡
12.会计分录的三个基本构成要素是（　　）。
A.应借应贷方向　　B.应记账户名称　　C.应记金额　　D.填制人姓名
13.下列错误，通过试算平衡不能发现的有（　　）。
A.应借应贷科目颠倒　　B.借方发生额大于贷方发生额
C.重复登记某一账户发生额　　D.串户
14.在编制“试算平衡表”时，若期初余额、本期发生额和期末余额的借方与贷方均平衡，则（　　）。
A.全部总账账户记录一定正确　　B.全部明细账户记录一定正确
C.全部总账账户记录也不能肯定无错　　D.全部明细账户记录也不能肯定无错
15.在编制试算平衡表时，应该注意（　　）。
A.如果试算平衡，说明账户记录正确无误
B.必须保证所有账户的余额均已记录试算平衡表
C.如果试算不平衡，账户记录肯定有错误，应该认真查找，直到平衡为止
D.即使试算平衡，也不能说明账户记录绝对正确
16.下列关于总分类账户与明细分类账户的表述中，正确的有（　　）。
A.总分类账户提供总括的核算资料

B.总分类账户是对明细分类账户的补充

C.明细分类账户是总分类账户的从属账户

D.明细分类账户能够控制总分类账户

17.总分类账户与明细分类账户平行登记的要点包括（　　）。

A.同期间登记　　B.同方向登记　　C.同金额登记　　D.同凭证登记

四、判断题

（　　）1.会计科目的设置由财政部门统一规定，任何单位均不得增补或合并。

（　　）2.生产成本及主营业务成本都属于成本类科目。

（　　）3.销售费用、管理费用和制造费用都属于损益类科目。

（　　）4.预收账款属于负债类科目，而制造费用属于成本类科目。

（　　）5.总分类科目下设的明细分类科目太多时，可在总分类科目与明细分类科目之间设置二级科目。

（　　）6.在借贷记账法下，账户的借方登记增加数，贷方登记减少数。

（　　）7.账户是根据会计科目设置的，具有一定的格式和结构。

（　　）8.会计科目和会计账户的口径一致，性质相同，都具有一定的格式或结构，所以在实际工作中，对会计科目和账户不加严格区分。

（　　）9.账户的左方和右方，哪一方登记增加，哪一方登记减少，取决于所记录经济业务和账户的性质。

（　　）10.如果某一账户的期初余额为50 000元，本期增加发生额为80 000元，本期减少发生额为40 000元，则期末余额为90 000元。

（　　）11.在借贷记账法下，损益类账户的结构与资产类账户的结构基本相同。

（　　）12.借贷记账法中的“借”和“贷”仅仅是一个单纯的记账符号，其作用在于指明记账的方向、账户对应关系及账户余额的性质。

第三章
即测即评

（　　）13.一笔复合会计分录可以分解为两笔或两笔以上简单会计分录；反之，两笔或两笔以上简单会计分录可以合并为一笔复合会计分录。

（　　）14.在借贷记账法下，可根据账户的余额方向来决定该账户的性质。

（　　）15.由于总分类账户既能提供总括核算资料，又能提供详细核算资料，因此是十分重要的账户。

五、实务题

（一）［目的］熟悉各类会计科目的核算内容

［资料］东方公司12月发生下列经济业务：

（1）存放在出纳处的现金600元。

（2）存放在银行里的款项215 900元。

（3）向银行借入1个月期限的临时借款100 000元。

（4）仓库中存放的甲材料40 000元。

（5）仓库中存放的已完工A产品52 000元。

（6）正在加工中的A产品18 000元。

（7）购入机器设备1 950 000元。

(8) 某公司投入的资本500 000元。
(9) 房屋及建筑物3 840 000元。
(10) 应收南方公司货款150 000元。
(11) 应付北方公司材料款90 000元。
(12) 以前年度积累的未分配利润84 700元。
要求：指出上述经济业务涉及的会计科目及所属会计要素。
(二)［目的］熟悉各项经济业务对应的会计科目
［资料］东方公司是一家小型制造企业，其经济内容见表3-11。

表3-11 东方公司经济内容

序号	经济内容	所属科目性质	会计科目	序号	经济内容	所属科目性质	会计科目
1	场部办公大楼			17	企业行政管理部门发生的费用		
2	库存各种原材料			18	短期借款利息费用		
3	机器设备、汽车			19	销售商品发生的广告费用		
4	库存现金			20	预收的包装物押金		
5	偿还期为半年的银行借款			21	预付的包装物押金		
6	库存完工待售商品			22	应收的保险赔款		
7	存入开户银行的款项			23	应付职工工资		
8	车间厂房			24	应缴纳的各种税金		
9	企业职工借支的款项			25	销售商品实现的收入		
10	应收购货单位货款			26	销售商品负担的税金		
11	应付供应单位货款			27	已售商品的生产成本		
12	向购货单位预收的销货款			28	本年已实现的净利润		
13	向供应单位预付的购料款			29	已分配利润		
14	收到国家投入的资本金			30	应付给投资者的利润		
15	尚在车间生产的产品发生的费用			31	企业拥有的专利权、商标权		
16	车间组织产品生产发生的费用			32	从税后利润中提留的公共积累		

要求：请分析判断经济内容的性质，并设置相应的会计科目。
(三)［目的］掌握借贷记账法的运用
［资料］东方公司1月发生下列经济业务：
(1) 2日，收到南方公司投入资本金100 000元，存入银行。

(2) 6日，向北方公司购买甲材料60 000元，材料已验收入库，款项未付（暂不考虑增值税）。

(3) 9日，从银行提取现金95 000元，以备发放工资。

(4) 12日，公司用银行存款偿还到期的短期借款10 000元。

(5) 17日，公司采购员李明出差，预借差旅费2 000元，用库存现金支付。

(6) 20日，收到阳光公司前欠货款8 000元，存入银行。

(7) 21日，生产车间领用甲材料50 000元投入A产品生产。

(8) 24日，公司用库存现金300元购买办公用品。

(9) 26日，公司用银行存款支付前欠南方公司货款60 000元。

(10) 31日，经公司董事会决议，用资本公积转增资本20 000元。

要求：(1) 根据上述经济业务编制会计分录；

(2) 登记“银行存款”和“原材料”账户（假定“银行存款”和“原材料”账户期初余额分别为60 000元和20 000元），并计算12月份发生额和期末余额；

(3) 编制12月份总分类账户本期发生额试算平衡表。

(四) [目的] 掌握借贷记账法的运用

[资料] 东方公司10月31日各分类账账户余额见表3-12。

表3-12 东方公司账户余额 单位：元

借方	余额	贷方	余额
库存现金	6 000	累计折旧	6 000
银行存款	80 000	短期借款	50 000
原材料	20 000	应付账款	60 000
库存商品	30 000	应交税费	30 000
应收账款	80 000	实收资本	300 000
固定资产	250 000	资本公积	20 000

假设该公司11月份仅发生下列经济业务：

(1) 收到投资者追加投资共计130 000元，其中：50 000元现金存入银行，全新设备一台价值80 000元经交付使用。

(2) 用银行存款30 000元归还前欠外单位的购料款。

(3) 收回某公司的应收账款50 000元，款项已存入银行。

(4) 购入原材料20 000元，款项尚未支付，材料已验收入库。

(5) 用资本公积15 000元转增资本。

要求：

(1) 根据上述业务，编制会计分录。

(2) 填制完成总分类账户本期发生额及余额试算平衡表（见表3-13）。

表 3-13　　总分类账户本期发生额及余额试算平衡表　　单位：元

项目	期初余额		本期发生额		期末余额	
	借方	贷方	借方	贷方	借方	贷方
库存现金						
银行存款						
原材料						
库存商品						
应收账款						
固定资产						
累计折旧						
短期借款						
应付账款						
应交税费						
实收资本						
资本公积						
合计						

（五）［目的］掌握总分类账户与明细分类账户平行登记的方法

［资料］东方公司11月30日“原材料”和“应付账款”账户的有关资料见表3-14。该公司12月份发生下列经济业务（暂不考虑增值税）：

（1）2日，向南方公司购买101材料20 000元，102材料10 000元，材料已验收入库，货款暂欠。

（2）8日，向北方公司购买102材料5 000元，材料已验收入库，货款暂欠。

（3）12日，用银行存款支付前欠南方公司货款30 000元。

（4）18日，生产车间领用101材料40 000元和102材料20 000元投入A产品生产。

（5）22日，向南方公司购买101材料10 000元，材料已验收入库，货款暂欠。

（6）27日，用银行存款支付前欠北方公司货款8 000元。

表 3-14　　“原材料”和“应付账款”账户资料

总分类账户	明细分类账户
原材料（借）80 000元	101（借）50 000元
	102（借）30 000元
应付账款（贷）40 000元	南方公司（贷）28 000元
	北方公司（贷）12 000元

要求：（1）根据上述经济业务编制会计分录；

(2) 开设"原材料"和"应付账款"总账及其所属明细分类账户，并进行登记，结出本期发生额和期末余额；

(3) 编制"原材料"和"应付账款"明细分类账户本期发生额及余额表，并分别与"原材料"和"应付账款"总账进行核对。

六、案例分析

(一) 东方公司的会计核算采用借贷记账法，11月末结账后，全部账户名称以及每个账户基本结构的部分数据见表3-15。

表3-15 **总分类账户本期发生额及余额表** 单位：元

账户名称	期初余额		本期发生额		期末余额	
	借方	贷方	借方	贷方	借方	贷方
库存现金	7 200		1 200	( )	4 800	
银行存款	96 000		( )	75 600	( )	
原材料	60 000		26 400	( )	48 000	
应收账款	( )		( )	100 800	96 000	
固定资产	( )		28 800	27 000	120 000	
长期借款		60 000	( )	—		18 000
应付账款		96 000	10 200	( )		165 600
实收资本		180 000	—	( )		216 000
资本公积		48 000	( )	12 000		36 000
合计	( )	( )	( )	( )	( )	( )

要求：

(1) 分析各账户及合计栏所缺数据是多少？填入括号内。

(2) 分析时您使用了哪几种计算公式？这几种计算公式的理论依据是什么？分别在何时使用？

(二) 东方公司财务处会计李明根据12月发生的部分经济业务编制的会计分录如下：

(1) 借：原材料——甲材料 15 000
　　贷：银行存款 10 000
　　　　应付账款——南方公司 5 000

(2) 借：生产成本——A 30 000
　　贷：原材料——甲材料 10 000
　　　　　　　——乙材料 20 000

(3) 借：应付账款——北方公司 6 000
　　贷：银行存款 6 000

(4) 借：银行存款 58 000
　　贷：应收账款——新华公司 58 000

（5）借：盈余公积　　10 000

　　贷：实收资本　　10 000

要求：请分析会计李明编制的上述会计分录反映的经济业务内容分别是什么？

研讨与交流

一、会计科目与账户有区别吗

会计科目与账户是两个既相似又不同的专业概念，但长期以来，人们对其关系的认识却莫衷一是，有的认为应当加以区别地理解与运用，有的认为加以区别似无必要。

要求：请你谈谈学习后的认识。

二、理解会计要素、会计科目与会计账户的关系

某校20××级共招收了6 000名学生，这些学生分别被招入45个专业内，CPA01班共有56个在册学生，学校的学籍管理部门通过按人设立学籍卡的方式来记录每位学生在校学习期间的课程成绩、获得荣誉与受到处罚的具体情况。每学期末，学籍管理部门均要向有关院系提交该班全体学生成绩的数量统计与分析等学习情况总括性材料，供其合理改进下学期的学生管理工作。

要求：请你根据本章所学科目与账户的知识，试着用会计要素、会计科目与会计账户等专业语言来诠释这一工作内容。

三、为新成立的校园咖啡厅设置账户

校园咖啡厅由几位高年级本科生于年初投资创办。该咖啡厅营业场所200平方米，租赁期5年，房租一次性支付。开业前，除了对营业场所进行简单装修外，还购置了咖啡和饮品制作专用设备、餐桌、座椅、杯具，以及用于加工制作咖啡和饮品的原材料等。咖啡厅聘请专职咖啡师和服务员各一名。对于预交款办理会员卡的客户，凭卡消费可享受8折优惠。经税务机关认可，该咖啡厅免缴各种税费。小周既是股东又兼任会计和出纳，她根据咖啡厅经营特点和自修“基础会计”课程所学的知识，为该咖啡厅设置的账户有：“固定资产——房屋”“固定资产——设备”“固定资产——桌椅”“库存现金”“银行存款”“应收账款”“其他应收款”“原材料”“生产成本”“制造费用”“应交税费”“应付账款”“应付职工薪酬”“实收资本”“主营业务收入”“税金及附加”“管理费用”“所得税费用”“本年利润”。

要求：

（1）小周所设账户是否恰当？

（2）你认为该咖啡厅简明适用的账户体系至少应包括哪些账户？

第四章　企业主要经营过程核算和成本计算

【内容导读】

本章将运用在前面所学的会计基本理论和会计方法知识，结合一般企业筹资活动、经营活动、投资活动以及经营成果的形成与分配等主要交易或事项的实际，全面探讨其账务处理的基本方法，以便达到熟练应用这些理论和方法的目的。本章主要介绍一般企业的性质及其各类交易或事项的账务处理方法。

【学习目标】

✔ 价值塑造目标

➢ 深刻理解职业精神，培养良好职业行为；

➢ 培养合规思维和流程思维；

➢ 培养工匠精神，注重每个信息生成的环节，做到严谨、细致、专业、精益求精；

➢ 培养诚信表达企业经济业务的职业素养。

✔ 知识传授目标

➢ 通过学习企业资金筹集、材料采购、产品生产、商品销售、利润形成和分配的核算方法，完整呈现企业业务全貌，理解业财融合理念；

➢ 理解企业任何经济业务都是公司战略和经营目标落地效果的数据表达，全面、完整、系统、准确地记录经济业务是每个会计学专业学生的基本素养。

✔ 能力培养目标

➢ 培养用会计数据进行思考的能力。会计数据之间具有很强的逻辑性，任何虚构的数据都会原形毕露；

➢ 能正确处理企业主要经营过程中的财务核算；

➢ 能区分营业利润、利润总额和净利润，会基于利润分配的原则进行财务成果形成和分配的核算。

企业要从事正常的生产经营活动，首先必须拥有一定量的资金。资金筹集是企业生产经营资金运动的起点。企业筹集资金的渠道主要有投资者投入的资本和向银行等金融机构借入的款项。从经营过程来看，企业依次经过供应过程、生产过程和销售过程；从资金运动角度看，企业资金的占用形态依次从货币资金转化为储备资金、生产资金、成品资金和结算资金，最后又回到货币资金，从而完成资金循环。周而复始的资金循环便形成了资金周转。在资金循环过程中，不同的经营过程会发生不同的经济业务，需要分析并掌握材料采购成本、产品生产成本和产品销售成本的组成内容及计算方法，理解并掌握营业利润、利润总额和净利润的构成、形成步骤以及有关利润分配的正常规定。

第一节 资金筹集的核算

【导入案例】东方公司成立需要注册资金100万元，其中甲投资者投入货币资金30万元以及价值20万元的办公设备；乙投资者投入货币资金15万元以及价值35万元的办公用房；另外，企业从银行借入40万元的一年期借款。企业于2021年1月1日正式成立，请问企业最初成立时如何进行账务处理？

资金筹集是企业进行生产经营活动的前提条件，是资金运动全过程的起点。企业购建机器设备、厂房，购买材料物资，支付职工薪酬，偿还到期的债务等，首先必须拥有一定数量的资金。没有资金，企业就不能运转。企业筹集资金的渠道主要有两个：一是出让公司股权、接受投资者的资金，这种方式通常称为股权融资，即所有者投资，也称为实收资本；二是从企业从银行等金融机构贷款或发行债券等筹资，这种方式通常称作债务融资，形成企业的负债，如向银行等金融机构借入的短期借款等。

一、实收资本的核算

（一）实收资本的概念

根据我国有关法律规定，投资者设立企业首先必须投入资本。如《中华人民共和国市场主体登记管理条例》规定，企业申请开业，必须具备国家规定的与其生产经营和服务规模相适应的资金数额。企业实收资本是指投资者按照企业章程或合同、协议的约定，实际投入企业的资本，它是企业所有者权益中的主要部分。

企业的资本按照投资主体不同，分为国家投入资本、法人投入资本、个人投入资本和外商投入资本等。投资者投入资本的形式可以有多种，如现金投资、实物投资、证券投资和无形资产投资等。企业对投资者投入的资本应当保全，除依法转让外，不得以任何方式抽回。企业扩大规模增资或收缩规模减资都要到市场监督管理部门作变更登记。企业在经营过程中所取得的收入、发生的费用以及财产物资的盘盈盘亏等，不得直接增加或减少所有者投资。

2013年我国《公司法》修订之前，公司的注册资本采用实缴制。例如，注册资本为100万元，股东则需要实际缴纳100万元，注册资本等于实收资本。实施新修订的《公司法》后，实收资本不再作为营业登记事项，注册资本改为认缴制，企业登记机关只登记认缴的注册资本总额，不再登记实收资本。换句话说，股东认缴的资本可以在公司章程约定的时间内分期缴纳。公司注册时的注册资本可能不等于实收资本。如果是一次性缴纳的，投入资本等于注册资本；如果是分期缴纳，所有者最后一次缴入资本后，投入资本才等于注册资本。

延伸阅读4-1

注册资本认缴登记制

（二）实收资本核算的账户设置

为了核算和监督企业实收资本的增减变动情况，应设置“实收资本”账户。该账户属于所有者权益类账户，用来核算按照企业章程或合同、协议的约定，由投资者投入企业的法定资本。其贷方登记实收资本的增加数额，借方登记实收资本的减少数额，期末余额在贷方，反映企业实有的资本数额。该账户可按投资者进行明细分类核算。

【提请注意】股份有限公司应将“实收资本”账户改为“股本”账户。股份有限公司收到投资者投入的资本称为“股本”。企业收到投资者出资超过其在注册资本或股本中所占份额的部分，作为资本溢价或股本溢价，不能记入“实收资本”或“股本”，应在“资本公积”账户中核算。

【例4-1】东方公司8月9日收到北方公司投入的现金20 000元，已存入银行。

这项业务的发生，一方面使东方公司的银行存款增加，应记入“银行存款”账户的借方；另一方面使北方公司对东方公司的投入资本也增加，应记入“实收资本”账户的贷方。该项业务应作如下分录：

借：银行存款　　20 000

　贷：实收资本　　20 000

【例4-2】东方公司8月16日收到南方公司投入的运输汽车一辆，经评估确认价值为125 000元。

这项业务的发生，一方面使东方公司的固定资产增加，应记入“固定资产”账户的借方；另一方面使南方公司对东方公司的投入资本也增加，应记入“实收资本”账户的贷方。该项业务应作如下分录：

借：固定资产　　125 000

　贷：实收资本　　125 000

二、短期借款的核算

（一）短期借款的概念

企业向银行或其他金融机构借入的资金，主要有短期借款和长期借款两种。本书主要介绍短期借款的核算。

短期借款是指企业向银行或其他金融机构借入的期限在1年以内（含1年）的各种借款。短期借款一般是企业为了满足正常生产经营临时周转需要的资金而借入的或者为抵偿某项债务而借入的。无论借入款项的来源如何，企业均需要向债权人按期偿还借款的本金和利息。

（二）短期借款核算的账户设置

为了核算和监督企业短期借款的增减变动，应设置“短期借款”、“财务费用”和“应付利息”三个主要账户。

“短期借款”账户属于负债类账户，用来核算企业借入的期限在1年以内的各种借款。其贷方登记借入的短期借款本金数额，借方登记归还的短期借款本金数额，期末余额在贷方，表示企业尚未偿还的短期借款数额。该账户可按借款银行进行明细核算。

“财务费用”账户属于损益类账户，是用来核算企业为筹集生产经营所需资金等而发生的费用。其借方登记企业为筹集生产经营所需资金等而发生的财务费用，如利息支出、相关的手续费用等，贷方登记期末结转记入“本年利润”账户借方的金额，期末结转后该账户无余额。

“应付利息”账户属负债类账户，用来核算企业按照合同约定应支付的利息。其贷方登记资产负债表日按合同利率计算确定的应付未付利息，借方登记实际支付利息，期末余额在贷方，反映企业应付未付的利息。

【例4-3】东方公司7月1日向银行借入半年期借款50 000元，年利率6%，款项已存入银行。

这项业务的发生，一方面使东方公司的银行存款增加，应记入“银行存款”账户的借方；另一方面使东方公司的短期借款也增加，应记入“短期借款”账户的贷方。该项业务应作如下分录：

借：银行存款　　50 000
　贷：短期借款　　50 000

【提请注意】在实际工作中，银行一般于借款到期时一次性收取短期借款本金和利息，为此，企业的短期借款利息一般采用月末预提的方式进行核算。

【例4-4】东方公司7月末，预提当月利息。

一年的利息为3 000元（50 000×6%），所以一个月的利息为250元（3 000÷12）。

这项业务的发生，一方面使东方公司的财务费用增加，应记入“财务费用”账户的借方；另一方面使东方公司的应付未付利息也增加，应记入“应付利息”账户的贷方。该项业务应作如下分录：

借：财务费用　　250
　贷：应付利息　　250

8月末、9月末、10月末、11月末、12月末编制同样的会计分录。

【例4-5】次年1月1日借款到期，一次性归还本金和偿付利息。

这项业务的发生，一方面使东方公司的短期借款增加，应记入“短期借款”账户的借方，同时使东方公司应付未付的利息减少，应记入“应付利息”的借方；另一方面使东方公司的银行存款减少，应记入“银行存款”账户的贷方。该项业务应作如下分录：

借：应付利息　　1 500
　　短期借款　　50 000
　贷：银行存款　　51 500

【课堂讨论】东方公司借入的款项，如果其利息是分月预提按季结算的，又将如何进行账务处理？

第二节　采购过程的核算

【导入案例】8月6日，东方公司从光明公司采购A材料1 000千克，单价为500元，采购过程中，发生运费8 000元，装卸费1 200元，入库前的挑选整理费用800元。共计510 000元已用银行存款支付，材料尚未运达企业。请问东方公司如何就该业务进行账务处理。

采购过程是制造业企业经营活动的起点，也是资金周转的第一个阶段。在采购过程中，企业要用货币资金购买生产经营所需的设备和材料物资，完成生产准备过程。在这一过程中，企业要支付购买设备和材料物资的价税款，要支付采购费用，要与供货单位发生货款结算业务。资金形态相应地由货币资金形态转化为储备资金形态。采购业务核算的内容主要包括固定资产购置和材料采购两个方面，同时，还要计算材料采购成本。

一、增值税的核算

（一）增值税的概念

根据《中华人民共和国增值税暂行条例》的规定，增值税是指对我国境内销售货物或者提供加工、修理修配劳务以及进口货物的单位和个人实现的增值额征收的一种流转税。增值税是价外税，即税款不包括在商品价格中。按照纳税人的经营规模及会计核算的健全程度，增值税纳税人分为一般纳税人和小规模纳税人。

延伸阅读 4-2

增值税专用发票

（二）一般纳税人

一般纳税人采用规范的征收管理办法，即购进扣税法。在实际征收中，采用凭增值税专用发票（如图 4-1 所示）或其他合法扣税凭证注明税款进行抵扣的办法计算应纳税额，一般使用 13% 的税率（2019 年 4 月 1 日起执行）。应纳税额的计算公式如下：

应纳税额=当期销项税额-当期进项税额

当期销项税额=销售商品不含税价款×税率

当期进项税额=购进商品不含税价款×税率

山东省增值税专用发票

全国统一发票监制章 发票联 税务局监制

开票日期：2023 年 12 月 7 日　　　　No 006785

购买方	名称	东方有限责任公司	密码区	略
	纳税人识别号	350603001112228		
	地址、电话	黄海路 568 号 0531-85262626		
	开户银行及账号	工商银行高新支行 16030058363803366		

商品或劳务名称	单位	数量	单价	金额										税率	税额									
				千	百	十	万	千	百	十	元	角	分		千	百	十	万	千	百	十	元	角	分
车床	台	1	100 000.00			1	0	0	0	0	0	0	0	13%				1	3	0	0	0	0	0
合计					¥	1	0	0	0	0	0	0	0				¥	1	3	0	0	0	0	0
价税合计（大写）	⊗壹拾壹万叁仟元整																			¥113 000.00				

销售方	名称	长安机器设备有限公司	备注
	纳税人识别号	25669856002	
	地址、电话	山科路 56 号	
	开户银行及账号	中国银行山科路办事处 2369890765	

长安机器设备有限公司 25669856002 发票专用章

收款人：李洋　　　　开票单位：　　　　结算方式：转账

图 4-1　增值税专用发票

（三）小规模纳税人

小规模纳税人销售货物或者提供应税劳务，实行按照销售额和规定的增值税征收率计算应纳税额的简易方法，适用3%的征收率。销售货物或提供应税劳务时只能开具普通发票，不能开具增值税专用发票，并不得抵扣进项税额。计算公式如下：

应纳税额=销售额×征收率

【提请注意】本教材有关增值税的会计核算均按照一般纳税人的规定处理，暂不涉及小规模纳税人。

（四）增值税核算的账户设置

延伸阅读4-3

增值税及其会计处理

为了核算企业应缴纳的各种税费，如增值税、消费税、企业所得税、城市维护建设税及教育费附加等，设置“应交税费”账户。该账户属于负债类账户，其贷方登记应缴纳的各种税费，借方登记实际已缴纳的税费，期末贷方余额表示企业尚未缴纳的税费。期末余额如在借方，则表示企业多交或尚未抵扣的税费。该账户应按税金的种类设置明细账，进行明细分类核算。

为了核算企业应交增值税的发生、抵扣等情况，应在“应交税费”账户下设置“应交增值税”明细账户进行核算。借方用来登记企业购进货物或接受应税劳务支付的进项税额；贷方用来登记企业销售货物或提供应税劳务所收取的销项税额等；期末借方余额表示本月尚未抵扣的增值税进项税额，期末贷方余额表示本月应交未交的增值税。其账户结构如图4-2所示。

借方　　　　应交税费——应交增值税	贷方
采购材料时应向供应单位支付的进项税额	销售商品时应向销售单位收取的销项税额
尚未抵扣的进项税额	应交未交的增值税

图4-2　“应交税费——应交增值税”的账户结构

二、固定资产购置的核算

（一）固定资产的标准

固定资产是指同时具有以下特征的有形资产：①为生产商品、提供劳务、出租或经营管理而持有的；②使用寿命超过一个会计年度。

（二）固定资产成本的确定

固定资产一般应按取得时的成本作为入账的价值。固定资产的成本是指企业购建固定资产达到预定可使用状态前所发生的一切合理、必要的支出。这些支出包括直接发生的价税款、运杂费、包装费和安装成本等，也包括间接发生的费用，如应承担的借款利息以及应分摊的其他间接费用。

固定资产取得的成本应当根据具体情况分别确定，外购固定资产的成本包括买价，相关税费，使固定资产达到预定可使用状态前所发生的可归属于该项资产的运输费、装卸费、安装费和专业人员服务费等。

（三）固定资产核算账户的设置

为了核算和监督企业固定资产的增减变动及其结存情况，应设置“固定资产”账户。该账户用来核算企业固定资产的原始价值。其借方登记增加的固定资产原始价值，贷方登记减少的固定资产原始价值；期末余额在借方，反映企业现有固定资产的原始价值。

【提请注意】购入需要安装的固定资产，应在购入的固定资产取得成本的基础上加上安装调试成本等，先记入“在建工程”账户，待安装完毕达到预定可使用状态时再转入“固定资产”账户。

【例4-6】东方公司8月7日以银行存款购入不需要安装的全新精密机床一台，取得的增值税专用发票上注明的设备价款为100 000元、增值税税额为13 000元，发生的运杂费为800元。该设备已验收交付使用。

这项业务的发生，一方面使东方公司的固定资产增加，应记入“固定资产”账户的借方；另一方面使东方公司的银行存款减少，应记入“银行存款”账户的贷方。该项业务应作如下分录：

借：固定资产	100 800	
应交税费——应交增值税（进项税额）	13 000	
贷：银行存款		113 800

三、材料采购的核算

企业要保证生产经营活动的正常进行，就必须购买和储存一定品种和数量的材料物资。在材料采购过程中，企业要与供货单位办理货款结算，支付材料货款、运输费、保险费及装卸搬运费等各种采购费用，同时还要支付增值税税款。

（一）材料采购成本的核算

成本计算是会计核算的一种专门方法，它对企业生产经营过程中所发生的各种生产费用，根据成本计算原则，按照一定对象和规定的标准进行归集和分配，又确定各对象的总成本和单位成本。

材料采购成本由买价和采购费用两部分组成。材料采购成本的计算，就是把企业购买材料所支付的买价和采购费用，按照材料的品种归集，计算每种材料的采购成本和单位成本。材料采购成本包括：

1. 买价，指采购发票所开列的货款金额。

2. 运杂费，包括运输费、装卸费、包装费、保险费、仓储费等。

3. 运输途中的合理损耗，指企业与供应或运输部门所签订的合同中规定的合理损耗或必要的自然损耗。

4. 入库前的挑选整理费用，指购入的材料在入库前需要挑选整理而发生的费用，包括挑选过程中所发生的工资、费用支出和必要的损耗，但要扣除下脚料、废料的价值。

5. 购入材料负担的税金（对一般纳税人来说，增值税除外）和其他费用等。

材料采购成本的计算公式如下：

某种材料物资的采购成本=该材料物资的买价+该材料物资应负担的采购费用

材料单位成本=材料采购成本÷材料数量

$$采购费用分配率=\frac{采购费用总额}{各种材料的重量（或体积、买价）之和}$$

某种材料应负担的采购费用=该材料的重量（或体积、买价）×采购费用分配率

（二）材料采购的账户设置

为了核算和监督企业材料采购业务的发生和完成情况，应设置“在途物资”“原材料”“应付账款”“预付账款”等账户。

“在途物资”账户属于资产类账户，用来核算企业购入材料、商品等的采购成本。其借方登记购入材料物资的买价和采购费用，贷方登记已验收入库材料物资的实际成本，期末若有借方余额表示已经付款，但尚未验收入库的在途材料物资的实际成本。该账户应按材料物资的类别、品种或规格设置明细账，进行明细分类核算。

“原材料”账户属于资产类账户，用来核算企业库存各种材料的收入、发出和结存情况。其借方登记已验收入库材料物资的实际成本，贷方登记发出材料物资的实际成本，期末借方余额表示库存材料物资的实际成本。该账户应按材料物资的类别、品种或规格设置明细账，进行明细分类核算。

“应付账款”账户属于负债类账户，用来核算企业因购买材料、商品和接受劳务供应等而应付给供应单位的款项。其贷方登记应付供应单位的款项，借方登记已经实际偿还的款项，期末贷方余额表示企业尚未支付的应付账款。该账户应按供应单位设置明细账，进行明细分类核算。

“预付账款”账户属于资产类账户，用来核算企业按照购货合同规定预付给供应单位的款项。其借方登记按照合同规定预付给供应单位的货款和补付的款项，贷方登记收到所购货物的货款和退回多付的款项，期末借方余额表示企业预付的款项；期末如为贷方余额，表示企业尚未补付的款项。该账户应按供应单位设置明细账，进行明细分类核算。

【例4-7】东方公司12月8日从北方公司购进一批甲材料2 000千克，单价10元，价款共计20 000元，增值税2 600元，材料尚未入库。货税款已用银行存款支付。

这项业务的发生，一方面使东方公司的材料采购成本和增值税进项税额增加，应分别记入“在途物资”和“应交税费”账户的借方；另一方面使东方公司的银行存款减少，应记入“银行存款”账户的贷方。该项业务应作如下分录：

借：在途物资——甲材料	20 000	
应交税费——应交增值税（进项税额）	2 600	
贷：银行存款		22 600

【课堂讨论】对于固定资产的购置和材料采购时支付的增值税是否都分别计入固定资产成本和材料采购成本？

【例4-8】东方公司12月12日从南方公司购进一批乙材料100千克，单价100元，价款共计10 000元，增值税1 300元，材料已验收入库。货税款尚未支付。

这项业务的发生，一方面使东方公司的材料采购成本和增值税进项税额增加，应分别记入“在途物资”和“应交税费”账户的借方；另一方面使东方公司的应付账款增加，应记入“应付账款”账户的贷方。与此同时，由于乙材料已验收入库，其采购成本应从“在途物资”账户转入“原材料”账户。该项业务应作如下分录：

借：在途物资——乙材料	10 000	
应交税费——应交增值税（进项税额）	1 300	
贷：应付账款——南方公司		11 300

同时：

借：原材料——乙材料　　10 000

　贷：在途物资——乙材料　　10 000

【例4-9】依例4-7，东方公司12月8日购进的甲材料已于12月20日验收入库，结转其实际采购成本。

这项业务的发生，一方面使东方公司的库存材料增加，应记入“原材料”账户的借方；另一方面使其采购成本因转出而减少，应记入“在途物资”账户的贷方。该项业务应作如下分录：

借：原材料——甲材料　　20 000

　贷：在途物资——甲材料　　20 000

【例4-10】依例4-8，东方公司12月25日以银行存款11 300元偿付前欠南方公司的货税款。

这项业务的发生，使东方公司的应付账款和银行存款都减少，应分别记入“应付账款”账户的借方和“银行存款”账户的贷方。该项业务应作如下分录：

借：应付账款——南方公司　　11 300

　贷：银行存款　　11 300

【例4-11】东方公司12月26日以银行存款20 000元向光明公司预付购买丙材料货款。

这项业务的发生，使东方公司的预付账款增加，应记入“预付账款”账户的借方；另一方面使银行存款减少，应记入“银行存款”账户的贷方。该项业务应作如下分录：

借：预付账款——光明公司　　20 000

　贷：银行存款　　20 000

【例4-12】东方公司12月28日向光明公司购入丙材料4 000千克，单价8元，买价32 000元，增值税4 160元，材料已验收入库。不足款项以银行存款支付。

这项业务的发生，一方面使东方公司的材料采购成本和增值税进项税额增加，应分别记入“在途物资”和“应交税费”账户的借方；另一方面使东方公司的预付账款和银行存款减少，应记入“预付账款”和“银行存款”账户的贷方。与此同时，由于丙材料已验收入库，其采购成本应从“在途物资”账户转入“原材料”账户。该项业务应作如下分录：

借：在途物资——丙材料　　32 000

　　应交税费——应交增值税（进项税额）　　4 160

　贷：预付账款——光明公司　　20 000

　　　银行存款　　16 160

同时：

借：原材料——丙材料　　32 000

　贷：在途物资——丙材料　　32 000

【例4-13】东方公司12月30日向新华公司购进下列材料，共发生采购费用140元，采购费用和货税款均以银行存款支付。

丙材料100千克	单价50元	计5 000元	增值税650元
丁材料20千克	单价100元	计2 000元	增值税260元
合计		7 000元	910元

这项业务的发生，一方面，丙、丁材料的买价可以直接计入丙、丁两种材料的采购成本账户中；另一方面，支付的采购费用140元，则需要采用一定的标准在两种材料之间进行分配。假定本例按材料买价比例分配。

采购费用分配率=140÷7 000=0.02（元/千克）（表示每元材料应分摊采购费用0.02元）

丙材料应分摊的采购费用=5 000×0.02=100（元）

丁材料应分摊的采购费用=2 000×0.02=40（元）

丙材料的采购成本=5 000+100=5 100（元）

丁材料的采购成本=2 000+40= 2 040（元）

丙材料的单位采购成本=5 100÷100=51（元/千克）

丁材料的单位采购成本=2 040÷20=102（元/千克）

丙、丁两种材料的采购成本计算见表4-1。

表4-1 **材料采购成本计算表**

材料名称	单位	数量	买价（元）	采购费用（元）	总成本（元）	单位成本（元/千克）
丙	千克	100	5 000	100	5 100	51
丁	千克	20	2 000	40	2 040	102
合计			7 000	140	7 140	

该项业务应作如下分录：

借：在途物资——丙材料　　5 100

　　　　　　——丁材料　　2 040

　　应交税费——应交增值税（进项税额）　　910

　贷：银行存款　　8 050

【课堂讨论】材料采购过程中发生的主要经济业务涉及哪些账户？其对应关系如何？

第三节 生产过程的核算

【导入案例】东方公司12月16日生产产品领用原材料一批，具体材料名称、数量、金额和用途见表4-2。东方公司如何进行账务处理？

表4-2 **东方公司生产产品领用原材料**

用途	甲材料		乙材料		丙材料		合计（元）
	数量（千克）	金额（元）	数量（千克）	金额（元）	数量（千克）	金额（元）	
生产A产品耗用	1 600	81 600	6 000	48 000	400	4 000	133 600
生产B产品耗用	1 800	91 800	3 000	24 000	200	2 000	117 800
车间一般耗用	60	3 060			100	1 000	4 060
行政管理部门耗用			400	3 200			3 200
合计	3 460	176 460	9 400	75 200	700	7 000	258 660

生产过程是指从材料投入生产开始，到产品完工入库为止的全过程。它是企业资金周转的第二个阶段，也是制造业企业一切工作的中心环节。在这个过程中，一方面生产工人需要借助机器设备对各种原材料等进行加工，制造出各种产品；另一方面要消耗各种材料和动力，支付职工薪酬，发生房屋、机器设备等固定资产的折旧费用以及其他各项费用支出等。虽然这些费用具有不同的经济用途，发生在生产过程的不同环节，但均需要按照产品的种类进行归集和分配，最终计算出产品的生产成本。在价值形态上，资金形态相应地由储备资金、货币资金等形态转化为生产资金形态。产品完工入库后，资金形态又从生产资金形态转化为成品资金形态。

一、产品生产成本的构成

产品生产成本是指产品在其生产过程中所发生的各种生产费用。计入产品成本的生产费用按其用途不同可划分为若干个项目，这些项目作为产品成本的构成内容，会计上称为成本项目。成本项目一般可分为直接材料、直接人工和制造费用等。

（1）直接材料。直接材料是指用于产品生产，构成产品实体的原材料、主要材料、燃料以及有助于产品形成的辅助材料等。

（2）直接人工。直接人工是指直接从事产品生产人员的工资及其他职工薪酬。

（3）制造费用。制造费用是指企业各生产单位为组织和管理生产所发生的各项间接费用，包括各生产单位管理人员工资和福利费、折旧费、机物料消耗、办公费、水电费、保险费、劳动保护费、季节性和修理期间的停工损失等。

【提请注意】企业的行政管理部门为组织和管理生产活动也会发生各项费用，即管理费用，这些费用不构成产品的制造成本，而是和销售费用和财务费用一起形成企业的期间费用。

二、制造费用的分配

在计算产品生产成本时，一般将产品生产过程中发生的各项生产费用按产品名称或类别分别进行归集和分配，以分别计算各种产品的总成本和单位成本。由于直接材料和直接人工是直接用于产品生产的费用，因而一般可以直接计入各种产品的生产成本中；而制造费用在其发生时，一般难以分清应由哪种产品承担，因而应先归集，然后按照一定的标准分配后再计入各种产品成本中。制造费用分配有关计算公式如下：

$$制造费用分配率=\frac{制造费用总额}{生产工人工资（或工时）总额}$$

某产品应分摊的制造费用=该产品生产工人工资（或工时）×制造费用分配率

【提请注意】如果某企业只生产一种产品，制造费用应在其发生时先在本账户归集，于月底一次性结转计入该产品生产成本，无须分配。

制造业企业费用核算的一般程序如图4-3所示。

三、生产过程核算的账户设置

为了核算和监督企业的产品生产，正确计算产品的生产成本，企业应设置“生产成本”“制造费用”“应付职工薪酬”“累计折旧”“管理费用”“库存商品”等账户。

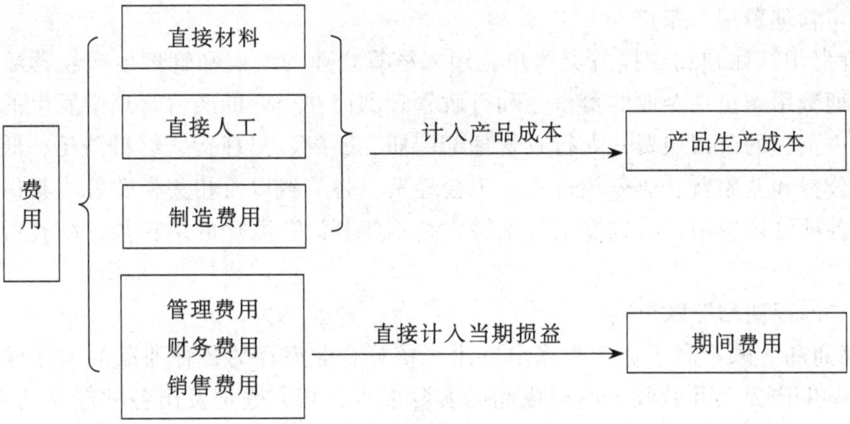

图4-3　费用核算的一般程序

（一）“生产成本”账户

“生产成本”账户属于成本类账户，用来核算企业为进行产品生产所发生的各项生产费用。其借方登记企业在产品制造过程中所发生的全部生产费用，包括直接材料、直接人工、其他直接费用以及期末按照一定的标准分配计入产品生产成本的制造费用，贷方登记结转完工入库产品的生产成本，期末借方余额表示尚未完工的各种在产品的实际生产成本。该账户一般按产品的品种或类别设置明细账，进行明细分类核算。

（二）“制造费用”账户

“制造费用”账户属于成本类账户，用来核算企业各生产车间为生产产品和提供劳务而发生的各项间接费用，包括车间管理人员工资和福利费、折旧费、修理费、办公费、水电费、机物料消耗、劳动保护费、季节性和修理期间的停工损失等。其借方登记企业在产品制造过程中发生的各项制造费用，贷方登记月度终了经分配转入“生产成本”账户的制造费用，除季节性生产企业外，该账户期末无余额。

（三）“应付职工薪酬”账户

“应付职工薪酬”账户属于负债类账户，用来核算企业根据有关规定应付给职工的各种薪酬，包括职工工资、奖金、津贴和补贴，职工福利费，社会保险费，住房公积金，工会经费，职工教育经费和非货币性福利等。该账户贷方登记已分配计入有关成本费用项目的职工薪酬的数额，借方登记实际发放职工薪酬的数额，期末贷方余额表示企业应付未付的职工薪酬。该账户应按照“工资”“职工福利”“社会保险费”“住房公积金”“工会经费”“职工教育经费”“非货币性福利”等应付职工薪酬项目设置明细账，进行明细分类核算。

（四）“累计折旧”账户

“累计折旧”账户属于资产类账户，用来核算企业固定资产的累计折旧。该账户是“固定资产”账户的抵减账户，其账户结构与“固定资产”账户相反，贷方登记企业按月计提的固定资产的折旧数，借方登记企业由于出售、报废、毁损及盘亏固定资产等原因而相应减少的折旧数，期末贷方余额表示企业现有固定资产已提取的折旧累计数。该账户可按固定资产的类别或项目进行明细分类核算。

（五）“管理费用”账户

“管理费用”账户属于损益类账户，用来核算企业为组织和管理生产经营活动而发生的各项管理费用，包括企业的董事会和行政管理部门在企业的经营管理中发生的，或者应由企业统一负担的公司经费，如行政管理部门职工薪酬、修理费、物料消耗、低值易耗品摊销、办公费和差旅费、业务招待费、工会经费、咨询费以及相关税费等。其借方登记企业发生的各项管理费用，贷方登记月末转入“本年利润”账户的结转数，结转后该账户应无余额。

（六）“库存商品”账户

“库存商品”账户属于资产类账户，用来核算企业库存的各种商品的实际成本。其借方登记企业生产完工并验收入库产成品的实际成本，贷方登记发出各种产品的实际成本，期末借方余额表示企业各种库存商品的实际成本。该账户应按库存商品的品种、类别和规格设置明细账，进行明细分类核算。

四、生产过程的核算

生产过程的核算是指企业生产过程中消耗的各种材料、职工工资和福利费、固定资产的折旧费用以及其他各项生产费用等的核算。生产过程中各种生产费用的核算遵循的原则是“谁受益谁承担，何时受益何时负担，收益大小与负担多少成正比”。

（一）材料费用的核算

企业发出原材料，应按照发出的地点和经济用途的不同，将材料费用归集、分配到有关的成本、费用等账户。企业在生产过程中领用的原材料，记入“生产成本”账户的借方；车间一般耗用的材料，记入“制造费用”账户的借方；行政管理部门一般耗用的材料，记入“管理费用”账户的借方。

【例4-14】12月2日，东方公司仓库发出材料一批，名称、数量、金额和用途见表4-3。

表4-3 材料费用分配表

用途	甲材料			乙材料			合计（元）
	数量（千克）	单价（元/千克）	金额（元）	数量（千克）	单价（元/千克）	金额（元）	
生产产品耗用							
——A产品	700	10	7 000	400	100	40 000	47 000
——B产品	200	10	2 000	100	100	10 000	12 000
车间一般耗用	60	10	600				600
管理部门耗用	40	10	400				400
合计	1 000	10	10 000	500	100	50 000	60 000

这项业务的发生，一方面使东方公司生产产品而耗用的材料增加，应直接记入“生产成本”账户的借方，车间和行政管理部门一般耗用的材料应分别记入“制造费用”和“管理费用”账户的借方；另一方面发出材料使东方公司库存材料减少，应记入“原材料”账户的贷方。该项业务应作如下分录：

借：生产成本——A产品　47 000
　　　　　　——B产品　12 000
　　制造费用　600
　　管理费用　400
　贷：原材料——甲材料　10 000
　　　　　　——乙材料　50 000

（二）工资费用和福利费的核算

为了核算应付职工薪酬的提取、结算、使用等情况，企业应设置"应付职工薪酬"账户。

1. 企业于每月月末计算提取当月职工薪酬，按职工归属部门的不同，记入不同的账户。生产工人的工资费用直接记入"生产成本"账户的借方；车间内非生产工人的工资费用记入"制造费用"账户的借方；管理人员的工资费用记入"管理费用"账户的借方；销售人员的工资费用记入"销售费用"账户的借方。

2. 次月发放工资时，借记"应付职工薪酬"账户，贷记"银行存款"或"库存现金"账户。

【例4-15】东方公司12月9日以库存现金26 000元支付上月应付职工工资。

这项经济业务的发生，一方面使东方公司的负债减少，应记入"应付职工薪酬"账户的借方；另一方面使东方公司的库存现金减少，应记入"库存现金"账户的贷方。该项业务应作如下分录：

借：应付职工薪酬——工资　26 000
　贷：库存现金　26 000

【例4-16】东方公司12月31日结算本月应付职工工资27 400元，其中：生产A产品工人工资15 000元，生产B产品工人工资10 000元，车间管理人员工资400元，厂部行政管理人员工资2 000元。

这项经济业务的发生，一方面使东方公司生产费用和管理费用增加，应分别记入"生产成本""制造费用""管理费用"账户的借方；另一方面使东方公司应付职工工资增加，应记入"应付职工薪酬"账户的贷方。该项业务应作如下分录：

借：生产成本——A产品　15 000
　　　　　　——B产品　10 000
　　制造费用　400
　　管理费用　2 000
　贷：应付职工薪酬——工资　27 400

【课堂讨论】结合例4-15与例4-16分析，为什么东方公司12月支付的职工工资和结算的职工工资金额会有差异？

【例4-17】东方公司12月31日根据历史经验数据和实际情况，合理预计本月份职工福利费，其中：A产品2 100元，B产品1 400元，车间管理人员56元，厂部行政管理人员280元。

职工福利费与工资费用的归属相同，该项业务应作如下分录：

借：生产成本——A产品　2 100

借：生产成本——B产品 1 400
　　制造费用 56
　　管理费用 280
　贷：应付职工薪酬——福利费 3 836

【提请注意】一般而言，企业应向社会保险经办机构缴纳的社会保险费，应向住房公积金管理中心缴存的住房公积金，以及应向工会部门缴纳的工会经费等，国家统一规定了计提基础和计提比例，应当按照国家规定的标准计提。而职工福利费等职工薪酬，国家没有明确规定计提基础和计提比例，企业应当根据经验数据和实际情况，合理预计当期应付职工薪酬。当期实际发生额大于预计金额的，应当补提应付职工薪酬；当期实际发生额小于预计金额的，应当冲回多提的应付职工薪酬。

（三）固定资产折旧费用的核算

固定资产作为企业主要的劳动资料，具有使用期限长、单位价值较高、在使用过程中基本上保持其实物形态、其价值会因使用磨损而逐渐减少等特点。固定资产因使用而逐渐损耗的价值称为固定资产折旧。企业应按月计提固定资产折旧，其中：生产车间的固定资产折旧费记入“制造费用”账户的借方，厂部行政管理部门的固定资产折旧费记入“管理费用”账户的借方。企业计提的固定资产折旧，不直接冲减“固定资产”账户的账面价值，而是记入“累计折旧”账户的贷方，表示固定资产价值的减少。

【例4-18】东方公司12月31日按规定计提本月固定资产折旧5 600元，其中：车间固定资产折旧5 100元，厂部固定资产折旧500元。

这项经济业务的发生，一方面使东方公司间接生产费用和管理费用增加，应分别记入“制造费用”和“管理费用”账户的借方；另一方面使东方公司的固定资产折旧增加，应记入“累计折旧”账户的贷方。该项业务应作如下分录：

借：制造费用 5 100
　　管理费用 500
　贷：累计折旧 5 600

（四）其他费用的核算

其他费用是指除上述费用以外发生的费用，主要包括各部门发生的办公费、差旅费等。发生办公费、差旅费时，应按照“谁受益谁承担”的原则归属于不同的账户。管理部门发生的其他费用，记入“管理费用”账户的借方；销售部门发生的其他费用，记入“销售费用”账户的借方；生产部门发生的其他费用，记入“制造费用”账户的借方。

【例4-19】东方公司12月8日以现金支付购买车间办公用品费100元、厂部办公用品费800元。

这项经济业务的发生，一方面使东方公司的库存现金减少，应记入“库存现金”账户的贷方；另一方面使东方公司制造费用和管理费用增加，应分别记入“制造费用”和“管理费用”账户的借方。该项业务应作如下分录：

借：制造费用 100
　　管理费用 800
　贷：库存现金 900

【例4-20】东方公司12月14日以库存现金预付采购员李明差旅费900元。

预付差旅费属于暂付性质的费用，应通过“其他应收款”账户进行核算。“其他应收款”账户属于资产类账户，借方登记各种赔款、罚款、暂付等款项，贷方登记收回的各种款项，期末借方余额表示尚未收回的各种应收、暂付款项。该项业务应作如下分录：

借：其他应收款——李明　　900

　贷：库存现金　　900

【例4-21】东方公司采购员李明12月17日出差归来报销差旅费880元，余款以现金收回。

这项经济业务的发生，一方面使东方公司的管理费用和库存现金增加，应分别记入“管理费用”和“库存现金”账户的借方；另一方面应冲减原记入“其他应收款”账户的预借款，贷记“其他应收款”账户。该项业务应作如下分录：

借：管理费用　　880

　　库存现金　　20

　贷：其他应收款——李明　　900

【课堂讨论】依例4-21，如果东方公司采购员李明出差归来报销差旅费980元，会计人员向李明补付现金80元，结清原借款，应如何编制会计分录？

【例4-22】东方公司12月31日用银行存款支付本月车间照明用电费244元，厂部照明用电费160元。

这项经济业务的发生，一方面使东方公司制造费用和管理费用增加，应记入“制造费用”和“管理费用”账户的借方；另一方面使东方公司银行存款减少，应记入“银行存款”账户的贷方。该项业务应作如下分录：

借：制造费用　　244

　　管理费用　　160

　贷：银行存款　　404

（五）制造费用的分配

制造费用是指企业各生产车间为生产产品和提供劳务而发生的各项间接费用。一定时期内发生的制造费用，平时通过“制造费用”账户归集，月末应按照生产工人工资或生产工人工时或产品机器工时等标准进行分配，转入“生产成本”账户。

【例4-23】东方公司12月31日将本月发生的制造费用6 500元（例4-14、例4-16、例4-17、例4-18、例4-19、例4-22）按本月发生的生产工人的工资比率分配计入A、B两种产品成本。

依例4-16，东方公司12月份A、B两种产品的生产工人工资分别为15 000元和10 000元，本月制造费用分配如下：

$$\text{制造费用分配率}=\frac{6\,500}{15\,000+10\,000}=0.26$$（每元工资应负担0.26元的制造费用）

A产品应分配制造费用=15 000×0.26=3 900（元）

B产品应分配制造费用=10 000×0.26=2 600（元）

在实际工作中，某一会计期间发生的制造费用的分配是通过编制“制造费用分配表”来进行的。东方公司12月“制造费用分配表”见表4-4。

表4-4 **制造费用分配表** 单位：元

产品名称	分配标准	分配率	分配金额
A产品	15 000	0.26	3 900
B产品	10 000	0.26	2 600
合计	25 000	0.26	6 500

根据表4-4（制造费用分配表），应作如下分录：

借：生产成本——A产品 3 900

——B产品 2 600

贷：制造费用 6 500

（六）产品生产成本的计算

产品生产成本一般由直接材料、直接人工和制造费用三部分组成。其中，直接材料费用和直接人工费用发生时，直接记入“生产成本”总账和有关明细分类账，如例4-14、例4-16、例4-17；平时发生的制造费用，记入“制造费用”账户的借方，如例4-14、例4-16、例4-17、例4-18、例4-19、例4-22。月末将本月发生的制造费用总额，采用一定的分配标准，分配转入“生产成本”总账和有关明细分类账，如例4-23。

当某一会计期间所发生的生产费用全部汇总记入“生产成本”总账和有关明细分类账后，即可进行产品生产成本的计算。如果月末某种产品全部完工，该种产品生产成本明细账归集的费用即为该种完工产品的总成本，再除以该种产品的产量，即可以计算出该种产品的单位成本。如果月末某种产品均未完工，该种产品生产成本明细账所归集的费用，即为该种产品的在产品成本。

成本计算的一般程序是：

（1）确定成本计算对象。生产费用的对象化是成本的归属，这个对象也就是成本计算对象。

（2）根据成本计算对象开设成本计算单。成本计算单是归集分配各项生产费用的工具，是归集生产费用、计算产品成本的前提或条件。

（3）确定成本计算期。成本计算期通常应与生产周期一致。如果企业经常反复不断地大量生产一种或几种产品，为了加强成本管理，可按月计算成本。

（4）确定成本项目。如在制造成本法下，产品成本项目包括直接材料费用、直接人工费用和制造费用三项。根据成本管理的需要，上述三个项目又可具体划分为几个子项目。

延伸阅读4-4

企业产品成本核算制度

（5）正确地归集和分配生产费用。直接费用应直接计入产品成本，间接费用必须按一定的标准进行分配后再计入有关产品成本。

（6）设置和登记费用、成本明细账，编制成本计算表，确定各成本计算对象的总成本和单位成本。

【例4-24】东方公司12月份投产A产品100件，全部完工；投产B产品50件，均未完工。计算A产品生产总成本和单位成本以及B产品的在产品成本，并结转A产品的生产成本。假设A、B两种产品均为12月初新投入生产的产品。

A产品和B产品生产成本明细账见表4-5和表4-6。

表4-5　　**A产品生产成本明细账**　　单位：元

2023年		凭证号数	摘要	借方				贷方	余额
月	日			直接材料	直接人工	制造费用	合计		
12	1	略	期初余额						
	2		领用材料	47 000			47 000		47 000
	31		分配工资		15 000		15 000		62 000
	31		计提福利费		2 100		2 100		64 100
	31		分配制造费用			3 900	3 900		68 000
	31		结转完工产品成本					68 000	0
			本月发生额及余额	47 000	17 100	3 900	68 000	68 000	0

表4-6　　**B产品生产成本明细账**　　单位：元

2023年		凭证号数	摘要	借方				贷方	余额
月	日			直接材料	直接人工	制造费用	合计		
12	1	略	期初余额						
	2		领用材料	12 000			12 000		12 000
	31		分配工资		10 000		10 000		22 000
	31		计提福利费		1 400		1 400		23 400
	31		分配制造费用			2 600	2 600		26 000
			本月发生额及余额	12 000	11 400	2 600	26 000		26 000

根据A产品生产成本明细账，编制A产品生产成本计算单，见表4-7。

表4-7　　**A产品生产成本计算单**　　单位：元

成本项目	A产品（100件）	
	总成本	单位成本
直接材料	47 000	470
直接人工	17 100	171
制造费用	3 900	39
产品生产成本	68 000	680

从A产品生产成本明细账中可知，A产品月初投入生产，月末全部完工。这项业务的发生，一方面因月末结转完工验收入库产品成本而使东方公司生产成本减少，应记入“生产成本”账户的贷方；另一方面使东方公司库存商品增加，应记入“库存商品”账户的借方。该项业务应作如下分录：

借：库存商品——A产品　　68 000

　贷：生产成本——A产品　　68 000

B产品没有完工，下月继续生产。B产品生产成本明细账中的26 000元，即为月末在产品成本，无须进行账务处理。

延伸阅读4-5

勤俭是成本管理的首要原则

【课堂讨论】(1)产品生产过程中发生的主要经济业务涉及哪些账户？其对应关系如何？

(2)在产品生产成本计算过程中，如何理解“谁受益谁负担，何时受益何时负担，收益大小与负担多少成正比”这几句话？

第四节 销售过程的核算

【导入案例】东方公司12月20日按合同向希望公司发出A产品1 000件，单位售价300元，货款300 000元，增值税税率13%，增值税额39 000元，价税合计339 000元。开出增值税专用发票，产品已托运，并收到货款存入银行。请问东方公司如何进行账务处理？

产品销售过程是指从生产过程的完工产品验收入库开始，到产品销售给买方收回货币资金为止。它是企业资金周转的第三个阶段，也是企业产品价值和经营成果的实现过程。在产品销售过程中，企业要将所生产的产品对外销售，同时办理结算并及时收回货款。资金形态由成品资金形态又转化为货币资金形态，完成了一次资金循环。在这一过程中，企业在取得商品销售收入的同时，还会发生销售成本和销售费用。产品销售后还要按照国家税法规定缴纳税费。

一、商品销售收入的概念

商品销售收入是指企业在销售商品等日常活动中所形成的经济利益的总流入。收入只有在经济利益很可能流入从而导致企业资产增加或者负债减少，且经济利益的流入能够可靠计量时才能予以确认。企业销售的其他存货如原材料、包装物等也视同商品。

二、商品销售成本的计算

商品销售成本是指与销售商品收入相关的销售成本，即已售商品的制造成本。产品销售成本的计算，实质上是已售产品生产成本的结转。产品销售成本的计算公式如下：

本期应结转的产品销售成本=本期销售商品的数量×单位产品生产成本

三、销售过程核算的账户设置

为了核算和监督企业商品销售收入的取得、销售费用的发生，正确计算产品销售成本、产品销售税金以及增值税销项税额，应设置“主营业务收入”“主营业务成本”“税金及附加”“应收账款”“其他业务收入”“其他业务成本”等账户。

(一)“主营业务收入”账户

“主营业务收入”账户属于损益类账户，用来核算企业在销售商品、提供劳务等主营业务中所产生的收入。其贷方登记确认实现的主营业务收入，借方登记期末结转到“本年利润”账户的数额，期末结转后该账户无余额。该账户可按主营业务的种类进行明细分类核算。

（二）“主营业务成本”账户

“主营业务成本”账户属于损益类账户，用来核算企业确认销售商品、提供劳务等主营业务收入时应结转的成本。其借方登记已经实现销售商品的成本，贷方登记期末结转到“本年利润”账户的数额，期末结转后该账户无余额。该账户可按主营业务的种类进行明细分类核算。

（三）“税金及附加”账户

“税金及附加”账户属于损益类账户，用来核算企业经营活动发生的消费税、城市维护建设税、资源税、土地增值税和教育费附加等相关税费。其借方登记企业本期按规定税率计算应缴纳的税金及附加等相关税费，贷方登记期末结转到“本年利润”账户的数额，期末结转后该账户无余额。

（四）“销售费用”账户

“销售费用”账户属于损益类账户，用来核算企业在销售过程中所发生的各项费用，如展览费、广告费、保险费、包装费、运输费、装卸费等以及为销售本企业商品而专设的销售机构的职工薪酬、业务费、折旧费等各项费用。其借方登记销售商品过程中发生的各项费用，贷方登记期末结转到“本年利润”账户的数额，期末结转后该账户无余额。

（五）“应收账款”账户

“应收账款”账户属于资产类账户，用来核算企业因销售商品或提供劳务等，应向购货单位或接受劳务单位收取的款项。其借方登记发生的应收款项，贷方登记收回的应收款项，期末借方余额表示尚未收回的应收款项。该账户应按不同的购货单位设置明细账，进行明细分类核算。

（六）“其他业务收入”账户

“其他业务收入”账户属于损益类账户，用来核算企业除主营业务活动以外的其他经营活动实现的收入，如销售材料、出租固定资产、出租包装物等实现的收入。其贷方登记取得的其他业务收入，借方登记期末结转到“本年利润”账户的数额，期末结转后该账户无余额。

（七）“其他业务成本”账户

“其他业务成本”账户属于损益类账户，用来核算企业确认的除主营业务活动以外的其他经营活动所发生的支出，如销售材料的成本、出租固定资产的折旧额、出租包装物的成本或摊销额等。其借方登记其他业务所发生的成本、费用和税金等支出，贷方登记期末结转到“本年利润”账户的数额，期末结转后该账户无余额。

【例4-25】东方公司12月6日向希望公司销售A产品100件，每件售价900元，增值税11 700元，款项全部收到存入银行。

这项业务的发生，一方面使东方公司的银行存款增加，应记入“银行存款”账户的借方；另一方面使东方公司的营业收入和应交税费也增加，应分别记入“主营业务收入”和“应交税费”账户的贷方。该项业务应作如下分录：

借：银行存款　　10 1700

　贷：主营业务收入　　90 000

　　　应交税费——应交增值税（销项税额）　　11 700

【例4-26】东方公司12月20日向传奇公司销售A产品30件，每件售价900元，增值税3 510元，产品已发出，款项尚未收到。

该项业务的发生，一方面使东方公司的应收账款增加，应记入“应收账款”账户的借方；另一方面使东方公司的营业收入和应交税费也增加，应分别记入“主营业务收入”和“应交税费”账户的贷方。该项业务应作如下分录：

借：应收账款——传奇公司　　30 510

　贷：主营业务收入　　27 000

　　　应交税费——应交增值税（销项税额）　　3 510

【例4-27】东方公司12月16日以银行存款支付产品展览费1 000元。

这项业务的发生，一方面使东方公司的销售费用增加，应记入“销售费用”账户的借方；另一方面使东方公司的银行存款减少，应记入“银行存款”账户的贷方。该项业务应作如下分录：

借：销售费用　　1 000

　贷：银行存款　　1 000

【例4-28】东方公司12月31日结转本月已销售A产品130件的实际成本（单位生产成本680元）88 400元。

这项业务的发生，一方面使东方公司的产品销售成本增加，应记入“主营业务成本”账户的借方；另一方面使东方公司的库存产成品减少，应记入“库存商品”账户的贷方。该项业务应作如下分录：

借：主营业务成本　　88 400

　贷：库存商品——A产品　　88 400

【提请注意】已销售的产品成本可以在平时随时结转，也可以到期末一次结转。

【例4-29】东方公司12月18日销售一批多余的甲材料40千克，单价120元，价款共计4 800元，增值税624元，款项收到并存入银行。

该项业务的发生，一方面使东方公司的银行存款增加，应记入“银行存款”账户的借方；另一方面，销售材料属于其他业务活动，其他业务收入和增值税销项税额也增加，应分别记入“其他业务收入”和“应交税费”账户的贷方。该项业务应作如下分录：

借：银行存款　　5 424

　贷：其他业务收入　　4 800

　　　应交税费——应交增值税（销项税额）　　624

【例4-30】东方公司12月31日结转本月18日售出甲材料实际成本4 000元。

该项业务的发生，一方面使材料销售成本增加，应记入“其他业务成本”账户的借方；另一方面使库存甲材料减少，应记入“原材料”账户的贷方。该项业务应作如下分录：

借：其他业务成本　　4 000

　贷：原材料——甲材料　　4 000

【例4-31】12月31日，东方公司按照本月应交增值税税额的7%计提城市维护建设税，按3%计提教育费附加。

本月增值税的进项税额=2 600+1 300+4 160+910=8 970（元）（例4-7、例4-8、例4-12、例4-13）

本月增值税的销项税额=11 700+3 510+624=15 834（元）（例4-25、例4-26、例4-29）

本月应交增值税=销项税额-进项税额=15 834-8 970=6 864（元）

本月应交城市维护建设税=6 864×7%=480.48（元）

本月应交教育费附加=6 864×3%=205.92（元）

这项业务的发生，一方面使东方公司的税金及附加增加，应记入“税金及附加”账户的借方；另一方面由于税费计算出来后尚未缴纳，使负债增加，应记入“应交税费”账户的贷方。该项业务应作如下分录：

借：税金及附加　686.40

　贷：应交税费——应交城市维护建设税　480.48

　　　　　　——应交教育费附加　205.92

【课堂讨论】(1) 产品销售过程中发生的主要经济业务涉及哪些账户？其对应关系如何？(2) 增值税和消费税的会计处理有何区别？

第五节　利润形成与分配的核算

【导入案例】东方公司全年的利润总额为100万元，在向国家缴纳25%的企业所得税后，剩余的75万元在经过公司股东会的商议后，决定全部向股东进行分配。请问东方公司的做法对吗？

一、利润的概念及组成内容

(一) 利润的概念

利润是指企业在一定会计期间的经营成果，包括收入减去费用后的净额、直接计入当期利润的利得和损失等。利润是反映和评价企业经营业绩和获利能力的重要指标，是企业投入产出效率和经济效益的综合表现，也是企业投资者和债权人进行盈利预测、投资决策的重要手段。

(二) 利润的组成内容

企业的利润有营业利润、利润总额和净利润三种。

1.营业利润

营业利润是指营业收入减去营业成本、税金及附加、销售费用、管理费用、财务费用、资产减值损失，加上公允价值变动净收益、投资净收益后的金额，它是企业利润的主要来源。其中，营业收入是指企业经营业务所确认的收入总额，包括主营业务收入和其他业务收入；营业成本是指企业经营业务所发生的实际成本总额，包括主营业务成本和其他业务成本；资产减值损失是指企业计提各项资产减值准备所形成的损失（本书暂不涉及）；公允价值变动净收益是指企业交易性资产等公允价值变动形成的应计入当期损益的利得减去损失后的净额（本书暂不涉及）；投资净收益是指企业以各种方式对外投资所取得的收益减去发生的投资损失后的净额。

营业利润的计算公式如下：

营业利润=营业收入-营业成本-税金及附加-管理费用-财务费用-销售费用-信用减值损失-资产减值损失+公允价值变动收益(-公允价值变动损失)+投资收益(-投资损失)

其中：营业收入=主营业务收入+其他业务收入

营业成本=主营业务成本+其他业务成本

2.利润总额

利润总额是指营业利润加上营业外收入减去营业外支出后的金额。其中，营业外收入是指企业发生的与其日常活动无直接关系的各项利得；营业外支出是指企业发生的与其日常活动无直接关系的各项损失。计算公式如下：

利润总额=营业利润+营业外收入-营业外支出

3.净利润

净利润是指利润总额减去所得税费用后的余额。企业形成的利润总额按税法规定，要依法缴纳所得税。所得税费用是指企业经营利润应缴纳的所得税。利润总额减去所得税费用后的余额即为净利润。计算公式如下：

净利润=利润总额-所得税费用

所得税费用=应纳所得税额×适用税率

【提请注意】企业实现的利润总额按照税法规定，应将会计所得额（利润总额）调整为应纳税所得额。为简化计算，本书所讲的会计所得额（利润总额）无须进行调整，即为应纳税所得额。

二、利润形成核算的账户设置

为了核算和监督企业利润的形成情况，计算确定企业一定会计期间的经营成果，应设置“投资收益”“营业外收入”“营业外支出”“所得税费用”“本年利润”等账户。

（一）“投资收益”账户

“投资收益”账户属于损益类账户，用来核算企业确认的对外投资所取得的收益或发生的损失。其贷方登记对外投资所取得的收益，借方登记对外投资发生的损失，期末将余额结转到“本年利润”账户，期末结转后该账户无余额。该账户可按投资项目进行明细分类核算。

（二）“营业外收入”账户

“营业外收入”账户属于损益类账户，用来核算企业发生的与其生产经营无直接关系的各项收入，如非流动资产处置利得、债务重组利得、政府补助、罚没利得等。其贷方登记取得的各项营业外收入，借方登记期末结转到“本年利润”账户的数额，期末结转后该账户无余额。

（三）“营业外支出”账户

“营业外支出”账户属于损益类账户，用来核算企业发生的与其生产经营无直接关系的各项支出，如非流动资产处置损失、罚款支出、公益性捐赠支出、非常损失等。其借方登记发生的各项营业外支出数额，贷方登记期末结转到“本年利润”账户的数额，期末结转后该账户无余额。

（四）"所得税费用"账户

"所得税费用"账户属于损益类账户，用来核算企业确认的按税法规定从当期利润总额中扣除的所得税费用。其借方登记按税法规定计算的应计入当期利润总额的所得税费用，贷方登记期末结转到"本年利润"账户的数额，期末结转后该账户无余额。

（五）"本年利润"账户

"本年利润"账户属于所有者权益类账户，用来核算企业在本年度实现的净利润或发生的净亏损。期末结转利润时，应将"主营业务收入"、"其他业务收入"、"投资收益"（净收益）、"营业外收入"等账户的期末余额，分别转入该账户的贷方；将"主营业务成本"、"税金及附加"、"其他业务成本"、"投资收益"（净损失）、"管理费用"、"财务费用"、"销售费用"、"营业外支出"、"所得税费用"等账户的期末余额，分别转入该账户的借方。期末余额如在贷方，表示企业自年初至本期期末累计实现的净利润数额；期末余额如在借方，则表示企业自年初至本期期末累计发生的净亏损数额。年度终了，企业应将本年实现的净利润，全部转入"利润分配——未分配利润"账户的贷方；如为净亏损，则作相反的会计分录；年末结转后该账户无余额。

"本年利润"账户结构如图4-4所示。

借方　　本年利润　　贷方

借方	贷方
期末转入的各项支出合计金额： 主营业务成本 税金及附加 其他业务成本 管理费用 销售费用 财务费用 投资净损失 营业外支出	期末转入的各项收入合计金额： 主营业务收入 其他业务收入 营业外收入 投资净收益
亏损总额（收入<支出）	利润总额（收入>支出）
所得税费用	
	净利润

图4-4 "本年利润"账户的结构

【例4-32】东方公司12月19日接到银行通知，从被投资单位分来的利润12 000元已收妥入账。

该项业务的发生，一方面使东方公司的银行存款增加，应记入"银行存款"账户的借方；另一方面，从被投资单位分来的利润属于东方公司对外投资取得的收益，应记入"投资收益"账户的贷方。该项业务应作如下分录：

借：银行存款　　12 000

　贷：投资收益　　12 000

【例4-33】东方公司12月20日收到罚款收入1 000元存入银行。

这项业务的发生，一方面使东方公司的银行存款增加，应记入"银行存款"账户的借方；另一方面，收到罚款收入不属于东方公司的正常生产经营活动，应作为营业外收入的增加，记入“营业外收入”账户的贷方。该项业务应作如下分录：

借：银行存款　　1 000

　贷：营业外收入　　1 000

【例4-34】东方公司12月21日以银行存款向希望工程捐款2 000元。

这项业务的发生，一方面使东方公司的银行存款减少，应记入“银行存款”账户的贷方；另一方面，捐赠支出不属于东方公司正常的生产经营活动，应作为营业外支出的增加，记入“营业外支出”账户的借方。该项业务应作如下分录：

借：营业外支出　　2 000

　贷：银行存款　　2 000

【例4-35】东方公司12月31日将本月发生的各项收入、收益结转入“本年利润”账户。

这项业务的发生，一方面使东方公司所记录的各项收入、收益减少，应记入有关收入、收益账户的借方；另一方面使东方公司的所有者权益增加，应记入“本年利润”账户的贷方。依例4-25、例4-26、例4-29、例4-32、例4-33，该项业务应作如下分录：

借：主营业务收入　　117 000

　　其他业务收入　　4 800

　　投资收益　　12 000

　　营业外收入　　1 000

　贷：本年利润　　134 800

【例4-36】东方公司12月31日将本月发生的各项成本费用结转入“本年利润”账户。

该项业务的发生，一方面使东方公司记录的各项成本费用减少，应记入有关成本费用账户的贷方；另一方面使东方公司所有者权益也减少，应记入“本年利润”账户的借方。依例4-28（主营业务成本），例4-31（税金及附加），例4-30（其他业务成本），例4-14、例4-16、例4-17、例4-18、例4-19、例4-21、例4-22（管理费用），例4-4（财务费用），例4-27（销售费用），例4-34（营业外支出），该项业务应作如下分录：

借：本年利润　　101 356.40

　贷：主营业务成本　　88 400

　　　税金及附加　　686.40

　　　其他业务成本　　4 000

　　　管理费用　　5 020

　　　财务费用　　250

　　　销售费用　　1 000

　　　营业外支出　　2 000

【例4-37】东方公司12月31日按25%的所得税税率计算出应交所得税为8 360.90元。

东方公司的利润总额=134 800−101 356.40=33 443.60（元）

应交所得税=33 443.60×25%=8 360.90（元）

这项业务的发生，一方面使东方公司的所得税费用增加，应记入“所得税费用”账户的借方；另一方面使应交税费也增加，形成一项负债，应记入“应交税费”账户的贷方。

该项业务应作如下分录：

借：所得税费用　　8 360.90

　贷：应交税费——应交所得税　　8 360.90

【例 4-38】东方公司 12 月 31 日将“所得税费用”账户发生额结转入“本年利润”账户。

这项业务的发生，一方面使东方公司的所得税费用减少，应记入“所得税费用”账户的贷方；另一方面使利润减少，应记入“本年利润”账户的借方。该项业务应作如下分录：

借：本年利润　　8 360.90

　贷：所得税费用　　8 360.90

该企业 12 月净利润=33 443.60−8 360.90=25 082.70（元）

三、利润分配的核算

利润分配是指企业净利润的分配。企业实现的净利润，要按照国家有关的法律、法规以及企业章程的规定，在企业和投资者之间进行分配。企业当期实现的净利润，加上年初未分配利润（或减去年初未弥补亏损）和其他转入后的余额，为可供分配的利润。

（一）利润分配的内容和顺序

1. 提取法定盈余公积

法定盈余公积按净利润的 10% 提取。如果企业提取的法定盈余公积累计数超过注册资本的 50%，则可以不再提取。

2. 提取任意盈余公积

公司制企业可根据股东大会的决议提取任意盈余公积。非公司制企业经类似机构批准，也可以提取任意盈余公积。

【提请注意】法定盈余公积和任意盈余公积的区别在于其各自计提的依据不同。前者以国家的法律法规为依据；后者由企业的权力机构自行决定。

3. 向投资者分配利润

企业提取法定盈余公积和任意盈余公积后的利润是可向投资者分配的利润。企业应根据有关协议或董事会的决议分配利润。

【提请注意】企业如果发生亏损，可以用以后年度实现的利润弥补，也可以用以前年度的盈余公积弥补。用利润弥补亏损时，在发生亏损后的五年内用所得税前利润弥补，超过五年的弥补期限后用净利润弥补。企业以前年度亏损未弥补完，不得提取法定盈余公积。在提取法定盈余公积前，不得向投资者分配利润。

（二）利润分配核算的账户设置

为了核算和监督企业利润分配的过程及结果，应设置“利润分配”“盈余公积”“应付股利”等账户。

1. “利润分配”账户

“利润分配”账户属于所有者权益类账户，用来核算企业利润的分配（或亏损的弥补）和历年分配（或弥补）后的结存余额。其借方登记企业本期利润分配数，包括提取的盈余公积、向投资者分配利润以及年末从“本年利润”账户转入的全年亏损额；贷方登记企业发生亏损的弥补数及年末从“本年利润”账户转入的全年实现的净利润额。该账户应设置“提取法定盈余公积”“提取任意盈余公积”“应付利润”“未分配利润”等明细账户进行明细分类核算。年末，应将“利润分配”账户所属其他明细账户的余额转入本账户“未分配利润”明细账户。结转后，“利润分配”账户除“未分配利润”明细账户有余额外，该账户的其他明细账户无余额。年末，“利润分配——未分配利润”账户期末贷方余额表示累计未分配的利润，期末借方余额表示累计未弥补的亏损。

2.“盈余公积”账户

“盈余公积”账户属于所有者权益类账户，用来核算企业从净利润中提取的盈余公积。其贷方登记企业从净利润中提取的盈余公积，借方登记企业按规定弥补亏损或转增资本的盈余公积金，期末贷方余额表示盈余公积的结余数额。该账户应分别对“法定盈余公积”“任意盈余公积”进行明细分类核算。

3.“应付股利”账户

“应付股利”账户属于负债类账户，用来核算企业经董事会或类似机构决议确定分配的利润。其贷方登记应付给投资者的利润，借方登记实际支付的利润，期末贷方余额表示企业尚未支付的利润。该账户可按投资者进行明细分类核算。

【例4-39】东方公司12月31日将本月实现的净利润25 082.70元转入“利润分配”账户。

这项业务的发生，一方面使东方公司净利润因转出而减少，应记入“本年利润”账户的借方；另一方面使东方公司待分配利润增加，应记入“利润分配——未分配利润”账户的贷方。该项业务应作如下分录：

借：本年利润　　25 082.70

　贷：利润分配——未分配利润　　25 082.70

【例4-40】东方公司12月31日按净利润的10%提取法定盈余公积。

这项业务的发生，一方面使东方公司利润分配额增加，应记入“利润分配”账户的借方；另一方面使东方公司留存收益也增加，应记入“盈余公积”账户的贷方。该项业务应作如下分录：

借：利润分配——提取法定盈余公积　　2 508.27

　贷：盈余公积　　2 508.27

【例4-41】东方公司12月31日根据投资协议应向投资者分配利润6 000元。

这项业务的发生，一方面使东方公司利润分配额增加，应记入“利润分配”账户的借方；另一方面形成东方公司的一项负债，使东方公司应付而未付的利润增加，应记入“应付股利”账户的贷方。该项业务应作如下分录：

借：利润分配——应付利润　　6 000

　贷：应付股利　　6 000

【例4-42】东方公司12月31日结转“利润分配”账户所属的明细账户。

这项业务的发生，应将“利润分配”账户所属“提取法定盈余公积”“应付利润”等明细账户的余额，转入“利润分配——未分配利润”明细账户。该项业务应作如下分录：

借：利润分配——未分配利润　　8 508.27

　贷：利润分配——提取法定盈余公积　　2 508.27

　　　　　　——应付利润　　6 000

东方公司12月31日结账后，“未分配利润”明细账有贷方余额16 574.43元（25 082.70－8 508.27），为未分配利润，可留待以后年度分配。

【课堂讨论】(1) 企业利润形成和分配的主要经济业务涉及哪些账户？其对应关系如何？(2) 如何理解“本年利润”账户既是一个所有者权益类账户，又是一个损益类计算账户？

第六节 资金退出的核算

【导入案例】东方公司计提本月借入短期借款200 000元的利息，该借款到期一次还本付息，期限6个月，利率6%；以银行存款向税务部门缴纳有关税费，共计1 629 380元，其中增值税665 380元、消费税336 000元、所得税528 000元、城市维护建设税70 000元、教育费附加30 000元；以银行存款向公司投资者分配利润5 000 000元。请问以上业务属于企业的资金退出吗？企业资金退出的核算内容有哪些？

制造业企业从资金筹集开始，依次经过采购过程、产品生产过程、销售过程、利润形成和分配后，经过一定的资金循环和周转，还会发生资金退出企业的业务。其内容主要包括归还各种借款、上交税费、支付投资者利润等。属于资金退出企业的业务还有向其他单位投资、福利费支出、固定资产处置等，本书暂不涉及，这些内容将在财务会计中介绍。

一、上交税费的核算

企业上交税费通过“应交税费”账户核算。该账户主要核算企业按照税法等规定应缴纳的各种税费，包括增值税、消费税、所得税、资源税、城市维护建设税、教育费附加等税费项目，企业代扣代缴的个人所得税也通过本账户核算。企业经营活动中计算的上述各种应交税费额要记入“应交税费”账户的贷方，实际缴纳时记入该账户的借方。该账户期末贷方余额，反映企业尚未缴纳的税费；期末借方余额，反映企业多交或尚未抵扣的税费。

【例4-43】东方公司1月5日用银行存款上交上一年的所得税费用8 360.90元、增值税6 864元、城市维护建设税480.48元、教育费附加205.92元。

这项业务的发生，一方面使东方公司的负债减少，应记入“应交税费”账户的借方；另一方面又引起东方公司的银行存款减少，应记入“银行存款”账户的贷方。该项业务应作如下分录：

借：应交税费——应交所得税	8 360.90	
——未交增值税	6 864	
——应交城市维护建设税	480.48	
——应交教育费附加	205.92	
贷：银行存款		15 911.30

二、支付利润的核算

企业实际支付现金股利或利润时记入“应付股利”的借方，该账户应当分别按投资者设立明细账户进行明细核算。

【例4-44】东方公司1月20日用银行存款向投资者支付利润6 000元。

这项业务的发生，一方面使东方公司应付利润减少，应记入“应付股利”账户的借方；另一方面又引起东方公司银行存款减少，应记入“银行存款”账户的贷方。该项业务应作如下分录：

借：应付股利　　6 000

　贷：银行存款　　6 000

【课堂讨论】资金退出企业的主要经济业务涉及哪些账户？其对应关系如何？

思政园地

安达信：成于信誉　毁于贪婪

安达信会计师事务所成立于1913年，曾经是全球最大的会计师事务所，2002年因安然事件被迫退出审计业务领域。

“即使倾芝加哥全城之财富，也难以诱我让步。”1914年，面对一个重要却有问题的审计客户，即便是正处于“无现金支付工资”的情况下，安达信依然如此坚定地说，树立了一个会计师应有的声望。

1915年，安达信要求一家轮船公司在公布其资产负债表时，对一艘货轮的沉没造成的损失进行披露——尽管是发生在该公司报告年度之后，但在安达信签署其财务报表之前。这是历史上首次有事务所要求用这样的标准进行披露，以保证财务报表的准确性。这种专业化特色及一贯对客户采取严格标准，使安达信公司很快赢得公众的信赖，并迅速在美国扩张。

1947年，安达信的学生斯帕切克掌管公司期间，继续保持了其保护公众利益的姿态，发扬光大了安达信开创的“诚信高于利润”的传统，坚持使用严格的会计标准，甚至牺牲公司利润也在所不惜，这使安达信公司成了世界上最大、最受尊敬的专业性服务机构之一，一度稳居全球“五大”会计师事务所之首。

1952年，安达信咨询业务开始出现，外界质疑该公司为企业既提供审计业务又提供咨询服务而可能丧失公允性，公司拆分为主营会计业务的安达信和主营咨询业务的安达信咨询。到了20世纪90年代，安达信咨询收入增长远远超过安达信。难抵诱惑，安达信开始鼓励自己的咨询部门承接业务，公司对咨询业务越来越重视，也曾被媒体指出：“丰厚的咨询收入使审计师丧失了挑战管理当局的勇气。”随着安达信咨询更名为埃森哲并完全脱离安达信，公司元气大伤，在全球“五大”会计师事务所排名由第一降至最末。重建辉煌的业绩压力，让安达信进一步放松了会计师的操守。

从1993年起，安达信就因卷入多起会计丑闻而接连受到美国证监会（SEC）的调查。其中最为著名的财务丑闻当属安然事件。从安然公司成立开始长达16年时间，安达信对安然公司进行审计并为其提供内部审计和咨询服务。2001年，安然公司付给它的5 200万美元的报酬中，一半以上的收入（2 700万美元）是用来支付咨询服务的。安达信与安然公司之间拥有源远流长的利益关系。安达信的一个雇员说：“安达信休斯敦办公室的太多人得到了安然的好处，如果有人拒绝在审计报告上签字，他马上就得走人!”

利益驱使安达信帮助安然公司造假。在安达信失职的情况下，安然公司将数亿美元的债务转至附属公司或合资企业的账上，隐藏在资产负债表之外，同时又将不应记作收入的款项记作收入，虚报公司盈利。

2001年12月，安然公司宣布破产。安达信在安然丑闻事发后毁掉了相关文件和电脑记录，从而成为美国历史上第一起大型会计师事务所受到刑事调查的案例。

2002年1月，安达信承认销毁安然公司文件。2002年3月21日，安达信开始拆分，加盟其他会计师事务所。2002年6月15日，法院认定安达信妨碍司法罪成立。安达信宣布，从2002年8月31日起，停止从事上市公司的审计业务。

资料来源：佚名.安达信：一个CPA帝国的覆灭［J］. 中国总会计师，2011（4）：145-148.

【思政解读】

安达信的悲剧早就被掩埋在了尘土之下。审计和咨询被迫剥离的阵痛早已过去，自从2010年起，四大又走上专业服务一体化的道路，通过不断收购各类专业服务机构，为客户提供审计、咨询、税务、法务一体化的专业服务。无人能知，在未来的某一时间，等来的是最终瓜分全球专业服务市场的四大垄断机构，还是又一个安达信悲剧。

“一个审计师不但要在实质上保持独立，而且要在形式上也保持独立。”这是安达信的新进员工都要上的一课，但是，安达信的管理层自己忘了这一点。“成于信誉，毁于贪婪”，安达信的历史清楚地表明了独立性和诚信理念在审计业务中的重要性，让我们重新审视了市场经济中诚信的重要性，而市场规则也将在不断反思这些案例的过程中得以渐进和完善。“诚信”不仅是会计师事务所的生存之本，也是整个会计业发展的根基、生存之本，更是整个社会发展进步的基石。

思考与练习

一、思考题

1. 什么是会计确认？如何理解会计的初次确认和再确认？

2. 什么是会计计量？会计计量属性主要包括哪些？

3. 企业经营过程由哪几部分组成？其核算内容主要包括哪些？

4. 企业的利润总额由哪几部分组成？如何计算？

5. 简要列示“本年利润”和“利润分配”账户的基本结构？

二、单项选择题

1.企业在生产经营过程中借入短期借款的利息支出应记入（　　）科目。

A.管理费用　　B.财务费用　　C.制造费用　　D.生产成本

2.企业购入一批材料，买价50 000元，另发生运杂费400元，材料已经入库，款项以银行存款支付，则原材料的成本是（　　）元。

A.50 400　　B.50 000　　C.400　　D.54 000

3.某企业某日向A公司同时购入甲、乙两种材料，甲材料400千克，单价50元，买价20 000元，增值税额2 600元；乙材料100千克，单价50元，买价5 000元，增值税额650元。用银行存款支付了甲、乙两种材料的共同保险费等杂费1 000元，其余款项暂欠。运杂费按重量比例分配，则其中甲材料的成本为（　　）元。

A.20 800　　B.20 200　　C.24 200　　D.23 400

4.工业企业领用材料制造产品，应记入（　　）账户。

A. 制造费用　　B. 生产成本　　C. 销售费用　　D. 管理费用

5. 企业发生的间接费用应先在“制造费用”账户归集，期末再按一定的标准和方法分配记入（　　）账户。

A. 管理费用　　B. 生产成本　　C. 本年利润　　D. 库存商品

6. 企业计提生产用固定资产折旧，应借记（　　）科目。

A. 累计折旧　　B. 生产成本　　C. 制造费用　　D. 固定资产

7. 下列关于“生产成本”账户的表述中，正确的是（　　）。

A. “生产成本”账户期末肯定无余额

B. “生产成本”账户期末若有余额，肯定在借方

C. “生产成本”账户的余额代表已完工产品的成本

D. “生产成本”账户的余额代表本期发生的生产费用总额

8. 采购员预借差旅费应借记（　　）账户。

A. 其他应收款　　B. 应收账款　　C. 预付账款　　D. 管理费用

9. 某企业某车间月初在产品成本为2 000元，本月耗用材料40 000元，生产工人工资及福利费8 000元，该车间管理人员工资及福利费4 000元，车间水电等费用4 000元，月末在产品生产成本4 400元，厂部预付半年报刊费1 200元（含本月）。则该车间本月完工产品生产成本总额为（　　）元。

A. 56 200　　B. 58 200　　C. 53 600　　D. 53 800

10. 工业企业销售产品时支付的运输费，应记入（　　）账户。

A. 生产成本　　B. 管理费用　　C. 销售费用　　D. 在途物资

11. 企业本月收到上期产品赊销款20 000元；本期销售产品40 000元，收到货款30 000元，余款尚未收到。按权责发生制原则，本月实现的产品销售收入为（　　）元。

A. 20 000　　B. 40 000　　C. 50 000　　D. 30 000

12. 下列项目中，不应记入“财务费用”账户的是（　　）。

A. 利息支出　　B. 汇兑损失

C. 支付金融机构手续费　　D. 财务会计人员工资

13. 下列属于“营业外支出”账户核算内容的是（　　）。

A. 行政管理人员的工资　　B. 各种销售费用

C. 借款的利息　　D. 非常损失

14. “本年利润”账户的各月末余额（　　）。

A. 肯定在借方　　B. 肯定在贷方

C. 可能在借方，也可能在贷方　　D. 盈利则余额在借方，亏损则余额在贷方

15. 下列关于“本年利润”账户的表述中正确的是（　　）。

A. 借方登记转入的营业收入、营业外收入等金额

B. 贷方登记转入的营业成本、营业外支出等金额

C. 年度终了结账后，该账户无余额

D. 全年的任何一个月末都不应有余额

16. 某企业本月营业利润为220 000元，营业外支出为40 000元，营业外收入为20 000元，该企业本月实现的利润总额为（　　）元。

A.200 000　　B.280 000　　C.160 000　　D.180 000

17.企业本期全部损益状况如下：主营业务收入586 000元，主营业务成本467 000元，税金及附加24 000元，管理费用60 000元，营业外收入12 000元，所得税费用11 000元，则企业本期营业利润为（　　）元。

A.119 000　　B.95 000　　C.35 000　　D.36 000

18.利润分配结束后，“利润分配”总账所属的明细账中只有（　　）有余额。

A.提取盈余公积　　B.其他转入　　C.应付利润　　D.未分配利润

19.年末结转后，“利润分配”账户的贷方余额表示（　　）。

A.未分配利润　　B.净利润　　C.未弥补亏损　　D.利润总额

三、多项选择题

1.企业筹集资金的渠道主要有（　　）。

A.投资者投入　　B.销售商品取得　　C.负债借入　　D.少交税金获得

2.甲公司2024年1月1日，借入三个月期的借款1 000万元，年利率6%，3月31日到期时一次还本付息，则按照权责发生制原则，2024年3月31日甲公司还本付息时，应编制的会计分录中可能涉及的应借应贷账户及相应金额是（　　）。

A.借记“短期借款”账户1 000万元　　B.借记“财务费用”账户5万元

C.借记“应付利息”账户10万元　　D.贷记“银行存款”账户1 015万元

3.下列各项中，应计入材料采购成本的有（　　）。

A.买价　　B.采购费用　　C.运输途中丢失　　D.厂部采购人员工资

4.企业外购某种材料的总成本和单位成本是通过（　　）核算的。

A.“在途物资”总账　　B.“在途物资”明细账

C.“原材料”总账　　D.“原材料”明细账

5.下列各项中，属于产品成本项目的是（　　）。

A.直接材料　　B.折旧费用　　C.管理费用　　D.制造费用

6.制造费用的分配标准一般有（　　）。

A.外购材料的买价　　B.外购材料的重量

C.生产工人工资　　D.产品生产用机器工时

7.下列应记入“财务费用”账户的有（　　）。

A.短期借款利息支出　　B.银行存款利息收入

C.金融机构手续费　　D.财务部门办公费

8.下列费用中，应计入产品成本的有（　　）。

A.直接用于产品生产，构成产品实体的辅助材料

B.直接从事产品生产的工人的工资

C.按照生产工人工资的一定比例计提的职工福利费

D.车间管理人员的工资及福利费

9.关于“本年利润”账户，下列说法正确的是（　　）。

A.各月末余额反映自年初开始至当月末为止累计实现的净利润或亏损

B.年终结转后无余额

C.平时月份期末余额可能在借方，也可能在贷方

D.各月末余额反映在当月实现的净利润或亏损

10.计提固定资产折旧时，下列账户可能被涉及的有（　　）。

A.固定资产　　B.累计折旧　　C.制造费用　　D.管理费用

11.下列各项经济业务中，对所有者权益总额变动无影响的是（　　）。

A.用盈余公积转增实收资本　　B.用资本公积转增实收资本

C.收到所有者投入的新设备　　D.用银行存款归还前欠货款

12.下列各项目属于制造费用核算范围的有（　　）。

A.车间用房的折旧费　　B.厂部办公楼的折旧费

C.车间机器设备的折旧费　　D.直接从事产品生产的生产工人工资

13.以下税费可能记入“税金及附加”账户核算的有（　　）。

A.增值税　　B.消费税　　C.资源税　　D.教育费附加

14.下列关于“所得税费用”账户的表述中正确的有（　　）。

A.它是损益类账户

B.该账户的余额期末结账时应转入“本年利润”账户

C.该账户属负债类账户

D.该账户的余额一般在贷方

15.下列会计科目中，可能成为“本年利润”账户的对应科目的有（　　）。

A.管理费用　　B.所得税费用　　C.利润分配　　D.制造费用

四、判断题（正确的在括号内打“√”，错误的打“×”）

（　　）1.企业的实收资本应当保全，投资者除了依法转让外，不得以任何方式抽回。

（　　）2.“制造费用”账户期末一般无余额。

（　　）3.“累计折旧”账户和“固定资产”账户的余额方向相反。

（　　）4.“生产成本”账户期末若有借方余额，表示企业月末有在产品。

（　　）5.会计人员将应记入制造费用的项目误记入管理费用项目，会影响本期完工产品成本计算的正确性。

（　　）6.企业计提生产车间固定资产折旧时，应借记“生产成本”账户，贷记“累计折旧”账户。

（　　）7.企业在销售过程中所发生的展览费、广告费以及为销售本企业商品而专设销售机构的经费，均通过“销售费用”账户进行核算。

（　　）8.营业利润就是企业在一定期间内所实现的最终财务成果。

（　　）9.“利润分配”账户年末贷方余额，表示当年未分配的利润。

（　　）10.企业在采购过程中所支付的增值税，一律借记“应交税费——应交增值税（进项税额）”账户。

第四章
即测即评

五、实务题

（一）［目的］练习资金筹集业务的会计核算

［资料］东方公司12月发生下列经济业务：

（1）2日，收到光明公司投入的机床一台，经评估确认价值为8 000元。

（2）9日，收到北方公司投入的现金10 000元，已存入银行。

（3）16日，向银行借入一年期借款1 500 000元，年利率6%，款项已存入银行。

要求：根据以上业务编制会计分录。

（二）［目的］练习材料采购业务的会计核算

［资料］东方公司12月发生下列经济业务：

（1）2日，向南方公司购入不需要安装的机器设备一台，以银行存款支付价款10 000元，增值税1 300元，运杂费200元。该设备已验收并交付使用。

（2）4日，向北方公司购入一批甲材料6 000千克，单价10元，价款共计60 000元，增值税7 800元，价税款已由银行存款支付。

（3）4日，向北方公司购入甲材料共发生运输费400元，途中保险费150元，款项均以银行存款支付。

（4）6日，向北方公司购入的甲材料已验收入库，按其实际采购成本入账。

（5）10日，向宏达公司购入下列材料，货税款暂欠。

乙材料　1 000千克　单价5元　计5 000元　增值税650元

丙材料　2 000千克　单价10元　计20 000元　增值税2 600元

25 000元　　3 250元

（6）10日，向宏达公司购入乙、丙两种材料共发生采购费用600元，已由银行存款支付（采购费用按外购材料的重量标准进行分摊）。

（7）15日，上述乙、丙两种材料已验收入库，按其实际采购成本入账。

（8）20日，向红星公司购入丁材料1 000千克，单价14元，共计14 000元。发生采购费用300元，增值税1 820元，货税款及采购费用已用银行存款支付了10 000元，其余款项尚未支付，且材料已验收入库。

（9）26日，以银行存款偿还宏达公司货税款28 250元。

（10）30日，以银行存款偿还红星公司余款6 120元。

要求：根据以上业务编制会计分录，并登记“在途物资”总分类账户和明细分类账户（“T”形账户）。

（三）［目的］练习生产过程业务的会计核算

［资料］东方公司12月发生下列经济业务：

（1）2日，生产A、B两种产品直接领用材料见表4-8。

表4-8　**领用材料表**

产品	产量	领用材料	数量	金额
A产品	1 000千克	甲材料	2 000千克	20 200元
B产品	500千克	乙材料	1 000千克	5 200元

（2）4日，生产A、B两种产品共同耗用丙材料9 000元（按产品的产量比例分摊）。

（3）5日，车间一般耗用丁材料1 600元，厂部一般耗用丁材料400元。

（4）6日，以库存现金支付购买车间办公用品费100元、厂部办公品费400元。

（5）8日，向银行提取现金34 000元，以备发放工资。

（6）9日，以库存现金支付本月份职工工资34 000元。

（7）15日，以库存现金预付采购员张明差旅费800元。

(8) 18日，采购员张明出差归来报销差旅费780元。

(9) 25日，用银行存款支付本月车间照明用电费1 104元、厂部照明用电费240元。

(10) 31日，按规定计提本月固定资产折旧5 800元，其中：车间固定资产折旧4 600元，厂部固定资产折旧1 200元。

(11) 31日，结转本月份应付工资34 000元，其用途如下：

A产品生产工人工资	18 000
B产品生产工人工资	12 000
车间管理人员工资	1 400
厂部管理人员工资	2 600
合计	34 000

(12) 31日，根据历史经验数据和实际情况，合理预计本月份职工福利费，其中：A产品2 520元，B产品1 680元，车间管理人员196元，厂部管理人员364元。

(13) 31日，将本月发生的制造费用按生产工人的工资比例分配计入A、B两种产品成本。

(14) 31日，结转本月份完工入库产品的实际成本，A产品100件全部完工，总成本52 120元，B产品50件，尚未完工。

要求：(1) 根据以上资料编制会计分录和制造费用分配表。

(2) 登记A产品生产成本明细账（假设A产品系本月新投入生产的产品）。

(四) [目的] 练习销售过程业务的会计核算

[资料] 东方公司12月发生下列经济业务：

(1) 12日，向红光公司销售A产品40件，每件售价800元，共计32 000元，增值税4 160元，货税款当即通过银行收回。

(2) 20日，销售一批多余的丙材料100千克，单价12元，价款共计1 200元，增值税156元，款项收到存入银行。

(3) 31日，结转本月20日售出材料实际成本1 000元。

(4) 24日，向希望公司销售A产品50件，每件售价800元，共计40 000元，增值税5 200元，产品已发出，款项尚未收到。

(5) 25日，以银行存款支付产品广告费1 200元。

(6) 30日，收到希望公司前欠款46 800元。

(7) 31日，结转本月已销售A产品90件的实际成本46 908元（单位生产成本521.20元）。

要求：根据以上业务编制会计分录。

(五) [目的] 练习利润形成和分配业务的会计核算

[资料] 东方公司12月发生下列经济业务：

(1) 9日，接银行通知，因购货单位延期承付货款，按合同规定，收到延期付款滞纳金800元。

(2) 25日，以银行存款向某灾区捐款5 000元。

(3) 31日，接银行通知，从被投资单位分来利润8 000元已收妥入账。

(4) 31日，将本月发生的各项收入结转入“本年利润”账户。

（5）31日，将本月发生的各项费用结转入“本年利润”账户。

（6）31日，按25%的所得税税率计算应交所得税。

（7）31日，将“所得税费用”账户发生额结转入“本年利润”账户。

（8）31日，将本月实现的净利润转入“利润分配”账户。

（9）31日，按净利润的10%提取法定盈余公积。

（10）31日，根据投资协议，企业按净利润的40%向投资者分配利润。

（11）31日，结转“利润分配”账户所属的明细账户。

要求：根据以上业务编制会计分录，并列式计算12月份利润。

（六）[目的] 练习资金退出企业业务的会计核算

[资料] 东方公司2024年1月发生下列经济业务：

（1）1日，归还10月1日向银行借入的、年利率为6%的短期借款本金1 000 000元，利息15 000元。

（2）6日，用银行存款上交各种税费9 650元。

（3）10日，用银行存款向投资者支付利润8 400元。

要求：根据以上业务编制会计分录。

（七）[目的] 练习企业主要经营过程的会计核算

[资料] 南化工厂12月份发生下列经济业务：

（1）向银行借款100 000元，收到投资200 000元，上述款项全部存入银行。

（2）2日，向沪南工厂购进A材料1 500千克，每千克32元，货款48 000元，增值税额6 240元。A材料已验收入库，款项尚未支付。

（3）3日，以银行存款支付A材料运输费2 500元、装卸费500元。

（4）4日，A材料采购完毕，结转A材料的实际采购成本。

（5）5日，以银行存款支付前欠沪南工厂账款54 240元。

（6）6日，从银行提取现金1 000元。

（7）8日，采购员预支差旅费800元，以现金付讫。

（8）10日，售给泰西工厂甲产品400件，每件售价220元，货款88 000元，增值税额11 440元，款项尚未收到。

（9）12日，收到泰西工厂前欠货款99 440元，存入银行。

（10）14日，采购员出差回来报销差旅费640元，退回多余现金160元，以结清其暂支款。

（11）以银行存款缴纳上个月应交消费税1 000元。

（12）15日，向银行提取现金45 000元，备发工资。

（13）15日，以现金45 000元发放工资。

（14）17日，向沪北工厂购进B材料1 000千克，每千克50元，货款50 000元，增值税额6 500元，款项以银行存款支付。18日，以银行存款支付B材料运输费1 960元，装卸费540元。

（15）19日，B材料已验收入库，结转其实际采购成本。

（16）21日，以库存现金支付本月的报刊费共计360元，其中生产车间180元，管理部门180元。

（17）22日，以银行存款捐赠贫困山区希望工程6 000元。

（18）25日，生产甲产品耗用A材料750千克，每千克34元，B材料1 000千克，每千克52.50元；生产乙产品耗用A材料1 500千克，每千克34元，B材料360千克，每千克52.50元；生产车间一般耗用A材料110千克，每千克34元，行政管理部门耗用B材料48千克，每千克52.50元。

（19）26日，计提本月份固定资产折旧额11 600元，其中：生产车间8 800元，行政管理部门2 800元。

（20）28日，预提本月份短期借款利息3 219元。

（21）30日，售给安信工厂乙产品500件，每件200元，计货款100 000元，增值税额13 000元。收到货款及全部增值税额，存入银行。

（22）30日，以银行存款支付销售甲、乙两种产品运输费5 350元，推销产品广告费3 600元。

（23）31日，分配本月份职工工资，其中，生产甲产品工人工资20 000元，生产乙产品工人工资16 000元，车间管理人员工资4 000元，行政管理人员工资5 000元。

（24）31日，按工资总额的14%计提职工福利费。

（25）31日，按生产工人工时分配本月份发生的制造费用。生产甲产品耗用7 000工时，生产乙产品耗用6 500小时。

（26）31日，本月份生产的甲产品700件、乙产品650件已全部完工，验收入库，分别结转其实际生产成本。

（27）31日，根据本月份增值税销项税额和进项税额差额的7%计提城市维护建设税。

（28）31日，结转已售甲、乙两种产品的生产成本。

（29）31日，将收入类账户结转“本年利润”账户。

（30）31日，将费用类账户结转“本年利润”账户。

（31）31日，根据本月实现的利润总额按25%计提所得税。

（32）31日，将所得税结转“本年利润”账户。

（33）31日，将“本年利润”结转至“利润分配——未分配利润”账户。

（34）31日，按净利润的10%计提盈余公积。

（35）31日，按净利润的70%计提应分配给投资者的利润。

（36）31日，结转“利润分配”账户所属的各明细账户。

研讨与交流

一、资产、负债、收入、费用的确认

东方公司5月发生下列经济业务：

（1）2日，与南方公司供应商签订了一份购买1 000千克甲材料的合同。

（2）8日，向北方公司赊销一批商品，形成了对亨达公司的应收账款69 500元，但与该商品有关的风险和报酬已经转移给了亨达公司。

（3）15日，向本地工商银行借入款项100 000元。同时还与本地建设银行达成了1个月后借入500 000元的借款意向书。

（4）21日，企业出售不需用设备一台和30千克的甲材料，分别获得27 000元和3 400

元的收入。

（5）28日，发生一笔800元的业务招待费，款项已用库存现金支付。

（6）31日，本月共发生研究支出400 000元。

要求：

（1）1 000千克甲材料和应收账款69 500元能否确认为本公司的资产？为什么？

（2）工行借款100 000元和建行借款500 000元能否确认为本公司的负债？为什么？

（3）企业出售固定资产和甲材料所取得的款项能否确认为本公司的收入？为什么？

（4）800元的业务招待费和400 000元的研究支出能否确认为本公司的费用？为什么？

二、新建生产线的方案选择

某工业公司打算新建一条新的生产线，以便与同行业中的外商竞争。罗先生负责审核不同方式下建立的新产品线。罗先生组织人员对每项机器和设备的取得与安装成本、维修成本、备用零件成本、营运所需人工、水电成本、机器操作员潜在的危险以及训练工人操作机器的困难度等问题作了详尽的分析。

除了上述研究外，罗先生的部下还制作了完整的书面分析材料，列示各方案的优缺点，包括方案的总成本和不同生产方案下估计的单位成本。罗先生将其中三个较优方案详细分析后，送交他的主管陈先生，由陈先生研读后，对最高管理层提出建议。罗先生选出的三个方案的情况如下：

方案A的成本最低，但员工受伤害的概率最高，且可能引起环境受损。

方案B的成本较高，但降低了员工受损伤的风险。

方案C的成本最高，但对员工和环境是最安全的。

陈先生很赞赏罗先生及其部下的工作，并允诺将给予良好的考绩。数日后，罗先生正好看到陈先生将要报送最高管理层的报告复印件，罗先生发现陈先生删除了各方案的许多缺点，而仅提出三者的成本比较分析，其建议的方案为A。

罗先生如今面临两难，他是否假装未看到陈先生的报告？还是应冒着得罪陈先生的风险，与之讨论这个问题？或者他越级与更高的人员接触？这属于罗先生的问题吗？毕竟他不是唯一的决策者，他已经完成了他分内的工作，如果真有意外发生或者环境受损，罗先生会受到谴责吗？

资料来源：赵德武.会计学原理［M］. 大连：东北财经大学出版社，2003.

要求：

（1）罗先生应如何处理这件事情？除了以上提到的处理方式，他还可以采取什么行动？

（2）该案例反映了现行会计流程对企业生产费用的核算而言有什么样的缺点？

第五章　会计凭证

【内容导读】

通过账户设置建立了交易或事项记录的载体，选择了复式记账这种科学的记账方法，仍然不可随意记账，因为交易或事项的账务处理必须依据可靠的凭据进行。处理交易或事项的凭据就是本章将要讨论的内容——会计凭证。本章主要介绍会计凭证方法在会计循环中的重要地位，会计凭证的定义、种类和作用，以及会计凭证的填制和应用方法等。

【学习目标】

✔ 价值塑造目标

➢ 培养以事实为依据、用证据说话的思维方式；

➢ 树立摁下印章便是立下言信的思想，培养勇于承担责任的高贵品质；

➢ 遵守盖章有效和严格稽核的规则。

✔ 知识传授目标

➢ 通过学习原始凭证与记账凭证的填制与审核，树立凡是经济业务均要有据可查的理念；

➢ 对会计凭证的填制能做到内容齐全、书写规范、填制及时、手续完备，建立严格的稽核制度，保证每一笔会计记录得到及时认真的审核、检查与评估，以确保会计信息的真实与完整。

✔ 能力培养目标

➢ 培养说话做事要有根有据的优良品德、缜密的思维逻辑、严谨的做事态度；

➢ 培养承担责任的能力，树立会计记录无小事的思想，一分一毫都要做到有据可查，有证可依；

➢ 培养认真细致的工作作风，保证每一笔会计分录都必须与原始凭证内容相符，并进行认真复核。

会计凭证是记录经济业务的发生和完成情况，明确经济责任，作为登记账簿的一种具有法律效力的书面证明文件。

填制和审核会计凭证是会计核算工作的起点和基础，也是会计核算的专门方法之一。会计凭证按其填制的程序和用途不同，分为原始凭证和记账凭证两种。为了保证会计信息的真实性、准确性、完整性和合法性，任何会计主体发生的每一项经济业务，都必须由经办该项业务的有关人员填制或取得能证明经济业务内容、数量和金额的有关凭证，并在凭证上签名或盖章，以明确经济责任。例如，企业购买原材料或其他商品时，要由供货方开出发票；在支付款项时，要由收款单位开出收据；在收进或发出材料时，要填制收料单、领料单等。上述发票、收据、发料单、领料单等都是会计凭证。会计核算的一种重要特征就是一切会计记录都必须有凭有证。使会计核算资料具有可靠性，这也是满足会计信息质量方面的一项基本要求。企业填制或取得的会计凭证，还必须按一定的程序经有关人员进行严格的审核，确认无误后，才能作为登记账簿的依据。不同的企业由于经济业务和涉及的部门不同，会计凭证传递的程序和时间也不完全相同。期末，会计凭证应进行装订并作为重要的会计档案归档保管。

第一节 原始凭证

【导入案例】某研究所主要从事科研开发工作，每年有大量的科研经费支出，因此也会接触到大量的、五花八门的原始凭证，在经费报销过程中，原始凭证的确认成了影响会计工作质量的核心问题，研究所也制定了经费报销制度，但依然有一些欠缺客观性的原始凭证混入经费支出中。例如，经费报销中的发票内容，其确认标准经历了从最初的“办公用品、金额”就可报销，到要有“具体的品名、单价、数量、金额”才可报销，再到“要有具体的商品货号、品名、单价、数量和金额”方可报销，虽然确认标准在不断完善和提高，但经费报销中的虚假发票依然屡禁不止，因为发票的开具单位基于自身利益的考虑，会迎合客户的要求，出具虚假发票。真可谓是道高一尺，魔高一丈啊。

如果你是研究所的领导，怎样才能防范虚假的原始凭证，做到魔高一尺，道高一丈呢？

一、原始凭证的概念

原始凭证，是指在经济业务发生时直接取得和填制的，用以记录经济业务发生和完成情况的最初书面证明。它是进行会计核算的重要原始资料，是记账的原始依据，是会计资料中最具有法律效力的一种证明文件，如增值税专用发票（表5-1）、收料单（表5-2）等。凡是不能证明经济业务已经发生和完成的凭证、文件，如派工单、购货合同、费用预算等，都不属于原始凭证，不能作为记账的原始依据。原始凭证的主要作用在于准确、及时、完整地反映经济业务的历史原貌，并可据以检查有关业务的真实性、合法性和合理性。

二、原始凭证的分类

（一）原始凭证按其来源不同分为外来原始凭证和自制原始凭证

1.外来原始凭证

外来原始凭证是指经济业务完成时，从其他单位或个人直接取得的凭证。外来原始凭证来源于企业外部，如购买材料从供货单位或个人取得的发票，托运货物从运输部门取得的运单，出差乘坐的车船票，对外支付各种费用时取得的收据，从银行转来的收据、付款通知及其他结算凭证等。发票的格式及内容如图5-1所示。

山东省增值税专用发票

（全国统一发票监制章 税务局监制）发票联

开票日期：2023年6月28日　　　　　　　　　　No 006786

购买方			密码区	
购买方	名称	东方有限责任公司	密码区	略
	纳税人识别号	350603001112228		
	地址、电话	黄海路568号 0531-85262626		
	开户银行及账号	工商银行高新支行16030058363803366		

商品或劳务名称	单位	数量	单价	金额										税率	税额									
				千	百	十	万	千	百	十	元	角	分		千	百	十	万	千	百	十	元	角	分
车床	台	1	3 000 000.00		3	0	0	0	0	0	0	0	0	13%			3	9	0	0	0	0	0	0
合计				¥	3	0	0	0	0	0	0	0	0			¥	3	9	0	0	0	0	0	0
价税合计（大写）	⊗叁佰叁拾玖万元整																				¥3 390 000.00			

销售方			备注
销售方	名称	长安机器设备有限公司	备注
	纳税人识别号	25669856002	
	地址、电话	山科路56号	
	开户银行及账号	中国银行山科路办事处 2369890765	

（印章：长安机器设备有限公司 25669856002 发票专用章）

收款人：李洋　　　　　　开票单位：　　　　　　结算方式：转账

图5-1　增值税专用发票

【提请注意】增值税发票只限于增值税的一般纳税人领购使用，增值税的小规模纳税人和非增值税纳税人不得领购使用。增值税专用发票规定为3联，分别为发票联、抵扣联和记账联。

2. 自制原始凭证

自制原始凭证是指由本单位内部经办业务的部门和人员在执行或完成某项经济业务时，根据经济业务的内容自行填制的、仅供本单位内部使用的原始凭证。自制原始凭证产生于企业内部，如仓库保管部门验收材料时填制的收料单、生产部门领用材料时填制的领料单等。收料单和领料单的格式及内容见表5-1和表5-2。

表5-1　　　　　　　　　　**收料单**

供货单位：北方公司　　　　　　　　　　　　　　凭证号码：0068

发票编号：00126　　　　　2023年12月3日　　　　　收料仓库：1号库

材料类别	材料编号	材料名称及规格	计量单位	数量		金额（元）			
				应收	实收	单价	买价	运杂费	合计
型钢	02036	圆钢Φ20mm	千克	3 000	3 000	0.90	2 700	300	3 000
备注：							合计		3 000

仓库保管员：签章　　　　　　　　　　　　　　　　收料人：签章

表5-2 **领料单**

领用部门：一车间　　　　凭单编号：00121

用途：生产甲产品　　　　2023年12月4日　　　　发料仓库：1号库

材料类别	材料编号	材料名称及规格	规格	计量单位	数量		单价	金额
					请领	实领	1	1 000
型钢	02036	#30碳结圆钢	Φ20mm	千克	1 000	1 000		
备注：							合计	1 000

记账：签章　　　　发料：签章　　　　领料部门负责人：签章　　　　领料：签章

（二）原始凭证按其填制方法和手续的不同分为一次凭证、累计凭证和汇总凭证

1.一次凭证

一次凭证是指一次记录一项或若干项同类经济业务的原始凭证。一次凭证是一次有效的凭证，其填制手续一次完成，已填制的凭证不能再重复填制使用。所有的外来原始凭证和大部分的自制原始凭证都属于一次凭证，如发票、银行结算凭证、借款单、收料单、领料单等。

2.累计凭证

累计凭证是指在一定时期内多次记录若干项经济业务，填制手续是分次完成的原始凭证。累计凭证是多次有效的原始凭证，能随时结出累计数及结余数，并按照费用限额进行费用控制，期末按实际发生额记账。它主要适用于一些经常重复发生的经济业务，如工业企业使用的限额领料单，它可以在核定的限额内多次领用材料，并可多次记载有关的业务内容。限额领料单的格式及内容见表5-3。

表5-3 **限额领料单**

领料车间：二车间　　　　发料仓库：3号库

用途：生产乙产品　　　　2023年1月　　　　编号：00308

材料类别	材料编号	材料名称	规格	计量单位	单价	领用限额	实际领用	
							数量	金额
钢管	03012	#70钢管	Φ30mm	千克	800	1 000	900	720 000
日期	请领		实发			限额结余	退货	
	数量	负责人签章	数量	发料人	领料人		数量	退料单编号
3	200	略	200	略	略	800		
9	300		300			500		
15	200		200			300		
27	200		200			100		
累计实发金额			720 000					

供应部门负责人：签章　　　　生产计划部门负责人：签章　　　　仓库负责人：签章

【提请注意】使用累计凭证，可以简化核算手续，减少原始凭证的数量，同时有利于企业加强成本控制与管理，是企业进行计划管理的重要手段之一。

3.汇总凭证

汇总凭证又称原始凭证汇总表，它是将记载同类经济业务的原始凭证按照一定标准定期汇总而另行编制的一种自制原始凭证。由于汇总凭证合并了同类型经济业务，所以简化了记账工作量。如根据领料单定期编制发料凭证汇总表等。发料凭证汇总表的格式及内容见表5-4。

表5-4　　发料凭证汇总表　　凭证编号：0121

2023年12月1—10日　　单位：元　附件16张

材料（借方科目）	生产成本	制造费用	管理费用	合计
A	9 800	2 600		12 400
B	4 200	800	300	5 300
合计	14 000	3 400	300	17 700

会计主管：签章　　记账：签章　　审核：签章　　填制：签章

【提请注意】汇总凭证能使核算资料更加系统化，使核算过程更加条理化，并提出某些综合指标以满足会计核算和经济管理的要求。

（三）原始凭证按其格式不同分为通用凭证和专用凭证

1.通用凭证

通用凭证是指由有关政府主管部门统一印制，在全国或某个地区、部门范围内使用的具有统一格式和使用方法的原始凭证。如全国统一使用的“银行承兑汇票”（如图5-2所示），某一地区使用的“收款收据”（如图5-3所示）等。

银行承兑汇票

出票日期（大写）：贰零贰叁年壹拾贰月壹拾玖日

出票人全称	山东黄河公司	收款人	全称	东方有限责任公司
出票人账号	56413849661		账号	16030058363803366
付款行全称	建行天桥支行		开户行	工行高新支行
出票金额	人民币（大写）壹拾贰万捌仟柒佰元整			千 百 十 万 千 百 十 元 角 分 ¥ 1 2 8 7 0 0 0 0
汇票到期日	2024.03.19	付款行	行号	中国建设银行济南市天桥支行
承兑协议编号			地址	
本汇票请你行承兑，到期请予以无条件支付 山东黄河有限责任公司 财务专用章 张帅印 出票人签章		本汇票已经承兑，到期日由本行付款。 中国建设银行济南市天桥支行 业务专用章 承兑行签章 承兑日期　年　月　日		复核：　记账：

图5-2　银行承兑汇票

<u>收 款 收 据</u>

收款日期：　　　　　　　　　　　　　　　年　月　日

<table>
<tr><td>付款单位</td><td></td><td>收款单位</td><td></td><td>收款项目</td><td></td></tr>
</table>
<table>
<tr><td rowspan="2">人民币（大写）：</td><td>十</td><td>万</td><td>千</td><td>百</td><td>十</td><td>元</td><td>角</td><td>分</td></tr>
<tr><td></td><td></td><td></td><td></td><td></td><td></td><td></td><td></td></tr>
</table>
<table>
<tr><td>经办</td><td>部门</td><td></td><td>人员</td><td></td></tr>
</table>
<table>
<tr><td rowspan="2">上述款项照数收讫无误。
收款单位财务专用章
领款人签章</td><td>会计主管</td><td>稽核</td><td>出纳</td><td>缴款人</td></tr>
<tr><td></td><td></td><td></td><td></td></tr>
</table>

图5-3　收款收据

2. 专用凭证

专用凭证是指由会计主体单位自行印制，仅在本单位内部使用的具有特定内容和专门用途的原始凭证，如“领料单”“工资结算分配表”“差旅费报销单”等。

【提请注意】上述各种原始凭证，一般都是以实际发生的经济业务为依据编制的。但也有例外情况，有些原始凭证是根据账簿记录，把某一项经济业务加以归类、整理而重新编制的。例如，月末制造费用分配表就是根据它的明细记录汇总编制的。

三、原始凭证的基本内容

原始凭证是用来记录经济业务发生或完成情况的。由于日常发生的经济业务是复杂多样的，各种原始凭证的名称、格式和内容也不完全相同，但是为了满足会计工作的需要，无论哪一种原始凭证，一般都应具备以下一些共同的基本内容（也称为原始凭证要素）：

（1）原始凭证的名称；

（2）填制凭证的日期和编号；

（3）填制凭证单位名称或填制人姓名；

（4）接受凭证单位名称；

（5）经济业务的基本内容，包括经济业务的内容摘要、实物数量、单价、金额等；

（6）经办人员的签名和盖章。

实际工作中，原始凭证除了具有以上基本内容外，还可以根据经营管理和特殊业务的需要等，补充一些必要的内容，如计划任务、工作令号、合同号数、预算项目等。有些特殊的原始凭证，可不加盖公章，但这种凭证一般有固定的特殊标注，如国家铁路局统一印制的火车票等。

【提请注意】为满足不同部门的需要，原始凭证通常一式几联。

四、原始凭证的填制要求

延伸阅读5-1

中国印章文化与会计用章

原始凭证是记账的原始依据，为了保证原始凭证能够正确、及时、清晰地反映各项经济业务的真实情况，提高会计工作质量，填制原始凭证必须符合下列基本要求：

（一）记录真实、内容完整

对经济业务发生或完成情况应如实地进行记录，不得弄虚作假。原始凭证上所填写的日期、经济业务的内容和有关数据必须真实可靠，符合实际情况，不可估算。原始凭证应按规定的格式和内容逐项填列齐全，不得省略和遗漏。项目填列不全的原始凭证，不能作为经济业务的合法证明，也不能作为编制记账凭证的依据和附件。发生销货退回的，除填制退货发票外，还必须有退货验收证明。职工因公外出办理借款手续，收回借款时，应当另开收据或退还借款副本，不得退还原借款收据。经过上级有关部门批准的经济业务，应当将批准文件作为原始凭证的附件。

（二）计算准确、填制及时

原始凭证上记载的经济业务的数量、单价、金额，应当准确无误。一些计算费用分配、摊销的原始凭证，费用摊提的方法及依据应符合会计准则、会计制度的相关规定，分配率、分摊金额的计算应当正确。此外，经济业务发生后，单位应当及时填制凭证，并按规定的程序传递、审核，不得任意拖延或隔时补填。

【提请注意】一式几联的原始凭证，应当注明各联的用途，只能以一联作为报销凭证。一式几联的发票和收据，必须用双面复写纸（发票和收据本身具备复写功能的除外）套写，并连续编号。作废时应当加盖“作废”戳记，连同存根一起保存，不得撕毁。

（三）书写清晰、手续完备

填制凭证时，应认真书写原始凭证上的数字和文字，字迹要清晰、工整，易于辨认，不得使用未经国务院公布的简化汉字。如果填写过程中出现文字或数字错误，不得任意涂改、刮擦和挖补，应按规定的方法予以更正。对某些重要凭证如支票填写错误，则不能更正，更不能撕毁，应办理作废手续后重新填制，作废的凭证要加盖“作废”戳记，按原编号顺序与其他存根联一起保存。使用印有编号的原始凭证，应按编号连续使用。原始凭证的填制，除需要复写外，必须用钢笔和碳素笔书写。属于套写的凭证应一次套写清楚，做到不串格、不串行。凡填有大小写金额的原始凭证，大小写金额必须相符。凭证上阿拉伯数字应当一个一个准确、清晰地书写，不得连笔。阿拉伯金额数字前面应当书写货币币种符号或者货币名称简写和币种符号；币种符号与阿拉伯金额数字之间不得留有空白。汉字大写数字金额如壹、贰、叁、肆、伍、陆、柒、捌、玖、拾、佰、仟、万、亿等，一律用正楷或者行书体书写，不得用0、一、二、三、四、五、六、七、八、九、十等简化字代替。大写金额数字有分的，分字后面不写“整”或者“正”字。阿拉伯金额数字中间有“0”时，汉字大写金额要写“零”字；阿拉伯数字中间连续有几个“0”时，汉字大写金额中可以只写一个“零”字；阿拉伯金额数字元位为“0”，或者数字中间连续有几个“0”、元位也是“0”，但角位不是“0”时，汉字大写金额可以只写一个“零”字，也可以不写“零”字。

【课堂讨论】

（1）人民币大写金额数字前应书写有“人民币（大写）”字样，以及大写金额数字到元或者角为止，在“元”或“角”字后应写“整”或“正”字，各起何作用？

（2）为什么大写金额数字到分的，其后不写“整”或“正”字？

（3）“¥109.05”“¥1 008.56”“¥1 000.68”“¥10.00”“¥2 500.00”的大写金额该如何书写？

从外单位取得的原始凭证，必须加盖有填制单位的公章；从个人取得的原始凭证，必须有填制人的签字和盖章；对外开出原始凭证，必须加盖本单位的公章；购买实物的原始凭证必须有入库证明；支付款项的原始凭证，必须有收款单位和收款人的收款证明。所有经办人员和有关部门的负责人要在凭证上签名和盖章，对凭证的真实性和正确性负责。

五、原始凭证的审核

延伸阅读 5-2

人民币符号

任何原始凭证都必须经过严格审核无误后，才能作为记账的依据。这既是会计的基础工作，也是会计监督的重要环节。原始凭证的审核主要包括以下内容：

（一）合法性和合理性审核

审核原始凭证所反映的经济业务是否合法、合理，即是否符合有关政策、法令、制度、计划、预算和合同等规定，是否符合审批权限和手续，是否履行了规定的凭证传递程序，费用开支是否符合开支标准，是否符合节约原则等，对于违法乱纪、涂改、伪造、冒领等非法行为，应扣留凭证，根据有关法规，进行严肃处理。

（二）完整性审核

审核原始凭证的项目内容是否填列齐全，手续是否完备，凭证联次是否正确，有关经办人员是否都已签名或盖章，是否经过有关主管人员审批同意等。对手续不完备、内容不全的凭证，如属于本单位填制的，应退回填制部门，要求更正、补填或注销后重新填制；如属于外单位的，应拒绝接收，退回原单位。

（三）真实性和正确性审核

审核原始凭证所反映的内容有无掩盖、伪造、歪曲和颠倒，原始凭证的日期、摘要和业务内容是否填制清楚、易于辨认，数量、单价、金额、合计数等有无差错，大写和小写金额是否相符等。对于数字填写有差错的凭证，应退还经办人员进行更正后才能受理。

（四）及时性审核

延伸阅读 5-3

会计凭证：是“守护神”也是“螺丝钉”

审核经济业务发生或完成时是否及时填制了有关原始凭证，是否及时进行了凭证的传递。审核时应注意审查凭证的填制日期，尤其是支票、商业汇票等时效性较强的原始凭证，更应仔细验证其签发日期。

【课堂讨论】原始凭证可以按不同的标准进行分类，但原始凭证的分类不是绝对孤立的，它们之间是相互关联的，这句话对吗？

第二节 记账凭证

【导入案例】张先生是甲企业财务负责人，一次在复核记账凭证时他发现，会计小李不小心弄丢了两张记账凭证，张先生审核原始凭证后，责备小李工作不认真，要求他重新编制两张记账凭证。另外一次是张先生复核时发现，会计小王编制的现金付款凭证所支付的6 000元现金是差旅费款项，但记账凭证后所附的原始凭证与记账凭证所注的张数不符，且金额也不相符。张先生非常生气，要求小王重新整理原始凭证并重新记账。

思考：会计凭证中的“原始凭证”和“记账凭证”到底是什么？两者之间有什么关系？

一、记账凭证的概念

记账凭证又称记账凭单，是指会计人员根据审核无误的原始凭证或原始凭证汇总表编制的，用以确定会计分录，直接作为登记账簿依据的一种会计凭证，如收款凭证（图5-4）、单式记账凭证（表5-5、表5-6）等。它是介于原始凭证和账簿之间的中间环节，将原始凭证中的一般数据转化为会计语言，是登记明细分类账户的直接依据。其主要作用是根据原始凭证反映的经济内容加以归类整理，确定会计分录，减少记账差错，便于对账和查账，从而提高记账工作的质量和会计核算的效率。

【提请注意】原始凭证和记账凭证同属于会计凭证，但其性质却截然不同。前者记录的是经济信息，是编制记账凭证的依据和会计核算的基础；后者记录的是会计信息，是会计核算的起点。

【课堂讨论】会计凭证按其填制的程序和用途不同，分为原始凭证和记账凭证两种。如何理解原始凭证是会计核算的基础，而记账凭证则是会计核算的起点？

二、记账凭证的分类

（一）记账凭证按其反映的经济内容不同分为收款凭证、付款凭证和转账凭证

1.收款凭证

收款凭证是用来记录现金和银行存款收入业务的记账凭证，分为现金收款凭证和银行存款收款凭证，其格式如图5-4所示。

收 款 凭 证

借方科目：　　　　年　月　日　　　　字第　　号

摘　要	贷方总账科目	明细科目	金　额										
			亿	千	百	十	万	千	百	十	元	角	分
合　　计													

附件　　张

财务主管　　记账　　出纳　　审核　　制单

图5-4　收款凭证

2.付款凭证

付款凭证是用来记录现金和银行存款付出业务的记账凭证，分为现金付款凭证和银行存款付款凭证，其格式如图5-5所示。

付款凭证

贷方科目：　　　　　　　　　　年　月　日　　　　　　　　　　字第　　号

摘　要	借方总账科目	明细科目	金额										
			亿	千	百	十	万	千	百	十	元	角	分
合　计													

附件　张

财务主管　　　　记账　　　　出纳　　　　审核　　　　制单

图5-5　付款凭证

3.转账凭证

转账凭证是用来记录不涉及现金和银行存款收付款业务的其他经济业务的记账凭证，即用于记录转账业务的记账凭证，其格式如图5-6所示。

转账凭证

年　月　日　　　　　　　　　　转字第　　号

摘　要	总账科目	明细科目	√	借方金额											√	贷方金额										
				亿	千	百	十	万	千	百	十	元	角	分		亿	千	百	十	万	千	百	十	元	角	分
合　计																										

附件　张

财务主管　　　　记账　　　　出纳　　　　审核　　　　制单

图5-6　转账凭证

【提请注意】由于收款凭证、付款凭证和转账凭证是分别用于专门记录某一类经济业务的记账凭证，所以它们又统称为专用记账凭证。在实际工作中，为了区分这三种专用记账凭证，一般采用不同颜色的文字或纸张印刷。在一些经济业务比较简单的小型企业里，通常不再区分收款、付款和转账这三种凭证，而是统一使用一种通用记账凭证，其格式与转账凭证基本相同，如图5-7所示。

记账凭证

年 月 日　　　　字第　　号

摘要	总账科目	明细科目	√	借方金额											√	贷方金额										
				亿	千	百	十	万	千	百	十	元	角	分		亿	千	百	十	万	千	百	十	元	角	分
合计																										

附件　张

财务主管　　记账　　出纳　　审核　　制单

图 5-7　记账凭证

（二）记账凭证按其填制方式不同分为单式记账凭证和复式记账凭证

1.单式记账凭证

单式记账凭证是指按每笔经济业务所涉及的每个会计科目分别填制的记账凭证，即每一种凭证上只填制一个会计科目的记账凭证。其中，只记录借方账户的，称为借项（借方）记账凭证；只记录贷方账户的，称为贷项（贷方）记账凭证。采用单式记账凭证使每笔经济业务至少要填制在两张记账凭证上，其优点是便于会计岗位上的分工记账和编制科目汇总表。但填制凭证的工作量较大，数量较多，且不能在一张凭证上完整地反映经济业务全貌，也不便于查账。单式记账凭证的格式及内容见表5-5和表5-6。

表5-5　**借项记账凭证**

对应科目：应收账款　　2023年12月17日　　编号：49 1/2

摘要	一级科目	二级或明细科目	金额	记账
收到南方公司欠款	银行存款		276 500	

附件1张

会计主管：　　记账：　　出纳：　　复核：　　填制：签章

表5-6　**贷项记账凭证**

对应科目：银行存款　　2023年12月17日　　编号：49 2/2

摘要	一级科目	二级或明细科目	金额	记账
收到南方公司欠款	应收账款	南方公司	276 500	

附件1张

会计主管：　　记账：　　出纳：　　复核：　　填制：签章

【课堂讨论】哪些会计主体单位宜使用单式记账凭证？

2.复式记账凭证

复式记账凭证是指能反映一笔完整经济业务的记账凭证，即凡属于同一笔经济业务的会计分录，不论涉及几个会计科目，一般都要填制在一张记账凭证上。上述收款凭证、付款凭证、转账凭证和通用记账凭证均为复式记账凭证。复式记账凭证可以反映账户的对应关系，有利于了解经济业务全貌，便于查账，同时还可以减少编制记账凭证的工作量，但不便于会计岗位上的分工记账及会计科目汇总。

三、记账凭证的基本内容

记账凭证的种类很多，各种记账凭证反映不同类型的经济业务，但不论哪一种记账凭证，都必须具备以下基本内容（也称为记账凭证要素）：

（1）填制单位名称。

（2）记账凭证的名称。

（3）记账凭证填制的日期和编号。

（4）经济业务的内容摘要。

（5）应借应贷的账户名称（包括一级科目和明细科目）和金额。

（6）记账标记。

（7）所附原始凭证的张数。

（8）填制、审核、记账及会计主管人员的签章。对于收款凭证和付款凭证，还要有出纳人员的签章。

【提请注意】以自制的原始凭证或者原始凭证汇总表代替记账凭证的，也必须具备记账凭证应有的要素。

四、记账凭证的填制要求

记账凭证的填制，除必须做到记录真实、内容完整、填制及时、书写清楚规范和手续完备外，还应符合以下要求：

（一）正确确定应使用的记账凭证

使用专用记账凭证的单位，应根据经济业务的性质，先确定使用收款凭证、付款凭证还是转账凭证。对于涉及现金和银行存款之间的划转业务，例如，以现金存入银行或从银行提取现金，一般只需填制付款凭证，以免重复记账。

（二）恰当填写“摘要”栏

记账凭证中“摘要”栏的填写，一要真实准确，二要简明扼要。对于冲销或补充等更正差错事项，在其所编记账凭证“摘要”栏内注明“注销某月某日某号凭证”或“订正某月某日某号凭证”字样。

（三）正确确定会计分录

按现行会计制度的规定和借贷记账法的记账规则，正确确定会计分录，不得任意变更会计科目的名称和核算内容。会计科目应填写全称，不得简写或只写编号而不写名称，要写明必要的二级科目和明细科目。

（四）记账凭证必须连续编号

记账凭证编号必须连续，以便于日后查考，避免凭证散失。在进行编号时，一般以一个结账期为号码的起讫期，分别从1号编起。采用通用记账凭证时，可按经济业务发生的顺序编号。采用专用记账凭证时，可采用“字号编号法”，即收字第×号、付字第×号和转字第×号。一笔经济业务需要填制两张或两张以上记账凭证时，可采用“分数编号法”。例如，一笔经济业务需要填制两张凭证，凭证的连续编号为9，则可以编为“转字$9\frac{1}{2}$号”“转字$9\frac{2}{2}$号”。每月末最后一张记账凭证的编号旁应加注“全”字。

【提请注意】记账凭证无论采用哪一种编号，都不得采用按年或季连续编号的方法。

（五）不得随意汇编、拆编记账凭证

记账凭证可以根据每一张原始凭证填制，或者根据若干张同类原始凭证汇总填制，也可以根据原始凭证汇总表填制。但不得将不同内容或类别的原始凭证汇总填制在一张记账凭证上，也不能人为地把一笔经济业务任意割裂开来填制在几张原始凭证上。

（六）要注明所附原始凭证的张数

每张记账凭证必须注明所附原始凭证的张数，以便于日后查对。如果根据同一原始凭证填制几张记账凭证，可以把原始凭证附在一张主要的记账凭证后面，并在其他记账凭证“摘要”栏内注明所附有该原始凭证的记账凭证的编号或者后附原始凭证的复印件。

【提请注意】除结账和更正错误的记账凭证可以不附原始凭证外，其他记账凭证必须附有原始凭证。

原始凭证附件张数的计算方法有两种：一种是按构成记账凭证金额的原始凭证或原始凭证汇总表计算张数，原始凭证或原始凭证汇总表所附的单据只作为附件的附件处理。如市内交通费、邮寄费、业务招待费等单据，因数量多，可粘贴在一张表上，作为一张原始凭证附件，但该表上同样要注明张数。另一种是以所附原始凭证的自然张数为准，有一张算一张。

（七）要正确处理填错的记账凭证

填制记账凭证时如发生错误，应当重新填制，如已登记入账，则按规定的方法进行更正。具体处理方法如下：

1. 已经登记入账的记账凭证在当年内发现会计科目填写错误时，可以用红字填写一张与原内容相同的记账凭证，在摘要栏注明“注销某月某日某号凭证”字样，同时再用蓝字重新填写一张正确的记账凭证，注明“订正某月某日某号凭证”字样。

2. 如果会计科目没有错误只是金额错误，也可以将正确数字与错误数字之间的差额，另编制一张调整的记账凭证，调增金额用蓝字，调减金额用红字。

3. 发现以前年度记账凭证有错误的，应当用蓝字填制一张更正的记账凭证。

（八）“金额”栏填写要规范，空行要划线注销

填写金额时，阿拉伯数字要规范，写到格宽的1/2，并平行对准借贷栏次和科目栏次，防止串行。金额数字要写到分位，角分位没有数字要填上“00”，角分位的数字或零要与元位的数字平行，不得上下错开。要在金额合计行填写合计金额，并在前面写上“¥”符号。不是合计金额，则不填写货币符号。记账凭证“金额”栏在填制完经济业务事项后，如有空行，应当自金额栏最后一笔金额数字下的空行处至合计数上的空行处划斜线或“S”形线注销。

（九）会计电算化的记账凭证要规范

实行会计电算化的单位，记账凭证的填制应该符合手工记账凭证的一切要求，打印出来的记账凭证要加盖有关单位的公章及相关人员的签章。

五、记账凭证的填制方法

（一）收款凭证的填制方法

收款凭证是根据库存现金或银行存款收款业务的原始凭证编制的。收款凭证上的日期填写编制凭证时的日期，“摘要”栏内应填写经济业务的简要说明。左上方“借方科目”后应填写“库存现金”或“银行存款”科目。“贷方科目”栏应填写与收入库存现金和银行存款相对应的一级科目和二级或明细科目。各一级会计科目的应贷金额应填入与本科目同一行的“一级科目金额”栏中；所属明细科目应贷金额应填入与各明细科目同一行的“明细科目金额”栏中。各一级科目应贷金额应等于所属各明细科目应贷金额之和。借方科目应借金额应为“合计”行的合计金额。“记账”栏注明记入总账或日记账、明细账的页次，也可以划“√”表示已登记入账。“附件张数”填写所附原始凭证的张数。

【例 5-1】东方公司 2023 年 12 月 9 日收到北方公司前欠货款 68 000 元，并已存入银行。应填制的收款凭证如图 5-8 所示。

（企业名称）

收款凭证

借方科目：银行存款　　　　2023 年 12 月 9 日　　　　收字第×号

摘要	贷方科目		记账	金额									
	一级科目	二级或明细科目		千	百	十	万	千	百	十	元	角	分
收回北方公司欠款	应收账款	北方公司					6	8	0	0	0	0	0
合计						¥	6	8	0	0	0	0	0

附件 1 张

会计主管：　　记账：　　出纳：　　审核：　　制单：签章

图 5-8　东方公司收款凭证

【提请注意】在各种记账凭证中，“记账”栏只有在根据记账凭证登记账簿时才予以记载。

（二）付款凭证的填制方法

付款凭证是根据库存现金和银行存款付款业务的原始凭证填制的。左上方“贷方科目”后应填写“库存现金”或“银行存款”科目。“借方科目”栏应填写与付出库存现金和银行存款相对应的一级科目和二级或明细科目，其他内容与收款凭证基本相同。

【例 5-2】东方企业 2023 年 12 月 17 日用现金 465 元支付本单位购买的零星办公用品。应填制的付款凭证如图 5-9 所示。

（企业名称）

付款凭证

贷方科目：库存现金　　　　2023年12月17日　　　　付字第×号

摘要	借方科目		记账	金额									
	一级科目	二级或明细科目		千	百	十	万	千	百	十	元	角	分
支付办公用品	管理费用	办公费						¥	4	6	5	0	0
合计								¥	4	6	5	0	0

附件5张

会计主管：　　记账：　　出纳：　　审核：　　制单：签章

图5-9　东方公司付款凭证

（三）转账凭证的填制方法

转账凭证是根据不涉及库存现金和银行存款收付的转账业务的原始凭证填制的。“会计科目”栏分别填写应借应贷的一级科目和所属的二级或明细科目。借方科目的应计金额，在与借方科目同一行的“借方金额”栏填写；贷方科目的应计金额，在与贷方科目同一行的“贷方金额”栏填写；“借方金额”栏合计数与“贷方金额”栏合计数应相等。其他内容的填制方法与收款凭证、付款凭证基本相同。

【例5-3】东方公司2023年12月31日应计提生产车间固定资产折旧费15 420元、厂部固定资产折旧费9 350元。应填制的转账凭证如图5-10所示。

（企业名称）

转账凭证

2023年12月31日　　　　转字第×号

摘要	会计科目		借方金额										贷方金额									
	一级科目	明细科目	千	百	十	万	千	百	十	元	角	分	千	百	十	万	千	百	十	元	角	分
计提折旧	制造费用	折旧费				1	5	4	2	0	0	0										
	管理费用	折旧费					9	3	5	0	0	0										
	累计折旧															2	4	7	7	0	0	0
合计					¥	2	4	7	7	0	0	0			¥	2	4	7	7	0	0	0

附件1张

会计主管：　　记账：　　出纳：　　审核：　　制单：签章

图5-10　东方公司转账凭证

（四）通用记账凭证的填制方法

通用记账凭证的填制与转账凭证的填制方法基本相同。通用凭证不设主体科目栏，经济业务涉及的会计科目全部填写在“会计科目”栏内，借方科目在先，贷方科目在后，借方科目的金额填入“借方金额”栏，贷方科目的金额填入“贷方金额”栏。

【例5-4】东方企业2023年12月3日从北方公司购买乙材料2 000千克，以银行存款支付买价20 000元，增值税2 600元。应填制的通用记账凭证如图5-11所示。

（企业名称）

通用记账凭证

2023年12月3日　　　　第×号

摘要	会计科目		借方金额										贷方金额									
	一级科目	明细科目	千	百	十	万	千	百	十	元	角	分	千	百	十	万	千	百	十	元	角	分
从北方公司购买乙材料	在途物资	乙材料				2	0	0	0	0	0	0										
	应交税费	应交增值税（进项税额）					2	6	0	0	0	0										
	银行存款															2	2	6	0	0	0	0
合计					¥	2	2	6	0	0	0	0			¥	2	2	6	0	0	0	0

附件2张

会计主管：　　记账：　　出纳：　　审核：　　制单：签章

图5-11　东方公司通用记账凭证

六、记账凭证的审核

记账凭证是登记账簿的依据。为了保证账簿记录的正确性，任何记账凭证在登记入账前都应由专人对其进行认真、严格的审核。记账凭证审核的主要内容有：

（一）记账凭证附件是否齐全

应当附有原始凭证的记账凭证是否附有原始凭证；所附原始凭证张数与记账凭证所填写的附件张数是否一致；所附原始凭证的经济内容和金额合计是否与记账凭证的有关内容一致。

（二）记账凭证所使用的账户是否正确

记账凭证中应借、应贷账户的名称是否正确；账户的对应关系是否清晰；所用的会计科目及其核算内容是否符合会计制度的有关规定。

（三）记账凭证的金额是否正确

记账凭证的借贷金额是否平衡；记账凭证的金额是否与所附原始凭证金额的合计相符；付款记账凭证金额是否大于所附原始单据金额合计，收款记账凭证金额是否小于所附原始单据金额合计。

（四）记账凭证手续是否完备

记账凭证中所列的各项内容是否填列齐全，有无错误，手续是否完备，制单、审核、记账、出纳等有关责任人员是否都已签名或盖章。

在审核过程中，如果发现记账凭证记录不全或有差错，应及时查明原因并按规定的方法予以更正或重新填制。如果发现记账凭证未附有原始凭证，应判断其是否属于调账、结账或更正错账类业务。只有经过审核无误的记账凭证，才能据以登记账簿。

【课堂讨论】经济业务发生时，企业都会取得或填制有关的原始凭证，为什么还要根据原始凭证编制记账凭证。

第三节　会计凭证的传递与保管

【导入案例】东方公司销售收款循环中的主要业务活动包括：（1）接受顾客订单；（2）批准赊销信用；（3）按销售单供货；（4）按销售单装运货物；（5）向顾客开具账单（销售发票）；（6）记录销售；（7）办理和记录现金、银行存款收入；（8）办理和记录退货、销售折扣与折让；（9）处理坏账。如何认知“销售单”这一凭证在企业销售收款循环中的主要流程？在相关部门之间是如何进行传递的？

一、会计凭证的传递

正确填制和严格审核会计凭证，是会计核算的基础工作，为了及时利用会计凭证如实、全面地反映各项经济业务的发生和完成情况，明确经济责任，强化内部控制，充分发挥会计监督的作用，还必须正确地组织会计凭证的传递。

会计凭证的传递是指会计凭证从取得或填制起到归纳保管为止，按照规定的程序和时间在本单位内部各有关部门及人员之间的传递交接。它是会计核算得以正常、有效进行的前提，是会计凭证处理的一个重要的环节。

不同的企业由于经济业务不同，涉及的部门不同，会计凭证传递的程序和时间不尽相同。任何单位对于经常发生的、需要有关部门办理的主要经济业务，如材料或产成品的收发、管理费用的产生、生产成本的计算等，都是必须明确规定会计凭证传递的程序和时间，从而加强岗位责任制，提高工作效率。

正确组织会计凭证的传递，应遵循以下几点基本要求：

（1）合理规定各种会计凭证的联数和传递程序。应根据各项经济业务的特点，结合内部机构组织和人员分工的情况，以及有关部门和人员利用会计凭证进行经营管理的需要，并从完善内部牵制制度的角度出发，具体规定各种会计凭证的联数和传递程序，使经办业务的部门和人员既能按照规定的程序办理凭证手续，又能利用会计凭证了解经济业务完成的进程。应避免会计凭证传递流经不必要的环节，影响凭证的传递速度。

（2）合理规定会计凭证在各个处理环节上的停留时间。从保证会计核算的及时性出发，应明确规定各种会计凭证在流经有关部门和经办人员在处理该项业务手续时所停留的最长时间，既要防止时间过紧而影响业务手续的完成，又要防止时间过松而造成不必要的耽搁，影响凭证的及时传递。

（3）协商确定会计凭证的传递程序和传递时间。由于原始凭证所涉及的经办部门和人员较多，因此会计部门要在深入调查研究的基础上，会同有关部门的人员协商确定凭证的传递程序和传递时间。记账凭证是会计部门的内部凭证，可由会计主管人员与制单、复核、出纳、记账等有关人员协商确定其传递程序和传递时间。

（4）做好凭证传递的衔接手续。会计凭证传递过程中的衔接手续，应做到既完备严密，又简便易行，凭证的签发、交接应有一定的制度，以确保会计凭证的安全和完整。

【提请注意】一切会计凭证的传递和处理，必须在报告期内完成，不允许跨期，否则将影响会计核算的及时性和正确性。

会计凭证传递程序和时间确定以后，有关部门和人员都必须严格遵守，自觉执行。在执行过程中，如发现有不合理之处，可以随时根据实际情况加以修订。对于若干主要的经济业务，可以绘制原始凭证流程图，供有关人员使用。

二、会计凭证的保管

会计凭证是重要的经济档案和历史资料，各单位对会计凭证必须妥善保管，不得丢失或任意销毁。会计凭证的保管是指会计凭证在记账后进行的整理、装订、编目、归档和销毁工作。

会计凭证封面的格式，如图5-12所示。

会计凭证封面

年	（企业名称） 年　月份共　册第　册
月	收款
份	付款　　凭证第　号至第　号共　张
第	转账
	附：原始凭证　　张
册	会计主管：　　　保管：

图5-12　会计凭证封面

保管会计凭证，应做到以下几点：

（1）会计凭证应当及时传递，不得积压。

（2）会计凭证登记完毕后，应当按照分类和编号顺序保管，不得散乱丢失。

（3）记账凭证应当连同所附的原始凭证或者原始凭证汇总表，按照编号顺序，折叠整齐，按期装订成册，并加具封面，注明单位名称、年度、月份和起讫日期、凭证种类、起讫号码，由装订人在装订线封签外签名或者盖章，以明确责任。

对于数量过多的原始凭证，可以单独装订保管，在封面上注明记账凭证日期、编号、种类，同时在记账凭证上“附件另订”和原始凭证名称及编号。

各种经济合同、存出保证金收据以及涉外文件等重要原始凭证，应当另编目录，单独登记保管，并在有关的记账凭证和原始凭证上相互注明日期和编号。

【提请注意】原始凭证装订前的排序、粘贴和折叠方法是：

（1）对于纸张面积大于记账凭证的原始凭证，可按照记账凭证的面积尺寸，先自右向左，再自下向上两次折叠。注意应把凭证的左上角或左侧面让出来，以便于装订后，还可以展开查阅。

（2）对于纸张面积过小的原始凭证，一般不能直接装订，可先按一定次序和类别排列，再粘在一张同记账凭证大小相同的白纸上，宜使用胶水粘贴。

（3）对于纸张面积略小于记账凭证的原始凭证，可以用回形针或大头针别在记账凭证后面，待装订凭证时，抽去回形针或大头针。

（4）原始凭证附在记账凭证后的顺序应与记账凭证所记的内容顺序一致，不应按原始凭证的面积大小来排序。

（5）所有汇总装订好的会计凭证都要加具封面。封面应用较为结实、耐磨、韧性较强的牛皮纸等。

（4）原始凭证不得外借，其他单位如因特殊原因需要使用原始凭证时，需经本单位负责人批准，可以复制，但应在专门的登记账簿上进行登记，并由提供人员和收取人员共同签章。

（5）从外单位取得的原始凭证如有遗失，应当取得原开出单位盖有公章的证明，并注明原来凭证的号码、金额和内容等，由经办单位会计机构负责人、会计主管人员和单位领导人批准后，才能代作原始凭证。如果确实无法取得证明的，如火车票、轮船票、飞机票等凭证，由当事人写出详细情况，由经办单位会计机构负责人、会计主管人员和单位领导人批准后，代作原始凭证。

（6）严格遵守凭证保管期限要求以及销毁的有关规定。严格遵守会计凭证的保管期限要求，期满前不得任意销毁。每年装订成册的会计凭证，在年度终了时可暂由单位会计机构保管一年，期满后即应移送本单位档案机构登记归档统一保管。未设立档案管理机构的，应当在会计机构内部指定专人保管。出纳人员不得兼管会计档案。会计凭证的保管期限和销毁手续，应严格遵守会计制度的有关规定。

企业和其他组织会计档案保管期限表见表5-7。

表5-7 企业和其他组织会计档案保管期限表

序号	档案名称	保管期限	备注
一	会计凭证		
1	原始凭证	30年	
2	记账凭证	30年	
二	会计账簿		
3	总账	30年	
4	明细账	30年	
5	日记账	30年	
6	固定资产卡片		固定资产报废清理后保管5年
7	其他辅助性账簿	30年	
三	财务会计报告		
8	月度、季度、半年度财务会计报告	10年	
9	年度财务会计报告	永久	
四	其他会计资料		
10	银行存款余额调节表	10年	
11	银行对账单	10年	

续表

序号	档案名称	保管期限	备注
12	纳税申报表	10年	
13	会计档案移交清册	30年	
14	会计档案保管清册	永久	
15	会计档案销毁清册	永久	
16	会计档案鉴定意见书	永久	

【课堂讨论】为了正确地组织会计凭证的传递，应该注意哪些问题？

思政园地

83次凭证造假，老会计贪污了128万元

“我不缺钱，可现在一家人的生活都被我给毁了。要不是因为炒股，我也不会犯下这样的错误。”浙江省建德市委统战部原部务会议成员戚某在审讯室里泪流不止。作为一个老会计，她算错了自己的“人生账”。

2020年12月，当地法院对戚某案公开审理，长年以简朴形象示人的戚某被指控贪污128万元。更让人吃惊的是，这笔犯罪数额背后是83次作案。

在当地人眼里，统战部是个清水衙门。2010年开始，戚某的职务从办公室副主任升到部务会议成员，兼任统战部会计、市知联会秘书长和知联会会计等。

戚某有十几年的乡镇工作经历。当年连办公桌的桌腿坏了，她都让同事用砖头垫着继续使用，同事眼里的她“从不乱花单位一分钱”，统战部的财务工作由她负责，领导和同事都觉得放心。

然而，生活中的戚某却沉迷炒股。看到别人炒股赚钱，她也想进入股市赚点零花钱。但是精打细算的她怕投资失败，不愿意动用自己的家庭资金。她想到了拿公款来满足自己的这个“爱好”：亏掉了，钱也不是自己的，只需要把单位账面做平就行。

2013—2020年期间，戚某连续作案，不放过任何一笔小钱，从千余元到十万元，蚂蚁搬家式地贪污，先后83次作案将128万元的公款放进自己的口袋。其中，大部分钱款被她用来炒股。

戚某多次冒用他人名义，以慰问金、护理补贴等形式骗取公款40余万元。找到这些相关人员核实取证后，办案人员唏嘘不已。大家没想到，戚某竟然会为了骗取1 000元的慰问金而编造他们亲人去世、生病住院的谎言。

戚某以慰问金名义骗取的公款在股市投资中非但没有赚钱，还难以弥补在股市中的亏损。她又把目光投向统战部和知联会的活动经费。她伪造了种类繁多的活动，包括趣味运动会、专题调研活动、读书活动、考察活动等，签订虚假合同、涂改报销单数额、虚开发票，先后套取80多万元。据办案人员统计，到案发时她股市亏损达60多万元，剩余资金在她投案自首后主动退缴。

“本想着用公家的钱来炒股，亏了钱也不会太心疼，哪想到却亲手毁了自己美好的生活。”然而，这些迟来的悔恨也不能让她逃避法律的制裁，戚某最终因犯贪污罪被建德市

人民法院判处有期徒刑三年两个月。

资料来源：李玲，阎洪伟.以案为鉴|83次造假，老会计贪污了128万［EB/OL］.［2024-06-05］. https：//www.ccdi.gov.cn/yaowenn/202104/t20210414_86195.html.

【思政解读】

案例中的会计人员，从原始凭证入手，采用伪造票据、虚开发票、涂改金额等手段，贪污单位钱款，从小到大，积少成多，最终走上犯罪道路。炒股亏损并不是戚某违法的原因，真正的原因是没有抵制住金钱的诱惑，而又心存侥幸。

作为会计人员，天天面对金钱利益的诱惑，当面临某种压力时，在获得机会的情况下，很有可能对其产生不利影响。因此，作为会计人员，必须树立正确的人生观、价值观，熟悉会计职业道德规范和相关法律法规，并能够对各种潜在的违法违规行为进行识别、评价与应对，时刻提醒自己严格遵守职业规范，爱岗敬业，廉洁自律；否则，不仅违反会计职业道德基本原则，也很有可能直接违反法律法规。

作为会计人员，更应该明白，从会计平衡等式来看，各种舞弊行为或早或晚都会从资产的账实不符中被发现，因此，可以通过主动帮助完善单位内部控制，避免让自己与相关的违法违规行为相关联，从外界角度杜绝可能存在的违法机会。

思考与练习

一、思考题

1.什么是会计凭证？填制和审核会计凭证在会计工作中有哪些重要意义？

2.什么是原始凭证和记账凭证？原始凭证和记账凭证如何进行分类？

3.原始凭证和记账凭证分别应具备哪些基本内容？其填制要求又包括哪些？

4.如何进行原始凭证和记账凭证的审核？

5.什么是会计凭证的传递？确定会计凭证的传递程序和时间应遵循哪些要求？

二、单项选择题

1.会计凭证按其（　　）不同，可分为原始凭证和记账凭证。

A.填制方式　　B.反映经济业务的内容

C.填制的程序和用途　　D.格式

2.（　　）是记录经济业务发生或完成情况的书面证明，也是登记账簿的依据。

A.科目汇总表　　B.会计凭证　　C.原始凭证　　D.记账凭证

3.会计核算工作的基础环节是（　　）。

A.正确地填制和审核会计凭证　　B.登记会计账簿

C.进行财产清查　　D.编制财务报表

4.在填制会计凭证时，1 518.53的大写金额数字为（　　）。

A.壹仟伍佰拾捌元伍角叁分整　　B.壹仟伍佰壹拾捌元伍角叁分整

C.壹仟伍佰拾捌元伍角叁分　　D.壹仟伍佰壹拾捌元伍角叁分

5.仓库保管人员填制的收料单，属于企业的（　　）。

A.外来原始凭证　　B.自制原始凭证

C.汇总原始凭证　　D.累计原始凭证

6.根据一定时期内反映相同经济业务的多张原始凭证，按一定标准经综合后一次填制完成的原始凭证是（　　）。

A.累计凭证　　B.一次凭证　　C.汇总凭证　　D.记账凭证

7.下列各项中，不属于原始凭证基本内容的是（　　）。

A.填制原始凭证的日期　　B.经济业务内容

C.会计人员记账标记　　D.原始凭证附件

8.原始凭证金额有错误的，应当（　　）。

A.在原始凭证上更正

B.由出具单位更正并且加盖公章

C.由经办人更正

D.由出具单位重开，不得在原始凭证上更正

9.购买材料的发票按其来源分，属于（　　）。

A.自制原始凭证　　B.外来原始凭证

C.一次凭证　　D.累计凭证

10.以下凭证中，属于外来原始凭证的有（　　）。

A.入库单　　B.出库单　　C.银行转账支票　　D.领料汇总表

11.原始凭证按其取得的不同来源，可以分为（　　）。

A.外来原始凭证和自制原始凭证　　B.一次凭证和累计凭证

C.单式记账凭证和复式记账凭证　　D.收款凭证、付款凭证和转账凭证

12.限额领料单是一种（　　）。

A.一次凭证　　B.累计凭证　　C.外来凭证　　D.汇总原始凭证

13.企业出售产品一批，售价5 000元，收到一张转账支票送存银行。这笔业务应编制的记账凭证为（　　）。

A.收款凭证　　B.付款凭证　　C.转账凭证　　D.以上均可

14.从银行提取现金，会计人员一般应填制的记账凭证是（　　）。

A.现金收款凭证

B.银行存款付款凭证

C.转账凭证

D.分别填制现金收款凭证和银行存款付款凭证

15.现金收款凭证上的填写日期应当是（　　）。

A.收取现金的日期　　B.编制收款凭证的日期

C.原始凭证上注明的日期　　D.登记总账的日期

16.记账凭证的编制依据是（　　）。

A.会计分录　　B.经济业务

C.原始凭证或汇总原始凭证　　D.账簿记录

17.下列业务中，应该填制现金收款凭证的是（　）。

A.出售产品一批，款未收　　B.从银行提取现金

C.出售产品一批，收到一张转账支票　　D.出售多余材料，收到现金

18.某会计人员在审核记账凭证时，发现误将1 000元写成100元，尚未入账，一般应采用（　　）改正。

A.重新编制记账凭证　　B.红字更正法

C.补充登记法　　D.冲账法

19.记账凭证的填制是由（　　）完成的。

A.出纳人员　　B.会计人员　　C.经办人员　　D.主管人员

20.下列不属于原始凭证审核内容的是（　　）。

A. 凭证是否有填制单位的公章和填制人员签章

B. 凭证是否符合规定的审核程序

C. 凭证是否符合有关计划和预算

D. 会计科目使用是否正确

21.如果在业务发生或完成时，因各种原因而未能及时填制凭证的，应以（　　）为准。

A.业务发生或完成的日期　　B.实际填制日期

C.业务发生日期　　D.业务完成日期

22.下列记账凭证中，可以不附原始凭证的是（　　）。

A.所有收款凭证　　B.所有付款凭证

C.所有转账凭证　　D.用于结账的记账凭证

23.填制记账凭证时，要求有关人员逐一签章的目的是（　　）。

A.明确经济责任　　B.手续齐全

C.表明凭证的传递程序　　D.互相制约

24.会计凭证的传递是指从原始凭证的填制或取得时开始，经过审核直到（　　）时止。

A.登记账簿　　B.归档保管　　C.记账　　D.装订成册

25.出纳人员在办理收款或付款后，应在（　　）上加盖“收讫”或“付讫”的戳记，避免重收重付。

A.记账凭证　　B.原始凭证　　C.收款凭证　　D.付款凭证

26.会计凭证的保管期限一般为（　　）。

A.3年　　B.15年　　C.30年　　D.永久

三、多项选择题

1.以下有关会计凭证表述正确的是（　　）。

A.会计凭证是记录经济业务的书面证明

B.会计凭证是明确经济责任的书面文件

C.会计凭证是编制报表的依据

D.会计凭证是登记账簿的依据

2.下列项目中符合填制会计凭证要求的是（　　）。

A. 汉字大小写金额必须相符且填写规范

B. 阿拉伯数字连笔书写

C. 阿拉伯数字前面的人民币符号写为“¥”

D. 大写金额有分的，分字后面不写“整”或“正”字

3.下列项目中，属于会计凭证的是（　　）。

A.供货单位开具的发票　　B.领用材料时填制的领料单
C.付款凭证　　D.财务部门编制的开支计划

4.下列说法中正确的有（　　）。
A.从个人取得的原始凭证，必须有填制人员的签名盖章
B.对于已预先印有编号的原始凭证在写坏时不需进行任何处理，但不得撕毁
C.外来原始凭证遗失时，只需取得原签发单位盖有公章的证明，可代作原始凭证
D.会计凭证具有监督经济活动、控制经济运行的作用

5.原始凭证作为会计凭证之一，其作用可以是（　　）。
A.记录经济业务　　B.明确经济责任
C.作为登账的依据　　D.作为编表的依据

6.下列属于外来原始凭证的有（　　）。
A.发货票　　B.银行结算凭证
C.借项记账凭证　　D.银行存款余额调节表

7.原始凭证的审核内容包括：审核原始凭证（　　）等方面。
A.真实性　　B.合法性、合理性
C.正确性、及时性　　D.完整性

8.以下各项中，属于原始凭证所必须具备的基本内容有（　　）。
A.凭证名称、填制日期和编号　　B.经济业务内容摘要
C.对应的记账凭证号数　　D.填制、经办人员的签字、盖章

9.下列属于自制原始凭证的有（　　）。
A.收料单　　B.领料单
C.增值税专用发票　　D.发料凭证汇总表

10.下列各单据中，经审核无误后可以作为编制记账凭证依据的是（　　）。
A.填制完毕的工资计算单　　B.运费发票
C.银行转来的进账单　　D.银行转来的对账单

11.除（　　）可以不附原始凭证外，其他记账凭证必须附有原始凭证。
A.转账业务的记账凭证　　B.更正错误的记账凭证
C.结账的记账凭证　　D.交易业务的记账凭证

12.下列项目中，属于原始凭证和记账凭证共同具备的基本内容的是（　　）。
A.凭证的名称及编号　　B.填制凭证的日期
C.填制及接受单位的名称　　D.有关人员的签章

13.专用记账凭证按其所反映的经济业务是否与现金和银行存款有关，通常可以分为（　　）。
A.收款凭证　　B.付款凭证
C.转账凭证　　D.结算凭证

14.张三出差回来，报销差旅费1 000元，原预借1 500元。交回剩余现金500元，这笔业务应该编制的记账凭证有（　　）。
A.付款凭证　　B.收款凭证
C.转账凭证　　D.原始凭证

15.涉及现金与银行存款之间的划款业务时，可以编制的记账凭证有（　　）。

A.银行存款收款凭证　　B.银行存款付款凭证

C.现金收款凭证　　D.现金付款凭证

16.收款凭证和付款凭证是用来记录货币资金收付业务的凭证，它们是（　　）。

A.根据现金和银行存款收付业务的原始凭证填制的

B.登记库存现金日记账、银行存款日记账的依据

C.登记明细账和总账等有关账簿的依据

D.出纳员收付款项的依据

17.记账凭证审核的基本内容是（　　）。

A.是否附有原始凭证　　B.账户的对应关系是否清晰

C.有关项目是否填列齐全　　D.有关人员是否签名盖章

18.在填制记账凭证时，下列做法错误的有（　　）。

A.将不同类型业务的原始凭证合并编制一份记账凭证

B.一个月内的记账凭证连续编号

C.从银行提取现金时只填制现金收款凭证

D.更正错账的记账凭证可以不附原始凭证

19.会计凭证传递的组织工作主要包括（　　）方面。

A.规定保管期限及销毁制度

B.规定会计凭证的传递路线

C.制定会计凭证传递过程中的交接签收制度

D.规定会计凭证在各个环节的停留时间

四、判断题

（　　）1.填制会计凭证，所有以元为单位的阿拉伯数字，除单价等情况外，一律填写到角分；有角无分的，分位应当写“0”或用符号“—”代替。

（　　）2.原始凭证是记录经济业务，明确经济责任，作为登记账簿的一种具有法律效力的书面证明文件。

（　　）3.外来原始凭证都是一次凭证，自制原始凭证可能是一次凭证，也可能是累计凭证。

（　　）4.从外部取得的原始凭证，必须盖有填制单位的公章；从个人取得的原始凭证，不需签名盖章。

（　　）5.会计部门应于记账之后，定期对各种会计凭证进行分类整理，并将各种记账凭证按编号顺序排列，连同所附的原始凭证一起加具封面，装订成册。

（　　）6.原始凭证审核时，对于数字填写有差错的凭证，应退还经办人员进行更正后才能受理。

（　　）7.对于数量过多的原始凭证，可以单独装订保管，但应在记账凭证上注明“附件另订”。

（　　）8.转账凭证只登记与货币资金收付无关的经济业务。

（　　）9.记账凭证可以作为登记账簿的直接依据，原始凭证则不能作为登记账簿的直接依据。

（ ）10. 一般情况下，记账凭证必须附有原始凭证，但结账和更正错账的记账凭证可以不附原始凭证。

（ ）11. 现金存入银行时，为避免重复记账只编制银行存款收款凭证，不编制现金付款凭证。

（ ）12. 填制和审核会计凭证是一种会计核算的专门方法。

（ ）13. 会计凭证的传递一般包括规定合理的传递程序、传递时间以及在传递过程中的衔接手续。

（ ）14. 会计凭证传递是指从原始凭证的填制或取得起，到会计凭证归档保管止，在财会部门内部按规定的路线进行传递和处理的程序。

（ ）15. 原始凭证作为重要的会计档案，应该永久保存。

第五章
即测即评

五、实务题

［目的］练习原始凭证的填制

［资料］东方公司的开户银行为中国工商银行山东营业部，账号为12345678。

（1）2023年10月20日，支付货款143 208.60元给大海公司，其开户银行为工商银行锁金村分理处，账号为568947565。

（2）2023年10月21日，该公司收到北方公司支票一张，金额为30 200元（支票中列明中行城交分理处，账号为783400022，支票号为03400789）。

（3）李明2023年12月15日出差，预借差旅费2 000元，计划于12月25日归还。

（4）2023年12月20日，一车间王建从仓库领用编号为10020的甲材料200千克用于生产A产品。

［要求］（1）东方公司的出纳员填写下列转账支票，如图5-13所示。

中国工商银行
（转账支票存根）
CM/02 02565701
附加信息

出票日期： 年 月 日
收款人：
金 额：
用 途：
单位主管： 会计：

中国工商银行转账支票 CM/02 02565701
签发日期（大写） 年 月 日 付款行名称：
收款人：________________ 出票人账号：

人民币（大写）	千	百	十	万	千	百	十	元	角	分

用途：__________
上列款项请从我账号内支付
东方有限责任公司 财务专用章
王强印
出票人签章： 复核： 记账

图5-13 转账支票

（2）填写进账单，如图5-14所示。

中国工商银行进账单（回 单）

年 月 日

<table>
<tr><td rowspan="3">出票人</td><td>全称</td><td></td><td rowspan="3">收款人</td><td>全称</td><td colspan="11"></td></tr>
<tr><td>账号</td><td></td><td>账号</td><td colspan="11"></td></tr>
<tr><td>开户银行</td><td></td><td>开户银行</td><td colspan="11"></td></tr>
<tr><td rowspan="2">金额</td><td colspan="4" rowspan="2">人民币
（大写）</td><td>亿</td><td>千</td><td>百</td><td>十</td><td>万</td><td>千</td><td>百</td><td>十</td><td>元</td><td>角</td><td>分</td></tr>
<tr><td></td><td></td><td></td><td></td><td></td><td></td><td></td><td></td><td></td><td></td><td></td></tr>
<tr><td>票据种类</td><td></td><td>票据张数</td><td></td><td colspan="12" rowspan="3">开户银行签章</td></tr>
<tr><td>票据号码</td><td colspan="3"></td></tr>
<tr><td colspan="2">复核</td><td colspan="2">记账</td></tr>
</table>

图5-14 进账单

（3）为张明填一张借款申请单，如图5-15所示。

借 款 申 请 单

年 月 日

<table>
<tr><td>借款人</td><td colspan="3"></td></tr>
<tr><td>用途</td><td colspan="3"></td></tr>
<tr><td colspan="4">金额（大写） ¥________</td></tr>
<tr><td>还款计划</td><td colspan="3">年 月 日</td></tr>
<tr><td>领导指示</td><td></td><td>借款人盖章</td><td></td></tr>
<tr><td></td><td></td><td></td><td></td></tr>
</table>

图5-15 借款申请单

（4）为王建填一张领料单，见表5-8。

表5-8

领 料 单

领用部门：

用途： 年 月 日 编号：

材料编号	名称	规格	计量单位	请领数量	实发数量	单位成本	金额	备注

供应部门负责人： 审批人： 领料人： 发料人：

研讨与交流

一、会计凭证的识别与审核

周芳2023年7月刚从某财经学院毕业，现担任东方公司财务处出纳会计。2023年12

月2日，东方公司收到银行收账通知单，收到南方公司上月欠款126 900元。12月5日，业务员王凯出差预借差旅费5 000元，周芳审核“借款单”后，以现金付讫。12月6日，周芳根据“工资结算表”，以现金87 596元发放公司员工工资。12月8日，该公司负责生产设计的李副经理持有一张金额为1 260元的发票前来报销，发票上注明系樱花牌除油烟机。经周芳审核，发票上应填的内容齐全。12月12日，该公司何副董事长持有一张金额为920元、开票日期为当年1月份的发票前来报销，并称这是当时出差回来后遗失而现在找到的发票。经周芳审核，发票应填的内容齐全，但发票日期为春节期间。12月19日，公司财务处处长和总账会计要一同外出开会，公司领导决定由周芳临时监管总账会计。12月28日，公司下属某业务部门梁经理来财务处领取现金78 065元支票一张。周芳在填写支票时，将支票上的大写金额写成：柒万捌仟陆拾伍元。由于周芳是外地人，想利用元旦回家探亲，于是在12月29日将手中所有的账结清，并将有关收据、银行对账单等装订成册，移交会计档案室。

要求：

（1）上述经济业务发生后分别涉及哪些原始凭证？哪些是属于外来和自制凭证？

（2）李副经理和何副董事长的发票能否报销？为什么？

（3）根据《会计基础工作规范》的要求，周芳能否监管总账会计？

（4）周芳填写的支票金额是否正确？如何正确填写？

（5）周芳为了探亲是否可以提前结账，并装订成册，移交会计档案室？

二、原始凭证审核

东阳公司财务处对公司行政管理部门的日常开支实行定期报销制，并规定单次采购金额在1 000元以上的业务采用银行转账的方式。20×9年9月30日，吴鹏到财务处报销本月行政部门相关费用，其向会计人员出示的单据中包括：

（1）发票号码分别为75188065、75188066、75188067的三张出租车发票，金额分别为25元、12元、23元；

（2）金额为1 579元的碎纸机购货发票一张，相关货款早前已用现金支付给卖方；

（3）没有加盖单位公章的餐饮发票五张，金额为823元；

（4）填制日期为20×7年8月15日、金额为76元的书店发票一张；

（5）金额为960元的发票一张，其记载的所购商品为2G容量U盘，经核实，实际购买价格为96元，该发票金额被写错位。

要求：分析上述原始凭证存在哪些问题，会计人员应如何处理这些凭证？

第六章 会计账簿

【内容导读】

会计账簿的设置与登记是会计的重要方法之一，也是会计循环中的关键环节。在手工会计环境下，账簿是设立会计账户的载体，企业的交易或事项发生以后，其初始信息都要利用账簿进行存储，并为企业在会计期末对外报告会计信息提供支持。本章主要介绍会计账簿的定义及种类，账簿的登记规则，不同格式账簿的登记方法，错账的更正方法，对账、结账方法，以及账簿的更换与保管相关知识。

【学习目标】

✔ 价值塑造目标

➢ 树立统驭与被统驭、补充与被补充、零星分散与系统综合的辩证统一思想；

➢ 理解浓缩后信息的价值一般要高于非浓缩信息的价值；

➢ 学习法律法规，树立法治观念，培养遵纪守法的行为习惯。

✔ 知识传授目标

➢ 理解会计账簿位于会计核算三大环节的中心位置，是连接会计凭证与财务会计报告的桥梁。对会计凭证的信息进行汇总、浓缩，为编制财务会计报告做准备。

➢ 理解根据会计账簿的使用目的和重要程度不同，会计账簿分为日记账、总分类账、明细分类账和备查账等。其中，总分类账统驭明细分类账，明细分类账是对总分类账的补充。

➢ 理解设置会计账簿不仅是企业内部管理的需要，更是缴纳税金的依据。

➢ 理解会计账簿的启用程序、登记方法、对账、结账以及错账更正都有严格的规定，需要遵照执行。

✔ 能力培养目标

➢ 培养对违法行为的辨识能力。能充分认识伪造和变造会计凭证、会计账簿，编制虚假财务会计报告，隐匿或者故意销毁应当依法保存的会计凭证、会计账簿、财务会计报告，是法律所不允许的；构成犯罪的，依法追究刑事责任。

➢ 培养有错必改的能力。通过会计错账更正，能明白在日常生活或学习过程中也可能会犯错，但是一定要用正确的方法及时更正错误，这样才能真正达到预期目标，否则就会偏离目标路线，产生不可挽回的后果和损失。

第一节 会计账簿的意义和种类

【导入案例】张先生应聘到一家外资企业做会计工作，他发现这家公司在会计核算上有几个与其他公司不一样的地方：一是公司的所有账簿都使用活页账，其理由是这样便于改错；二是公司的往来账都采用抽单核对的方法，直接用往来会计凭证控制，不再记账；三是记账时发生了错误允许使用涂改液，但是强调必须有责任人签字；四是经理要求张先生在登记现金总账的同时也要负责出纳工作。经过不到3个月的试用期，尽管这家公司的报酬高出其他类似公司，张先生还是决定辞职。

思考：什么是会计账簿？如何按规定登记会计账簿？

一、会计账簿的意义

在会计核算工作中，对企业所发生的每一项经济业务都必须取得和填制会计凭证，用来反映和监督各项经济业务的发生和完成情况。但会计凭证数量繁多，信息分散，并且每张凭证只能各自记载个别经济业务，提供的会计信息既缺乏连续性和系统性，又不便于整理和汇总会计信息。为了连续、系统、全面地核算和监督企业的经济活动及其财务收支情况，便于日后查阅和使用，就需要在填制和审核凭证的基础上，设置和登记会计账簿，将分散在会计凭证中的大量会计核算资料加以归类和整理，按照一定的要求登记到有关的会计账簿中。

会计账簿又称“账簿”或“账册”，是指由具有一定格式的账页组成的，以审核无误的会计凭证为依据，用来连续、系统、全面地记录各项经济业务的簿籍。设置和登记账簿是会计核算的一种专门的方法，是连接会计凭证与会计报表的中间环节。根据我国《会计法》的规定，各单位应当按照国家统一会计制度的规定和会计业务的需要设置账簿。科学地设置账簿和正确地登记账簿，对于全面实现会计目标具有重要意义。

（一）通过账簿的设置和登记，记载、储存会计信息

将会计凭证所反映的经济业务一一记入有关账簿，可以全面反映企业会计要素在一定时期内所发生的增减变动情况，储存所需要的各种会计信息。

（二）通过账簿的设置和登记，分类汇总会计信息

账簿是由相互关联的不同账户所组成的。通过账簿记录，一方面可以分门别类地反映各种经济业务，提供一定时期内会计要素的详细情况；另一方面可以通过发生额和余额的计算，提供各方面所需要的总括会计信息和明细会计信息。

（三）通过账簿的设置和登记，检查、校正会计信息

账簿记录是对会计凭证信息的进一步整理。如在永续盘存制下，通过有关盘存账户余额与实际盘点或核算结果的核对，可以确认财产的盘盈或盘亏，并根据实际结存数量调整账簿记录，做到账实相符，提供真实、可靠的会计信息。

延伸阅读6-1

帐与账

（四）通过账簿的设置和登记，据以编报、输出会计信息

账簿可以为编制会计报表提供数据资料。企业定期编制的会计报表的主

要依据来自账簿记录。会计报表项目是否真实、会计报表编制能否及时，都与账簿设置和登记的质量有着密切关系。

二、会计账簿的种类

会计账簿的种类是多种多样的，为了便于了解和应用会计账簿，可以按照不同的标准进行适当的分类。一般可按其用途、账页格式和外表形式进行分类。

（一）账簿按用途分类

账簿按其用途不同，可以分为序时账簿、分类账簿和备查账簿。

1.序时账簿

序时账簿又称日记账，是按照经济业务发生或完成时间的先后顺序逐日逐笔进行登记的账簿。序时账簿按其记录内容的不同，分为普通日记账和特种日记账两种。普通日记账用来登记全部经济业务的发生情况；特种日记账用来登记某一类经济业务的发生情况。常见的特种日记账包括现金日记账和银行存款日记账等。在我国，大多数单位的序时账簿一般只设特种日记账，如现金日记账和银行存款日记账。序时账簿必须以取得和填制的会计凭证按编号先后顺序逐日逐笔进行登记，每日结出余额，及时、详细地反映经济业务的发生和完成情况。

2.分类账簿

分类账簿是对全部经济业务按照会计要素的具体类别而设置的分类账户进行登记的账簿。按照总分类账户设置和分类登记经济业务的是总分类账簿，简称总账；按照明细分类账户设置和分类登记经济业务的是明细分类账簿，简称明细账。总账提供总括的会计信息，明细账提供详细的会计信息，二者相辅相成、互为补充。分类账簿是账簿体系的主体，可以分类核算和监督各项资产、负债、所有者权益、收入、费用和利润增减变动情况及其结果，其提供的核算信息是编制会计报表的主要依据。

3.备查账簿

备查账簿又称辅助账簿，是对某些在序时账簿和分类账簿等主要账簿中都不予记载或登记不够详细的经济业务进行补充登记的账簿。备查账簿属于备查性质的辅助登记，可以对某些经济业务的内容提供必要的详细参考资料，如租入固定资产登记簿，应收、应付票据登记簿等。这类账簿并非一定要设置，而且没有固定的格式，可根据实际需要加以设置。备查账簿的记录与会计报表的编制没有直接关系，所以其是一种表外账簿。

（二）账簿按账页格式分类

账簿按其账页格式不同，可以分为三栏式账簿、多栏式账簿和数量金额式账簿。

1.三栏式账簿

三栏式账簿设置借方、贷方和余额三个基本栏目。它适用于各种日记账、总分类账以及资本、债权、债务明细账等。其格式参见下文表6-3、表6-9和表6-11。

2.多栏式账簿

多栏式账簿是将总账账户所属的明细账户分别按需要设置若干专栏登记在一张账页上的账簿。它适用于生产成本、制造费用、管理费用等账户的明细分类核算。其格式参见下文表6-4、表6-5、表6-12和表6-13。

3.数量金额式账簿

数量金额式账簿设置借方、贷方和余额三个栏目，在每个栏目下增设数量、单价和金额三小栏，借以反映财产物资的实物数量和价值。它适用于原材料、库存商品等存货的明细分类核算。其格式参见下文表6-15。

（三）账簿按外表形式分类

账簿按其外表形式不同，可以分为订本式账簿、活页式账簿和卡片式账簿。

1.订本式账簿

订本式账簿简称“订本账”，是在启用以前就将许多账页固定装订在一起，并有连续编号的账簿。它一般适用于具有统驭性和重要的账簿，如总分类账、现金日记账和银行存款日记账。其优点是可以避免账页散失及被蓄意抽换账页，更好地起到统驭和控制作用；缺点是一本账簿在同一时间内只能由一人负责登记，不便于会计人员分工记账。同时，订本式账簿的账页固定，顺序编号，不得随意增减，因而在启用之前，必须为每一个账户留出足够的空白账页，若预留账页不足，将影响账簿记录的连续性，预留过多又会造成浪费。

2.活页式账簿

活页式账簿简称“活页账”，是在账簿启用之前，账页并不固定装订在一起，而是装存在账夹内，可随时取放、增添账页的账簿。各种明细分类账一般采用活页账形式。使用活页账，当账簿登记完毕之后（通常是一个会计年度结束之后），才将账页装订成册，统一编号，加上封面后归档保管。其优点是可以根据核算和管理的需要随时添加、减少或重新排列账页，便于组织会计人员同时分工记账，提高工作效率；缺点是容易造成账页散失或被抽掉、更换。

3.卡片式账簿

卡片式账簿简称“卡片账”，是由许多具有专门格式的硬纸卡片组成，排列存放在卡片箱中的账簿。卡片账的每张卡片正反两面都设计一定的格式，用以记录各种指标和内容。在我国，企业一般只对固定资产明细账采用卡片账形式，少数企业在材料核算中也使用材料卡片。其优点是可以跨年度长期使用而无须更换，便于分类汇总和根据管理的需要转移账卡；缺点是容易散失或被抽换。在实际工作中，使用卡片时要按顺序编号，由有关人员在卡片上签章，并置于卡片箱内由专人保管，使用完毕应封扎归档保管，并重新编写页码，列出目录，以备日后查阅。

【提请注意】账簿设立的有关规定：

（1）从事生产、经营的纳税人应当在领取营业执照之日起15日内按照规定设置总账、明细账、日记账以及其他辅助性账簿，其中总账、日记账必须采用订本式。

生产、经营规模小又确无建账能力的纳税人，可以聘请经批准从事会计代理记账业务的专业机构或者经税务机关认可的财会人员代为建账和办理账务；聘请上述机构或者人员有实际困难的，经县以上税务机关批准，可以按照税务机关的规定，建立收支凭证粘贴簿、进货销货登记簿或者使用税控装置。

（2）扣缴义务人应当自税收法律、行政法规规定的扣缴义务发生之日起10日内，按照所代扣、代收的税种，分别设置代扣代缴、代收代缴税款账簿。

纳税人、扣缴义务人采用电子计算机记账的，对于会计制度健全，能够通过电子计算机正确、完整的计算其收入、所得的，其电子计算机存储和输出的会计记录可视同会计账簿，但应按其打印成书面记录并完整保存；对于会计制度不健全，不能通过电子计算机正确、完整的反映其收入、所得的，应当建立总账和与纳税或者代扣代缴、代收代缴税款有关的其他账簿。

（3）从事生产、经营的纳税人应当自领取税务登记证件之日起15日内，将其财务、会计制度或者财务、会计处理办法报送主管税务机关备案。纳税人、扣缴义务人采用电子计算机记账的，应当在使用前将其记账软件、程序和使用说明书及有关资料报送主管税务机关备案。

【课堂讨论】如何理解设置和登记账簿是编制会计报表的基础，是连接会计凭证与会计报表的中间环节？

第二节　会计账簿的设置和登记

【导入案例】东方公司2023年11月30日现金日记账余额为3 000元，银行存款日记账余额为250 000元。12月1日，东方公司出纳人员填制现金支票从开户银行提取2 000元现金备用。出纳人员应如何进行账务处理并登记现金日记账和银行存款日记账？

一、会计账簿的设置原则和基本内容

（一）会计账簿的设置原则

会计账簿的设置，包括确定账簿的种类、内容、格式及登记方法。账簿设置必须做到科学严密、层次分明，账簿之间保持内在联系和勾稽关系，起到相互制约的作用。账簿设置应遵循以下几项原则：

1.满足经营管理需要

账簿的设置必须保证能够正确、及时、完整的反映各项经济业务，其所提供的会计信息应符合国家宏观经济管理的要求，满足有关方面了解企业财务状况、经营成果和现金流量的需要，满足单位内部经营管理的需要。

2.科学严密、层次分明

账簿的设置要力求科学严密、层次分明。账簿既要提供总括的核算资料，又要提供详细的核算资料。各种账簿之间要有统驭关系或平行的制约关系，这种相互联系的勾稽关系应当严谨并要避免重复设置或遗漏。

3.简便、灵活、实用

账簿的设置要根据单位规模的大小、经济业务的繁简、会计人员的多少，从加强管理的实际需要和具体条件出发，既要防止账簿重叠，也要防止过于简化。账簿格式要简便、实用，便于登记、查找、更正错误和保管，避免烦琐复杂。

4.合理和合法相结合

账簿的设置要有利于财会部门的分工和加强岗位责任制。同时，根据《会计法》的要求，各单位发生的各项经济业务事项，应当在依法设置的会计账簿中统一登记、核算，不得违反规定，私设会计账簿。

（二）会计账簿的基本内容

尽管账簿记载的经济业务不同，格式也多种多样，但各种账簿一般应包括以下基本内容：

1.封面

主要表明账簿名称、记账单位名称和会计年度。

2.扉页

主要标明会计账簿的使用信息，其内容包括：单位名称、账簿名称、账簿编号、账簿页数；启用日期、经管人员（包括经管账簿单位会计机构负责人、主办会计、复核人、记账人）、交接记录（包括经管人员及其职别、接管人和接管日期、交出人和交出日期）。账簿启用及经管人员一览表见表6-1，账户目录的格式与内容见表6-2。

表6-1　**账簿启用及经管人员一览表**

<table>
<tr><td>单位名称</td><td colspan="8"></td><td colspan="2">印章</td><td></td></tr>
<tr><td>账簿名称</td><td colspan="8">（第　　册）</td><td colspan="2" rowspan="4"></td><td></td></tr>
<tr><td>账簿编号</td><td colspan="8"></td><td></td></tr>
<tr><td>账簿页数</td><td colspan="8">本账簿共计　页　本账簿页数　检点人盖章</td><td></td></tr>
<tr><td>启用日期</td><td colspan="8">公元　　年　月　日</td><td></td></tr>
<tr><td rowspan="3">经管人员</td><td colspan="2">负责人</td><td colspan="2">主办会计</td><td colspan="2">复核</td><td colspan="4">记账</td><td></td></tr>
<tr><td>姓名</td><td>签章</td><td>姓名</td><td>签章</td><td>姓名</td><td>签章</td><td colspan="2">姓名</td><td colspan="2">签章</td><td></td></tr>
<tr><td></td><td></td><td></td><td></td><td></td><td></td><td colspan="2"></td><td colspan="2"></td><td></td></tr>
<tr><td rowspan="5">交接记录</td><td colspan="2">经管人员</td><td colspan="4">接管</td><td colspan="5">交出</td></tr>
<tr><td>职别</td><td>姓名</td><td>年</td><td>月</td><td>日</td><td>签章</td><td>年</td><td>月</td><td>日</td><td colspan="2">签章</td></tr>
<tr><td></td><td></td><td></td><td></td><td></td><td></td><td></td><td></td><td></td><td colspan="2"></td></tr>
<tr><td></td><td></td><td></td><td></td><td></td><td></td><td></td><td></td><td></td><td colspan="2"></td></tr>
<tr><td></td><td></td><td></td><td></td><td></td><td></td><td></td><td></td><td></td><td colspan="2"></td></tr>
<tr><td>备注</td><td colspan="11"></td></tr>
</table>

表6-2　**账户目录**

页数	科目	页数	科目	页数	科目	页数	科目

3.账页

账簿根据经济业务事项内容的不同，其账页格式也有所不同，但基本内容主要包括：

（1）账户的名称，包括一级会计科目、二级或明细科目名称；

（2）日期栏，包括年、月、日；

（3）凭证号数栏，记录记账凭证的种类和号数；

（4）摘要栏，即所记录的经济业务内容的简要说明；

（5）金额栏，记录本账户发生增、减变化的金额及相应余额；

（6）总页次、分户页次等。

4.封底

封底一般没有具体内容，但其与封面共同起着保护整个账簿记录完整的重要作用。

二、会计账簿的启用规则和记账规则

（一）会计账簿的启用规则

（1）启用会计账簿时，应在账簿封面上写明单位名称和账簿名称。

（2）在账簿扉页上填制账簿启用及经管人员一览表，参见上文表6-1。

（3）启用订本式账簿，应当从第一页到最后一页顺序编订页数，不得跳页、缺号。使用活页式账簿，应当按账户顺序编号，并须定期装订成册。装订后，再按实际使用的账页顺序编订页码，另加账户目录（参见上文表6-2），记明每个账户的名称和页次。

【提请注意】账户目录是由记账人员在账簿中开设账户户头后，按顺序将每个账户的名称和页数进行登记的。对于活页账，在账簿启用时无法确定其页数，可以先将账户名称填上，待年度终了装订归档时再将页数填上。

（4）年度开始，启用新账簿时，应将上年的年末余额结转到新账的第一行，并在摘要栏内注明“上年结转”字样。

（二）会计账簿的记账规则

1.账簿记录准确完整

登记会计账簿必须以审核无误的会计凭证为依据，将会计凭证的日期、编号、业务内容摘要、金额和其他有关资料逐项填入账簿中，做到数字准确、摘要简明、登记及时、字迹工整。对于每天发生的各种各样的经济业务都要登记入账，确保账簿记录准确完整。

【提请注意】企业发生的每一笔经济业务，都要根据会计记账规则，记入有关的总账。如果该项业务需要进行明细核算，还要记入该总账所属的明细账。账簿记录中的日期，应该填写记账凭证上的日期；以自编的原始凭证如收料单、领料单等作为记账依据的，账簿记录中的日期应按有关自制凭证上的日期填列。登记账簿要及时，但对各种账簿的登记间隔时间应该多长，一般来说，由本单位所采用的具体账务处理程序而定。

2.注明记账符号

登记账簿后，要在记账凭证上签名或者盖章，并在记账凭证上设有的专门的栏目处注明所记账簿的页数，或画“√”，表示已经登记入账，以避免重记或漏记。

3.文字和数字整洁清晰，准确无误

账簿要保持整洁、清晰，记账的文字和数字要端正。文字和数字的书写既要端正，又要准确无误，并符合规范。账簿中书写的文字和数字上面要留有适当的空格，不要写满格，一般应占格距的1/2，便于发生错账时进行更正。

【提请注意】在登记书写时，不要滥造简化字，不得使用同音异义字；数字要写在金额栏内，不得越格错位、参差不齐；文字、数字紧靠下线书写。记录金额时，没有角、分的整数，应分别在角、分栏内写上“0”，不得省略不写，或以“—”号代替。阿拉伯数字一般可自左向右适当倾斜，以使账簿记录整齐、清晰。为防止字迹模糊，墨迹未干时不要翻动账页。

4.正确记账采用蓝、黑墨水或者碳素墨水

登记账簿要用蓝、黑墨水或者碳素墨水书写，不得使用铅笔或圆珠笔（银行的复写账簿除外）。

【提请注意】在会计记账书写中，数字的颜色是重要的语素之一，其同数字和文字一起传递出会计信息。如同数字和文字错误会表达错误的信息，书写墨水的颜色用错了，其导致的概念混乱不亚于数字和文字错误。

5.特殊记账使用红色墨水

在账簿记录中，红字表示对蓝色或者黑色数字的冲销、减少或者表示负数。下列几种情况，可以用红色墨水记账：

（1）按照红字冲账的记账凭证，冲销错误记录。

（2）在不设借贷等栏的多栏式账页中，登记减少数。

（3）在三栏式账户的余额栏前，如果未印明余额方向的，在余额栏内登记负数余额。

（4）根据国家统一会计制度的规定可以使用红字登记的其他会计记录。

6.顺时连续登记

各种账簿应按页次序时连续登记，不得跳行、隔页。如发生跳行、隔页，应在空行、空页处用红色墨水划线注销，或者注明“此行空白”“此页空白”字样，并由记账人员签名或者盖章。

7.结出余额

凡需要结出余额的账户，结出余额后，应当在“借或贷”栏内写明“借”或者“贷”等字样，表明余额的方向。没有余额的账户，应当在“借或贷”栏内写“平”字，并在“余额栏”内用“0”表示。现金日记账和银行存款日记账必须逐日逐笔结出余额。

【提请注意】一般来说，对于没有余额的账户，在“余额栏”内标注的“0”应当放在“元”位。

8.过次页和承前页

每一账页登记完毕结转下页时，应当结出本页合计数及余额，写在本页最后一行和下一页第一行有关栏内，并在摘要栏内分别注明“过次页”和“承前页”字样；也可以将本页合计数及金额只写在下一页第一行有关栏内，并在摘要栏内注明“承前页”字样。对需要结计本月发生额的账户，结计“过次页”的本页合计数应当为自本月初起至本页末止的发生额合计数；对需要结计本年累计发生额的账户，结计“过次页”的本页合计数应当为自年初起至本页末止的累计数；对既不需要结计本月发生额，也不需要结计本年累计发生额的账户，可以只将每页页末的余额结转次页。

9.不得刮擦涂改

账簿记录发生错误，不准涂改、挖补、刮擦或者用药水消除字迹，不准重新抄写，应根据错误的具体情况，采用正确的方法予以更正。具体错账更正方法，参见本章第四节。

【提请注意】实行会计电算化的单位，总账和明细账应当定期打印。用计算机打印的会计账簿必须连续编号，经审核无误后装订成册，并由记账人员和会计机构负责人、会计主管人员签字或者盖章。发生收款和付款业务的，在输入收款凭证和付款凭证的当天必须打印出现金日记账和银行存款日记账，并与库存现金核对无误。

三、日记账的格式和登记方法

如前所述，日记账分为普通日记账和特种日记账两种。由于目前大多数单位一般只设特种日记账，因此，下面主要介绍现金日记账和银行存款日记账的格式和登记方法。

（一）现金日记账的格式和登记方法

1. 现金日记账的格式

现金日记账是指用来逐日、逐笔核算和监督库存现金收入、支出和结余情况的账簿，其格式有三栏式和多栏式两种。

【提请注意】无论是三栏式还是多栏式现金日记账，都必须采用订本式账簿，其目的是保证现金日记账的安全与完整。

（1）三栏式现金日记账的格式。三栏式现金日记账的账页格式一般采用增设了对应账户的借、贷、余三栏式，具体见表6-3。

表6-3 **现金日记账** 第×页

20××年		凭证		摘要	对应账户	过账	借方（收入）	贷方（支出）	余额
月	日	种类	号数						
				合计					

（2）多栏式现金日记账的格式。多栏式现金日记账的账页划分为收入、支出和结存三大栏，然后将收入栏和支出栏进一步划分为若干栏目，分别按其对应科目设置专栏，月末汇总各栏目发生额。其格式见表6-4。

多栏式现金日记账，是在三栏式日记账基础上发展建立起来的。其优点是所有的现金收付业务集中在一张账页上，便于集中查阅，能够反映科目对应关系，有利于分析现金的流量；缺点是如果对应科目过多，则容易造成账页篇幅过长，反而不便于记账、查账。因此，可将多栏式现金日记账分为多栏式现金收入日记账和多栏式现金支出日记账，分别见表6-5和表6-6。

表6-4 **现金日记账** 第×页

20××年		凭证		摘要	收入					支出					余额
年	月	种类	号数		应贷科目				合计	应借科目				合计	
				合计											

表6-5 **现金收入日记账** 第×页

20××年		凭证		摘要	贷方科目					收入合计	支出合计	余额
年	月	种类	号数		银行存款	其他业务收入	主营业务收入	…	…			
				合计								

表6-6 **现金支出日记账** 第×页

20××年		凭证		摘要	借方科目					支出合计
月	日	种类	号数		管理费用	在途物资	银行存款	…	…	
				合计						

2.现金日记账的登记方法

现金日记账是出纳人员根据审核无误的现金收款凭证、现金付款凭证和银行存款付款凭证（记录从银行提取现金的业务），按经济业务发生的时间先后顺序逐日逐笔进行登记。具体登记方法如下：

（1）日期栏。填制记账凭证的日期，应与现金实际收付日期一致。

（2）凭证栏。登记入账的收付款凭证的种类及号数。如“现金收款凭证”简写为“现收”，“现金付款凭证”简写为“现付”，“银行存款付款凭证”简写为“银付”；同时填写登记入账的凭证编号，以便于查账对账。

（3）摘要栏。简要说明登记入账的经济业务的内容。

（4）对方科目栏。现金收入的来源项目或现金支出的用途科目。如将现金存入银行业务，其对方科目为“银行存款”。通过该栏目可以了解现金收付业务的来龙去脉。

（5）收入栏。根据现金收款凭证和有关的银行存款付款凭证登记现金收入栏。

（6）支出栏。根据现金付款凭证登记现金支出栏。

（7）余额栏。每日收入完毕后，应分别计算现金收入和支出的合计数，根据“上日余额+本日收入-本日支出=本日余额”的公式，逐日结出现金账面余额，并将现金日记账的账目余额与库存现金实存数核对，以检查每日现金收付是否有误，即通常所说的“日清”。如账款不符，应查明原因，报请领导批准及时处理。月终，计算当月现金收入、支出和结存的合计数，即通常所说的“月结”。

（二）银行存款日记账的格式和登记方法

银行存款日记账是指用来逐日、逐笔核算和监督银行存款的收入、支出和结余情况的账簿。银行存款日记账应按企业在银行开立的账户和币种分别设置。

1.银行存款日记账的格式

银行存款日记账的格式与现金日记账的格式基本相同，其账页格式通常也采用借、贷、余三栏式，并应按开户银行和其他金融机构分别设置。其格式见表6-7。

表6-7 **银行存款日记账** 第×页

20××年		凭证		摘要	对应账户	过账	借方（收入）	贷方（支出）	余额
月	日	种类	号数						
				合计					

【提请注意】与现金日记账相似，如果一个单位的银行收付凭证数量较多，为简化登账的工作量，银行存款日记账可采用多栏式日记账的格式，即将表6-4中的账簿名称改为

"银行存款日记账"。若银行存款的对应科目过多，可分设多栏式银行存款收入日记账和多栏式银行存款支出日记账，其格式可比照多栏式现金收入日记账和多栏式现金支出日记账。

2.银行存款日记账的登记方法

银行存款日记账的登记方法和现金日记账的登记方法基本相同。银行存款日记账是出纳人员根据审核无误的银行存款收款凭证、银行存款付款凭证和现金付款凭证（记录库存现金存入银行的业务），按经济业务发生的时间先后顺序逐日逐笔进行登记。根据银行存款收款凭证和有关的现金付款凭证登记银行存款收入栏；根据银行存款付款凭证登记银行存款支出栏；每日结出存款余额，并定期（一般每月一次）与银行对账单核对。

【课堂讨论】有两个银行存款一般账户平常发生的业务较少，请问可否放在同一本银行存款日记账上登记？

四、分类账的格式和登记方法

（一）总分类账的格式和登记方法

总分类账是按照总分类账户分类登记以提供总括核算资料的账簿，其格式一般采用三栏式。总账中的账页是按总账科目（一级科目）开设的总分类账户，其可以全面、系统、总括地反映企业所有的经济活动情况和财务收支情况，为编制会计报表提供必要的资料。

1.总分类账的格式

总分类账的格式取决于所采用的记账方法和账务处理程序。在借贷记账法下，其格式一般采用借、贷、余三栏式，也可以根据需要采用增设对应科目的三栏式账页格式（见表6-8）。

表6-8　**总分类账（一般三栏式）**

账户名称：　　　　　　　　　　　　　　　　　　　　　　　　　　第×页

20××年		凭证		摘要	借方	贷方	借或贷	余额
月	日	种类	号数					

【提请注意】总分类账无论采用哪一种格式，会计人员每月都要将全月已经发生的经济业务全部登记入账，并于月末结出各个总分类账户的本期发生额和期末余额，作为编制会计报表的依据。

2.总分类账的登记方法

总分类账的登记方法，由于采用的账务处理程序不同，其登记依据和登记程序也不同。它可以直接根据记账凭证逐笔登记，也可以根据经过汇总的科目汇总表或汇总记账凭证等登记，参见第十章图10-1至图10-4。这部分内容将在第十章中详细介绍。

（二）明细分类账的格式和登记方法

1.明细分类账的格式

明细分类账是指根据二级账户或明细账户开设账页，分类、连续登记经济业务事项以提供明细核算资料的账簿，其格式可以采用三栏式、多栏式、数量金额式和横线登记式等多种账页格式。一般采用活页式账簿，也可以采用卡片式账簿。

（1）三栏式明细分类账。

三栏式明细分类账的格式与三栏式总分类账基本相同，只设有借方、贷方和余额三个金额栏，不设数量栏。它主要适用于只进行金额核算而不需要进行数量核算的资产、债权、债务账户的明细分类账核算，如“应收账款”“应付账款”“短期借款”“应付职工薪酬”等明细分类账。其格式见表6-9。

表6-9　　**应收账款明细分类账**

二级或明细科目：　　第×页

20××年		凭证		摘要	借方	贷方	借或贷	余额
月	日	种类	号数					

（2）多栏式明细分类账。

多栏式明细分类账的格式是根据经济业务的特点和管理的需要，在同一账页内将属于同一总账科目的所有相关明细科目或项目集中起来，分设若干专栏予以登记和反映。按照明细分类账登记的经济业务的不同，多栏式明细分类账的账页又分为借方多栏式明细分类账、贷方多栏式明细分类账和借贷多栏式明细分类账三种常见的格式。

①借方多栏式明细分类账。借方多栏式明细分类账是指按照借方科目设置若干专栏，用蓝字登记，贷方发生额则用红字在有关专栏内登记的明细分类账。它适用于借方需要设置多个明细科目或者明细项目的账户，如“生产成本”“管理费用”“制造费用”“财务费用”“其他业务成本”“营业外支出”等账户的明细分类核算。其格式见表6-10。

②贷方多栏式明细分类账。贷方多栏式明细分类账是指按照贷方科目设置若干专栏，用蓝字登记，借方发生额则用红字在有关专栏内登记的明细分类账。它适用于贷方需要设置多个明细科目或者明细项目的账户，如“主营业务收入”“其他业务收入”“营业外收入”等账户的明细分类核算。其格式见表6-11。

表 6-10 管理费用明细分类账

20××年		凭证		摘要	借方							合计
月	日	种类	号数		职工薪酬	办公费	差旅费	折旧费	修理费	工会经费	…	

表 6-11 主营业务收入明细分类账

20××年		凭证		摘要	借方					合计
月	日	种类	号数		×产品	×产品	×产品	×产品	…	

③借贷多栏式明细分类账。借贷多栏式明细分类账是指按照借方和贷方科目分别设置若干专栏进行登记的明细分类账。它适用于借方和贷方都需要设置多个明细科目或者明细项目的账户，如“本年利润”“应交增值税”等账户的明细分类核算。其格式见表 6-12。

表 6-12 应交税费——应交增值税明细分类账

20××年		凭证		摘要	借方			贷方				余额
月	日	种类	号数		进项税额	已交税额	合计	销项税额	进项税额转出	出口退税	合计	

（3）数量金额式明细分类账。

数量金额式明细分类账的账页分为收入、发出（或付出）及结存（或结余）三大栏，在每栏内又分设数量、单价和金额三小栏。它主要适用于既要进行金额核算又要进行数量核算的账户，如“原材料”“库存商品”“委托加工物资”等各种财产物资的明细分类核算。其格式见表6-13。

表6-13 **原材料明细分类账**

类别：＿＿＿＿＿＿ 编号：＿＿＿＿

品名或规格：＿＿＿＿＿＿ 存放地点：＿＿＿＿

储备定额：＿＿＿＿＿＿ 计量单位：＿＿＿＿

20××年		凭证		摘要	收入			发出			结存		
月	日	种类	号数		数量	单价	金额	数量	单价	金额	数量	单价	金额

（4）横线登记式明细分类账。

横线登记式明细分类账又称平行式明细分类账，是采用横线登记的方法，将每一相关的业务记在同一横行内，从而可以依据每一行各个栏目的登记是否齐全来判断该项业务的完成和变动情况。它适用于登记材料采购业务、应收票据和一次性备用金业务等，如“在途物资”“其他应收款”等账户的明细分类账。其格式见表6-14。

表6-14 **其他应收款——备用金明细分类账**

20××年		凭证号	摘要	借方			20××年		凭证号	摘要	贷方			余额
月	日			原借	补付	合计	月	日			报销	退回	合计	
3	5	6	李明	500										
3	7	10	张军	600		600	3	12	90	报销	580	20	600	0

2. 明细分类账的登记方法

不同类型经济业务的明细分类账可以根据管理需要，依据记账凭证、原始凭证或汇总原始凭证逐日逐笔或定期汇总登记。通常情况下，有关财产物资和债权债务结算的明细分类账应逐笔登记；种类多、收发频繁的库存商品、原材料等明细分类账可以逐笔登记，也可以定期汇总登记；有关收入、费用、成本等明细分类账可以逐日汇总登记，也可以定期汇总登记。

对于只设有借方的多栏式明细分类账，平时在借方登记“制造费用”“管理费用”“主营业务成本”等账户的发生额，贷方登记月末将借方发生额一次转出的数额。平时如果发生贷方发生额，应该用红色数字在多栏式账页的借方栏内登记表示冲减。对于只设有贷方的多栏式明细分类账，平时在贷方登记“主营业务收入”“营业外收入”等账户的发生额，借方登记月末将贷方发生额一次转出的数额。平时如果发生借方发生额，应该用红色数字在多栏式账页的贷方栏内登记表示冲减。

延伸阅读6-2
未按规定设置会计账簿

【提请注意】明细分类账一般应于会计期末结算出当期发生额及期末余额。

五、备查账的格式和登记方法

备查账是对企业日记账和分类日记账的必要补充，其种类、格式及登记方法均无特殊规定。会计人员可根据业务内容自行设计或者选用其他账簿格式。下面仅以租入固定资产登记簿为例加以说明。其基本格式见表6-15。

表6-15　**租入固定资产登记簿**

固定资产名称及规格	租约号数	租出单位	租入单位	月租金	使用部门		归还日期	备注
					日期	单位		

【课堂讨论】一个生产型的企业通常需要建立哪些账簿？其登记的依据是什么？

第三节　对账和结账

【导入案例】王平是东方公司的会计，月末财务经理安排其将账目核对一下。这是她第一次做对账的工作，面对一大堆的凭证和账簿，王平应该具体做哪些工作呢？

一、对账

（一）对账的概念

对账是指定期对各类账簿记录所进行的核对工作。通俗地说，就是核对账目，做到账证相符、账账相符和账实相符。为了保证账簿记录和会计报表的数字是真实可靠的，应当建立定期的核对制度。各单位应当定期对会计账簿记录的有关数字与库存实物、货币资金、有价证券、往来单位或者个人等进行相互核对。

【提请注意】对账主要是通过账项的逐笔核对以及按照编制总分类账户发生额和余额对照表、明细分类账户发生额和余额明细表进行的。

（二）对账的内容

对账的内容，主要包括账证核对、账账核对和账实核对。

1.账证核对

账证核对是指核对会计账簿记录与原始凭证、记账凭证的时间、凭证字号、内容、金额是否一致，记账方向是否相符。这种核对主要是在日常填制凭证和记账过程中进行的。账证核对是保证账账相符和账实相符的基础。

2.账账核对

账账核对是指核对不同会计账簿之间的有关记录是否相符，主要包括：

（1）总分类账中全部账户的借方期末余额合计数与贷方期末余额合计数核对相符。

（2）总分类账各账户的期末余额与其所属各明细分类账户的期末余额之和核对相符。

（3）总分类账中“库存现金”账户和“银行存款”账户的期末余额分别与现金日记账和银行存款日记账的期末余额核对相符。

（4）会计部门有关财产物资的明细账余额与财产物资保管和使用部门相应的明细账余额核对相符。

3.账实核对

账实核对是指核对会计账簿记录与有关的货币资金和财产等实有数额是否相符，主要包括：

（1）现金日记账的余额应该同实际库存现金数核对相符。

（2）银行存款日记账的余额应该定期与银行对账单核对相符。

（3）有关财产物资明细账的结存数量应该定期同实存数量核对相符。

（4）各种应收、应付款明细账的余额应该与有关债务、债权单位或者个人核对相符。

【提请注意】账实核对一般是通过实地盘点核对的方法进行的。具体方法将在第八章中详细介绍。

二、结账

（一）结账的概念

为了总结某一会计期间（月份、季度、半年度、年度）的经营情况，了解财务状况，考核经营成果，以便编制会计报表，在账务处理上，必须定期在每一会计期间终了时进行结账。结账是指在将一定时期（月份、季度、半年度、年度）内发生的经济业务全部登记入账的基础上，对各种账簿的记录结算出本期发生额和期末余额，并将期末余额转入下期的一项会计工作。通过结账，可以反映企业一定时期内经济业务发生所引起的会计要素增减变动情况及其结果，并为编制会计报表提供资料。

【提请注意】企业由于撤销、合并而办理账务交接时，也要办理结账。

（二）结账的一般程序

结账一般应按以下程序进行：

1.将本期发生的经济业务全部登记入账，并保证其正确性

在会计核算工作中，为了归类记录和反映资产、负债、所有者权益、收入、费用和利润六大会计要素的增减变化情况，并为编制会计报表提供所需的各种数据资料，有必要将记账凭证所提供的分散资料分别登记到相应的账户中。结账前，必须查明本期内发生的经济业务是否已经全部入账，若发现漏记、错记，应及时补记、更正。不得为赶编会计报表而提前结账，也不得将本期发生的经济业务延至下期入账，更不得先编会计报表后结账。

2.根据权责发生制，进行期末账项调整

根据权责发生制的要求，调整有关账项，合理确定本期应计的收入和应计的费用。期末账项调整的内容主要包括：

延伸阅读6-3

权责发生制下的账项调整

（1）应计收入的调整。应计收入的调整是指本期已发生而且符合收入确认条件，应归属本期的收入，但尚未收到款项而未入账的产品销售收入或者劳务收入，应计入本期收入。

（2）应计费用的调整。应计费用的调整是指本期已发生应归属本期的费用，但尚未实际支付款项而未入账的成本、费用，应计入本期费用，如应计银行短期借款利息等。

（3）收入分摊的调整。收入分摊的调整是指前期已经收到款项，但由于尚未提供产品或劳务，因而在当时没有确认为收入入账的预收款项，本期按照提供产品或者劳务的情况进行分摊确认为本期收入。

（4）费用分摊的调整。费用分摊的调整是指原先预付的各项费用应确认为本期费用的调整，如各种待摊性质的费用。

（5）其他期末账项调整事项，如固定资产折旧、结转完工产品成本和已售产品成本等。

3.损益类账户结转

将损益类账户转入“本年利润”账户，结平所有损益类账户，参见第五章例5-35、例5-36和例5-38。

4.结出资产、负债和所有者权益账户的本期发生额和余额，并结转下期

将本期实现的各项收入与发生的各项费用，编制记账凭证，分别从各收入账户与费用账户转入“本年利润”账户的贷方和借方，以便计算确定本期的财务成果；在本期全部经济业务登记入账的基础上，结算出所有资产、负债、所有者权益账户的本期发生额和期末余额。

（三）结账的方法

结账时，应当根据不同账户的记录，分别采用不同的方法。

（1）对不需按月结计本期发生额的账户，如各项债权、债务明细账和各项财产物资明细账等，每次记账以后，都要随时结出余额，每月最后一笔余额即为月末余额。月末结账

时，只需要在最后一笔经济业务记录之下通栏划单红线，不需要再结计一次余额。

【提请注意】划线的目的是突出有关数字，表示本期的会计记录已经截止或者结束，并将本期与下期的记录明显分开。

（2）现金、银行存款日记账和需要按月结计发生额的收入、费用等明细账，月末结账时，需要在最后一笔经济业务记录下面通栏划单红线，结出本月发生额和余额，在摘要栏内注明“本月合计”字样，并在下面通栏划单红线。

（3）需要结出本年累计发生额的某些明细账户，如收入、费用等明细账，每月结账时，应在“本月合计”行下结出自年初起至本月末止的累计发生额，登记在月份发生额下面，在摘要栏内注明“本年累计”字样，并在下面通栏划单红线；12月末的“本年累计”就是全年累计发生额，全年累计发生额下面应当通栏划双红线。

（4）总账账户平时只结出月末余额。年终结账时，为了总括反映本年各项会计要素的增减变化情况，核对有关项目，要将所有总账账户结出全年发生额和年末余额，在摘要栏内注明“本年合计”字样，并在合计数下通栏划双红线。

（5）年度结账时，有余额的账户，要将其余额结转下年，并在摘要栏内注明“结转下年”字样。结转方法是：将有余额的账户的余额直接记入新账余额栏内，不需要编制记账凭证，也不必将余额再记入本年账户的借方或者贷方，使全年有余额的账户的余额变为零。在下一会计年度新建有关会计账簿的第一行余额栏内填写上年结转的余额，并在摘要栏内注明“上年结转”字样。

下面以东方公司2023年“原材料”总账为例，说明上述结账方法的具体运用。总分类账格式见表6-16。

表6-16　**东方公司“原材料”总账**

2023年		凭证		摘要	借方	贷方	借或贷	余额
月	日	种类	号数					
1	1			上年结转			借	10 500
	6	转	12	购入	8 000		借	18 500
	12	转	21	领用		10 000	借	8 500
	24	转	37	领用		5 000	借	3 500
	26	转	41	购入	6 000		借	9 500
	31			本月合计	14 000	15 000	借	9 500
2	1			月初余额			借	9 500
								10 200
12	31			本月合计	15 900	15 500	借	10 200
	31			本年累计	157 600	157 900	借	10 200
	31			合计	168 100	168 100		
	31			结转下年				

【课堂讨论】各单位都应当建立定期的对账制度。你认为对账能起到什么作用？怎样才能正确地核对账目？

第四节　错账更正方法

【导入案例】东方公司11月30日计提本月短期借款利息，会计人员编制转账凭证并据以登记入账。结账前发现，会计分录没错，但登记“应付账款”总账时将3 280元误记为3 820元。对此，会计人员应如何更正错账呢？

《会计法》规定，会计账簿记录发生错误或者隔页、缺号、跳行的，应当按照国家统一会计制度规定的方法更正，并由会计人员和会计机构负责人（会计主管人员）在更正处盖章。《会计基础工作规范》规定，账簿记录发生错误，不准涂改、挖补、刮擦或者用药水消除字迹，不准重新抄写，必须按规范的方法更正。

一、错账查找方法

手工记账时，常常会发生记账凭证上的借方金额（或贷方金额）重复记账、漏记借方金额（或贷方金额）、借方金额（或贷方金额）方向记反、相邻数字颠倒、数字整体错位、数字记错等记账差错。这就会导致在试算平衡时，借方发生额（或余额）合计数不等于贷方发生额（或余额）合计数。会计人员需要及时找出差错，并予以更正。

1.差数法

差数法是指按照差数查找错账的方法。例如，若记账时只记了某个会计分录的借方，漏记了贷方，则在试算平衡时就会出现借方金额大于贷方金额的情况；若记账时只记了某个会计分录的贷方，漏记了借方，则在试算平衡时就会出现贷方金额大于借方金额的情况。会计人员可以通过检索含有该差额的记账凭证，从而查找并补记漏记的金额。

2.尾数法

尾数法是指对于发生的差错只查找末位数，以提高查错效率的方法。

3.除2法

除2法是指以差数除以2来查找错账的方法。如果试算平衡时借贷方之差是偶数，那么就可以将该差额除以2，根据得出的商，检索含有该商数的记账凭证，从而查找并更正记账差错。

出现这种差错的原因通常是会计分录的借方或贷方的某一方出现记账方向错误，即某个会计分录中的借方金额在记账时被错记入贷方，或某个会计分录中的贷方金额被错记入借方。在这类情况下，试算平衡时借方合计、贷方合计的差额便表现为该金额的2倍。因此，将该差额用2去除，得出的商即为记错借贷方向的金额。

例如，贷记“银行存款”账户5 330 000元，但记账时误记为借记“银行存款”账户5 330 000元，从而导致试算平衡时借方合计比贷方合计多10 660 000元。在追查错账时，将10 660 000元除以2，得出的商为5 330 000元。从而，可以通过检索含有该商数（5 330 000元）的记账凭证，查找并更正记账差错。

4.除9法

除9法是指以差数除以9来查找错账的方法，适用于查找由数字整体错位和邻数颠倒所导致的记账差错。具体包括以下三种情况：

（1）将数字写小，即数字位数整体上小写一位，错误金额是正确金额的1/10。例如，记账凭证上显示，借记“库存商品”账户5 000 000元，贷记“银行存款”账户5 000 000元，但在记账时，借记的金额没问题，贷记的金额误记为500 000元。这样，在试算平衡时，借方合计比贷方合计多4 500 000元。该差额除以9，得出的商为500 000元，即为错误金额。该商数乘以10，所得到的积为5 000 000元，即为应记的正确金额。

（2）将数字写大，即数字位数整体上大写一位，错误金额是正确金额的10倍。例如，记账凭证上显示，借记“库存商品”账户5 000 000元，贷记“银行存款”账户5 000 000元，但在记账时，借记的金额没问题，贷记的金额误记为50 000 000元。这样，在试算平衡时，借方合计比贷方合计少45 000 000元。该差额除以9，得出的商为5 000 000元，即为应记的正确金额。该商数乘以10，所得到的积为50 000 000元，即为错误金额。

当然，在试算平衡时，对于借方合计和贷方合计之间存在的能被9整除的差额，会计人员并不能一眼看出究竟是将数字写小了还是写大了。所以，只能将该差额除以9，尝试着去寻找应记的正确金额。

（3）邻数颠倒。在电子账务处理下，由于系统中设有借方金额和贷方金额的校验平衡程序，因此，记账时所录入的借方金额与贷方金额必然相等。但在手工记账的情况下，偶尔会出现借方金额（或贷方金额）相邻数字颠倒的情况。例如，记账凭证上显示，借记“管理费用”账户369 000元，贷记“银行存款”账户369 000元，但在记账时，借记的金额误记为639 000元，贷记的金额没问题。这样，在试算平衡时，借方发生额合计比贷方发生额合计多270 000元。该差额除以9，得出的商为30 000元。由此判断，出现颠倒的数字可能在十万位、万位，且两个相邻数字的差为±3。在这种情况下，会计人员就可以锁定十万位、万位的数字相差3的金额数字，然后根据这些数字逐个尝试寻找出现记账差错的数据源头。

二、错账更正方法

错账的更正方法一般有划线更正法、红字更正法和补充登记法三种。

（一）划线更正法

在结账以前，如果发现记账凭证填制没有错误，而账簿记录由于会计人员不慎出现笔误或计算失误，造成账簿上有文字或数字错误时，应采用划线更正法进行更正。

更正时，首先将错误的文字或数字全部划一条红线予以注销，使原有字迹仍可辨认，以备查；然后在划线上方空白处用蓝字填写正确的文字或者数字，并由记账人员在更正处盖章，以明确责任。应当注意，文字错误，可更正个别字；数字错误，应将错误数字全部划掉，不得只更正其中的错误数字。例如，记账人员在根据记账凭证登记账簿时，将56 280元误记为52 680元，正确的更正方法是：首先将“52 680”全部用红线划销，然后将正确数字写在错误数字上方并加盖记账人员印章，不能只更正“26”两个数字，如：

56 280（印章）

~~52 680~~（划红线）

（二）红字更正法

记账后，在当年内发现记账凭证所记的会计科目错误，或者会计科目无误而所记金额大于应记金额，从而引起记账错误的，应采用红字更正法进行更正。

红字更正法一般适用于以下两种情况：

（1）记账以后发现记账凭证中应借、应贷会计科目名称错误，或者科目名称及金额均有错误，根据错误的记账凭证已经登记入账，造成账簿记录错误。

更正的方法是：用红字填写一张与原记账凭证完全相同的记账凭证，在摘要栏内注明“冲销×月×日第×号凭证错账”，并据以用红字金额登记入账，以冲销原有的错误记录。然后，用蓝字填写一张正确的记账凭证，在摘要栏内注明“补记×月×日账”，并据以用蓝色金额登记入账。

例如，2023年12月5日，东方公司生产车间生产A产品直接耗用甲材料一批，价值5 000元。原错误分录为：

借：制造费用　　5 000

　贷：原材料——甲材料　　5 000

且已登记入账。

更正时采用红字更正法，应先用红字填制一张与原错误记账凭证内容完全相同的记账凭证，并据以用红字金额登记入账。红字凭证编制如下：

借：制造费用　　5 000

　贷：原材料——甲材料　　5 000

注：框内数字表示红字。

然后，用蓝字填制一张正确的记账凭证，并据以用蓝字金额登记入账。蓝字凭证编制如下：

借：生产成本——A产品　　5 000

　贷：原材料——甲材料　　5 000

上述更正错误的记账凭证在账户中登记后，如图6-1所示。

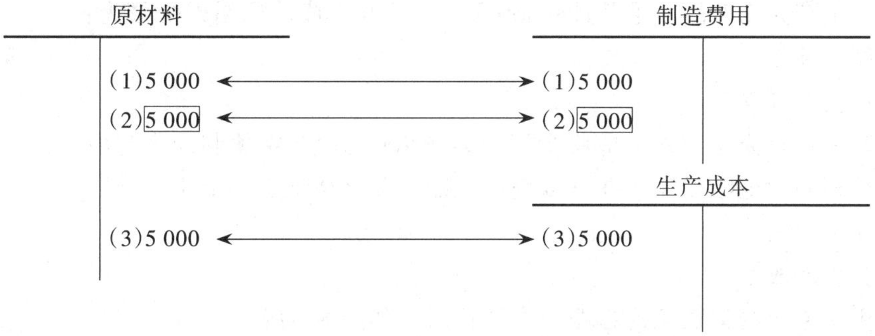

图6-1　更正错账的账户登记（1）

（2）记账以后发现记账凭证中应借、应贷会计科目并无错误，只是所记金额大于应记金额，根据错误的记账凭证已经登记入账，造成账簿记录错误。

更正的方法是：应将多记的金额用红字填制一张与原记账凭证应借、应贷科目完全相同的记账凭证，在摘要栏内注明“冲销×年×月×日第×号凭证多记金额”，并据以用红字金额登记入账，用以冲销多记金额。

例如，以库存现金购买行政管理部门办公用品470元。原错误分录为：

借：管理费用　　　　740

　贷：库存现金　　　　740

且已登记入账。

更正时采用红字更正法，应将多记的金额270元用红字填制一张与原错误记账凭证内容完全相同的记账凭证，并据以用红字金额登记入账。红字凭证编制如下：

借：管理费用　　　　270

　贷：库存现金　　　　270

上述更正错误的记账凭证在账户中登记后，如图6-2所示。

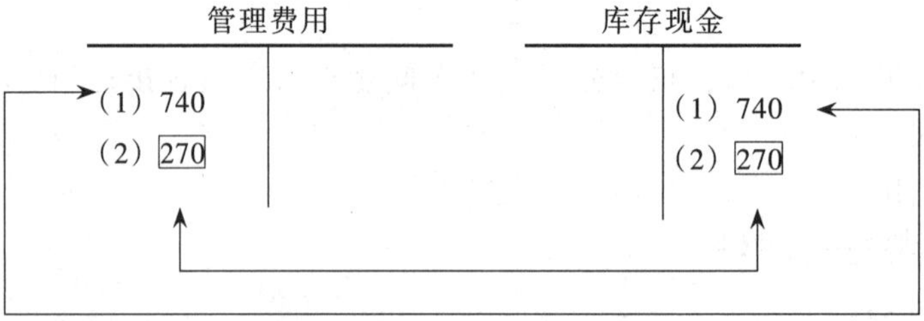

图6-2　更正错账的账户登记（2）

【提请注意】红字更正法可以保证账户之间的对应关系，还可以保证账户记录中的发生额不至于因更正错账而使数字虚增或者虚减。

（三）补充登记法

记账后，如果发现记账凭证中填好的应借、应贷会计科目并无错误，只是所记金额小于应记金额时，根据错误的记账凭证已经登记入账，造成账簿记录错误时所采用的更正方法，就是补充登记法。

更正的方法是：应将少记的金额用蓝字填制一张与原记账凭证应借、应贷科目完全相同的记账凭证，在摘要栏内注明“补充×年×月×日第×号凭证少记金额”，并据以用蓝字金额登记入账，用以补充少记金额。

例如，生产完工产品一批共计9 800元，已验收入库。原错误分录为：

借：库存商品　　　　8 900

　贷：生产成本　　　　8 900

更正时采用补充登记法，应将少记的金额900元用蓝字填制一张与原错误记账凭证会计科目完全相同的记账凭证，并据以登记入账。蓝字凭证编制如下：

借：库存商品　　　　900

　贷：生产成本　　　　900

上述更正错误的记账凭证在账户中登记后，如图6-3所示。

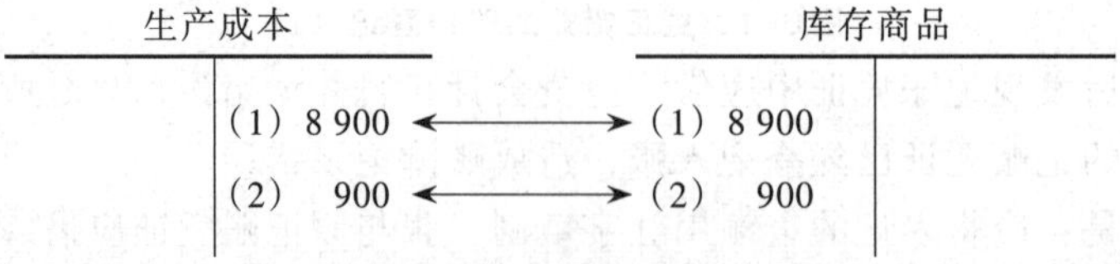

图6-3　更正错账的账户登记（3）

【提请注意】在计算机账务处理环境下，会计人员根据自己的权限进入系统进行错账更正，应在更正错账的同时留下更正日期、权限口令、更正内容等资料，以备查。

【课堂讨论】如何检查记账过程中可能发生的差错？对记账错误该如何更正？

延伸阅读6-4

错账更正的启示

第五节　会计账簿的更换与保管

【导入案例】2024年1月，东方公司财务部门将2023年度的会计档案转交给公司档案管理部门，会计人员应办理哪些相关移交手续？

一、会计账簿的更换

会计账簿的更换是指在会计年度终了时，将上一年度的旧账簿更换为新账簿。为了使每个会计年度的账簿资料明晰并便于保管，在新年度开始时，除固定资产明细账等少数账簿因变动不大可跨年度使用而不必办理更换新账手续外，其余账簿如总账、日记账和多数明细账一般都应结束旧账，启用新账。会计账簿的更换通常在新会计年度建账时进行。

【课堂讨论】各种备查账簿可否跨年度使用？

为了保证账簿记录的合法性和完整性，并明确责任，每本新账簿在启用时，应在账簿扉页上填写“账簿启用表”和“账簿经管人员一览表”。在实际工作中，可将上述两张表格合并设置为“账簿启用及经管人员一览表”，参见上文表6-1。更换新账时，可直接将各旧账的年末余额抄写到相对应的新账中。同时，在新账第一项第一行日期内注明1月1日，在摘要栏内注明“上年结转”字样，在“借或贷”栏内注明余额方向。

新账第一行上年结转的余额，不需要编制凭证，也不需要记入借方栏或贷方栏，应直接记入余额栏。

二、会计账簿的保管

年度终了，各种账户在结转下年、建立新账后，一般旧账可暂由本单位财会部门保管1年，期满后应由财会部门移交本单位档案部门保管。移交时，需要编制移交清册、填写交接清单，交接人员按移交清册和交接清单项目核查无误后签章，并在账簿使用日期栏内填写移交日期。

已归档的会计账簿作为会计档案应妥善保管，存放有序，原件不得借出。如有特殊需要，须经上级主管部门或本单位领导、会计主管人员批准，在不拆散原卷册的前提下，可以提供查阅或者复制，并要办理登记手续。

会计账簿是重要的会计档案之一，必须严格按照《会计档案管理办法》规定的保管年限妥善保管，不得丢失和任意销毁。通常，总账（包括日记总账）和明细账保管期限为30年；日记账保管期限为30年，其中现金和银行存款日记账保管期限也为30年；固定资产卡片账在固定资产报废清理后保管5年；其他辅助性账簿保管期限为30年。

【提请注意】在实际工作中，各单位可以根据实际利用的经验、规律和特点，适当延长有关会计档案的保管期限，但必须有较为充分的理由。

【课堂讨论】印花税种规定，账簿按件贴花，可是目前许多企业已经采用计算机记账，取消手工账簿。对于电子账簿，应如何缴纳印花税？

【提请注意】怎样装订会计账簿？账簿在使用过程中，应妥善保管。账簿的封面颜色，同一年度内力求统一，逐年更换颜色，便于区别年度。这样，在找账查账时就会比较方便。账簿内部，应编好目录，建立索引。注意，应贴上相应数额的印花税票。账簿在过次年后，应将账簿装订整齐，活页账要编好科目目录、页码，用线绳系死，然后贴上封皮，在封皮上写明账簿的种类、单位、时间，在账簿背脊上，也要写明账簿的种类、时间。

延伸阅读6-5

关于隐匿、故意销毁会计档案的判决

【课堂讨论】为什么在年终结账后，旧账不直接送交档案管理部门，而是由财会部门保管1年后才送交档案管理部门？

思政园地

隐匿、故意销毁私设的“小金库”会计账簿是否构成犯罪？

罗某在2008—2016年担任文山市供销合作社主任职务期间，违反国家财经规定，私设“小金库”，将主管单位每年收取的部分门面租金存入财务人员管理的“小金库”账户内，主要用于违规发放单位职工福利、年终奖金和接待费等。

2013年的一天，罗某安排单位副主任和财务人员将资金总额约人民币300万元的“小金库”会计凭证、会计账簿销毁。

公诉机关认为，被告人罗某故意销毁依法应当保存的会计凭证、会计账簿，情节严重，已触犯《中华人民共和国刑法》（简称《刑法》）第一百六十二条的规定，应当以故意销毁会计凭证、会计账簿罪追究其刑事责任。《刑法》第一百六十二条规定，隐匿或者故意销毁依法应当保存的会计凭证、会计账簿、财务会计报告，情节严重的，处五年以下有期徒刑或者拘役，并处或者单处二万元以上二十万元以下罚金。

罗某辩护人认为，“小金库”账簿资料不是严格意义上的会计凭证和会计账簿，虽然销毁事实存在，但应对罗某从轻处罚。

法院认为，被告人罗某身为单位的主要领导，直接负责的主管人员，故意授意他人实施销毁“小金库”会计凭证、会计账簿等情节严重的行为，构成故意销毁会计账簿、会计凭证罪，公诉机关指控的犯罪事实清楚，证据确实、充分，指控的罪名成立，予以确认并追究被告人罗某的刑事责任。文山市供销合作社私设“小金库”的行为违反了我国《会计法》的相关规定，隐匿了本单位的部分经营项目与资金往来，规避了国家对其正常的审核与监督，因此行为不合法。但是，“小金库”涉及的会计资料也记载了单位特定时期的一部分经营活动和资金往来情况，这一违法账目与明账结合在一起，才构成该单位资金业务往来的全部记录。“小金库”的账目也是业务的真实记录，反映了该单位的资金往来情况，应属于“依法应当保存”的会计资料。不能因为私设“小金库”的行为违法和“小金库”涉及的资金违法，就认为涉及该行为和资金的有关会计资料不应依法保存。因此，“小金库”的会计凭证和会计账簿应当属于依法应当保存的“会计资料”。辩护人认为，“小金库”财务资料不属于会计凭证、会计账簿的意见，法院不予采纳。

法院判决，罗某犯故意销毁会计凭证、会计账簿罪，判处有期徒刑一年，并处罚金人民币二万元。

资料来源：作者根据裁判文书网相关资料整理而成。

【思政解读】

《会计法》第二十三条、第四十二条至第四十五条规定了会计账簿的法律责任。为适应《会计法》的发展，全国人大常委会于1999年通过了我国第一个《刑法修正案》，其中第一条规定：第一百六十二条后增加一条，作为第一百六十二条之一。至此，隐匿、故意销毁会计凭证、会计账簿、财务会计报告正式成为我国的一种犯罪行为，打击此类行为从立法上进入了新的阶段。有关会计账簿刑事责任规定的增加，使我国会计刑事法律责任制度得以完备，整个会计流程实际处于《刑法》的管理之下。

按照《会计法》第十六条的规定，各单位发生的各项经济业务事项应当在依法设置的会计账簿上统一登记、核算，不得违反本法和国家统一的会计制度的规定私设会计账簿登记、核算。私设“小金库”违反了法律法规，应当追究行政责任。那么，私设的“小金库”账簿是否属于《刑法》第一百六十二条规定的依法应当保存的会计账簿？

根据本章思政案例中法院审理可知，虽然私设“小金库”的行为违法，但“小金库”账簿记载了单位某一时间的部分经营活动情况，与公开账目一起构成了该单位完整的经济业务记录。因此，私设的会计账簿属于《刑法》规定应当依法保存的会计账簿，隐匿、故意销毁“小金库”账簿也构成隐匿、故意销毁会计账簿罪。

会计账簿是会计档案的重要组成部分，作为记载单位财务活动的重要资料，其是相关单位财务管理的重要依据，对加强企业管理、提高经济效益、健全财务制度、保护国家和单位利益、打击经济犯罪活动具有重要的现实作用和意义。会计档案在很多民事案件中都作为重要证据，民事案件的诉讼时效最长为20年，结合会计档案的实际利用需求，我国2015年修订的《会计档案管理办法》，将会计档案的定期保管期限由原3年、5年、10年、15年、25年五类，调整为10年、30年两类。我们应当熟悉会计账簿的有关法律知识，只有在知法的基础上，才能做到守法。

思考与练习

一、思考题

1. 什么是会计账簿？会计账簿按照不同的标准可分为哪几类？其记账规则包括哪些？

2. 明细分类账的格式有几种？分别适用于哪些账户？

3. 什么是对账？对账的内容包括哪些？

4. 什么是结账？如何进行结账？

5. 更正错账的方法有哪些？如何运用各种更正方法？

二、单项选择题

1. 登记日记账的方式是按照经济业务发生的时间先后顺序进行（　　）。

A. 逐日逐笔登记　　B. 逐日汇总登记

C. 逐笔定期登记　　D. 定期汇总登记

2. 账簿按其（　　）不同，可分为两栏式账簿、三栏式账簿、多栏式账簿和数量金额式账簿。

A. 用途　　B. 作用　　C. 账页格式　　D. 外形特征

3. 账簿按其（　　）不同，可分为订本账、活页账和卡片账。

A. 作用　　B. 账页格式　　C. 用途　　D. 外形特征

4.对全部经济业务事项按照会计要素的具体类别而设置的分类账户进行登记的账簿，称为（　　）。

A.备查账簿　B.序时账簿　C.分类账簿　D.三栏式账簿

5.在登记账簿过程中，每一账页的最后一行及下一页的第一行都要办理转页手续，这是为了（　　）。

A.便于查账　B.防止遗漏　C.防止隔页　D.保持记录的连续性

6.企业在记录管理费用时，通常所采用的明细账格式是（　　）。

A.多栏式明细账　B.卡片式明细账

C.数量金额式明细账　D.横线登记式明细账

7.现金日记账应采用（　　）。

A.活页式账簿　B.卡片式账簿　C.订本式账簿　D.备查账簿

8.登记账簿的依据是（　　）。

A.经济业务　B.审核无误的会计凭证

C.经济合同　D.领导批示

9.会计人员记账后发现，在分配工资费用时，误将在建工程人员的工资记入“管理费用”科目。此时应采用的更正方法是（　　）。

A.划线更正法　B.红字更正法　C.补充登记法　D.编制相反分录冲减

10.从账簿用途来看，“固定资产卡片”属于（　　）。

A.订本式账簿　B.备查账簿　C.序时账簿　D.分类账簿

11.企业在记录原材料、库存商品等存货时，通常所采用的明细账格式是（　　）。

A.三栏式明细账　B.多栏式明细账

C.数量金额式明细账　D.横线登记式明细账

12.填制记账凭证时无误，根据记账凭证登记账簿时，将10 000元误记为1 000元，且已登记入账，更正时应采用（　　）。

A.划线更正法　B.红字更正法　C.补充登记法　D.更换账页法

13.下列明细分类账中，一般不宜采用三栏式账页格式的是（　　）。

A.应收账款明细账　B.应付账款明细账

C.实收资本明细账　D.原材料明细账

14.下列说法正确的是（　　）。

A.企业应收、应付账款明细账与对方单位账户记录核对属于账账核对

B.所有账簿，每年必须更换新账

C.除结账和更正错账外，一律不得用红色墨水登记账簿

D.账簿记录正确，并不一定保证账实相符

15.企业临时租入的固定资产，应在（　　）中登记。

A.总分类账簿　B.明细分类账簿

C.备查账簿　D.无须在账簿中进行任何登记

16.下列各项可以用来登记现金日记账的是（　　）。

A.银行存款收款凭证　B.银行存款付款凭证

C.转账凭证　D.科目汇总表

17.下列账户中，必须采用订本式账簿的是（ ）。

A.原材料明细账 B.库存商品明细账

C.银行存款日记账 D.固定资产登记簿

18.下列明细分类账中，适用于登记在途物资业务的是（ ）。

A.三栏式明细分类账 B.多栏式明细分类账

C.数量金额式明细分类账 D.横线登记式明细分类账

19.下列明细账中，既适用于金额核算，又适用于数量核算的是（ ）。

A.库存商品明细账 B.应收账款明细账

C.在途物资明细账 D.制造费用明细账

20.账簿登记完毕，在记账凭证的“记账”栏内做出标记，主要是为了（ ）。

A.便于明确记账责任 B.避免错行或隔页

C.避免重记或漏记 D.避免凭证丢失

21.会计人员在记账以后，发现所依据的记账凭证中的应借、应贷会计科目有误，而且记账凭证中所列金额小于应记金额，该会计人员应采用的最好的错账更正方法是（ ）。

A.划线更正法 B.红字更正法

C.补充登记法 D.更换账页法

22.下列做法中，不符合记账规则的是（ ）。

A.登账后在记账凭证中标出记账符号“√”

B.记账时发生跳行，在该空行处划线注销

C.结出每一账页的发生额合计和余额

D.使用圆珠笔记账

23.从银行提取现金，登记库存现金日记账的依据是（ ）。

A.库存现金收款凭证 B.银行存款收款凭证

C.库存现金付款凭证 D.银行存款付款凭证

24.下列对账工作中，属于账实核对的是（ ）。

A.银行存款日记账与银行对账单核对

B.总分类账与所属明细分类账核对

C.会计部门的财产物资明细账与财产物资保管部门的有关明细账核对

D.总分类账与日记账核对

25.总分类账户发生额及余额试算表中本期借方发生额合计数等于本期贷方发生额合计数，说明账户发生额记录（ ）。

A.肯定有错误 B.肯定没有错误

C.肯定有方向记录错误 D.可能有错误，也可能没有错误

26.下列各项目中，属于账账核对的是（ ）。

A.账簿记录与记账凭证之间的核对

B.现金日记账余额与库存现金之间的核对

C.银行存款日记账余额与银行对账单余额的核对

D.会计部门财产物资明细分类账与保管部门财产物资明细分类账之间的核对

27.下列错账中，可以采用补充登记法更正的是（　　）。
A.结账前发现账簿记录有文字或数字错误，而记账凭证没有错误
B.记账后在当年内发现记账凭证所记的会计凭证错误
C.记账后在当年内发现记账凭证所记金额大于应记金额
D.记账后发现记账凭证填写的会计科目无误，只是所记金额小于应记金额
28.现金日记账的日期栏应填写（　　）。
A.当月1日　　B.当月末的日期
C.登记账簿的日期　　D.记账凭证的日期
29.年终结账，将余额结转下年时，（　　）。
A.不需要编制记账凭证，但应将上年账户的余额反向结平才能结转下年
B.应编制记账凭证，并将上年账户的余额反向结平
C.不需要编制记账凭证，也不需要将上年账户的余额结平，直接注明“结转下年”字样
D.应编制记账凭证予以结转，但不需要将上年账户的余额反向结平

三、多项选择题

1.会计账簿是指（　　）。
A.由一定格式的账页组成
B.以会计凭证为依据
C.全面、系统、连续地记录各项经济业务的簿籍
D.编制会计报表的基础
2.登记账簿的基本要求包括（　　）等内容。
A.根据审核无误的会计凭证登记账簿
B.用蓝黑和碳素墨水书写，不得用圆珠笔或铅笔书写
C.不得用红色墨水记账
D.按顺序连续登记，不得跳行、隔页
3.下列情况中，可以用红色墨水记账的有（　　）。
A.在不设借贷等栏的多栏式账页中，登记减少数
B.按照红字冲账的记账凭证，冲销错误记录
C.在三栏式账户的余额栏前，如未印明余额方向的，在余额栏内登记负数余额
D.根据国家统一会计制度的规定可以用红字登记的其他会计记录
4.下列属于备查账簿的有（　　）。
A.应收账款明细账　　B.租入固定资产登记簿
C.受托加工材料登记簿　　D.工作人员登记簿
5.数量金额式账簿的收入、发出和结存三大栏内，都分设（　　）三小栏。
A.数量　　B.种类　　C.单价　　D.金额
6.下列不能采用活页式账簿的有（　　）。
A.应收账款明细账　　B.应收账款总账
C.库存现金日记账　　D.原材料总账
7.下列各账户中，只需反映金额指标的账户有（　　）。
A.“实收资本”账户　　B.“原材料”账户

C.“库存商品”账户　　D.“短期借款”账户

8.下列各账户中，既要提供金额指标又要提供实物指标的明细分类账户有（　　）。

A.“库存商品”明细账　　B.“原材料”明细账

C.“应付账款”明细账　　D.“应交税费”明细账

9.下列观点正确的有（　　）。

A.总分类账户提供总括核算指标

B.不是所有账户都需要开设明细分类账户

C.明细分类账户提供详细、具体的核算指标

D.总账必须采用订本式账簿

10.下列可以作为登记明细账依据的有（　　）。

A.记账凭证　　B.原始凭证　　C.汇总原始凭证　　D.汇总记账凭证

11.账簿按其账页格式，可划分为（　　）。

A.两栏式　　B.三栏式　　C.多栏式　　D.数量金额式

12.下列表述正确的有（　　）。

A.多栏式明细账一般适用于资产类账户

B.在会计核算中，一般应通过财产清查进行账实核对

C.因记账凭证错误而造成的账簿记录错误，一定采用红字更正法进行更正

D.各种日记账、总账及资本、债权债务明细账都可采用三栏式账簿

13.下列凭证可能在库存现金日记账的收入栏内进行登记的有（　　）。

A.库存现金收款凭证　　B.库存现金付款凭证

C.银行存款收款凭证　　D.银行存款付款凭证

14.订本账一般适用于（　　）。

A.总分类账　　B.库存现金日记账

C.银行存款日记账　　D.明细分类账

15.订本式账簿的主要优点有（　　）。

A.可以防止账页散失　　B.可以防止任意抽换账页

C.可以防止出现记账错误　　D.可以灵活安排分工记账

16.下列登记银行存款日记账的方法中，正确的有（　　）。

A.逐日逐笔登记并逐日结出余额

B.根据企业在银行开立的账户和币种分别设置日记账

C.使用订本账

D.业务量少的单位可用银行对账单代替日记账

17.下列明细分类账中，可以只设置借方专栏的有（　　）。

A.库存商品明细账　　B.待摊费用明细账

C.管理费用明细账　　D.制造费用明细账

18.（　　）提供的核算信息是编制会计报表的主要依据。

A.序时账　　B.总账　　C.明细账　　D.备查账

19.下列说法中，不正确的有（　　）。

A.日记账必须采用三栏式

B.总账最常用的格式为三栏式

C.平行式明细账不适用于一次性备用金业务

D.银行存款日记账应按企业在银行开立的账户和币种分别设置，每个银行账户设置一本日记账

20.下列内容中，属于对账范围的有（　　）。

A.账簿记录与有关会计凭证的核对

B.库存商品明细账余额与库存商品的核对

C.日记账余额与有关总分类账户余额的核对

D.账簿记录与报表记录的核对

21.记账后发现记账凭证中应借、应贷会计科目正确，只是金额发生错误，可采用的错账更正方法有（　　）。

A.划线更正法　　B.横线登记法　　C.红字更正法　　D.补充登记法

22.对账即核对账目，其主要内容一般包括（　　）。

A.账证核对　　B.账账核对　　C.账实核对　　D.账表核对

23.错账更正的方法一般包括（　　）。

A.平行登记法　　B.划线更正法　　C.补充登记法　　D.红字更正法

24.下列对账工作中，属于账实核对的有（　　）。

A. 现金日记账余额与库存现金相核对

B. 银行存款日记账余额与银行对账单余额相核对

C. “应付账款”各明细账户余额与各债权人寄来的对账单逐一核对

D. 财产物资明细账余额与财产物资实有数相核对

25.下列内容中，属于结账工作的有（　　）。

A.结算有关账户的本期发生额及期末余额

B.编制试算平衡表

C.清点库存现金

D.按照权责发生制对有关账项进行调整

26.下列账簿需要在每年年初更换新账的有（　　）。

A.总账　　B.库存现金日记账

C.银行存款日记账　　D.固定资产卡片账

27.下列各类错账中，应采用红字更正法进行更正的有（　　）。

A. 结账之前，记账凭证没有错误，但账簿记录有数字错误

B. 因记账凭证中的会计科目有错误而引起的账簿记录错误

C. 记账凭证中的会计科目正确，但所记金额大于应记金额所引起的账簿记录错误

D. 记账凭证中的会计科目正确，但所记金额小于应记金额所引起的账簿记录错误

四、判断题

（　　）1.设置和登记账簿是编制会计报表的基础，是连接会计凭证和会计报表的中间环节。

（　　）2.登记账簿要用蓝黑墨水钢笔或蓝黑圆珠笔书写，不得用铅笔书写。

（　　）3.会计账簿应当按照连续编号的页码顺序登记。会计账簿发生错误或者隔页、

缺号、跳行的，不得对会计账簿进行更正，只能重新更换会计账簿。

（　　）4. 登记各种账簿的直接依据只能是记账凭证。

（　　）5. 除结账和更正错账外，一律不得用红色墨水登记账簿。

（　　）6. 账簿只是一种外在形式，账户才是其真实内容。账簿与账户的关系是形式和内容的关系。

（　　）7. 总分类账户平时不必每日结出余额，只需每月结出月末余额。

（　　）8. 在会计核算中，红字一般只在划线、改错、冲账和表示负数金额时使用。

（　　）9. 启用会计账簿时，应当在账簿封面上写明单位名称和账簿名称，在账簿扉页上附启用表。

（　　）10. 各种日记账、总账以及资本、债权债务明细账，都可采用三栏式账簿。

（　　）11. 除总分类账外，其他账簿一般采用活页式账簿。

（　　）12. 银行存款日记账既是序时账簿，又是订本式账簿。

（　　）13. 备查账簿一定是根据记账凭证登记的。

（　　）14. 库存现金和银行存款的总分类账是由出纳人员根据库存现金和银行存款收、付款凭证分别汇总登记的。

（　　）15. 经过审核无误的会计凭证，才能够作为登记账簿的依据。

（　　）16. 总分类账一般采用订本账，明细分类账一般采用活页账。

（　　）17. 总分类账提供总括核算资料，所以其不是序时登记经济业务的。

（　　）18. 在会计核算中，一般应通过财产清查进行账实核对。

（　　）19. 企业应收、应付款明细账与对方单位账户记录核对，属于账账核对。

（　　）20. 年终结账时，有余额的账户，应将其余额直接记入新账余额栏内，不需编制记账凭证。

（　　）21. 对需按月结计本期发生额，但不需结计本年累计发生额的账户，月末结账时，只需在最后一笔经济业务事项记录之下通栏划单红线，不需要再结计一次余额。

（　　）22. 为了及时编制会计报表，企业、单位均可以提前结账。

（　　）23. 在填制记账凭证时，误将6 500元记为5 600元，并已登记入账。月终结账前发现错误，更正时应采用划线更正法。

（　　）24. 记账凭证和会计账簿如发生笔误，均可采用划线更正法予以更正。

（　　）25. 在记账以后，结账之前，如果发现记账凭证和账簿记录的金额大于应记金额，而所用会计科目及记账方向并无错误，可用划线更正法予以更正。

（　　）26. 若记账凭证中应记科目或金额有误，且已登记入账，可以将填错的记账凭证销毁，另填一张正确的记账凭证，并据以登记入账。

（　　）27. 红字更正法适用于记账凭证所记会计科目错误，或者会计科目无误而所记金额大于应记金额，从而引起的记账错误。

（　　）28. 总分类账户登记的金额与其所属明细分类账户登记金额的合计数如果相符，则说明账簿登记工作无差错。

（　　）29. 所有账簿，每年必须更换新账。

（　　）30. 年度终了，各种账户在结转下年、建立新账后，一般都要将旧账送交主管会计集中统一管理。

第六章
即测即评

五、实务题

（一）［目的］练习现金日记账的登记

［资料］东方公司2024年5月1日现金日记账余额为758元。5月份发生下列现金收支业务：

（1）1日，经理王宏出差归来，报销差旅费2 400元，补付现金400元，结清原借款。

（2）3日，从银行提取现金4 000元备作零星开支用。

（3）6日，以库存现金购买办公用品560元，交付办公部门使用。

（4）10日，从银行提取现金60 000元备发工资。

（5）10，以库存现金发放职工工资60 000元。

（6）12日，采购员李敏因公出差，预借差旅费2 000元，以现金付讫。

（7）17日，以库存现金支付车间办公费230元。

（8）20日，李敏报销差旅费1 670元，退回现金330元。

（9）23日，出租包装物一批，收到对方交来的押金，现金2 300元。

（10）23日，填制现金交款单，将现金2 300元送交银行。

（11）29日，以库存现金支付特困职工生活困难补助1 500元。

（12）31日，清查发现现金金额短缺5元，无法查明原因，经批准转作“管理费用”。

要求：根据以上业务编制会计分录，并登记现金日记账。

（二）［目的］练习银行存款日记账的登记

［资料］东方公司2024年6月1日银行存款日记账余额为160 000元。6月份发生下列银行存款收支业务：

（1）1日，开出转账支票，归还前欠A公司的材料款25 000元。

（2）3日，开出转账支票，用于购买办公用品，金额200元，直接交办公室使用。

（3）6日，收到转账支票一张，计34 000元，已移交银行，系B公司归还的上月购买本企业产品所欠的货款。

（4）9日，接到银行通知，支付购入甲材料的货款50 000元和增值税6 500元，材料已验收入库。

（5）10日，接到银行通知，上月委托银行收取的C公司货款48 000元，已收妥入账。

（6）11日，银行通知，本市D公司以委托收款方式向本公司收取劳务费1 500元，已划款支付（基本生产车间耗用）。

（7）12日，预收销售产品货款，收到转账支票一张，计14 000元，已送交银行。

（8）15日，开出现金支票一张，提取现金2 000元备用。

（9）23日，开出转账支票一张，向本市钢铁厂预付采购钢材货款13 000元。

（10）25日，开出转账支票一张，偿还上月所欠E工厂的材料款25 000元。

（11）29日，开出现金支票一张，提取现金100元备用。

（12）31日，开出现金支票一张，支付职工培训费4 000元。

要求：根据以上业务编制会计分录，并登记银行存款日记账。

（三）［目的］练习更正错账的方法

［资料］东方公司2024年6月份发生以下错账：

（1）生产车间领用乙材料用于一般耗用，计6 000元。在填制记账凭证时，错编为以下会计分录，并据以登记入账：

借：生产成本　　6 000

　贷：原材料　　6 000

（2）记账人员根据记账凭证记账时，将5 300元误记为5 800元。

（3）行政管理部门用库存现金300元购买办公用品。这项业务在填制记账凭证时，误将金额填写为30元，并据以登记入账：

借：管理费用　　30

　贷：库存现金　　30

（4）用银行存款5 000元购买材料，材料已验收入库。假设不考虑增值税，根据这项业务填制记账凭证时，误将金额填写为50 000元，并据以登记入账：

借：原材料　　50 000

　贷：银行存款　　50 000

要求：以上错账应分别采用哪种更正方法予以更正，该如何更正？

研讨与交流

一、错账更正的新方法

在上学期“基础会计”课程期末试卷中，有一道题属于更正错账方面的业务。该题的表述为：某企业用银行存款5 000元支付本月水电费，其中车间3 000元、厂部2 000元，记账凭证中的会计分录为：

借：管理费用　　5 000

　贷：银行存款　　5 000

并已登记入账。

请编制会计分录予以更正。

命题老师给出该题的标准答案如下：

借：管理费用　　5 000

　贷：银行存款　　5 000

借：制造费用　　3 000

　　管理费用　　2 000

　贷：银行存款　　5 000

在阅卷中，有一位学生的答案引起了阅卷老师的注意，并将其提交命题老师和课程组长共同确认是否得分。该学生的答案为：

借：制造费用　　3 000

　借：管理费用　　3 000

要求：

（1）你认为该学生的答案是否正确？

（2）相较于试题标准答案，该学生的答案有何优缺点？

二、阅读以下案例，并分析存在的问题

（一）个体老板进税务局偷改账簿

个体老板因涉嫌偷税被通知到税务局核对账簿，趁稽查人员转身之机，竟将账簿上的部分数字进行涂改，该个体老板已被警方刑事拘留。

该个体老板张某，于2008年5月开设一家电子产品门市部。经税务机关调查，自2009年9月至2011年3月，张某取得营业收入171万元，但张某以使用外地发票等手段向税务机关隐瞒真实收入，少缴纳增值税59 028元。

2011年5月13日，该税务局稽查局在检查中，调取张某的现金日记账，并要求张某自查申报补税。张某称没赚钱，只向税务机关申报补税606元，并称要重新核对账簿。当月17日，张某接到该税务局稽查局的通知，到办公室重新核对现金日记账。当时，该办公室的稽查人员将现金日记账交还给张某，让张某核对，便到另一侧忙着手头工作。张某见无人监视，便偷偷掏出笔将账簿上的部分数字由大改小。下班时，稽查人员收回张某的现金日记账，发现有10多个数字有涂改痕迹，大部分是千位数改成百位数，涂改后的总数比原来少了数万元。该税务局稽查局立即向当地警方报案。在事实与证据面前，张某承认偷改账簿的事实。

（二）为抗税房地产商销毁账簿

某置业有限公司以销毁账册、删除会计资料、群体阻挠为手段的偷税抗税案，偷逃税款170余万元。这是一起恶意毁账抗税行为，该公司两位责任人也将面临刑事处罚。

该置业有限公司为外商独资企业，主业为市场租赁与房地产开发经营。某年4月，该市税务局稽查局接到上级转来的举报信，称该公司近年来经营管理某针织市场和某小商品市场时，大量偷逃税款。4月20日，稽查局来到该公司财务部门的收费室要求检查相关资料时，突然收费室的电源被切断了，屋内漆黑一片。该公司财务部门经理张某称公司停电了，但稽查人员发现邻近房间依然灯火通明。稽查人员正要查看一本红色封面的账簿时，一名收费员突然冲了过来，一把抢走了账簿，跑出了收费室。稽查人员追出门外时，该收费员已经不知去向。张某称："这些人都是临时工，不懂规矩，跑哪了我们也不清楚。等我们找到她，一定把账簿追回来。"

4月28日，稽查局向该市公安局经侦支队提出报案申请，由于该公司涉嫌隐匿、故意销毁会计资料罪，经侦支队对该公司法人王某、财务经理张某进行拘留。据两人交代，该公司的账目是由公司财务部门的专职人员做的，收费室的电是公司人员人为破坏的，抢夺会计资料是张某预先安排的，记录收费流水账的计算机资料已被全部删除。之前，在稽查人员对其进行税务检查后，王某就连夜召集有关人员开会，研究如何应对检查，他们还将抢走的记载真实收入的账簿用碎纸机销毁并投入河中。

经检查，该公司采取少列收入、虚假纳税申报等手段，两年间少缴纳增值税41万余元，少缴纳房产税130余万元。经该市税务局案件审理委员会会审，对该公司做出补税及3倍罚款的处理，并加收滞纳金。目前，该案涉及款项正在执行中，两名被拘留的公司责任人已被检察机关以涉嫌偷税罪、隐匿或者故意销毁会计资料罪提起诉讼。

（三）大酒店利用两套账隐匿收入偷税案

南方某大酒店是一家股份制企业，主要经营餐饮、旅馆等项目，同时兼营洗浴及停车服务等与餐饮旅游业有关的配套服务项目。

经检查，该酒店的资金活动情况为，某年全年营业收入仅为100.33万元，按酒店日常运作所需成本及接待规模来推算，其入不敷出。在对该酒店某年1月至10月的发票使用情况进行检查后，发现开票金额为420.30万元，而酒店申报156.21万元，相差264.09万元。

另外，该酒店还采取开具“大头小尾”发票的方法，少计营业收入。

经多方检查，发现该酒店三年间非法设置了两套账簿，一套用来核算该酒店的全部收支款项和经营成果，据此向主管部门报送会计报表；另一套则隐匿了大部分收入，仅记载其中一部分，平时根据这套账簿记载的收入申报纳税。

经检查，发现以下问题：①三年来，该酒店实际营业收入为14 591 934元，已申报缴纳增值税、城建税及附加费179 622.41元，少缴纳增值税567 206.49元、城建税39 889.28元、教育费附加17 068.38元、地方教育附加6 065.81元；②少缴纳城镇土地使用税3 000元；③少缴纳房产税49 868.67元；④少缴纳印花税4 074.10元；⑤少缴纳企业所得税12 672.01元。合计少缴税款及附加费699 844.74元。

根据《中华人民共和国税收征收管理法》第四十条的规定，该酒店采取设置两套账的手法，隐匿应税收入，进行虚假的纳税申报，其行为已构成偷税，除追缴其所偷税款699 844.74元外，对其偷税行为处以100 000元罚款，对不按规定开具发票的行为处以2 000元罚款。税款、罚款已按规定全部入库。

要求：请分析上述三个案例中的错误做法，并查阅相关资料，阐述正确的账簿设置、登记、管理等方面的有关规定。

第七章　财产清查

【内容导读】

财产清查是七种会计方法之一，采用这种方法进行相关交易或事项的账务处理，能够保证账簿记录的真实性和准确性，并为提高会计信息质量提供有力支持。本章主要介绍财产清查方法的基本概念及重要意义、财产清查的内容与基本方法，以及财产清查结果的账务处理方法。

【学习目标】

✔ 价值塑造目标

➢ 树立据实记录是美德的价值观；

➢ 严格按照内部控制流程，采用科学合理的盘点方法；

➢ 做到账账相符、账实相符，保证会计信息真实可靠；

➢ 深刻理解职业精神，培养良好职业行为。

✔ 知识传授目标

➢ 理解财产清查是摸清企业家底的重要举措，是在编制财务会计报告，尤其是年报之前必须做的工作。

➢ 理解财产清查分为定期清查、不定期清查和全面清查、局部清查。

➢ 能够根据盘点对象选择合适的盘点方法。

➢ 能够对盘点结果通过“待处理财产损溢”账户分批准前和批准后两步进行处理。

✔ 能力培养目标

➢ 培养明辨是非的能力，明白无论从事何种工作，都要坚持原则，恪守职业道德规范。

➢ 培养负责的精神和能力，能够本着对投资者等利益相关者负责的态度切实履行职责，认真清查财产，如实反映。

第一节　财产清查概述

【导入案例】李明是一名刚毕业的大学生，在学校里学习的是会计专业，毕业后应聘到一家外贸公司做出纳工作。外贸公司的业务量很大，资金流动频繁，李明工作很忙碌，要处理频繁的现金、银行存款收支业务，经常往返于公司与银行之间，还要及时登记库存现金、银行存款序时账，并按时核对清楚，及时为管理者提供库存现金、银行存款的收入、支出及结余信息。大量的工作，对于刚刚走上工作岗位的李明来说，的确有些应接不暇，常常觉得不知如何是好。月末在即，李明更加繁忙，就在刚刚又接到会计主管的一项工作，让其提供本月末企业可实际使用的银行存款数据。李明该如何得到这一信息呢？请你帮李明想想，他应该利用哪些资料，通过什么方法，来完成此项任务。

一、财产清查的意义和种类

（一）财产清查的意义

财产清查就是通过对实物、库存现金的实地盘点和对银行存款、债权债务的核对，确定财产物资、货币资金和债权债务的实存数，并与账面结存数核对，借以查明账实是否相符的一种专门方法。财产清查的作用主要表现在以下几个方面：

（1）保护财产物资的安全、完整。

（2）有利于挖掘资产潜力，提高使用效率，加速资金周转。

（3）保证会计核算资料的真实、可靠。

（4）建立健全规章制度，提高企业的管理水平。

【提请注意】会计账簿记录的正确性，并不表明各项财产物资账实一定相符。

在实际工作中，各项财产物资的账面结存数与实际结存数往往产生差异。造成这种情况的原因是多方面的，归纳起来，一般有以下几种情况：

（1）财产物资在收发过程中，由于计量、检验不准确而发生的多收多付或少收少付等情况。

（2）财产物资在保管过程中，发生的自然损耗或升溢。

（3）由于保管不善或责任人失职发生的财产损坏、霉烂、变质或货币资金、债权债务的短缺。

（4）由于贪污盗窃、营私舞弊造成的财产物资损失。

（5）由于自然灾害造成的非常损失。

（6）在结算过程中，由于结算凭证传递不及时而形成未达账项所引起的账实不符等。

为了查明上述这些人为或自然的差异原因，正确掌握各项财产物资的真实情况，就必须在账簿记录正确的基础上通过财产清查，对企业的财产物资进行清点和核对，做到账实相符，保证会计核算资料的真实可靠。

（二）财产清查的种类

1.按清查的范围，可分为全面清查和局部清查

（1）全面清查是指对企业所有的财产物资进行的盘点和核对。全面清查由于包括的范围广、内容多、工作量大，一般在以下几种情况下，经过一定的组织来进行：①在年终决算前，为了保证年度会计报表资料的真实可靠，要组织一次全面清查；②企业破产、撤销、合并或改变隶属关系时，为了明确经济责任和确定资产、负债的实际数，要进行一次全面清查；③在核定资本金或开展清仓查库时，也要进行全面清查。

【提请注意】全面清查的对象既包括所有权属于本企业的各种财产，也包括所有权不属于本企业，而只是由本企业代管的各项财产物资。

（2）局部清查是指根据需要只对部分财产物资进行的盘点和核对。其一般在以下几种情况下进行：①对于库存现金，每日业务终了时，由出纳人员自行清点实存数与日记账结存数保持相符；②对于银行存款和短期借款，应当每月与银行核对一次；③对于流动性

较大的物资，如材料、在产品、产成品、商品等，除在年度决算前进行全面盘点外，每月、每季还要进行轮流盘点或抽查；④对于各种贵重物资，每月应当对其盘点清查一次；⑤对于债权债务，每季应当进行一次核对。

以上所列举的清查内容，都是在正常情况下，为保证账实相符而进行的。如果由于遭受自然灾害（如风、火、水灾、地震等）或发生盗窃事件，以及更换实物保管人，应对有关财产物资或货币资金进行局部清查和盘点。

2.按清查的时间，可分为定期清查和不定期清查

（1）定期清查是指按照预先计划安排的时间对财产物资、货币资金和债权债务结算款项进行的清查。这种清查通常在年末、季末或月末结账时进行。其清查对象和范围根据实际情况需要而定，可以是全面清查，也可以是局部清查。一般情况下，年终决算前进行全面清查，季末和月末进行局部清查。季末清查的范围一般要比月末大一些。

（2）不定期清查是指事先并无规定清查时间，而是根据实际需要所进行的清查，也称临时清查。其范围是根据需要而定的，一般在以下几种情况下进行：

① 更换财产物资和库存现金保管人员时，要对其所保管的财产物资或库存现金进行清查，以分清保管人员的经济责任；

② 上级主管部门和财政银行及审计部门对企业进行检查时，应根据检查的要求和范围进行清查；

③ 发生自然灾害和意外损失时，要按与受灾损失有关的财产物资进行清查，以查明遭受损失情况；

④ 企业实行股份制、吸收外商投资对外投资或合并、改组时，要对财产物资进行清查。

【提请注意】定期清查的范围，可以是全面清查，也可以是局部清查；不定期清查的范围，可以是全面清查，也可以是局部清查。

二、财产清查前的准备工作

（一）组织准备

企业应当成立由总会计师、单位负责人牵头，由财会、业务、仓库等有关部门、人员参与的财产清查领导小组，具体负责财产清查事宜。财产清查小组的主要任务有：事先制定财产清查的目的、任务，确定清查范围、时间、路线，掌握清查进度；在清查过程中，随时掌握清查情况，监督检查，并随时解决清查中出现的问题；清查结束后，及时进行总结，形成书面文件，将清查结果上报有关部门。

（二）业务准备

（1）会计部门和有关人员在清查前，应将账簿记录整理清晰，结出余额，保证账证、账账相符，为清查提供可靠资料。

（2）财产物资管理部门和有关人员，应将报告的物品整理好，并标明实物的名称、品种、规格，与保管明细账核对清楚，结出余额，以便盘点、核对；同时，准备好必要的计量器具并做好检查调试工作，以保证各种器具计量准确。

（3）对银行存款、银行借款和结算款项应事先取得对账单，以便核对。此外，准备印制好的有关表格、账册，以备清查时使用。

第二节　实物资产的清查

【导入案例】东方公司12月月末对存货和固定资产进行清查，以核对账实是否相符。东方公司实物资产盘存采用永续盘存制。东方公司对实物资产的清查应采用什么步骤和方法？对于清查后出现的账实不符情况应如何进行处理？

企业的实物资产主要包括存货和固定资产。

一、实物资产的盘存制度

会计实务中用以确定实物资产账面数量的盘存制度，包括实地盘存制和永续盘存制两种。

（一）实地盘存制

实地盘存制，又称“定期盘存制”或“以存计耗（销）制”。它是通过对各种财产物资的定期清查、盘点来确定其期末数量的一种方法。在实地盘存制下，平时只登记其增加数，不登记其减少数，期末根据实地盘点数倒挤出本期减少数。其计算公式为：

本期减少数=期初结存数+本期增加数-期末结存数

期末存货成本=期末结存数×进货单价

本期存货发出成本=期初存货成本+本期进货（收入）成本-期末存货成本

【提请注意】在实地盘存制下，对各项财产物资进行盘点的结果，仅作为登记财产物资账面减少数的依据，而不能用于核对账实是否相符。

采用实地盘存制，可以简化日常登记工作，但由于日常核算中不反映各项财产物资的减少与结存情况，很难对财产物资进行日常控制和管理。同时，采用此方法，企业的耗用或销售成本是以倒挤的方法推算出来的，这样就会将计量、收发、保管中产生的差错、浪费以及被盗等非销售和领用的损耗，全部计入耗用成本或销售成本，所以会直接影响成本核算的准确性，不利于保护企业财产物资的安全与完整。因此，该方法一般只适用于品种复杂、单位价值低和交易频繁的商品以及数量不稳定、损耗大且难以控制的鲜活商品等。工业企业的实物资产很少采用实地盘存制。

（二）永续盘存制

永续盘存制，也称账面盘存制，是指在日常会计核算时，会计账簿既记录实物资产的增加，又记录其减少，并随时结出账面余额的一种方法。采用永续盘存制，需要对每一品种、规格的实物资产开设明细分类账户，通过对实物资产的收发进行明细分类核算，平时逐日或者逐笔在明细账中登记增加数和减少数，并随时结出结存数。其计算公式为：

期末结存数= 期初结存数+本期增加数-本期减少数

采用永续盘存制，能够从数量和金额两个方面加强对库存财产物资的管理。由于各种财产物资明细账的结存数量可以与实地盘点数相核对，因而当发生溢余或短缺时，有利于查明原因、明确责任、及时纠正。但其缺点是库存实物资产明细分类核算的工作量较大，表现在明细账设置种类多、登记工作量大、计算和结转销售成本工作量大等方面。在实际工作中，大多数企业采用永续盘存制。

【提请注意】不论采用哪一种盘存制度，都需要进行实地盘点。

（三）永续盘存制与实地盘存制的比较

1.永续盘存制与实地盘存制的相同点

（1）二者都要求对实物资产设置数量金额式明细账。

（2）对于实物资产的增加都要求根据有关凭证及时入账。

2.永续盘存制与实地盘存制的不同点

（1）对于实物资产销售、耗用等减少业务，永续盘存制要求及时登记明细账，实地盘存制则在明细账中不进行记录。

（2）在永续盘存制下，能够随时结计财产物资的账面结存金额，而在实地盘存制下，平时没有实物资产的账面结存记录。

（3）永续盘存制可以将账存情况与盘点实际结存进行核对，有利于加强对实物资产的核算和管理；实地盘存制期末先盘点实际结存，然后通过以存计耗的方式计算销售或耗用成本，是一种不完善的物资核算和管理制度。

【课堂讨论】财产清查是一种会计核算方法，还是一项管理制度？

延伸阅读7-1

实地盘存制与永续盘存制，谁更易造假？

二、实物资产清查的方法与单据

（一）确定实物资产账面结存数的方法

正确地确定实物资产的数量是进行财产物资计价与核算的基础，而实物资产期末数量的确定方法又取决于存货的盘存制度。在永续盘存制下，会计人员平时应根据管理需要对实物资产设置数量金额式明细账，序时、逐笔在账簿中记录其增减变化，期末及时结计资产的账面金额，并与实物资产的实物盘点结存数进行核对，按照规定的程序方法对账存与实存的差异进行会计处理。在实地盘存制下，期末则首先对实物资产进行盘点，以盘点实存数作为账面结存数，通过以存计耗的方式倒挤出实物资产的销售或消耗成本。

（二）确定实物资产实存数的方法

由于企业各项实物资产的实物形态、体积重量、存放条件及形式等不尽相同，因而进行盘点的时候应当采取不同的盘点方法，主要包括实地盘点法、技术推算法、抽样盘存法。

1.实地盘点法

实地盘点法是指在实物资产存放现场逐一清点数量或用计量仪器确定其实存数量的一种方法。该种方法适用范围较广，要求严格，数字准确可靠，清查质量高，但是工作量大。企业大多数实物资产的清查都可以采用这种方法。

2.技术推算法

技术推算法又称测量计算法，是对那些不便于称重的大堆、笨重、单位价值较低但存放有一定规则的实物资产，在抽样盘点的基础上，进行技术推算。如露天堆放的原煤，可以用单位体积重量乘以体积求得全部结存数量。这种方法适用于那些大量成堆、笨重的，难以逐一清点的实物资产，其一般通过量方、计尺等方法确定其实存数量。

3.抽样盘存法

抽样盘存法是对那些一般不便于逐一点数、单位价值较小但数量多、重量比较均匀，特别是已经包装好的实物资产，通过抽样的方法检查单位实物资产的质量与数量，以确定该项资产的总体质量与数量。

【课堂讨论】对于水产养殖的在产品、放射性物资以及有毒、有害化工产品等一些特殊类别、性质及形态的资产，应如何实施清查盘点？

（三）实物资产清查的原始单据

1.盘存单

在实物清查过程中，为了明确经济责任，有关实物资产保管人员必须在场，并参加实物盘点。在盘点时，既要注意清查实物数量，还要检查其质量。实物资产清查首先应进行实地盘点确定盘存数，然后对临近会计期末的购销凭证进行整理，调整盘存数量，计算实际结存数并登记"盘存单"（见表7-1）。实物资产清查结果要如实地登记在"盘存单"中，由盘点人和实物保管人同时签名、盖章。盘存单是记录实物盘点结果的书面证明，也是反映财产物资实有数的原始凭证。

表7-1　**盘存单**

存货类别：　　存放地点：　　年　月　日　　编号：

编号	名称	规格	计量单位	盘点数量	加：已提未销	减：已销未提	实际结存数量	单价	金额	备注

制单：　　盘点：　　保管：

2.盘盈盘亏报告单

根据盘存单所列各项实物资产的盘点数量，财会部门应与账面结存数量相核对，并编制"盘盈盘亏报告单"（见表7-2）。"盘盈盘亏报告单"一式数联，实物保管部门留存一联，一联上报领导审核，另一联转交财会部门。盘盈盘亏报告单是用以调整账簿记录的原始凭证，也是分析产生差异原因，并明确经济责任的原始依据。对于委托外部加工、保管的实物资产，可采用询证的方法与对方单位联系核实。

表7-2　**盘盈盘亏报告单**

填报部门：　　年　月　日

品名	规格	计量单位	单价	账存数量	实存数量	盘亏		盘盈		原因
						数量	金额	数量	金额	
合计										

制单：　　稽核：　　主管：

三、实物资产清查结果的处理

（一）实物资产清查结果的处理要求及程序

1.实物资产清查结果的处理要求

实物资产清查结果必须按照国家有关财务制度的规定进行处理，应达到以下基本要求：

（1）分析产生差异的原因和性质，提出处理建议。清查过程中所发现的实存数与账存数之间的差异，应进行对比，核定其相差数额，然后调查分析产生差异的原因，明确经济责任，据实提出处理意见，处理方案应按规定程序报请审批。

（2）积极处理多余积压财产。实物资产清查的任务不仅是核对账实，而且要通过清查，发现经营管理中存在的问题。如果发现多余积压的呆滞物资，应当按规定程序报请批准后及时处理。积压物资除在本企业内部尽量利用外，还应积极组织调拨或销售。

（3）总结经验教训，建立健全各项管理制度。企业针对财产清查中暴露出来的问题，通过分析，若是由于规章不严、制度未落实造成的，说明管理中存在薄弱环节，必须针对管理中存在的不足提出改进工作的措施，建立健全切实可行的财产管理制度。

（4）及时调整账簿记录，保证账实相符。对于清查的结果，必须以国家有关法律、法规、规章的有关规定为依据进行处理。对于财产清查中发现的盘盈、盘亏和毁损，应按规定程序核准后及时入账，以便调整账簿记录，做到账实相符。

2.实物资产清查结果的处理程序

实物资产清查结果的处理，一般分审批前和审批后两个步骤进行：

（1）审批前的处理。根据“盘盈盘亏报告单”等已经查实的数据资料，编制记账凭证，记入有关账簿，使账簿记录与实际盘存数相符。同时，根据企业的管理权限，将处理建议报股东大会、董事会或经理（厂长）会议或类似机构批准。

（2）审批后的处理。根据审批的意见，进行差异处理，调整有关账项。财会部门应严格按照批复意见进行账务处理，编制记账凭证，登记有关账簿，并追回由责任人个人所造成的损失。

（二）财产清查结果的账务处理

为了核算和监督企业在实物资产清查中查明的各项财产物资的盘盈、盘亏和毁损情况，应当设置和运用“待处理财产损溢”账户。该账户的借方登记发生的各种财产物资的盘亏毁损数以及批准转销的财产盘盈数，贷方登记发生的各种财产物资的盘盈数和批准转销的财产盘亏数。企业各项财产清查的损溢，应在期末结账前处理完毕；期末处理后，“待处理财产损溢”账户应无余额。

1.存货盘盈的核算

企业发生存货盘盈时，借记“原材料”“库存商品”等账户，贷记“待处理财产损溢”账户；按管理权限报经批准后，借记“待处理财产损溢”账户，贷记“管理费用”等账户。

【例7-1】东方公司在财产清查中盘盈甲材料500千克，实际单位成本8元/千克，经查属于收发计量方面的错误。根据“盘盈盘亏报告单”，应作如下会计处理：

批准处理前：

借：原材料——甲材料	4 000	
贷：待处理财产损溢		4 000

批准处理后：

借：待处理财产损溢 4 000

　贷：管理费用 4 000

2.存货盘亏的核算

企业发生存货盘亏毁损时，借记“待处理财产损溢”账户，贷记“原材料”“库存商品”等账户。按管理权限报经批准后，应分别按以下情况进行会计处理：

（1）属于自然损耗产生的定额内合理亏损，经批准记入“管理费用”账户。

（2）属于超定额短缺以及存货毁损的亏损，能确定过失人的应由过失人负责赔偿，记入“其他应收款”账户；属于保险公司赔偿的，应向保险公司索赔，记入“其他应收款”账户；扣除过失人或保险公司赔款后的净损失，经批准记入“管理费用”账户。

（3）属于自然灾害及意外事故所造成的损失，应将可收回的残料价值，借记“原材料”账户；应向保险公司索赔款，借记“其他应收款”账户；应将扣除残料价值及可以收回的保险赔偿和过失人赔偿后的净损失作为非常损失，借记“营业外支出——非常损失”账户。

（4）属于无法收回的其他损失，再报经批准后，记入“管理费用”账户。

【例7-2】东方公司因遭受自然灾害造成甲材料发生毁损，实际成本80 000元，根据保险公司责任范围及保险合同规定，应由保险公司赔偿50 000元，材料残值5000元已经办理入库手续，应作如下会计处理：

批准处理前：

借：待处理财产损溢 80 000

　贷：原材料——甲材料 80 000

批准处理后：

借：其他应收款 50 000

　　原材料 5 000

　　营业外支出 25 000

　贷：待处理财产损溢 80 000

第三节 库存现金的清查

【导入案例】东方公司对库存现金进行定期和不定期清查，以保证现金安全完整，杜绝贪污挪用等舞弊行为。东方公司的库存现金清查是否由出纳人员单独完成？对于现金的长短款情况应如何进行账务处理？

一、库存现金清查的种类

库存现金的清查，一般包括日常自查和专门清查两种。

（一）日常自查

单位应建立出纳人员每日自查制度，并对自查情况进行登记。每日营业终了时，出纳人员应根据当日的收付款凭证登记现金日记账，结出现金账户的账面余额，并将现金账户的期末余额与库存现金的实有数额相核对，以确定账实是否相符。对于当日自查账实不符的，出纳人员应自行核对账目，查找原因，并将长短款情况向会计机构负责人或会计主管人员报告。由于出纳人员自身原因造成的短款情况，一般应由出纳人员赔偿；由于其他原因造成的长短款情况，应报请企业董事会或经理（厂长）会议等类似机构批准后进行处理。

现金自查是加强现金内部控制和管理、保证现金安全的有效方法，但如只采用这一种方法，难以防范出纳人员监守自盗。因此，在坚持现金日常自查的前提下，还应该同其他财产物资一样，定期或不定期地由财产清查人员对现金进行专门清查。

（二）专门清查

专门清查是由专门的财产清查人员和出纳人员一起对库存现金所进行的清查。单位应建立定期和不定期的现金专门清查制度，防止出纳人员的舞弊行为。定期专门清查时间应视企业的不同情况而定，对于以现金收付为主的单位，每月应安排两次以上的专门清查；对于一般单位，也至少应于月末结账前对库存现金进行专门清查。

本部分所讲的库存现金清查指的是专门清查。

二、库存现金清查的范围

库存现金清查的范围包括：

（1）库存现金的实有数额与账面数额是否相符；

（2）库存现金是否按《现金管理暂行条例》的规定用途支出；

（3）库存现金余额是否超过银行所规定的库存现金限额；

（4）有无白条抵库的情况；

（5）有无违反单位其他现金管理制度的情况。

三、库存现金清查的办法

库存现金清查的基本方法是实地盘点法，即出纳人员在专业清查人员的监督下清点保险柜的现金（借条、收据等单据都不得抵充现金数），以确定库存现金的实有数。然后，将现金的实有数额与“现金日记账”的账目余额相核对，以查明账实是否相符以及有无违反《现金管理暂行条例》规定的各种情况。现金清查后，需要填制“现金盘点报告表”（见表7-3）。该表是对现金进行账项调整和对比分析的原始凭证，应由清查人员、出纳人员签名或盖章，并由会计机构负责人（或会计主管人员）审核后签名或盖章。“现金盘点报告表”一般一式两联，一联为“报账联”，作为调整现金账的依据；另一联为“批复联”，作为处理现金盘盈盘亏的依据。

表7-3　**现金盘点报告表**

单位名称：　　　　　　　　　　年　月　日

实存金额	账存金额	账存与实存对比		备注
		盘盈	盘亏	

四、库存现金清查结果的处理

对于现金的盘盈盘亏，在查明原因之前，根据“现金盘点报告表”的报账联通过“待处理财产损溢——待处理流动资产损溢”账户核算。待查明原因后，按规定程序报经企业的股东大会、董事会、经理（厂长）会议等类似机构批准后，根据“现金盘点报告表”的批复联将其转入有关账户，做到账实相符。具体账务处理如下：

1.对于发生的现金盘盈，应区别下列情况分别处理

（1）属于应支付给有关人员或单位的现金，借记“待处理财产损溢——待处理流动资产损溢”账户，贷记“其他应付款——应付现金溢余（某个人或单位）”账户。

（2）属于无法查明原因的现金溢余，经批准后，借记“待处理财产损溢——待处理流动资产损溢”账户，贷记“营业外收入——现金溢余”账户。

2.对于发生的现金短缺，应区别下列情况分别处理

（1）属于由责任人赔偿的部分，借记“其他应收款——应收现金短缺（某个人）”或“库存现金”等账户，贷记“待处理财产损溢——待处理流动资产损溢”账户。

（2）属于应由保险公司赔偿的部分，借记“其他应收款——某保险公司”账户，贷记“待处理财产损溢——待处理流动资产损溢”账户。

（3）属于无法查明的其他原因，根据管理员权限，经批准后处理，借记“管理费用——现金短缺”账户，贷记“待处理财产损溢——待处理流动资产损溢”账户。

【例7-3】东方公司在现金清查中，发现现金较账面余额多56元。在批准前，根据“现金盘点报告表”所确定的现金溢余数，应作如下分录：

借：库存现金　　56

　贷：待处理财产损溢——待处理流动资产损溢　　56

经反复核查，上述现金长款原因不明，经批准转为营业外收入，应作如下分录：

借：待处理财产损溢——待处理流动资产损溢　　56

　贷：营业外收入　　56

【例7-4】东方公司在现金清查中，发现现金较账面余额少30元。在批准前，根据“现金盘点报告表”所确定的现金短缺数，应作如下分录：

借：待处理财产损溢——待处理流动资产损溢　　30

　贷：库存现金　　30

经核查，上述现金短缺属于出纳人员王某的责任，应由该出纳人员赔偿，款项尚未收到，应作如下分录：

借：其他应收款——王某　　30

　贷：待处理财产损溢　　30

收到上述出纳人员赔偿的现金30元，根据收款凭证，应作如下分录：

借：库存现金　　30

　贷：其他应收款——王某　　30

第四节　银行存款的清查与核对

【导入案例】东方公司开立基本存款户、一般存款户和专门存款户各一个，为保证银行存款的安全完整，每月月末须由出纳人员与清查人员对银行存款进行核对。企业应如何与银行对账？对于银行存款账实不符的情况应如何处理？

一、银行存款的清查

银行存款的清查是将银行出具的银行对账单余额与本单位银行存款日记账的账面余额相核对，以查明账实是否相符。

银行对账单是由企业开户银行记录的、反映该银行存款存入和使用情况的记录单。一般情况下，银行每月都应向企业提供所开立账户的"银行对账单"，以便双方核对银行存款账目。"银行对账单"的格式见表7-4。

表7-4　银行对账单

账号：6780865678　　开户银行：东方公司

2023年		摘要	结算凭证		借方	贷方	结余
月	日		种类	号数			
11	1	结余					700 000
	3	存入	支票	00439		280 000	980 000
	11	支取	支票	00127	500 000		480 000
	17	存入	支票	00649		120 000	600 000
	26	支取	支票	00193	20 000		580 000
	27	存入	支票	00187		60 000	640 000
	30	支取	支票	00198	90 000		550 000

注意："银行对账单"作为以银行为会计主体所记录的账簿，借方反映企业银行存款的减少，因为企业银行存款的减少意味着银行债务的偿还；贷方反映企业银行存款的增加，因为企业银行存款的增加意味着银行对企业债务的增加。因此，对账时应以"银行对账单"的借方发生额与"银行存款日记账"的贷方发生额相核对，以"银行对账单"的贷方发生额与"银行存款日记账"的借方发生额相核对。

二、银行存款的核对

核对银行存款前，应将截止到清查日的所有涉及银行存款的收、付款业务登记入账，并检查本单位银行存款日记账的正确性和完整性，然后与银行对账单逐笔核对，若发现错账、漏账，应及时更正。为了加强银行存款的管理与监督，企业应按规定定期（至少每月一次）与每一开户银行核对银行存款账。

企业的银行存款日记账与银行对账单余额不一致，除记账错误外，还可能存在“未达账项”。未达账项是指由于账务处理和记账时间的不一致而造成的一方已经入账，而另一方尚未入账的款项。

未达账项具体有以下四种：

（1）企业已收款入账，而银行尚未收款入账的款项。例如，企业将收到的其他单位交来的转账支票送存银行，当即作为存入款项记账，而银行尚未收到款项，并未入账。

（2）企业已付款入账，而银行尚未付款入账的款项。例如，企业开出的转账支票交与其他单位支付某些款项，当即作为银行存款减少记账，而该单位尚未送存银行转账，银行尚未办妥转账手续等。

（3）银行已收款入账，而企业尚未收款入账的款项。例如，企业委托银行代收的款项，银行已收妥入账，而企业尚未入账。

（4）银行已付款入账，而企业尚未付款入账的款项。例如，银行已经划出的借款利息，银行已付款记账，而企业尚未入账。

【例7-5】东方公司2023年11月底银行送来的“银行对账单”和11月份基本存款账户（账号6780865678）的“银行存款日记账”，分别见表7-4和表7-5。

表7-5　**银行存款日记账**

2023年		凭证号数		摘要	结算凭证		借方	贷方	余额
月	日	类	号		类	号			
11	1			期初余额					700 000
	3			销售产品	支票	00439	280 000		980 000
	5			收到货款	支票	00528	100 000		1 080 000
	10			支付货款	支票	00127		500 000	580 000
	16			销售产品	支票	00649	120 000		700 000
	20			提取现金	支票	00123		30 000	670 000
	29			支付货款	支票	00193		20 000	650 000
	30			销售产品	支票	00987	100 000		750 000

要求：查找2023年11月份的未达账项，并编制银行存款余额调节表。

通过对表7-4和表7-5的核对，可以得到东方公司2023年11月份的未达账项如下：

（1）公司已收、银行未收的款项为200 000元；

（2）公司已付、银行未付的款项为30 000元；

（3）银行已收、公司未收的款项为60 000元；

（4）银行已付、公司未付的款项为90 000元。

东方公司2023年11月30日的银行存款余额调节表见表7-6。

表 7-6　　**银行存款余额调节表**

账号：6780865678　　2023 年 11 月 30 日　　单位：元

项目	金额	项目	金额
银行存款日记账余额	750 000	银行对账单余额	550 000
加：银行已收、公司未收	60 000	加：公司已收、银行未收	200 000
减：银行已付、公司未付	90 000	减：公司已付、银行未付	30 000
调节后的存款余额	720 000		720 000

主管会计：周晓芳　　出纳：赵晓明　　制表人：徐悦

需要说明的是，上述调节表调整后双方账目余额如果相等，一般可以说明双方记账无误；如果不等，则说明双方至少有一方记账有误，应进一步检查并加以更正。此时，除需清查人员、出纳人员和会计主管签字后将“银行存款余额调节表”存档外，还需进一步组织相关人员查找错账、漏账，并视情节的不同追究相关人员的责任。

银行存款余额调节表不是原始凭证和记账凭证，不能据此变动账面记录。未达账项必须在接到有关结算凭证后，才能据以进行账务处理；但未达账项中涉及当月损益计算的项目，如银行代付运输费，则应编制分录入账，以后有关账单到达时，不能重复入账。调节表中所列双方相等的调节后的存款余额，是企业可以动用的银行存款的实有数。

上述银行存款的清查方法，也适用于各种银行借款的清查。但是，对银行借款清查时，还应说明借款是否按规定用途使用以及是否按期归还。

企业应加强对银行存款的管理，并定期与企业所有开户银行存款账户进行检查。对于“未达账项”，应将银行对账单与企业银行存款日记账逐笔查对、调节相符，并关注“未达账项”日后“达账”情况，杜绝“未达账项”的长期挂账。对于侵占、挪用银行存款等违法违规行为，应严肃查处并依法追究相关责任人的法律责任。如果有确凿证据表明存在银行或其他金融机构的款项已经部分不能收回，或者全部不能收回的，例如，吸收存款的商业银行已经破产，其破产财产不足以清偿的部分，或者全部不能清偿的，应当作为当期损失，冲减银行存款，借记“营业外支出”账户，贷记“银行存款”账户。

第五节　往来款项的清查

【导入案例】东方公司 2023 年 9 月在交易过程中与多家公司形成了应收、应付等往来款项，具体金额为：应收南方公司 800 000 元，应收北方公司 90 000 元，应付希望公司 600 000 元，应付光明公司 50 000 元。同时，该公司已于上月将所欠蓝天公司、大地公司的货款结清。年末，东方公司进行财产清查，需要明确上述应收、应付款项的账户记录金额与实际金额是否相符，有无南方公司、北方公司等已经付款但企业人员截留款项挪作他用情况，有无公司已经批准支付给蓝天公司、大地公司的款项被挪用情况。如何对上述应收、应付往来款项进行核对？如何处理往来款项账实不符的情况？

一、往来款项清查的概念

往来款项清查是指对有关应收账款、应付账款、预收账款以及预付账款等进行的清查。

通过往来款项的清查，企业可以掌握债权、债务的真实情况，及时催收债权，加强资金流动，提高企业资金利用率，如期偿还债务，维护企业信用。

二、往来款项清查的方法和程序

外来款项的清查，一般采用与对方单位“函证核对法”进行。其一般程序为：

（1）根据债权、债务的有关记录，按照每一款项的往来单位，填制往来款项对账单，通过电函、信函寄发或派人送交、对方面询等方式，请对方进行核对。

（2）收到对方单位的回单后，根据回单内容编制“往来款项清查结果报告表”（见表7-7）。

表7-7 **往来款项清查结果报告表**

年 月 日

总分类账户		明细分类账户		清查结果		核对不符单位及原因				近日到期的票据		
名称	金额	名称	金额	核对相符金额	核对不符金额	核对不符单位	未达账项金额	争执款项金额	无法收回	无法支付	应收票据	应付票据

清查人员签章： 往来会计签章：

对于外单位的往来款项，一般根据有关明细账资料按户编制对账单，寄交对方单位进行核对。对账单一般一式两联，一联作为回单，对方核对无误后应在回单上盖章后退回本单位；如发现数额不符，应在回单上注明不符情况并盖章或令另抄账单退回，以便进一步核对。核查过程中如有未达账项，可以编制调节表进行调节核对。

【提请注意】企业若采用信函、电函、传真、E-mail等方式查对往来款项时，应注意采用适当的方式收集、保存核对往来款项的合法原始凭证。

通过债权债务的清查，可以查明双方有争议或无法收回的款项，以便及时采取措施避免或减少本单位的坏账损失。

三、债权债务清查结果的账务处理

企业应当在资产负债表日对应收账款等债权的账面价值进行检查，如有客观证据表明该应收款项发生减值的，应当将该应收款项的账面价值减记至预计未来现金流量现值，确认资产减值损失，计提坏账准备。对于确实无法收回的应收款项，按管理权限报经批准后应作为坏账转销时，借记“坏账准备”账户，贷记“应收账款”“其他应收款”等账户。这部分内容将在“财务会计”课程中介绍，此处不作要求。

企业对于因债权人撤销等原因而无法支付的应付账款，应按其账面余额计入营业外收入，借记“应付账款”账户，贷记“营业外收入”账户。

【课堂讨论】(1)“待处理财产损溢”账户为何规定应在期末结账前处理完毕？(2)银行对账单的核对、调节能否由出纳人员负责？债权债务的核对能否由负责往来款项的会计人员完成？在财产清查中，如何有效实施不相容职务的分离？

思政园地

会计出纳——“蚁贪”十年成“鲸吞”

北京某物业管理公司原出纳王惠为满足自己购物、旅游的消费需求，从2005年起将手伸向公司的钱款，而该公司每年对财务工作进行的例行检查都没有发现任何问题。直到2014年6月，王惠走进检察院投案自首，才使这桩隐藏十年的犯罪行为曝光。

经警方侦查，王惠在担任物业管理公司会计期间，利用职务之便多次侵占公司钱款。她对警方供称，经常拿公司的钱款自用，已经记不清有过多少次、拿过多少钱了。该公司领导获悉后急忙派人到银行对账，这才发现公司的货币资金实际余额与账面差额达到278万余元，这些公款都被王惠在十年期间一点点挪进了自己的口袋。

王惠刚走上财务岗位时，对工作还是十分认真负责的。该公司对银行对账单的核对流于形式，发现公司财务管理上存在的漏洞后，王惠并没有提出改进意见，而是加以利用，琢磨侵占公款的方式，以满足自己在美容、购物、旅游方面的欲望。

2011年，该公司进行了人事调整，任命王惠为会计，出纳工作则安排唐某接手。按照公司新的财务管理制度，会计王惠负责记账，出纳唐某负责现金，实行账钱分管。为了防止侵占公款的事情败露，王惠视规定为一纸空文，根本不让唐某插手现金管理事务。唐某去银行领取现金，都是王惠交给其支票，而支票数额是由王惠填写的，唐某取回现金后交给王惠保管。王惠仍然身兼二职，出纳唐某只是她的助手。因此，从表面上看王惠的职务发生了变化，但公司的实际财务管理方式并没有任何改变。

直到2014年6月月初，该公司上级单位决定对该公司进行改制，改制工作的一项重要内容就是对公司账目进行大清理。王惠获悉后，知道自己十年侵占公司财产的行为会在这次大清理中暴露，她左思右想，无奈之下选择了投案自首。

2015年1月22日上午，法院开庭审理了王惠职务侵占案。庭审进入尾声时，由王惠作最后陈述。她啜泣着说：“我总感到自己的工资不够花，就想到了公司的钱。公司管理有漏洞，财务这摊事全交给我一个人，这诱惑太大了，我就有了花公司钱的念头。最初动用公司的钱总想着以后能还上，可我完全控制不住自己，缺钱就拿，侵占的数额越来越大，根本还不上。都是追求享乐和虚荣心使我走上犯罪道路，我很后悔……”

资料来源：赵晓星，吴少卿.“蚁贪”十年成“鲸吞”[N]. 检察日报，2015-04-02 (5).

【思政解读】

“多领少记，做平账面”，这种侵占公款的方式并不复杂。王惠每次到银行提取现金都比账面数额多一些，多出来的部分现金归自己所有，然后将账面做平，保持现金数与账面数一致，以应付财务检查。对于公司库存现金、银行存款的账实不符情况，只要正常执行财产清查程序，由其他人员对货币资金进行核对，就很容易被发现。该公司十年来一无所觉，主要有两个方面的原因：一是公司管理混乱，财产清查流于形式，没有发挥应有的作用。一个人管钱、管账、管对账，没有遵循不相容职务相分离的内部牵制要求，为违法犯罪提供了滋生的土壤。二是个人贪图享受，缺少正确的人生观、价值观，无法抵制制度漏洞造成的巨大诱惑。其导致王惠像是“蚂蚁搬家”，一点点拿，分次渐进，延续多年，积小成大，可谓典型的“蚁贪”。比起腐败案件中常见的“鲸吞”，“蚁贪”的每次金额看上去比较小，实际危害却与之不分伯仲。

公司应加强财务管理、人员管理，完善规章制度建设并狠抓制度落实，开展经常性的教育宣传工作，保持警钟长鸣。会计人员更需要树立正确的人生观、价值观，自觉做到知法守法、抵制利益诱惑。

思考与练习

一、思考题

1. 什么是财产清查？为什么要进行财产清查？财产清查主要分成哪几类？

2. 永续盘存制是否需要财产清查，为什么？实地盘存制有什么特点？其使用范围如何？

3. 如何对库存现金、银行存款进行清查？清查过程中可能会有什么问题？该如何解决？

二、单项选择题

1. 财产清查的意义是（　　）。

A. 确保会计资料真实可靠　　B. 保护财产物资的安全完整

C. 确保财产物资的有效使用　　D. 确保账簿记录正确

2. 在实际工作中，企业一般以（　　）作为财产物资的盘存制度。

A. 收付实现制　　B. 权责发生制

C. 永续盘存制　　D. 实地盘存制

3. 对各项财产物资的增减数，须根据有关凭证逐笔或逐日登记有关账簿并随时结出账面余额的方法称为（　　）。

A. 永续盘存制　　B. 实地盘存制

C. 权责发生制　　D. 收付实现制

4. 采用实地存盘制，平时对财产物资（　　）。

A. 只登记收入数，不登记发出数　　B. 只登记发出数，不登记收入数

C. 先登记收入数，后登记发出数　　D. 先登记发出数，后登记收入数

5. “待处理财产损溢”账户的贷方余额表示（　　）。

A. 等待处理的财产盘盈

B. 等待处理的财产盘亏

C. 尚待批准处理的财产盘盈数大于尚待批准处理的财产盘亏和毁损数的差额

D. 尚待批准处理的财产盘盈数小于尚待批准处理的财产盘亏和毁损数的差额

6. 一般来说，企业撤销、合并和改变隶属关系时，应对财产进行（　　）。

A. 全面清查　　B. 局部清查　　C. 实地盘点　　D. 定期清查

7. 对于大量堆积的煤炭的清查，一般采用（　　）方法进行。

A. 实地盘点　　B. 抽查检验

C. 技术推算盘点　　D. 查询核对

8. 财产物资的经管人员发生变动时，应对其经管的那部分财产物资进行清查，这种财

产清查属于（　　）。

A.全面清查和定期清查　　B.局部清查和定期清查

C.全面清查和不定期清查　　D.局部清查和不定期清查

9.财产清查是用来检查（　　）的一种专门方法。

A.账实是否相符　　B.账账是否相符

C.账表是否相符　　D.账证是否相符

10.某企业在遭受洪灾后，对其受损的财产物资进行的清查，属于（　　）。

A.局部清查和定期清查　　B.全面清查和定期清查

C.局部清查和不定期清查　　D.全面清查和不定期清查

11.库存现金清查的方法是（　　）。

A.核对账目法　　B.实地盘点法

C.技术推算法　　D.发函询证法

12.在库存现金清查中，对无法查明原因的长款，经批准应计入（　　）。

A.其他应收款　　B.其他应付款

C.营业外收入　　D.管理费用

13.库存现金盘点时发现短缺，则应借记的会计科目是（　　）。

A.库存现金　　B.其他应付款

C.待处理财产损溢　　D.其他应收款

14.企业银行存款日记账与银行对账单的核对，属于（　　）。

A.账实核对　　B.账证核对

C.账账核对　　D.账表核对

15.在记账无误的情况下，银行对账单与企业银行存款日记账的账面余额不一致是（　　）。

A.应付账款造成的　　B.由于未达账项造成的

C.由于坏账损失造成的　　D.应收账款造成的

16.产生未达账项的原因是（　　）。

A.双方结账时间不一致　　B.双方记账时间不一致

C.双方对账时间不一致　　D.双方记账金额不一致

17.银行对账单余额为48 000元，银行已收、企业未收的款项为3 000元，企业已收、银行未收的款项为4 200元，企业已付、银行未付的款项为3 200元，则调整后存款余额为（　　）元。

A.49 000　　B.46 000　　C.47 000　　D.51 000

18.某企业上期发生的库存商品盘亏现查明原因，属于自然损耗，这时应编制的会计分录为（　　）。

A.借：待处理财产损溢
　　贷：库存商品

B.借：待处理财产损溢
　　贷：管理费用

C.借：管理费用
　　贷：待处理财产损溢

D.借：营业外支出
　　贷：待处理财产损溢

19.下列记录可以作为调整账面数字的原始凭证的是（　　）。

A.盘存单　　B.实存账存对比表
C.银行存款余额调节表　　D.往来款项对账单

20.月末企业银行存款日记账余额为180 000元，银行对账单余额为170 000元，经未达账项调节后的余额为160 000元，则对账日企业可以动用的银行存款实有数额为（　　）元。

A.180 000　　B.160 000　　C.170 000　　D.不能确定

21.企业通过实地盘点法先确定期末存货的数量，然后倒挤出本期发出存货的数量，这种处理制度称为（　　）。

A.权责发生制　　B.收付实现制　　C.账面盘存制　　D.实地盘存制

22.对财产清查结果进行正确账务处理的主要目的是保证（　　）。

A.账表相符　　B.账账相符　　C.账实相符　　D.账证相符

23.下列说法不正确的是（　　）。

A.库存现金清查的主要方法是实地盘点
B.出纳人员只需每月结账后对其经营的现金进行盘点即可
C.盘点时，要清点库存现金实存数，并与现金日记账核对
D.盘点时，要注意有无以白条抵充现金的现象

三、多项选择题

1.全面清查，一般应在（　　）时进行。

A.年终　　B.月末
C.单位撤销、合并或改变隶属关系　　D.一次性清产核资

2.不定期清查，一般应在（　　）时进行。

A.财产保管人员变动　　B.自然灾害造成部分财产损失
C.部分财产霉变　　D.企业财产被盗

3.“待处理财产损溢”账户借方登记的有（　　）。

A.待批准处理的财产盘亏、毁损　　B.经批准转销的财产盘亏、毁损
C.待批准处理的财产盘盈　　D.经批准转销的财产盘盈

4.下列情况可能造成账实不符的有（　　）。

A.财产收发计量或检验不准　　B.管理不善
C.未达账项　　D.账簿记录发生差错

5.常用的实物资产的清查方法包括（　　）。

A.技术推算法　　B.实地盘点法
C.函证核对法　　D.账目核对法

6.按财产清查的范围和时间的不同，可将财产清查分为（　　）。

A.全面定期清查　　B.全面不定期清查
C.局部定期清查　　D.局部不定期清查

7.财产清查的作用包括（　　）。

A.保护各项财产的安全完整　　B.保证账簿记录的正确性
C.挖掘财产物资的潜力，加速资金周转　　D.保证会计资料的真实可靠

8.下列情形中，应该对财产进行不定期清查的有（　　）。

A.发现财产被盗　　B.与其他企业合并

C.财产保管人员变动　　D.自然灾害造成部分财产损失

9.财产清查中发现账实不符时，可以用来调整账簿记录的原始凭证有（　　）。

A.实存账存对比表　　B.现金盘点报告表

C.盘存单　　D.银行存款余额调节表

10.下列情形中，应该对财产进行全面清查的有（　　）。

A.年终决算　　B.本企业与其他企业合并

C.本企业破产　　D.本企业按规定撤销

11.月末银行存款日记账与银行对账单不一致，造成企业账面余额大于银行对账单存款余额的原因有（　　）。

A.企业已收款入账，而银行尚未入账　　B.企业已付款入账，而银行尚未入账

C.银行已收款入账，而企业尚未入账　　D.银行已付款入账，而企业尚未入账

12.银行存款日记账余额与银行对账单余额不一致，其原因可能有（　　）。

A.银行存款日记账有误　　B.银行记账有误

C.存在未达账项　　D.存在未付款项

13.下列业务中，需要通过“待处理财产损溢”账户核算的有（　　）。

A.库存现金丢失　　B.原材料盘亏

C.发现账外固定资产　　D.应收账款无法收回

14.关于银行存款余额调节表，下列说法正确的有（　　）。

A.调节后的余额表示企业可以实际动用的银行存款数额

B.该表是通知银行更正错误的依据

C.该表是更正本单位银行存款日记账记录的依据

D.不能作为调整本单位银行存款日记账记录的原始凭证

15.单位年终决算时进行的清查，属于（　　）。

A.全面清查　　B.局部清查　　C.定期清查　　D.不定期清查

16.对于盘亏的存货，如属自然损耗或某过失人应赔偿的超定额短缺，经批准，应分别列入（　　）账户。

A.管理费用　　B.营业外支出　　C.其他应收款　　D.营业费用

17.财产物资的盘存制度包括（　　）。

A.权责发生制　　B.收付实现制　　C.实地盘存制　　D.永续盘存制

18.对于盘亏、毁损的存货，经批准后进行账务处理时，可能涉及的借方账户有（　　）。

A.其他应收款　　B.营业外支出　　C.管理费用　　D.原材料

四、判断题

（　　）1.采用“永续盘存制”，还需要对各项财产物资进行盘点。

（　　）2.实物盘点后，应根据“实存账存对比表”作为调整账面余额记录的原始依据。

（　　）3.对于大堆存放、比较笨重的实物资产，应采用技术推算法进行盘点，确定其实存数。

（　　）4.永续盘存制与实地盘存制都是确定各项实物资产账面结存数量的方法。

（　　）5. 实地盘存制能够随时反映存货的收入、发出和结存动态。

（　　）6. 账实不符是财产管理不善或会计人员水平不高的结果。

（　　）7. 库存现金清查包括出纳人员每日终了前进行的库存现金账款核对和清查小组进行的定期或不定期的现金盘点、核对。清查小组清查时，出纳人员可以不在场。

（　　）8. 银行存款的清查，主要是将银行存款日记账与总账进行核对。

（　　）9. 未达账项是造成企业银行存款日记账与银行对账单余额不等的唯一原因。

（　　）10. 月末企业银行存款的实有余额为银行对账单余额加上企业已收、银行未收的款项，减去企业已付、银行未付的款项。

（　　）11. 产生未达账项的原因是记账错误，应采用适当的方法予以更正。

（　　）12. 月末应根据“银行存款余额调节表”中调整后的余额进行账务处理，使企业银行存款账的余额与调整后的余额一致。

（　　）13. 从财产清查的对象和范围看，年终决算前对企业财产物资所进行的清查一般属于全面清查。

（　　）14. 企业与其开户银行对账时所编制的“银行存款余额调节表”，是企业发现银行存款账实不符需要进行会计核算的原始凭证。

（　　）15. 对于盘盈的存货，应经批准后计入营业外支出。

（　　）16. 对于盘亏存货的净损失，属于一般营业损失部分的，经批准应计入管理费用。

（　　）17. 存货清查过程中发现的超定额损耗，应记入“营业外支出”账户。

第七章
即测即评

五、实务题

（一）［目的］练习编制银行存款余额调节表，进行银行存款清查

1.［资料］东方公司2023年11月30日企业银行存款日记账余额为70 000元，银行对账单存款余额为84 000元。该企业2023年12月3日将企业银行存款日记账记录与银行送来的对账单核对后，发现下列各项经济业务双方记录不符：

（1）银行代企业支付水费2 000元，企业尚未记账。

（2）银行为企业代收销货款26 000元，企业尚未记账。

（3）银行代付电费500元，企业尚未记账。

（4）企业开出现金支票预付差旅费600元，持票人尚未到银行提取现金。

（5）企业开出转账支票2 500元支付培训费，银行尚未记账。

（6）企业收到转账支票12 600元，并已入账，尚未将支票送存银行。

要求：根据以上资料，编制银行存款余额调节表，并确定该企业2023年11月30日银行存款的实际结存额。

2.［资料］东方公司2023年3月31日银行存款日记账的账面余额为54 000元，银行转来的对账单余额为83 000元。经逐笔核对，发现以下未达账项：

（1）企业送存转账支票60 000元，并已登记银行存款增加，但银行尚未记账。

（2）企业开出转账支票45 000元，但持票单位尚未到银行办理转账，银行尚未记账。

（3）企业委托银行代收某公司购货款48 000元，银行已收妥并登记入账，但企业未收到收款通知，尚未记账。

（4）银行代企业支付电话费4 000元，银行已登记企业银行存款减少，但企业未收到银行付款通知，尚未记账。

要求：根据上述资料，编制银行存款余额调节表。

（二）［目的］练习存货清查结果的账务处理

1.［资料］东方公司2023年6月30日对存货清查发现的有关情况如下：

（1）库存A产品账面结存数量2 000件，单位成本35元，金额70 000元；实存数量1 985件，盘亏15件，价值525元。经查明系保管人员过失所致，经批准责令赔偿。

（2）甲材料账面结存数量250千克，单位成本20元，金额5 000元，全部毁损，作为废料处理，计价100元。经查明由于自然灾害所致，其损失经批准作为非常损失处理。

（3）乙材料账面结存数量120吨，单位成本100元，价值12 000元；实存数量118吨，盘亏2吨，价值200元。经查明属于定额内损耗，经批准转销处理。

（4）丙材料账面结存数量300千克，单位成本10元，价值3 000元；实存数量310千克，盘盈10千克，价值100元。经查明为收发计量差错原因造成，经批准转销处理。

要求：根据以上资料，编制存货清查结果审批前后的会计分录。

2.［资料］东方公司2023年12月31日对存货清查发现的有关情况如下：

（1）盘盈甲材料3 000元，经核查，其中的2 000元属自然升溢造成，1 000元属计量误差造成。

（2）盘亏乙材料9 000元，经核查，其中的1 800元属定额内自然损耗造成，1 200元属计量误差造成，1 000元属保管人员王某责任，责令其赔偿，从下月工资中扣除，5 000元属暴风雨袭击，按规定保险公司应赔偿4 000元，其余计入营业外支出（非常损失）。

要求：根据以上资料，编制存货清查结果审批前后的会计分录。

六、案例分析

1.长江工厂是一家汽车零配件生产企业。为了加强企业财产物资的管理，掌握各项财产物资是否安全完整以及结存和利用情况，保证财务报告的真实可靠，长江工厂在年终之前对企业财产物资进行一次全面清查，由主管业务的秦副厂长牵头负责，成立一个财产清查领导小组，成员有资产科业务人员、财会科会计人员、仓库保管人员等。12月中旬，财产清查领导小组开会制订了财产清查计划，确定了财产清查的范围和进度，布置和安排了小组成员工作任务，确定了各类财产物资的清查方法。

要求：对清查过程中出现的问题提出处理意见，并出具财产清查报告。

分析：

（1）会计人员在财产清查前应做好哪些准备工作？

（2）财产物资保管人员在财产清查前应做好哪些准备工作？

（3）库存现金、银行存款、应收应付款项应分别采用什么清查方法？

（4）存货、固定资产清查的程序和方法是什么？

2. A企业出纳人员张秋收到B单位签发的一张金额为2 500元的转账支票后，同时签发了一张金额为2 500元的现金支票，然后一并到银行办理银行存款进账业务和提取现金业务。

要求：

（1）出纳人员的这种做法是否属于正常的经济业务范畴？为什么？

（2）对这两笔经济业务该如何进行账务处理？

（3）你作为一名审计人员，对这类经济业务应如何查处？

研讨与交流

一、朱镕基总理为国家会计学院的题词

朱镕基任国务院总理时，先后多次为会计工作题词：2001年4月16日，他在视察上海国家会计学院时题校训“不做假账”；2001年10月29日，他在视察北京国家会计学院时题词“诚信为本，操守为重，遵循准则，不做假账”；2002年11月19日，他在视察厦门国家会计学院时题校训“不做假账”。

要求：通过课程的学习，谈谈你对上述题词的认识。

二、如何正确处理库存现金的短缺和溢余

小张是某财经大学会计学专业四年级学生，寒假期间，经邻居李叔叔引荐，来到本市某知名企业实习，临时担任公司出纳员一职。

自实习以来，每天下班之前，小张都会按“日清日结”的要求对企业库存现金进行清查，并经账实核对无误后，结出“库存现金”日记账余额。然而，在2021年1月20日的例行现金清查中，她发现现金短款40元，为了不给领导留下工作马虎大意的不良印象，她当即自掏腰包予以补齐。在2021年2月3日的库存现金清查中，又出现了现金溢余30元的情况，为了弥补自己上一次的经济损失，她毫不犹豫地将其揣到了自己的腰包里。

实习结束后，小张在向指导老师提交的实习报告中，对上述做法也进行了如实汇报。

要求：

（1）小张在实习中的上述做法是否恰当？她在实习报告中可否对此事予以回避？

（2）如果你是小张，应如何处理库存现金的短缺和溢余？

（3）企业“库存现金”“银行存款”日记账由出纳员负责登记，有何弊端？

第八章　财务会计报告

【内容导读】

财务会计报告编制是财务会计发挥其影响力的一种方法。这种方法的应用是建立在其他会计方法应用成果的基础上的，也是最终实现财务会计目标的主要手段。财务会计报告是会计循环中的最后一个环节，同时也是一个关键环节。本章主要介绍财务会计报告的基本概念及种类，企业财务报表中的两张主要报表——资产负债表和利润表的列示方法，以及财务报表附注的披露方法。

【学习目标】

✔ 价值塑造目标

➢ 树立财务会计报告具有社会属性和经济后果的责任意识；

➢ 树立只有充分、如实披露信息才能降低信息不对称性，优化社会资源配置的理念；

➢ 树立高质量的信息才是有价值的信息的思想；

➢ 培养万事万物之间都是相关、相连的，财务报表数据之间也是如此的思维方式。

✔ 知识传授目标

➢ 理解财务报表是会计工作的最终产品，该产品不同于普通产品，属于公共产品，具有影响投资和资源重新分配的作用；

➢ 理解财务报表是企业综合实力、财务状况、经营成果和现金流量信息的集中展示，信息含量高，具有决策价值；

➢ 理解财务报表之间不是孤立的，而是彼此相连的，可以相互印证；报表与报表之间、报表内部各项目之间具有勾稽关系；

➢ 理解资产负债表反映企业某一特定日期的财务状况，即资产、负债和所有者权益的构成情况；利润表反映企业一定会计期间的经营成果，即盈利或亏损的信息。

✔ 能力培养目标

➢ 培养编制财务报表的能力。财务报表编制除掌握基本方法，还要具备细心和耐心的品质；

➢ 培养解读财务报表的能力。编表是一种提供信息能力的体现，解读报表则是综合运用这些信息能力的体现。

➢ 培养对虚假信息说不的勇气。自觉维护国家利益、社会利益、集体利益，提供的财务报表要真实准确，体现客观公正的原则。

➢ 培养将财务报表数据关联起来的能力。通过案例分析，分析资产负债表、利润表和现金流量表三张报表相关数据不同的原因。

第一节 财务会计报告概述

一、财务会计报告的意义

财务会计报告是企业对外提供的反映企业某一特定日期的财务状况和某一会计期间的经营成果、现金流量等会计信息的书面文件，是企业根据日常的会计核算资料归集、加工和汇总后形成的，是会计核算循环程序的最后一个步骤，又是下一个会计期间的起点。

会计核算的目的并非财务会计报告本身，而是通过财务会计报告所披露的信息帮助财务会计报告的使用者总结和评价企业的财务状况、营业成果和现金流量，便于他们作出合理的经济决策。

【提请注意】财务会计报告的使用者，主要包括投资者、债权人、政府管理部门、企业管理当局、社会公众、内部职工和新闻媒体等，他们对财务会计报告所提供信息的要求各有侧重。

企业编制财务会计报告的目标是向财务报表使用者提供与企业财务状况、经营成果和现金流量等有关的会计信息，反映企业管理层受托责任的履行情况，有助于财务报表使用者作出经济决策。其作用主要表现为：

（1）为企业加强和改善经营管理，提高经济效益提供会计信息；

（2）为企业的投资者作出合理决策提供会计信息；

（3）为企业的债权人了解企业财务状况和偿债能力提供有用信息；

（4）为政府有关部门进行宏观经济调控和管理提供会计信息；

【提请注意】财务会计报告本身所提供的会计信息并不能完全满足其使用者进行经济决策的需要，有关企业人力资源、市场销售、企业文化等非财务会计信息也会对财务会计报告使用者的经济决策产生重大影响。

二、财务会计报告的内容

财务会计报告由会计报表和会计报表附注两部分组成。

（一）会计报表

会计报表是财务会计报告的主体和核心，也是企业对外披露会计信息的主要手段，由资产负债表、利润表、现金流量表和所有者权益变动表组成。

【提请注意】资产负债表、利润表、现金流量表、所有者权益变动表和会计报表附注是企业编制财务会计报告的最低要求，而不是财务会计报告的全部。

资产负债表是反映企业在某一特定日期的财务状况的会计报表。

利润表是反映企业在某一会计期间经营成果的会计报表。

现金流量表是反映企业在某一会计期间现金和现金等价物流入和流出情况的会计报表。

所有者权益变动表是反映构成所有者权益的各个组成部分当期的增减变动情况的会计

报表。

【提请注意】会计报表可以按不同的标准进行分类。按会计报表编报期间的不同，会计报表分为中期会计报表和年度会计报表。中期会计报表是以短于一个完整的会计年度的报告期间为基础编制的会计报表，包括月报、季报和半年报。中期会计报表至少应当包括资产负债表、利润表、现金流量表和附表。按会计报表编报主体的不同，会计报表分为个别会计报表和合并会计报表。个别会计报表是指企业在自身会计核算基础上对账簿记录进行加工而编制的会计报表。它主要用于反映企业自身的财务状况、经营成果和现金流量情况。合并会计报表是以母公司和子公司组成的企业集团为一会计主体，根据母公司和子公司的会计报表，由母公司编制的综合反映企业集团财务状况、经营成果和现金流量的会计报表。

（二）会计报表附注

会计报表附注是反映企业财务状况、经营成果和现金流量的补充报表，是为了便于财务会计报告使用者理解会计报表的内容而对在会计报表中列示项目所作的进一步说明，以及未能在这些报表中列示项目的说明。

会计报表附注主要包括企业的基本情况、财务会计报告的编制基础、遵循企业会计准则的声明、重要的会计政策和会计估计、会计政策和会计估计变更以及会计差错更正的说明、报表重要项目的说明、分部报告和关联方披露等。

【提请注意】小企业编制的会计报表可以不包括现金流量表。本章暂不介绍现金流量表和所有者权益变动表。

三、财务会计报告的编制要求

为了发挥财务会计报告的作用，保证财务会计信息的质量，企业编制的财务会计报告必须做到数字真实、计算准确、内容完整、编报及时和便于理解。

（一）数字真实

企业编制财务会计报告应以实际发生的交易和事项为依据，如实地反映企业的财务状况、经营成果和现金流量，不能用估计数，更不能弄虚作假，篡改数字，隐瞒谎报，以保证财务会计报告上的数字及其分析真实、可靠、公正。

（二）计算准确

企业在编制财务会计报告之前，要依照有关法规按期结账，认真对账和进行财产清查，做到账证相符、账账相符和账实相符。在编报之后，必须做到账表相符，并使各种报表之间的数字相互衔接一致。

（三）内容完整

财务会计报告全面披露企业的财务状况、经营成果和现金流量，完整地反映企业财务活动的过程和结果，以满足各有关方面对会计信息的需要。因此，企业在编制财务会计报告时，应当按照有关准则、制度规定的格式和内容填写，并且保证报表种类齐全，报表项目完整。对于某些重要的事项，会计报表中未能全面反映的，还应当按照要求在会计报表附注中用文字加以说明，不得漏编和漏报。凡是国家统一要求披露的信息，都必须披露。

（四）编报及时

为了使会计信息使用者及时了解企业的财务信息，企业应按照规定的时间和程序，及时编制和报送财务会计报告，以保证时效性。否则即使财务会计报告编制真实可靠、内容完整，但由于编报不及时，也可能失去其应有的价值。因此，企业必须加强日常核算，做好记账、算账和结账工作。当然，企业不能为赶编财务会计报告而提前结账，更不能为了提前报送而影响财务会计报告的质量。

（五）便于理解

企业财务会计报告提供的信息应当清晰明了，易于理解和运用。如果财务会计报告晦涩难懂，不可理解，财务会计报告的使用者就不能据以作出准确的判断，所提供的信息也会毫无用处。编制财务会计报告的这一要求是建立在财务报告使用者具有一定阅读财务会计报告能力的基础之上的。

【提请注意】《企业财务会计报告条例》关于财务会计报告编制的有关规定：

第三条　企业不得编制和对外提供虚假的或者隐瞒重要事实的财务会计报告。企业负责人对本企业财务会计报告的真实性、完整性负责。

第四条　任何组织或者个人不得授意、指使、强令企业编制和对外提供虚假的或者隐瞒重要事实的财务会计报告。

第十七条　企业编制财务会计报告，应当根据真实的交易、事项以及完整、准确的账簿记录等资料，并按照国家统一的会计制度规定的编制基础、编制依据、编制原则和方法。

【课堂讨论】财务会计报告的不同使用者，分别期望从财务会计报告中获取哪些会计信息？

第二节　资产负债表

【导入案例】李明是东方公司的一名会计人员，他在该公司工作近1年了。到了2023年年末，会计主管分配给李明一项新任务——编制资产负债表。请问：如果你是李明，在编制资产负债表前应做好哪些准备工作？资产负债表如何编制？

一、资产负债表的概念和作用

（一）资产负债表的概念

资产负债表是反映企业在某一特定日期（如月末、季末、半年末、年末等）的财务状况的会计报表。它是根据“资产=负债+所有者权益”这一会计恒等式，依照一定的分类标准和顺序，将企业在一定日期的全部资产、负债和所有者权益项目进行适当分类、汇总、排列后编制而成的。

（二）资产负债表的作用

1. 资产负债表可以反映企业所拥有的经济资源及其分布情况和结构，并据以分析企业的财务实力。

2. 资产负债表可以反映企业负债总额及其结构，并据以分析企业的偿债能力和财务风险。

3. 资产负债表可以反映企业所有者权益的情况，了解企业现有投资者在企业资产总额中所占的比重。

4. 通过对资产负债表年初余额和年末余额的对比分析，可以看出企业财务状况的增减变化及发展趋势。

二、资产负债表的结构和内容

（一）资产负债表的结构

资产负债表项目的分布构成资产负债表的结构。资产负债表一般由表首和正表两部分构成。表首说明报表的名称、编制单位、编制日期、货币计量单位等；正表是资产负债表的主体，国际常用的结构有账户式和报告式两种。我国企业的资产负债表采用账户式结构（参见下文表8-2）。

账户式资产负债表将报表分为左右两方，左方为资产项目，按资产的流动性大小排列，流动性大的资产如“货币资金”“交易性金融资产”等排在前面，流动性小的资产如“长期股权投资”“固定资产”“无形资产”等排在后面，便于说明企业资源的分布状况；右方为负债及所有者权益项目，一般按要求清偿时间的先后顺序排列，“短期借款”“应付票据”“应付账款”等需要在一年以内或者长于一年的一个正常营业周期内偿还的流动负债排在前面，“长期借款”“应付债券”等在一年以上才需偿还的非流动负债排在中间，在企业清算之前不需要偿还的所有者权益项目排在后面，便于说明企业的债权人和所有者的出资额及其比例。根据“资产=负债+所有者权益”的会计恒等式，左右两方最后汇总平衡，即资产总计等于负债和所有者权益总计。所以，资产负债表又称为平衡式资产负债表。

资产负债表左右两方都设有“金额”栏，在“金额”栏内又分设“年初余额”和“期末余额”两栏，相当于两年期的比较资产负债表。通过“年初余额”和“期末余额”进行比较，能帮助不同的报表使用者正确分析、评价企业的财务状况，预测企业未来财务状况的变动趋势，从而作出相应的经济决策。

【提请注意】报告式资产负债表是将资产、负债和所有者权益项目采用垂直分列的形式，即在报表的最上端列示资产项目，加计资产总额；而后列示负债项目，加计负债总额；所有者权益项目则列在报表的最下端，加计所有者权益总额。报表为上下结构。其优点是便于编制比较式资产负债表，即在一张报表上，除列示本期数字之外，还可以增设几个栏目，分别反映过去几期的数字，并便于采用旁注的形式，注明某些项目的计价方法等；其缺点是资产和权益间的平衡关系不够清晰。

（二）资产负债表的内容

1.资产项目

（1）流动资产。流动资产包括货币资金、交易性金融资产、应收票据、应收账款、预付款项、其他应收款、存货和一年内到期的非流动资产等。

（2）非流动资产。非流动资产项目通常包括债权投资、其他债权投资、长期应收款、长期股权投资、投资性房地产、固定资产、在建工程、工程物资、无形资产、开发支出、长期待摊费用等。

2.负债项目

（1）流动负债。流动负债包括短期借款、交易性金融负债、应付票据、应付账款、预收款项、应付职工薪酬、应交税费、其他应付款、一年内到期的非流动负债等。

（2）非流动负债。非流动负债包括长期借款、应付债券、长期应付款、专项应付款、预计负债等。

3.所有者权益

所有者权益包括实收资本、资本公积、盈余公积和未分配利润。

【提请注意】报表项目是否需要单独列报，取决于项目的性质和金额大小的重要性。判断项目性质和重要性，应当考虑该项目的性质是否属于企业日常活动，是否对企业财务状况和经营成果具有较大的影响等因素；判断项目金额大小的重要性，应当通过单项金额占资产总额、负债总额、所有者权益总额、营业收入总额、净利润等直接相关项金额的比重加以确定。性质类似的项目可以合并列报。

三、资产负债表的编制方法

资产负债表的编制是指会计人员在规定的资产负债表格式和栏目中，填列具体项目金额的一项会计核算工作。

（一）资产负债表年初数的填列

资产负债表“年初余额”栏内各项数字，应根据上年末资产负债表的“期末余额”栏内所列数字填列。如果本年度资产负债表规定的各项目名称和内容与上年不一致，则应对上年末资产负债表项目的名称和数字，按照本年度的规定进行调整，填入本年度资产负债表“年初余额”栏内。

（二）资产负债表期末数的填列

资产负债表期末数是指月末、季末、半年末或年末的数字，它们是根据企业本期总分类账户和明细分类账户的期末余额直接填列或计算分析填列的。其具体填列方法可归纳如下：

1.根据有关总分类账户的期末余额直接填列

此类项目如“交易性金融资产”“短期借款”“应付票据”“应付职工薪酬”等，应根据“交易性金融资产”“短期借款”“应付票据”“应付职工薪酬”各总分类账户的期末余额直接填列。

2.根据有关总分类账户的期末余额分析、计算填列

此类项目如“货币资金”项目，应根据“库存现金”“银行存款”“其他货币资金”三个总账账户期末余额合计数填列；“存货”项目，应根据“原材料”“库存商品”“委托加工物资”“周转材料”“发出商品”“生产成本”“材料成本差异”等总账账户期末余额的分析汇总数，再减去“存货跌价准备”备抵账户余额后的净额填列；“固定资产”项目，应根据“固定资产”账户的期末余额减去“累计折旧”“固定资产减值准备”账户余额，以及“固定资产清理”账户的期末余额后的净额填列。

3.根据明细分类账户余额分析、计算填列

此类项目如“应收账款”项目，应根据“应收账款”和“预收账款”两个总分类账户所属的明细分类账户的期末借方余额合计数填列；“应付账款”项目，应根据“应

付账款”和“预付账款”两个总分类账户所属明细分类账户的期末贷方余额合计数填列。

4.根据有关总分类账户和明细分类账户余额分析、计算后填列

此类项目如“长期借款”项目，应根据“长期借款”总账账户余额扣除“长期借款”账户所属的明细账户中将在资产负债表日起一年内到期且企业不能自主地将清偿义务展期的长期借款后的金额填列。将在一年内到期且企业不能自主地将清偿义务展期的长期借款数，应当填列在流动负债下“一年内到期的非流动负债”项目中。“长期待摊费用”项目，应当根据“长期待摊费用”总账账户余额扣除将于一年内摊销的金额后填列。将于一年内摊销完毕的数字，应当填列在流动负债下“一年内到期的非流动资产”项目中。

下面举例说明资产负债表的编制方法。

【例8-1】东方公司2023年12月31日各账户余额见表8-1。其中有关债权债务明细账的期末余额资料如下：

（1）应收账款：

南方公司 900 000（借方）

北方公司 100 000（贷方）

（2）应付账款：

光明公司 1 200 000 （贷方）

希望公司 240 000（借方）

（3）预收账款：

西北公司 400 000（贷方）

西南公司 240 000（借方）

（4）预付账款：

南海公司 200 000（借方）

北海公司 100 000（贷方）

表8-1 总分类账户期末余额表

2023年12月31日

账户名称	借方金额	账户名称	贷方金额
库存现金	200	累计折旧	2 700 000
银行存款	1 700 000	短期借款	500 000
交易性金融资产	200 000	应付票据	54 000
应收票据	46 000	应付账款	960 000
应收账款	800 000	预收账款	160 000
预付账款	100 000	预提费用	1 000
待摊费用	1 200	应付职工薪酬	78 000
其他应收款	300	应交税费	134 000

续表

账户名称	借方金额	账户名称	贷方金额
原材料	1 500 000	其他应付款	500
库存商品	640 000	长期借款	2 000 000
生产成本	98 500	未分配利润	6 627.66
长期股权投资	250 000	实收资本	7 840 000
固定资产	9 000 000	盈余公积	25 072.34
无形资产	100 000	应付利润	6 000
长期待摊费用	29 000		
合计	14 465 200	合计	14 465 200

注：本例中长期待摊费用中有4 000元将于一年内摊销完毕；长期借款中有1 000 000元将于一年内到期；同时，暂不考虑“坏账准备”“存货跌价准备”“材料成本差异”“长期股权投资减值准备”“固定资产减值准备”“无形资产减值准备”等情况。

根据上述资料编制东方公司2023年12月31日的资产负债表（简化形式），见表8-2。

表8-2 **资产负债表** 会企01表

编制单位：东方公司 2023年12月31日 单位：元

资 产	期末余额	年初余额	负债和股东权益	期末余额	年初余额
流动资产：			流动负债：		
货币资金	1 700 200		短期借款	500 000	
交易性金融资产	200 000		应付票据	54 000	
应收票据	46 000		应付账款	1 300 000	
应收账款	1 140 000		预收款项	501 000	
预付款项	441 200		应付职工薪酬	78 000	
其他应收款	300		应交税费	134 000	
存货	2 238 500		其他应付款	6 500	
一年内到期的非流动资产	4 000		一年内到期的非流动负债	1 000 000	
其他流动资产			其他流动负债		
流动资产合计	5 770 200		流动负债合计	3 573 500	
非流动资产：			非流动负债：		
债权投资			长期借款	1 000 000	

续表

资 产	期末余额	年初余额	负债和股东权益	期末余额	年初余额
其他债权投资			应付债券		
长期股权投资	250 000		长期应付款		
投资性房地产			其他非流动负债		
固定资产	6 300 000		非流动负债合计	1 000 000	
在建工程			负债合计	4 573 500	
无形资产	100 000		所有者权益：		
商誉			实收资本	7 840 000	
长期待摊费用	25 000		资本公积		
其他非流动资产			盈余公积	25 072.34	
非流动资产合计	6 675 000		未分配利润	6 627.66	
			所有者权益合计	7 871 700	
资产总计	12 445 200		负债和股东权益总计	12 445 200	

【课堂讨论】资产负债表中项目编排的依据是什么？它满足哪些会计信息质量要求？

第三节 利润表

【导入案例】李明是东方公司的一名会计人员，他在该公司工作近1年了。2023年年末，会计主管分配给李明一项新任务——编制利润表。请问：如果你是李明，在编制利润表前应做好哪些准备工作？利润表如何编制？

一、利润表的概念和作用

（一）利润表的概念

利润表是反映企业在一定会计期间经营成果的会计报表。它是根据“收入-费用=利润”这一会计恒等式，依照费用在企业所发挥的功能进行适当分类、汇总、排列后与收入相匹配编制而成的。与资产负债表相比，利润表具有两个显著特征：一是利润表反映的是报告期间而不是报告时点的动态财务数据；二是利润表中所列数据是报告期间相关业务的累计数而不是结余数。

【提请注意】利润表中关于费用的列报，国际会计准则规定了两种方法——费用功能法和费用性质法。前者是按费用在企业中所发挥的功能进行分类列报；后者是按费用自身的性质进行列报，而不管其到底发生在哪个领域，发挥了何种功能。我国企业会计准则规定，费用的列报采用费用功能法。这是因为企业发生在生产、销售、管理、筹资以及投资活动上的费用所发挥的功能并不相同，把它们分开列报，有助于报表使用者了解费用发生的活动领域，同时也符合我国会计人员的习惯。

（二）利润表的作用

（1）利润表可以反映企业一定会计期间的收入、费用以及利润情况，并据以分析判断企业的经营成果。

（2）利润表可以评价企业的获利能力，预测企业未来的盈利趋势，并为企业管理当局作出未来经济决策提供依据。

（3）利润表可以分析企业利润增减变动的主要原因，研究如何改进企业经营管理，采取有效措施，提高盈利水平。

二、利润表的结构

利润表由表首和正表两部分组成，表首说明报表的名称、编制单位、编制日期、货币计量单位等；正表是利润表的主体，其结构主要有单步式和多步式两种。

（一）单步式利润表

单步式利润表是将本期所有的收入与费用分别汇总，不再区分收入与费用的不同类型，然后两者相减、一次计算出本期净利润。由于只有一个相减的步骤，而不必列示净利润构成的计算步骤，故而称为单步式利润表。其优点是比较直观、简单，易于编制，但不能揭示利润各构成要素之间的内在联系，不便于报表使用者对企业进行盈利分析与预测。

（二）多步式利润表

多步式利润表是将净利润的计算分为若干个步骤进行，最后确定其最终财务成果。由于分若干个步骤反映利润的形成，故而称为多步式利润表。多步式利润表基本弥补了单步式利润表的局限性，能清晰地反映企业利润总额的形成步骤，准确揭示利润各构成要素之间的内在联系，便于评价企业管理的绩效，预测企业未来的盈利能力，有利于企业前后各期相应项目的比较。

目前，我国企业采用的是多步式利润表的结构，见表8-4。具体计算步骤如下：

第一步，以营业收入为基础，减去营业成本、税金及附加、销售费用、管理费用、财务费用、资产减值损失、信用减值损失，加上公允价值变动收益（减去公允价值变动损失）和投资收益（减去投资损失），计算出营业利润；

第二步，以营业利润为基础，加上营业外收入，减去营业外支出，计算出利润总额；

第三步，以利润总额为基础，减去所得税费用，计算出净利润（或净亏损）。

【提请注意】普通股或潜在普通股已公开交易的企业，以及正处于公开发行普通股或潜在普通股过程中的企业，还应当在利润表中列示每股收益信息，包括基本每股收益和稀释每股收益。

三、利润表的编制方法

利润表各项目均需填列“本期金额”和“上期金额”两栏。其中“上期金额”栏内各项数字，应根据上年该期利润表的“本期金额”栏内所列数字填列。“本期金额”栏内各期数字，除“基本每股收益”和“稀释每股收益”项目外，应当按照相关损益类账户的发生额分析填列。如“营业收入”项目，反映企业经营主要业务和其他业务所确认的收入总额，本项目应根据“主营业务收入”“其他业务收入”账户的发生额分析计算填列；“营业成本”项目，反映企业经营主要业务和其他业务所发生的成本总额，本项目应根据“主营业务成本”“其他业务成本”账户的发生额分析计算填列。其他项目均按照各账户的发生额分析填列。如果上年度利润表的项目名称和内容与本年度利润表不一致，应对上年度报表项目的名称和数字，按照本年度的规定进行调整，填入本年度利润表的“上期金额”栏。

由于全年结账时，全年的收入和支出已全部转入“本年利润”账户，并且通过收支对比结出本年净利润的数额，因此，应将年报中“净利润”数字与“本年利润”账户结转到“利润分配——未分配利润”账户的数字相核对，检查报表编制和账簿记录的正确性。

下面举例说明利润表的编制方法。

【例 8-2】东方公司 2023 年 12 月 31 日各损益类账户的有关资料见表 8-3。

表 8-3 **损益类账户发生额**

2023 年 12 月

账户名称	本月发生额	
	借方	贷方
主营业务收入		117 000
主营业务成本	88 400	
税金及附加	11 700	
其他业务收入		4 800
其他业务成本	4 000	
投资收益		12 000
管理费用	4 925	
财务费用	600	
销售费用	1 000	
营业外收入		1 000
营业外支出	2 000	
所得税费用	5 543.75	

根据上述资料编制该公司 2023 年 12 月份的利润表（简化形式），见表 8-4。

表 8-4　　**利润表**　　会企 02 表

编制单位：东方公司　　2023 年 12 月　　单位：元

项目	本期金额	上期金额
一、营业收入	121 800	
减：营业成本	92 400	
税金及附加	11 700	
销售费用	1 000	
管理费用	4 925	
财务费用	600	
加：公允价值变动损益（损失以“-”号填列）		
信用减值损失（损失以“-”号填列）		
资产减值损失（损失以“-”号填列）		
投资收益（损失以“-”号填列）	12 000	
其中：对联营企业和合营企业的收益		
二、营业利润	23 175	
加：营业外收入	1 000	
减：营业外支出	2 000	
三、利润总额	22 175	
减：所得税费用	5 543.75	
四、净利润	16 631.25	
五、每股收益		
（一）基本每股收益		
（二）稀释每股收益		

【提请注意】月度利润表与年度利润表编制方法有所不同。月度利润表中的“本期金额”栏，反映该项目的本月实际发生数；“上期金额”栏可根据上月利润表的“本期金额”栏的数字填列。在编制年度利润表时，“本期金额”栏反映各项目自年初起至本月末止的累计发生数；“上期金额”填列上年全年累计实际发生数，从而与“本期金额”各项目进行比较。

延伸阅读 8-1

简说资产负债表和利润表的关系

【课堂讨论】资产负债表是一张静态报表，利润表是一张动态报表，它们之间有联系吗？试举例说明。

第四节　报送会计报表

【导入案例】东方公司2023年的报表已编制完成，请问你知道如何按要求报送会计报表吗?

一、会计报表报送的相关规定

(1) 根据我国《会计法》的有关规定，会计核算以人民币为记账本位币。业务收支以人民币以外的货币为主的单位，可以选定其中一种货币作为记账本位币，但是编报的会计报表应当折算为人民币。会计凭证、会计账簿、会计报表和其他会计资料，必须符合国家统一的会计制度的要求。使用电子计算机进行会计核算的，其软件及其生成的会计凭证、会计账簿、会计报表和其他会计资料，也必须符合国家统一的会计制度的要求。任何单位和个人不得伪造、变造会计凭证、会计账簿及其他会计资料，不得提供虚假的会计报表。

会计报表应当根据经过审核的会计账簿记录和有关资料编制，并符合《会计法》和国家统一的会计制度关于会计报表的编制要求、提供对象和提供期限的规定；其他法律、行政法规另有规定的，从其规定。向不同的会计信息使用者提供的会计报表，其编制依据应当一致。有关法律、行政法规规定会计报表以及会计报表附注等须经注册会计师审计的，注册会计师及其所在的会计师事务所出具的审计报告应当随同会计报表一并提供。

会计报表应当由单位负责人和主管会计工作的负责人、会计机构负责人（会计主管人员）签名并盖章；设置总会计师职位的单位，还须由总会计师签名并盖章。单位负责人应当保证会计报表真实和完整。

(2) 根据我国《会计基础工作规范》的有关规定，各单位对外报送的会计报表应当根据国家统一会计制度规定的格式和要求编制。单位内部使用的会计报告，其格式和要求由各单位自行规定。各单位应当按照国家规定的期限对外报送会计报表。

根据法律和国家有关规定应当对会计报表进行审计的，会计报表编制单位应当先行委托注册会计师进行审计，并将注册会计师出具的审计报告随同会计报表按照规定的期限报送有关部门。如果发现对外报送的会计报表有错误，应当及时办理更正手续。除更正本单位留存的会计报表外，还应同时通知接收会计报表的单位更正。错误较多的，应当重新编报。

(3) 根据《中华人民共和国税收征收管理法》(简称《税收征收管理法》) 的有关规定，纳税人必须依照法律、行政法规的规定确定的申报期限、申报内容如实办理纳税申报，报送纳税申报表、会计报表以及税务机关根据实际需要要求纳税人报送的其他纳税资料。纳税人、扣缴义务人可以直接到税务机关办理纳税申报或者报送代扣代缴、代收代缴税款报告表，也可以按照规定采取邮寄、数据电文或者其他方式办理上述申报、报送事项。

【提请注意】纳税人会计报表的报送期限一般为：月报在次月10日内报出；季报在每

季度后15日内报出；按年度报送的内资企业在年度终了后45日内，外商投资企业和我国上市公司在年度终了后4个月内报送。

二、未按规定报送会计报表的法律责任

（1）我国《会计法》第42条规定，向不同的会计资料使用者提供的会计报表编制依据不一致的，由县级以上人民政府财政部门责令限期改正，可以对单位并处三千元以上五万元以下的罚款；对其直接负责的主管人员和其他直接责任人员，可以处二千元以上二万元以下的罚款；属于国家工作人员的，还应当由其所在单位或者有关单位依法给予行政处分。构成犯罪的，依法追究刑事责任。第43条规定，伪造、变造会计凭证、会计账簿，编制虚假会计报表，构成犯罪的，依法追究刑事责任。

（2）我国《会计基础工作规范》第82条规定，各单位必须依照法律和国家有关规定接受财政、审计、税务等机关的监督，如实提供会计凭证、会计账簿、会计报表和其他会计资料，不得拒绝、隐匿、谎报。第83条规定，按照法律规定应当委托注册会计师进行审计的单位，应当委托注册会计师进行审计，并配合注册会计师的工作，如实提供会计凭证、会计账簿、会计报表和其他会计资料，不得拒绝、隐匿、谎报，不得示意注册会计师出具不当的审计报告。

（3）我国《税收征收管理法》第62条规定，纳税人未按照规定的期限办理纳税申报和报送纳税资料的，或者扣缴义务人未按照规定的期限向税务机关报送代扣代缴、代收代缴税款报告表和有关资料的，由税务机关责令限期改正，可以处二千元以下的罚款；情节严重的，可以处二千元以上一万元以下的罚款。

三、报送会计报表部门

企业应定期向当地财税机关、开户银行和企业主管部门报送会计报表。国有企业的年度会计报表应同时报送同级国有资产管理部门。公开发行股票的股份有限责任公司，还应当向证券交易机构和证券监督管理委员会等部门提供会计报表。

四、报送会计报表的准备工作

为使企业出具的会计报表具有严肃性，企业向外部各有关部门提供的会计报表要依次编写页码，加具封面，装订成册，加盖公章。在会计报表的封面上应注明：企业名称、地址、开业年份、报表所属年度、月份以及报送日期等，并由单位负责人、主管会计工作的负责人、会计机构负责人（会计主管人员）签名并盖章；设置总会计师的单位还须由总会计师签名并盖章。

【提请注意】企业对外投资占被投资企业资本半数以上，或者实质拥有被投资企业控制权的，应当编制合并会计报表。确属特殊行业的企业不宜合并的，可不予合并，但应当将其会计报表一并报送。

思政园地

会计诚信与国家兴衰

2008年9月，雷曼兄弟银行的倒闭，引发全球百年来最大金融危机。由美国破产法庭

委托有关律师、检察官完成的调查报告显示，雷曼兄弟通过那些估值过高的次级抵押债券和信用违约掉期产品交易，伪造会计记录，粉饰资产负债表，造成净杠杆比率健康的假象，不断延迟危机爆发。倒闭之前，雷曼高层不断对市场表示，将会提供更加透明的资产负债表给公众，且信誓旦旦称，公司正在想方设法降低杠杆。当时，被欺骗者就包括精明的分析师。2008年10月，布什政府介入，对银行实施救助并为金融体系提供支撑，向美国银行体系注资3 500亿美元，避免了金融体系的崩塌。2009年，奥巴马成为美国总统，呼吁推动美国进入会计诚信新时代。

6年之后，因不良会计记录影响遭受金融危机冲击的，已经不限于银行机构，对于全球各大经济体来说，在会计核算和诚信记录方面各自面临更大的风险。从希腊、葡萄牙、西班牙和意大利的银行记录和主权债务问题，到世界范围内的政府救助，对于资产负债表和各类报告中的负债水平和养老责任，其可信程度越发令人怀疑，导致人们对审计师和公共监管的信心也在不断减弱。

会计发展的历史证明，会计核算是企业和国家的根基。好的会计核算行为能够增加信息可信度，对政府的稳定和社会经济的运行起着十分重要的作用，而糟糕的会计核算以及随之而来的诚信缺失，则会导致资本市场乱象丛生，引发经济犯罪和社会形势动荡。从人们知道如何恰当地进行会计核算至今，已经有近千年的历史，历数那些成功的政权和社会，不仅仅需要具备坚实的会计核算基础和浓厚的经商氛围，还需要努力构建良好的道德文化框架，才能妥善应对现实：人类往往习惯于忽略、扭曲以及难以达到诚信核算的要求。

资料来源：索尔.账簿与权力［M］. 侯伟鹏，译.北京：中信出版社，2020.

【思政解读】

人类社会为会计诚信问题已经奋斗了好几个世纪，但仍然难以开展有效的审计，难以让公司做到诚信负责。市场交易日益复杂活跃，会计信息数量增长迅猛，面对海量的数据，我们目前仍然处于这种窘况：会计改革的速度，远远赶不上人们从中找到漏洞的速度。

会计诚信不只是一个概念，也不仅仅是会计所遵循的职业道德，它离不开整个社会诚信的构建，涉及社会文化的方方面面。会计诚信也不只是一个人、一个公司的小问题，而是会影响到社会经济健康运行与国家发展兴衰的大问题。

我们应践行社会主义核心价值观，把国家、社会、公民的价值要求融为一体，提高个人的爱国、敬业、诚信、友善修养，自觉把小我融入大我，不断追求国家的富强、民主、文明、和谐和社会的自由、平等、公正、法治，将社会主义核心价值观内化为精神追求、外化为自觉行动。实现国之富强，可以从会计诚信做起！

思考与练习

一、思考题

1. 什么是财务会计报告？它由哪几部分内容组成？

2. 企业编制财务会计报告的要求有哪些？

3. 什么是资产负债表？资产负债表编制的理论基础是什么？其项目编制的依据又是什么？

4. 什么是利润表？利润表编制的理论基础是什么？我国采用何种格式的利润表？

5. 资产负债表和利润表披露的会计信息分别有哪些？

二、单项选择题

1. 会计报表是反映各单位在一定时期（　　）的一种报告文件。

A. 财务结构、变现能力　　B. 经营状况、获利能力

C. 财务状况、经营成果　　D. 经营状况，变现能力

2. 会计报表中各项目数字的直接来源是（　　）。

A. 原始凭证　　B. 日记账　　C. 记账凭证　　D. 账簿记录

3. 在下列各个会计报表中，属于企业对外的静态报表的是（　　）。

A. 利润表　　B. 所有者权益变动表

C. 现金流量表　　D. 资产负债表

4. 下列有关附注的说法，不正确的是（　　）。

A. 附注不属于财务会计报表的组成部分

B. 附注是对在会计报表中列示项目的描述或明细资料

C. 附注是对未能在会计报表中列示项目的说明

D. 附注是财务会计报告的组成部分

5. 按照会计报表反映的经济内容分类，资产负债表属于反映（　　）的报表。

A. 某一特定日期的财务状况　　B. 经营成果

C. 对外报表　　D. 月报

6.（　　）是指企业对外提供的反映企业某一特定日期财务状况和某一会计期间经营成果、现金流量情况的书面文件。

A. 资产负债表　　B. 利润表

C. 会计报表附注　　D. 财务会计报告

7. 在资产负债表中，资产按照其流动性排列时，下列排列方法正确的是（　　）。

A. 存货、无形资产、货币资金、交易性金融资产

B. 交易性金融资产、存货、无形资产、货币资金

C. 无形资产、货币资金、交易性金融资产、存货

D. 货币资金、交易性金融资产、存货、无形资产

8. 按照我国现行会计制度规定，企业每个（　　）都要编制资产负债表。

A. 月末　　B. 季末　　C 半年度末　　D. 年末

9. 下列各项中，直接根据总分类账户余额填列资产负债表的是（　　）。

A. 固定资产清理　　B. 应收账款

C. 未分配利润　　D. 存货

10. 资产负债表中的各报表项目（　　）。

A. 都按有关账户期末余额直接填列

B. 必须对账户发生额和余额进行分析计算才能填列

C. 应根据有关账户的发生额填列

D. 有的项目可以直接根据账户期末余额填列，有的项目需要根据有关账户期末余额分析填列

11.某企业某年某月末应收账款总分类账户的借方余额为192 000元，其中应收账款明细账户中借方余额合计为194 000元，贷方余额合计为2 000元，则资产负债表中“应收账款”项目期末数应为（　　）。

A.192 000元　　B.194 000元　　C.2 000元　　D.196 000元

12.资产负债表的格式，一般采用（　　）。

A.账户式　　B.报告式　　C.单步式　　D.多步式

13.资产负债表中资产项目是按（　　）进行排列的。

A.资产的数额大小　　B.资产的流动性大小

C.资产的重要程度　　D.资产的创利能力

14.在编制资产负债表时，下列各项中，应当根据其明细科目及“预付账款”科目的余额填列的有（　　）。

A.应付债券　　B.应付账款　　C.实收资本　　D.存货

15.资产负债表的下列项目中，需要根据几个总账账户的期末余额进行汇总填列的是（　　）。

A.应付职工薪酬　　B.短期借款

C.货币资金　　D.资本公积

16.资产负债表中所有者权益部分是按照（　　）顺序排列的。

A.实收资本、盈余公积、资本公积、未分配利润

B.资本公积、实收资本、盈余公积、未分配利润

C.资本公积、实收资本、未分配利润、盈余公积

D.实收资本、资本公积、盈余公积、未分配利润

17.资产负债表中，“应收账款”项目应根据（　　）填列。

A.“应收账款”总分类账户的期末余额

B.“应收账款”总分类账户所属各明细分类账户期末借方余额合计数

C.“应收账款”总分类账户所属各明细分类账户期末贷方余额合计数

D.“应收账款”和“预收账款”总分类账户所属各明细分类账户期末借方余额的合计数

18.资产负债表中的“存货”项目，应根据（　　）。

A.“存货”账户的期末借方余额直接填列

B.“原材料”账户的期末借方余额直接填列

C.“原材料”“生产成本”和“库存商品”等账户的期末借方余额之和填列

D.“原材料”“在产品”和“库存商品”等账户的期末借方余额之和填列

19.某企业“应付账款”明细账期末余额情况如下：X企业贷方余额为200 000元，Y企业借方余额为180 000元，Z企业贷方余额为300 000元。假如该企业“预付账款”明细账均为借方余额，则根据以上数据计算的反映在资产负债表上应付账款项目的数额为（　　）元。

A.680 000　　B.320 000　　C.500 000　　D.80 000

20.编制会计报表时，以“资产=负债+所有者权益”这一会计等式作为编制依据的会计报表是（　　）。

A.利润表　　B.所有者权益变动表

C.资产负债表　　D.现金流量表

21.编制会计报表时，以“收入-费用=利润”这一会计等式作为编制依据的会计报表是（　　）。

A.利润表　　B.所有者权益变动表

C.资产负债表　　D.现金流量表

22.依照我国的会计准则，利润表采用的格式为（　　）。

A.单步报告式　　B.多步报告式　　C.账户式　　D.混合式

23.编制利润表主要是根据（　　）。

A.资产、负债及所有者权益各账户的本期发生额

B.资产、负债及所有者权益各账户的期末余额

C.损益类各账户的本期发生额

D.损益类各账户的期末余额

24.某年12月31日编制的利润表中“本期金额”一栏反映了（　　）。

A.12月31日利润或亏损的形成情况　　B.1月至12月累计利润或亏损的形成情况

C.12月份利润或亏损的形成情况　　D.第4季度利润或亏损的形成情况

25.在利润表上，利润总额减去（　　）后，得出净利润。

A.管理费用、财务费用　　B.增值税

C.营业外收支净额　　D.所得税费用

26.下列各项中，不会影响营业利润金额的是（　　）。

A.资产减值损失　　B.财务费用

C.投资收益　　D.营业外收入

27.企业本月利润表中的营业收入为450 000元，营业成本为216 000元，税金及附加为9 000元，管理费用为10 000元，财务费用为5 000元，销售费用为8 000元，则其营业利润为（　　）。

A.217 000元　　B.225 000元　　C.234 000元　　D.202 000元

28. 利润表的项目共分为三个层次，其排列顺序是（　　）。

A. 主营业务利润、利润总额、净利润　　B.营业利润、利润总额、净利润

C. 营业利润、净利润、利润总额　　D.净利润、利润总额、营业利润

29.反映企业在一定会计期间经营成果的报表是（　　）。

A. 资产负债表　　B.利润表

C. 现金流量表　　D.产品成本报表

30.为了具体反映利润表的形成情况，我国现行的利润表的结构一般采用（　　）报告结构。

A. 单步式　　B.账户式　　C. 多步式　　D.“T”字形

三、多项选择题

1.为了发挥财务会计报告的作用，保证财务会计报告信息的质量，企业编制财务会计报告必须做到（　　）。

A.计算准确　　B.编报及时

C.数字真实　　D.内容完整且便于理解

2.按现行制度规定，企业会计报表主要包括（　　）和附注。

A.资产负债表　　B.利润表

C.现金流量表　　D.所有者权益变动表

3.会计报表按其所提供的会计资料的重要程度可分为（　　）。

A.主表　　B.附表

C.个别会计报表　　D.合并会计报表

4.企业财务会计报表按其编报的时间不同，分为（　　）。

A.半年度报表　　B.月度报表　　C.季度报表　　D.年度报表

5.会计报表按其报送对象进行分类，可分为（　　）。

A.对外会计报表　　B.对内会计报表

C.个别会计报表　　D.合并会计报表

6.单位编制财务会计报告的主要目的，就是为（　　）财务会计报告使用者的决策提供会计信息。

A.投资者　　B.债权人

C.政府及相关机构　　D.单位管理人员

7. 资产负债表提供的信息，可以帮助管理者（　　）。

A. 分析企业资产的结构及其状况

B. 分析企业目前与未来需要支付的债务数额

C. 分析企业的盈利能力

D. 分析企业的现金流量情况

8. 报表使用者通过利润表可以了解（　　）。

A. 企业资产变动情况

B. 企业收入、成本和费用及利润的实现情况

C. 企业的获利能力

D. 投资者投入资本的保值增值能力

9. 季度和月度的财务会计报告通常仅指会计报表，会计报表至少应当包括（　　）。

A. 利润表　　B.利润分配表　　C. 资产负债表　　D.现金流量表

10.下列各项，可以通过资产负债表反映的有（　　）。

A.某一时点的财务状况　　B.某一时点的偿债能力

C.某一期间的经营成果　　D.某一期间的获利能力

11.资产负债表的数据，可以通过以下几种方式取得（　　）。

A.根据总账科目余额直接填列　　B.根据总账科目余额计算填列

C.根据记账凭证直接填列　　D.根据明细科目余额计算填列

12.下列项目中，列在资产负债表左方的有（　　）。

A.固定资产　　B.无形资产　　C.非流动资产　　D.流动资产

13.资产负债表中“预收账款”项目应根据（　　）总分类账户所属各明细分类账户期末贷方余额合计填列。

A.预付账款　　B.应收账款　　C.应付账款　　D.预收账款

14.下列项目中，列在资产负债表右方的有（　　）。

A.非流动资产 B.非流动负债 C.流动负债 D.所有者权益

15.资产负债表正表的格式，国际上通常有（ ）。

A.单步式 B.多步式 C.账户式 D.报告式

16.资产负债表的“存货”项目应根据（ ）总账科目的合计数填列。

A.库存商品 B.原材料 C.生产成本 D.库存现金

17.在编制资产负债表时，应根据总账科目的期末借方余额直接填列的项目有（ ）。

A.固定资产清理 B.交易性金融资产

C.短期借款 D.应付利息

18.直接根据总分类账户余额填列的资产负债表项目有（ ）。

A.短期投资 B.固定资产 C.实收资本 D.短期借款

19.下列各项中，属于资产负债表中流动负债项目的有（ ）。

A.应付职工薪酬 B.应付股利

C.应交税费 D.应付票据

20.不能直接根据总分类账户余额填列的资产负债表项目有（ ）。

A.固定资产原价 B.未分配利润

C.存货 D.应收账款

21.下列账户中，可能影响资产负债表中“应付账款”项目金额的有（ ）。

A.应收账款 B.预收账款 C.应付账款 D.预付账款

22.资产负债表中“应收账款”项目应根据（ ）之和减去“坏账准备”账户中有关应收账款计提的坏账准备期末余额填列。

A.“应收账款”科目所属明细科目的借方余额

B.“应收账款”科目所属明细科目的贷方余额

C.“应付账款”科目所属明细科目的贷方余额

D.“预收账款”科目所属明细科目的借方余额

23.资产负债表中下列项目在经济业务发生相反变化时应用负号表示（ ）。

A.应付工资 B.应交税费 C.预提费用 D.应付股利

24.资产负债表中的“未分配利润”项目，应根据（ ）填列。

A.“本年利润”账户余额 B.“利润分配”账户余额

C.“盈余公积”账户余额 D.“资本公积”账户余额

25.下列各项中，影响企业营业利润的项目有（ ）。

A.投资收益 B.所得税费用 C.税金及附加 D.销售费用

26.构成企业利润总额的项目有（ ）。

A.营业利润 B.投资收益 C.营业外收入 D.营业外支出

27.利润表中的“营业收入”项目填列所依据的是（ ）。

A.“主营业务收入”发生额 B.“本年利润”发生额

C.“其他业务收入”发生额 D.“投资收益”发生额

28.利润表中的“营业成本”项目填列所依据的是（ ）。

A.“营业外支出”发生额 B.“主营业务成本”发生额

C.“其他业务成本”发生额　　D.“税金及附加”发生额

29.下列各项中，属于利润表提供的信息的有（　　）。

A.实现的营业收入　　B.发生的营业成本

C.营业利润　　D.企业的利润或亏损总额

四、判断题

（　　）1.财务会计报告本身并非会计核算的目的，会计核算的目的是通过财务会计报告所披露的信息帮助财务会计报告的使用者总结和评价企业财务状况、经营成果和现金流量，便于他们作出合理的经济决策。

（　　）2.财务会计报告是指单位根据经过审核的会计账簿记录和有关资料编制并对外提供的反映单位某一特定日期财务状况和某一会计期间经营成果、现金流量的文件。

（　　）3.会计报表按其反映的内容，可以分为动态会计报表和静态会计报表，资产负债表是反映在某一时期企业财务状况的会计报表。

（　　）4.会计报表项目数据的直接来源是原始凭证和记账凭证。

（　　）5.个别报表和合并报表都是由企业在自身会计核算基础上对账簿记录进行加工而编制的会计报表。

（　　）6.会计报表按照报送对象不同，可以分为个别会计报表和合并会计报表。

（　　）7.中期财务报表是指以一年的中间日为资产负债表日编制的财务报表。

（　　）8.资产负债表是反映企业在特定日期资产、负债和所有者权益情况的报表。

（　　）9.编制资产负债表时，如“应收账款”账户所属明细账有贷方余额，应反映在“预收款项”项目内。

（　　）10.编制资产负债表时，如“应付账款”账户所属明细账有借方余额，应反映在“预收款项”项目内。

（　　）11.资产负债表中“长期借款”项目，应根据“长期借款”总账余额直接填列。

（　　）12.“应付职工薪酬”项目，反映企业根据有关规定应付给职工的工资、职工福利、社会保险费、住房公积金、工会经费、职工教育经费，但不包括非货币性福利、辞退福利等薪酬。

（　　）13.资产负债表是总括反映企业特定日期资产、负债和所有者权益情况的动态报表，报表使用者可以通过其了解企业的资产构成、资金的来源构成和企业债务的偿还能力。

（　　）14.资产负债表中“固定资产”项目，应根据“固定资产”账户余额减去“累计折旧”“固定资产减值准备”等账户的期末余额后的金额填列。

（　　）15.利润表是反映企业一定日期经营状况的会计报表。

（　　）16.利润表中各项目，是根据损益类各账户的期末余额分析填列的。

（　　）17. 如果企业“投资收益”账户本月为借方发生额，填列利润表时，应以“–”号填列在“投资收益”项目内。

（　　）18. 利润表中“税金及附加”项目不包括增值税。

（　　）19.利润表中的各项目应根据有关损益账户的本期发生额或余额分析计算填列。

（　　）20. 营业利润扣减掉管理费用、销售费用、财务费用和所得税后得到净利润。

第八章
即测即评

五、实务题

（一）［目的］练习资产负债表的编制

［资料］南海公司2023年12月31日有关总账和明细账的期末余额见表8-5。

表8-5　**总账账户和有关明细账户余额表**

2023年12月31日　　单位：元

资产账户	借或贷	余额	负债和所有者权益账户	借或贷	余额
库存现金	借	2 770	短期借款	贷	288 400
银行存款	借	935 780	应付票据	贷	19 600
交易性金融资产	借	114 140	应付账款	贷	71 400
应收票据	借	17 360	——丙企业	贷	73 000
应收账款	借	76 165	——丁企业	借	1 600
——甲企业	借	79 800	预收账款	贷	14 700
——乙企业	贷	3 635	——C公司	贷	14 700
预付账款	借	35 840	其他应付款	贷	5 670
——A公司	借	36 000	应付职工薪酬	贷	7 000
——B公司	贷	160	应交税费	贷	28 000
其他应收款	借	6 895	应付利润	贷	22 974
在途物资	借	3 500	预提费用	贷	1 400
原材料	借	813 127	长期借款	贷	567 840
待摊费用	借	2 100	其中：一年内到期		185 000
生产成本	借	362 458	实收资本	贷	3 518 830
库存商品	借	75 600	资本公积	贷	140 000
长期股权投资	借	174 200	盈余公积	贷	89 600
固定资产	借	2 836 800	利润分配		
累计折旧	贷	983 920	——未分配利润	贷	2 961
在建工程	借	256 760			
无形资产	借	17 300			
长期待摊费用	借	31 500			
其中：一年内摊销完毕	借	15 000			
合　计		4 778 375	合　计		4 778 375

要求：根据上述资料编制资产负债表（填列本期数栏）

（二）［目的］练习资产负债表的编制

［资料］南海公司2023年12月31日有关账户的余额资料如下：

账户名称	借方金额	账户名称	贷方金额
库存现金	1 000	短期借款	40 000
银行存款	30 740	应付账款	64 800
应收账款	53 400	应交税费	16 400

原材料	56 000	实收资本	454 000
库存商品	72 460	本年利润	248 000
生产成本	12 800	累计折旧	143 200
固定资产	650 000		
利润分配	90 000		
合计 合计	966 400		

其中："应收账款"明细账户金额：A公司借方余额81 900元；B公司贷方余额25 300元；C公司贷方余额3 200元。"应付账款"明细账户金额：D公司贷方余额102 000元；E公司借方余额37 200元。

要求：根据上述资料，计算资产负债表中的货币资金、存货、应收账款、预付账款、固定资产、应付账款、预收账款、未分配利润、短期借款、实收资本等项目的金额，并列出必要的计算过程。

（三）［目的］练习利润表的编制

［资料］东方公司利润的结算平时采用表结法，年终采用账结法。2023年12月末转入"本年利润"账户的各损益类账户全年累计发生额见表8-6。

表8-6 **各损益类账户全年累计发生额** 单位：元

账户名称	借或贷	年末累计余额
主营业务收入	贷	2 605 900
税金及附加	借	130 000
主营业务成本	借	2 120 000
投资收益	贷	8 250
销售费用	借	42 800
管理费用	借	31 350
财务费用	借	12 380
其他业务收入	贷	30 900
其他业务成本	借	19 500
营业外收入	贷	16 000
营业外支出	借	8 020
所得税费用	借	98 010

要求：根据上述资料编制利润表（填列本期数栏）

（四）［目的］练习利润表的编制

［资料］大海公司为增值税一般纳税人，2023年12月份发生下列经济业务：

（1）企业销售材料一批，价款10 000元，增值税销项税额1 300元，货款及税金采用商业汇票结算，收到面额11 300的商业承兑汇票一张。

（2）企业按合同发出商品一批，价款130 000元、增值税销项税额16 900元、该货款已于上月预收，金额为100 000元（该企业未单独设置"预收账款"账户）

（3）企业用银行存款支付专设的销售部门销售产品的运杂费5 000元、向慈善机构支付捐款5 000元。

（4）企业以银行存款支付本季度的短期借款利息1 000元（未采用预提方式）。

（5）月末，结算本月应付行政管理部门人员的工资及福利11 400元。

（6）月末，按规定计算本月销售产品的消费税等销售税金2 500元。

（7）月末，结转已售产品的生产成本85 000元，已售材料的成本5 000元。

（8）月末，经批准盘盈存货的价值为500元。

（9）假设企业按月计算所得税费用，本月没有任何调整事项，企业根据利润总额计算本期应缴纳的所得税（所得税率为25%）。

要求：（1）根据上述材料编制会计分录。

（2）填制该企业2023年12月份利润表。

研讨与交流

一、随心所欲的万能会计报表

有人曾对中国现行财务报表做了如下描述。有的单位领导为某种需要，指使会计随心所欲地编造万能会计报表："如意表"——送给意向联营单位；"报喜表"——送给开户银行；"叫苦表"——送给税务部门；"如实表"——留给自己。

要求：假若会计就是你本人，请谈谈当你面对这种状况时应当怎么办？

二、校园百货店的资产负债表

小高系某知名财经大学会计学专业一年级学生，按专业教学计划安排，基础会计课程是其本学期的必修课之一。期中考试，他获得本门课程全班第一名的好成绩。经任课教师推荐，在5月初的社会实践周，小高争取到了在校园百货店实习做会计的机会，并于实习结束时依据该百货店4月份账户资料编制如下资产负债表（见表8-7）。

表8-7 资产负债表

编制单位：校园百货店　　2024年4月30日　　单位：元

资产	期末余额	负债和股东权益	期末余额
库存现金	5 000	应付账款	140 000
银行存款	395 000	应付票据	160 000
应收账款	500 000	坏账准备	5 000
库存商品	100 000	存货跌价准备	2 000
固定资产	2 000 000	累计折旧	600 000
		固定资产减值准备	38 000
		实收资本	2 000 000
		盈余公积	40 000
		利润分配	15 000
资产总计	3 000 000	负债及所有者权益总计	3 000 000

要求：（1）指出该资产负债表中存在哪些不妥或错误之处。

（2）计算该百货店4月末的资产总额。

第九章　会计循环和账务处理程序

【内容导读】

会计账务处理程序是指企业对交易或事项进行确认、计量、记录和报告的全过程。从会计方法应用的角度看，主要是利用会计凭证填制和审核、账簿登记和会计报表编制等方法，对企业发生的交易或事项进行处理的具体步骤。本章主要介绍会计账务处理程序的定义及其设计意义，在不同的会计账务处理程序下所采用的会计凭证、会计账簿和会计报表等载体，以及各种会计账务处理程序的内容、特点及其适用范围等。

【学习目标】

✔ 价值塑造目标

➢ 树立程序即秩序的理念，懂得良好的程序是完成任务的根本保障；

➢ 建立殊途同归的思维方式，明白不同的账务处理程序，其目的都是高效准确地编制财务报表；

➢ 理解分工合作、协调配合是提高工作效率的内在要求；

➢ 深入社会实践，丰富学识，培育创新精神。

✔ 知识传授目标

➢ 懂得账务处理程序是将会计凭证、会计账簿组织起来，以顺利编制出财务报表的方法；

➢ 懂得由于凭证、账簿和报表编制由不同人员负责，账务处理程序就是将不同工作岗位的人员组织起来，以简便和快捷的程序编制出财务报表；

➢ 理解账务处理程序主要有三种，即记账凭证账务处理程序、汇总记账凭证账务处理程序、科目汇总表账务处理程序，它们各有优缺点和适用场景；

➢ 理解账务处理程序一旦确定，就要严格执行，否则整个工作就会处于混乱状态。

✔ 能力培养目标

➢ 培养流程思维能力。流程是保障工作有条不紊、符合规范的手段；

➢ 培养将零散信息加以整合的能力。会计信息加工过程就是信息不断整合的过程。

第一节　会计循环

【导入案例】宏达公司是一个物流公司，其主营业务就是配货和运输，公司规模适中，业务量较大，但业务的种类少，重复业务较多，因此，在选择账务处理程序时，有人建议采取记账凭证账务处理程序，有人建议采用日记总账账务处理程序，结合案例，谈谈你的选择，并给出选择的理由。

一、会计循环的概念

会计循环是指在一个持续经营的会计主体中，就某一会计期间而言，从会计事项发生起至会计报表编制完成止的一系列会计处理程序，该程序始于期初，终于期末，并循环往复、周而复始地进行。它是会计人员根据会计准则，采取专门的方法，将日常经济业务中的零散、复杂的会计资料加工成为满足会计信息使用者所需信息的处理过程。不同的会计主体，即使其会计核算的内容千差万别，但其不同期间会计处理的基本程序即会计循环并无本质上的区别。

【提请注意】一般说来，由于企业要按月结账，编制会计报表，所以一个会计循环通常要历时一个月。

二、会计循环的基本步骤

一个完整的会计循环过程，主要由会计确认、会计计量、会计记录和会计报告四个环节组成，具体又细分为以下几个基本步骤：

（1）会计事项或交易发生时，应及时取得或填制原始凭证并分析经济业务，这是每个会计循环的起点。

【提请注意】会计人员处理的会计事项，不是企业发生的所有事项，仅仅是能够使会计要素发生变化的经济交易或事项。

（2）根据审核无误的原始凭证，编制会计分录，填制记账凭证。

（3）按经济业务发生时间的先后顺序，根据收、付款凭证及其所附的原始凭证登记日记账。

（4）按经济业务所涉及的会计账户，根据记账凭证及其所附的原始凭证，登记总分类账和明细分类账。

（5）根据总分类账和明细分类账编制试算平衡表，进行试算平衡，以检查账簿记录的正确性。

【提请注意】在企业会计实务中，试算平衡的具体做法可能有所不同。在一个完整的会计循环过程中，有的企业只进行一次试算平衡，有的企业也许进行两次甚至三次试算平衡，即试算平衡可以在每个会计循环过程中多次进行。

（6）根据权责发生制的要求，期末要对部分账项进行调整，编制调整分录并过账，如期末折旧费的计提、长期待摊费用的摊销等。

（7）结账，即结清收入、费用类账户，计算出当期利润；结出资产、负债和所有者权益类账户余额并转入下期。

【提请注意】期末账项调整和结账，一般都不会取得外来的或由本企业其他部门转来的原始凭证，通常需要由会计人员自行编制各种计算表据以入账。

（8）编制会计报表。会计期末，企业应根据账簿资料编制反映企业财务状况、经营成果和现金流量的各种报表，如资产负债表、利润表和现金流量表。它是会计循环的最后一个环节。

【课堂讨论】在一个会计循环过程中，试算平衡至少应进行几次？

第二节　账务处理程序

【导入案例】群康食品厂被主管税务机关核准为一般纳税人。该厂设有一个基本生产车间，主要生产奶油饼干，规模较小、经济业务量较少，记账凭证数量不多，该厂应选择和应用哪一种账务处理程序呢？

一、账务处理程序的意义和种类

（一）账务处理程序的意义

账务处理程序又称会计核算组织程序或会计核算形式，是账簿组织、记账程序和记账方法相互结合的方式。其中，账簿组织是指会计凭证和账簿的种类、格式，会计凭证与账簿之间的联系方式；记账程序和记账方法是指从原始凭证到编制记账凭证、登记明细分类账和总分类账、编制会计报表的工作程序和方法等。

科学、合理地选择适用于本单位的账务处理程序，对于有效地组织会计核算具有重要意义。

（1）可以保证会计管理各环节有条不紊地进行，有利于会计工作程序的规范化，加强岗位责任制，提高会计工作效率。

（2）可以正确、及时地提供会计信息，保证会计记录的完整性、正确性，并通过凭证、账簿和报表之间的牵制作用，增强会计信息的可靠性。

（3）可以减少不必要的核算环节和手续，避免烦琐重复，节约人力、物力和财力。

【提请注意】正确处理凭证、账簿和报表之间的相互联系和登账程序，是科学和合理地组织会计核算工作必须解决的一个重要问题，也是会计制度设计的一个重要方面。

选择合理的账务处理程序，一般应符合以下要求：①满足经济管理的需求；②适应本单位的规模大小、业务繁简以及经营活动的特点；③有助于简化核算手续，提高会计核算工作的质量和效率；④有利于会计人员的分工协作，便于建立岗位责任制；⑤适应会计电算化的要求。

（二）账务处理程序的种类

账簿组织、记账程序和记账方法结合方式不同，会形成不同的账务处理程序。目前，账务处理程序主要有记账凭证账务处理程序、汇总记账凭证账务处理程序、科目汇总表账务处理程序以及日记总账账务处理程序几种方式。

【提请注意】各种账务处理程序的主要区别就在于登记总账的依据和方法不同。

二、记账凭证账务处理程序

（一）记账凭证账务处理程序的概念

记账凭证账务处理程序是指对发生的经济业务事项，都是根据原始凭证或汇总原始凭证编制记账凭证，然后据以逐笔登记总分类账的一种账务处理程序。其特点是直接根据记账凭证逐笔登记总分类账。它是最基本的账务处理程序，其他各种账务处理程序都是在此基础上根据单位经营特点和管理要求而发展起来的。

（二）记账凭证账务处理程序下凭证与账簿的设置

在记账凭证账务处理程序下，可以分别设置收款凭证、付款凭证和转账凭证，用以分别反映日常发生的各种收款、付款和转账经济业务；也可以设置一种通用的记账凭证，用以反映各类业务。设置现金日记账和银行存款日记账，分别用来序时记录现金和银行存款的收支业务。设置明细分类账，进行必要的明细分类核算。设置总分类账，进行总分类核算。其中，现金日记账、银行存款日记账和总分类账一般采用三栏式，明细分类账根据需要可以采用三栏式、多栏式、数量金额式和横线登记式。

（三）记账凭证账务处理程序的核算步骤及其优缺点

1.记账凭证账务处理程序的核算步骤

（1）根据原始凭证编制汇总原始凭证。

（2）根据原始凭证或汇总原始凭证，编制记账凭证。

（3）根据收款凭证和付款凭证及所附原始凭证，逐笔登记现金日记账和银行存款日记账。

（4）根据原始凭证、汇总原始凭证和记账凭证，登记各种明细分类账。

（5）根据各种记账凭证逐笔登记总分类账。

（6）月末，现金日记账、银行存款日记账和各明细分类账的余额与有关总分类账的余额相核对。

（7）月末，根据总分类账和明细分类账的有关资料，编制会计报表。

记账凭证账务处理程序如图9-1所示。

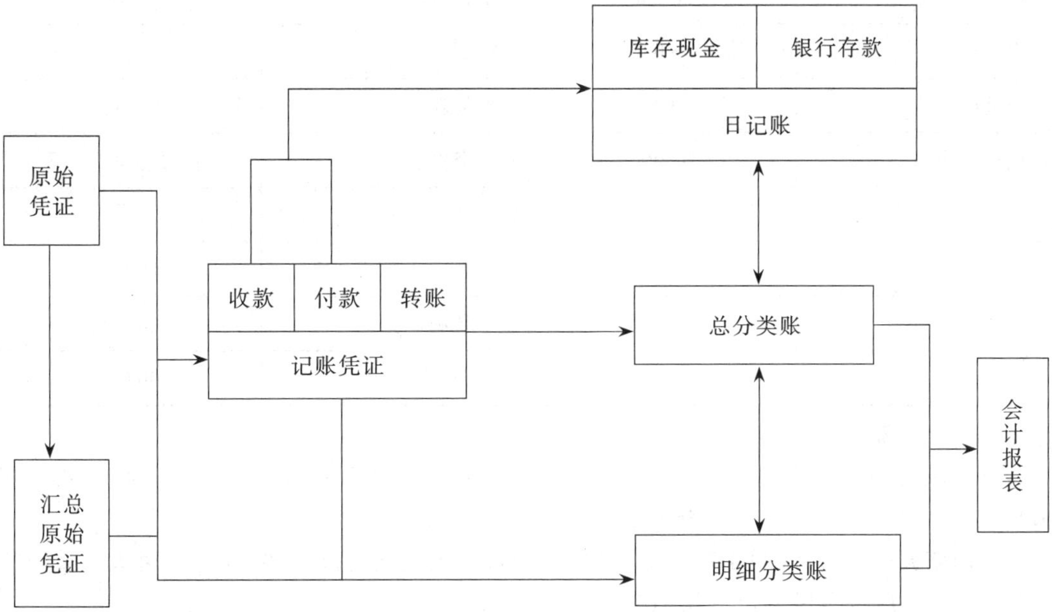

图9-1　记账凭证账务处理程序

2.记账凭证账务处理程序的优缺点

记账凭证账务处理程序的优点是：①简单明了，易于理解。②手续简便。由于根据记账凭证直接登记总分类账，不进行中间汇总，会计处理十分简便。③总分类账可以较详细地反映经济业务的发生情况。其缺点是：直接根据记账凭证登记总分类账，登记总分类账的工作量较大。因此，记账凭证账务处理程序适用于规模较小、经济业务比较简单、记账凭证不多的单位。

（四）记账凭证账务处理程序的应用举例

下面以东方公司2023年12月份的有关资料为例，说明记账凭证账务处理程序的应用。

1.期初有关账户总分类账余额

有关总分类账户期初余额见表9-1。

表9-1 **总分类账户期初余额表**

2023年12月1日 单位：元

账户	借方余额	账户	贷方余额
库存现金	980	累计折旧	700 510
银行存款	1 067 130.25	累计摊销	17 800
应收票据	5 000	短期借款	70 000
应收账款	1 120 560	应付票据	30 000
原材料	56 990	应付账款	94 750
生产成本	23 650	其他应付款	640
库存商品	360 000	应付职工薪酬	70 062
长期股权投资	566 700	应交税费	99 000
固定资产	2 276 030	应付利息	1 600
无形资产	150 000	长期借款	400 000
长期待摊费用	51 000	实收资本	3 200 000
		资本公积	8 860
		盈余公积	100 600
		本年利润	784 218.25
		利润分配	100 000

2.有关详细资料

（1）该公司应收账款1 120 560元。其中，应收光明公司12 000元，应收友联公司900 000元，应收新南公司208 560元。

（2）该公司应付账款94 750元。其中，应付光大公司货款3 000元，应付大新公司货款50 000元，应付东风公司货款41 750元。

（3）该公司原材料56 990元。其中，甲材料10 000千克，每千克5.09元，计50 900元；乙材料500千克，每千克4.18元，计2 090元；丙材料2 000千克，每千克2元，计4 000元。

（4）该公司库存商品360 000元。其中，A产品1 500件，单位成本为每件80元，计120 000元；B产品2 000件，单位成本为每件120元，计240 000元。

（5）在产品生产成本23 650元。其中，A在产品直接材料7 000元，直接人工2 280元，制造费用1 224元，共计10 504元；B在产品直接材料8 000元，直接人工2 508元，制造费用2 638元，共计13 146元。

（6）该公司为增值税一般纳税人，增值税税率为13%。

（7）该公司企业所得税税率为25%。

（8）该公司原材料按实际成本法核算。

3.该公司2023年12月份发生的经济业务

（1）12月1日，收到光明公司归还上月所欠货款12 000元，存入银行。

（2）12月2日，从明达公司购入甲材料50 000千克，价款为254 500元，注明的增值税税额为33 085元，材料尚未到达，货款以银行存款支付。

（3）12月3日，从银行提取现金900元备用。

（4）12月3日，以库存现金预付办公室主任王雷差旅费900元。

（5）12月4日，从明达公司购入的甲材料验收入库，按其实际成本转账。

（6）12月6日，从大新公司购入乙材料20 000千克，价款为83 600元，注明的增值税税额为10 868元，材料尚未到达，货款未付。

（7）12月6日，行政管理部门购买办公用品200元，取得普通发票，以库存现金支付，购入后即被领用。

（8）12月7日，经批准从银行借入期限为6个月的借款50 000元，存入银行。

（9）12月10日，从大新公司购入的乙材料验收入库，按其实际成本转账。

（10）12月10日，仓库发出下列材料（根据领料单汇总），见表9-2。

表9-2　**发料汇总表**　金额单位：元

用途	甲材料			乙材料			丙材料			合计
	数量	单价	金额	数量	单价	金额	数量	单价	金额	
制造A产品	20 000	5.09	101 800	10 000	4.18	41 800				143 600
制造B产品	15 000	5.09	76 350	8 000	4.18	33 440				109 790
车间一般耗用							100	2	200	200
管理部门耗用							50	2	100	100
合计	35 000	5.09	178 150	18 000	4.18	75 240	150	2	300	253 690

（11）12月10日，以银行存款支付上月应交的增值税90 000元，城市维护建设税6 300元，教育费附加2 700元。

（12）12月12日，收到某华侨无偿捐赠的现金10 000元，存入银行。

（13）12月12日，办公室主任王雷出差归来，报销差旅费800元，交回现金100元。

（14）12月13日，销售给楚天公司A产品2 000件，每件售价140元，价款计280 000元；B产品800件，每件售价180元，价款计144 000元；货款总额为424 000元，应收取的增值税税额为55 120元，货款已收到，存入银行存款户。

（15）12月14日，以银行存款支付市电视台广告费12 000元。

（16）12月15日，从银行提取现金35 000元，以备发放本月份工资。

（17）12月15日，用现金发放本月份职工工资35 000元。

（18）12月18日，销售给友联公司甲材料3 000千克，每千克售价7元，开出增值税专用发票，货款21 000元，增值税2 730元，款项尚未收到。

（19）12月20日，以账面余额为46 000元，累计摊销为6 000元的专利权向万连公司进行长期股权投资，双方协议价格为40 000元。

（20）12月22日，以银行存款支付本月电话费847.70元。

（21）12月23日，销售给南方公司A产品1 000件，每件售价140元，价款计140 000元；B产品2 000件，每件售价180元，价款计360 000元；货款总额为500 000元，应收取的增值税税额为65 000元，收到期限为4个月、票面金额为565 000元的银行承兑汇票一张。

（22）12月25日，由宁远公司承兑的商业承兑汇票到期，对方无力支付款项，金额为5 000元，按规定转为应收账款。

（23）12月28日，收到星海电机厂投入的设备一台，经评估确认价值为130 000元。

（24）12月31日，预提本月应负担的借款利息800元。

（25）12月31日，以银行存款支付借款利息2 400元（已预提）。

（26）12月31日，提取本月折旧11 000元，其中生产车间8 000元，行政管理部门3 000元。

（27）12月31日，分配本月职工工资35 000元。其中，生产工人工资30 000元（A产品生产工人工资16 000元，B产品生产工人工资14 000元），车间管理人员工资4 000元，行政管理部门工资1 000元。

（28）12月31日，计提本月职工福利费4 900元。其中，生产工人福利费4 200元（A产品生产工人福利费2 240元，B产品生产工人福利费1 960元），车间管理人员福利费560元，行政管理部门福利费140元。

（29）12月31日，摊销应由本月承担的无形资产摊销900元，长期待摊费用600元，均计入管理费用。

（30）12月31日，结转本月制造费用，按产品的生产工时比例分配。其中，A产品的生产工时12 000小时，B产品生产工时8 000小时。

（31）12月31日，本月A产品、B产品全部完工，结转本月完工产品成本，其中，A产品完工2 250件，B产品完工1 200件。

（32）12月31日，结转本月销售产品成本。

（33）12月31日，结转本月销售甲材料成本。

（34）12月31日，经查，本月“应交税费——应交增值税”账户借方栏“进项税额”为43 953元，贷方栏“销项税额”为122 850元，抵扣后本月应交增值税税额为78 897元。根据本月应交增值税税额的7%提取应交城市维护建设税，按3%提取应交教育费附加。

（35）12月31日，企业在财产清查中，发现盘亏设备一台，其原值是6 000元，已提折旧2 000元，列账待查。

（36）12月31日，上述盘亏设备经批准按规定程序转为营业外支出。

（37）12月31日，企业在财产清查中，查明应付光大公司的货款3 000元确实无法支付，经批准转为营业外收入。

（38）12月31日，将本月有关损益类账户结转至“本年利润”账户。

（39）12月31日，按规定税率25%计算结转本月应交的企业所得税。

（40）12月31日，将全年实现的净利润转入“利润分配——未分配利润”明细账户。

（41）12月31日，按本年税后利润的10%提取法定盈余公积。

（42）12月31日，按规定计算出应支付给投资者的利润为200 000元。

（43）12月31日，将“利润分配”账户的其他明细科目转入“利润分配——未分配利润”明细账户。

4.东方公司2023年12月份账务处理程序

（1）编制会计分录，填制记账凭证。

例题1会计分录：

借：银行存款　　12 000

　贷：应收账款——光明公司　　12 000

如果企业采用收付转系列凭证，则填制如表9-3所示的收款凭证（注：后续例题只编制会计分录，收款凭证与记账凭证的填制与例题1类似，不再一一列举）。

表9-3　**收款凭证**

借方科目：银行存款　　2023年12月1日　　收字第1号

摘要	贷方科目		金额	记账
	一级科目	明细科目		
收回光明公司货款	应收账款	光明公司	12 000.00	√
合计			¥12 000.00	

会计主管：　记账：××××　出纳：××　审核：××　制单：××

如果企业采用通用记账凭证，则填制如表9-4所示的记账凭证。

表9-4　**记账凭证**

2023年12月1日　　记字第1号

摘要	会计科目		借方金额	记账	贷方金额	记账
	一级科目	明细科目				
收回光明公司货款	银行存款		12 000.00	√		
	应收账款	光明公司			12 000.00	√
合计			¥12 000.00		¥12 000.00	

会计主管：　记账：××　出纳：××　审核：××　制单：××

例题2会计分录：

借：在途物资——甲材料　254 500

　　应交税费——应交增值税（进项税额）　33 085

　贷：银行存款　287 585

如果企业采用收付转系列凭证，则填制如表9-5所示的付款凭证（注：后续例题只编制会计分录，付款凭证与记账凭证的填制与例题2类似，不再一一列举）。

表9-5　**付款凭证**

贷方科目：银行存款　2023年12月2日　付字第1号

摘要	借方科目		金额	记账
	一级科目	明细科目		
购甲材料	在途物资	甲材料	254 500.00	√
	应交税费	应交增值税（进项税额）	33 085.00	√
合计			¥287 585.00	

会计主管：　记账：××　出纳：××　审核：××　制单：××

如果企业采用通用记账凭证，则填制如表9-6所示的记账凭证。

表9-6　**记账凭证**

2023年12月2日　记字第2号

摘要	会计科目		借方金额	记账	贷方金额	记账
	一级科目	明细科目				
购买材料	在途物资	甲材料	254 500.00	√		
	应交税费	应交增值税（进项税额）	33 085.00	√		
	银行存款				287 585.00	√
合计			¥287 585.00		¥287 585.00	

会计主管：　记账：××　出纳：××　审核：××　制单：××

例题3会计分录：

借：库存现金　900

　贷：银行存款　900

例题4会计分录：

借：其他应收款——王雷　900

贷：库存现金　900

例题5会计分录：

借：原材料——甲材料　254 500

贷：在途物资——甲材料　254 500

如果采用收付转系列凭证，则需填制如表9-7所示的转账凭证（注：后续例题只编制会计分录，转账凭证与记账凭证的编制与例题4一样）。

表9-7

转账凭证

2023年12月4日　转字第1号

摘要	会计科目		借方金额	记账	贷方金额	记账
	一级科目	明细科目				
甲材料入库	原材料	甲材料	254 500.00	√		
	在途物资	甲材料			254 500.00	√
合计			¥254 500.00		¥254 500.00	

会计主管：　记账：××　出纳：××　审核：××　制单：××

如果采用通用记账凭证，则需填制如表9-8所示的记账凭证，其格式与转账凭证类似。

表9-8

记账凭证

2023年12月4日　记字第3号

摘要	会计科目		借方金额	记账	贷方金额	记账
	一级科目	明细科目				
甲材料入库	原材料	甲材料	254 500.00	√		
	在途物资	甲材料			254 500.00	√
合计			¥254 500.00		¥254 500.00	

会计主管：　记账：××　出纳：××　审核：××　制单：××

例题6会计分录：

借：在途物资——乙材料　83 600

应交税费——应交增值税（进项税额）　10 868

贷：应付账款——大新公司　94 468

例题7会计分录：

借：管理费用——办公费 200

贷：库存现金 200

例题8会计分录：

借：银行存款 50 000

贷：短期借款 50 000

例题9会计分录：

借：原材料——乙材料 83 600

贷：在途物资——乙材料 83 600

例题10会计分录：

借：生产成本——A产品 143 600

——B产品 109 790

制造费用 200

管理费用 100

贷：原材料——甲材料 178 150

——乙材料 75 240

——丙材料 300

例题11会计分录：

借：应交税费——应交增值税（已交税金） 90 000

——应交城市维护建设税 6 300

——应交教育费附加 2 700

贷：银行存款 99 000

例题12会计分录：

借：银行存款 10 000

贷：营业外收入 10 000

例题13会计分录：

借：管理费用——差旅费 800

库存现金 100

贷：其他应收款——王雷 900

例题14会计分录：

借：银行存款 479 120

贷：主营业务收入——A产品 280 000

——B产品 144 000

应交税费——应交增值税（销项税额） 55 120

例题15会计分录：

借：销售费用——广告费 12 000

贷：银行存款 12 000

例题16会计分录：

借：库存现金 35 000

贷：银行存款 35 000

例题17会计分录：

借：应付职工薪酬——工资 35 000

贷：库存现金 35 000

例题18会计分录：

借：应收账款——友联公司 23 730

贷：其他业务收入——甲材料 21 000

应交税费——应交增值税（销项税额） 2 730

例题19会计分录：

借：长期股权投资 40 000

累计摊销 6 000

贷：无形资产 46 000

【提请注意】企业以无形资产对外投资，应按照初始投资成本计价，借记“长期股权投资”账户，按已计提的无形资产摊销额，借记“累计摊销”账户，贷记“无形资产”账户。“累计摊销”账户属于“无形资产”账户的调整账户，贷方登记企业计提的无形资产摊销，借方登记处置无形资产转出的累计摊销，期末贷方余额，反映企业无形资产的累计摊销额。

例题20会计分录：

借：管理费用——电话费 847.70

贷：银行存款 847.70

例题21会计分录：

借：应收票据 565 000

贷：主营业务收入——A产品 140 000

——B产品 360 000

应交税费——应交增值税（销项税额） 65 000

例题22会计分录：

借：应收账款——宁远公司 5 000

贷：应收票据——宁远公司 5 000

【提请注意】应收票据是指企业因销售商品、提供劳务等而收到的商业汇票。商业汇票是一种由出票人签发的，委托付款人在指定日期无条件支付确定金额给收款人或者持票人的票据。商业汇票的付款期限，最长不超过6个月。根据承兑人不同，商业汇票分为商业承兑汇票和银行承兑汇票。商业承兑汇票的付款人收到开户银行的付款通知，应在当日通知银行付款。付款人在接到通知日的次日起3日内未通知银行付款的，视同付款人承诺付款，银行将于付款人接到通知日的次日起第四日上午开始营业时，将票款划给持票人。银行在办理划款时，付款人存款账户不足支付的，银行应填制付款人未付票款通知书，连同商业承兑汇票邮寄持票人开户银行转交持票人。持票人此时应将应收票据转为应收账款处理。

例题23会计分录：

借：固定资产——设备 130 000

贷：实收资本——星海电机厂 130 000

例题24会计分录：

借：财务费用 800

贷：应付利息 800

例题25会计分录：

借：应付利息 2 400

贷：银行存款 2 400

例题26会计分录：

借：制造费用 8 000

管理费用 3 000

贷：累计折旧 11 000

例题27会计分录：

借：生产成本——A产品 16 000

——B产品 14 000

制造费用 4 000

管理费用 1 000

贷：应付职工薪酬——工资 35 000

例题28会计分录：

借：生产成本——A产品 2 240

——B产品 1 960

制造费用 560

管理费用 140

贷：应付职工薪酬——福利费 4 900

例题29会计分录：

借：管理费用 1 500

贷：累计摊销 900

长期待摊费用 600

【提请注意】长期待摊费用是指企业已经发生但应由本期和以后各期负担的分摊期限在1年以上的各项费用，如以经营租赁方式租入的固定资产发生的改良支出等。

例题30会计分录：

借：生产成本——A产品 7 656

——B产品 5 104

贷：制造费用 12 760

例题31会计分录：

借：库存商品——A产品 180 000

——B产品 144 000

贷：生产成本——A产品 180 000

——B产品 144 000

例题32会计分录：

借：主营业务成本——A产品　　240 000
　　　　　　　　——B产品　　336 000
　贷：库存商品——A产品　　240 000
　　　　　　　——B产品　　336 000

例题33会计分录：

借：其他业务成本　　15 270
　贷：原材料——甲材料　　15 270

例题34会计分录：

借：税金及附加　　7 889.70
　贷：应交税费——应交城市维护建设税　　5 522.79
　　　　　　　——应交教育费附加　　2 366.91

例题35会计分录：

借：待处理财产损溢　　4 000
　　累计折旧　　2 000
　贷：固定资产　　6 000

例题36会计分录：

借：营业外支出　　4 000
　贷：待处理财产损溢　　4 000

例题37会计分录：

借：应付账款——光大公司　　3 000
　贷：营业外收入　　3 000

例题38会计分录：

借：主营业务收入——A产品　　420 000
　　　　　　　　——B产品　　504 000
　　其他业务收入　　21 000
　　营业外收入　　13 000
　贷：本年利润　　958 000

借：本年利润　　623 547.40
　贷：主营业务成本——A产品　　240 000.00
　　　　　　　　　——B产品　　336 000.00
　　　其他业务成本　　15 270.00
　　　税金及附加　　7 889.70
　　　销售费用　　12 000.00
　　　管理费用　　7 587.70
　　　财务费用　　800.00
　　　营业外支出　　4 000.00

例题39会计分录：

借：所得税费用　　83 613.15
　贷：应交税费——应交所得税　　83 613.15

借：本年利润　　83 613.15

　贷：所得税费用　　83 613.15

例题40会计分录：

借：本年利润　　1 035 057.70

　贷：利润分配——未分配利润　　1 035 057.70

例题41会计分录：

借：利润分配——提取法定盈余公积　　103 505.77

　贷：盈余公积　　103 505.77

例题42会计分录：

借：利润分配——应付利润　　200 000

　贷：应付利润　　200 000

例题43会计分录：

借：利润分配——未分配利润　　303 505.77

　贷：利润分配——提取法定盈余公积　　103 505.77

　　　　　　——应付利润　　200 000.00

（2）登记现金日记账和银行存款日记账，见表9-9和表9-10。

表9-9　**现金日记账**　第　页

2023年		凭证号数	摘要	对方科目	收入	支出	结余
月	日						
12	1		月初余额				980
	3	付2	提现备用	银行存款	900		1 880
	3	付3	预付王雷差旅费	其他应收款		900	980
	6	付4	购买办公用品	管理费用		200	780
	12	收4	王雷差旅费剩余款	其他应收款	100		880
	15	付7	提现备发工资	银行存款	35 000		35 880
	15	付8	发放工资	应付职工薪酬		35 000	880
	31		本月合计		36 000	36 100	880

表9-10　**银行存款日记账**　第　页

2023年		凭证号数	摘要	对方科目	收入	支出	结余
月	日						
12	1		月初余额				1 067 130.25
	1	收1	收回货款	应收账款	12 000		1 079 130.25
	2	付1	购入甲材料	在途物资		287 585	791 545.25

续表

2023年		凭证号数	摘要	对方科目	收入	支出	结余
月	日						
	3	付2	提取现金备用	库存现金		900	790 645.25
	7	收2	借入短期借款	短期借款	50 000		840 645.25
	10	付5	缴纳税金	应交税费		99 000	741 645.25
	12	收3	接受捐赠	营业外收入	10 000		751 645.25
	13	收5	销售产品	主营业务收入等	479 120		1 230 765.25
	14	付6	支付广告费	销售费用		12 000	1 218 765.25
	15	付7	提现备发工资	库存现金		35 000	1 183 765.25
	22	付9	支付电话费	管理费用		847.70	1 182 917.55
	31	付10	支付利息	应付利息		2 400	1 180 517.55
	31		本月合计		551 120	437 132.70	1 180 517.55

（3）登记明细账。以下仅列示“原材料明细分类账”、“管理费用明细分类账”和“生产成本明细账”，说明数量金额式和多栏式明细分类账的登记方法，见表9-11至表 9-16。至于三栏式明细分类账的登记，由于其与总分类账的登记方法相同，此处从略。

表9-11　　**原材料明细分类账**

类别：略　　编　号：略

品名或规格：甲材料　　存放地点：略

储备定额：略　　计量单位：千克

2023年		凭证号数	摘要	收入			发出			结存		
月	日			数量	单价	金额	数量	单价	金额	数量	单价	金额
12	1		月初余额							10 000	5.09	50 900
	4	转1	购入	50 000	5.09	254 500				60 000	5.09	305 400
	10	转4	领用				35 000	5.09	178 150	25 000	5.09	127 250
	31	转19	销售				3 000	5.09	15 270	22 000	5.09	111 980
	31		本月合计	50 000	5.09	254 500	38 000	5.09	193 420	22 000	5.09	111 980

表 9-12

原材料明细分类账

类别：略　　编　　号：略

品名或规格：乙材料　　存放地点：略

储备定额：略　　计量单位：千克

2023年		凭证号数	摘要	收入			发出			结存		
月	日			数量	单价	金额	数量	单价	金额	数量	单价	金额
12	1		月初余额							500	4.18	2 090
	10	转 3	购入	20 000	4.18	83 600				20 500	4.18	85 690
	10	转 4	领用				18 000	4.18	75 240	2 500	4.18	10 450
	31		本月合计	20 000	4.18	83 600	18 000	4.18	75 240	2 500	4.18	10 450

表 9-13

原材料明细分类账

类别：略　　编　　号：略

品名或规格：丙材料　　存放地点：略

储备定额：略　　计量单位：千克

2023年		凭证号数	摘要	收入			发出			结存		
月	日			数量	单价	金额	数量	单价	金额	数量	单价	金额
12	1		月初余额							2 000	2.00	4 000
	10	转 4	领用				150	2.00	300	1 850	2.00	3 700
	31		本月合计				150	2.00	300	1 850	2.00	3 700

表 9-14

管理费用明细分类账

2023年		凭证号数	摘要	借方						合计
月	日			职工薪酬	物料消耗	折旧费	办公费	差旅费	其他	
12	6	付 4	支付办公费				200			200
	10	转 4	领用材料		100			800		100
	12	转 5	差旅费				847.70			800
	22	付 9	电话费							847.70
	31	转 12	计提折旧			3 000				3 000
	31	转 13	工资	1 000						1 000
	31	转 14	福利费	140						140
	31	转 15	摊销						1 500	1 500
	31	转 25	结转	1 140	100	3 000	1 047.70	800	1 500	7 587.70

表 9-15　　生产成本明细账

产品品种：A 产品

2023年		凭证号数	摘要	直接材料	直接人工	制造费用	合计
月	日						
12	1		月初余额	7 000	2 280	1 224	10 504
	10	转 4	领用材料	143 600			143 600
	31	转 13	工资		16 000		16 000
	31	转 14	福利费		2 240		2 240
	31	转 16	转入制造费用			7 656	7 656
	31		本月合计	150 600	20 520	8 880	180 000
	31	转 17	结转完工产品成本	150 600	20 520	8 880	180 000

表 9-16　　生产成本明细账

产品品种：B 产品

2023年		凭证号数	摘要	直接材料	直接人工	制造费用	合计
月	日						
12	1		月初余额	8 000	2 508	2 638	13 146
	10	转 4	领用材料	109 790			109 790
	31	转 13	工资		14 000		14 000
	31	转 14	福利费		1 960		1 960
	31	转 16	转入制造费用			5 104	5 104
	31		本月合计	117 790	18 468	7 742	144 000
	31	转 17	结转完工产品成本	117 790	18 468	7 742	144 000

（4）登记总分类账，见表 9-17 至表 9-58。

表 9-17　　库存现金总账

2023年		凭证号数	摘要	借方	贷方	借或贷	结余
月	日						
12	1		月初余额			借	980
	3	付 2	提现备用	900		借	1 880
	3	付 3	预付王雷差旅费用		900	借	980
	6	付 4	购买办公用品		200	借	780
	12	收 4	王雷差旅费剩余款	100		借	880
	15	付 7	提现备发工资	35 000		借	35 880
	15	付 8	发放工资		35 000	借	880
	31		本月合计	36 000	36 100	借	880

表 9-18

银行存款总账

2023年		凭证号数	摘要	借方	贷方	借或贷	余额
月	日						
12	1		月初余额			借	1 067 130.25
	1	收 1	收回货款	12 000		借	1 079 130.25
	2	付 1	购入甲材料		287 585	借	791 545.25
	3	付 2	提取现金备用		900	借	790 645.25
	7	收 2	借入短期借款	50 000		借	840 645.25
	10	付 5	缴纳税金		99 000	借	741 645.25
	12	收 3	接受捐赠	10 000		借	751 645.25
	13	收 5	销售产品	479 120		借	1 230 765.25
	14	付 6	支付广告费		12 000	借	1 218 765.25
	15	付 7	提现备发工资		35 000	借	1 183 765.25
	22	付 9	支付电话费		847.70	借	1 182 917.55
	31	付 10	支付利息		2 400	借	1 180 517.55
	31		本月合计	551 120	437 732.70	借	1 180 517.55

表 9-19

应收票据总账

2023年		凭证号数	摘要	借方	贷方	借或贷	余额
月	日						
12	1		月初余额			借	5 000
	23	转 8	销货	565 000		借	570 000
	25	转 9	到期对方无力支付		5 000	借	565 000
	31		本月合计	565 000	5 000	借	565 000

表 9-20

应收账款总账

2023年		凭证号数	摘要	借方	贷方	借或贷	余额
月	日						
12	1		月初余额			借	1 120 560
	1	收 1	收回货款		12 000	借	1 108 560
	18	转 6	销售材料	23 730		借	1 132 290
	25	转 9	商业汇票到期对方无力支付	5 000		借	1 137 290
	31		本月合计	28 730	12 000	借	1 137 290

表 9-21　　其他应收款总账

2023年		凭证号数	摘要	借方	贷方	借或贷	余额
月	日						
12	3	付 3	预付王雷差旅费	900		借	900
	12	转 5	王雷报销差旅费		800	借	100
	12	收 4	王雷差旅费剩余款		100	平	0
	31		本月合计	900	900	平	0

表 9-22　　在途物资总账

2023年		凭证号数	摘要	借方	贷方	借或贷	余额
月	日						
12	2	付 1	购入甲材料	254 500		借	254 500
	4	转 1	甲材料入库		254 500	平	0
	6	转 2	购入乙材料	83 600		借	83 600
	10	转 3	乙材料入库		83 600	平	0
	31		本月合计	338 100	338 100	平	0

表 9-23　　原材料总账

2023年		凭证号数	摘要	借方	贷方	借或贷	余额
月	日						
12	1		月初余额			借	56 990
	4	转 1	甲材料入库	254 500		借	311 490
	10	转 3	乙材料入库	83 600		借	395 090
	10	转 4	领用材料		253 690	借	141 400
	31	转 19	销售材料成本		15 270	借	126 130
	31		本月合计	338 100	268 960	借	126 130

表 9-24　　库存商品总账

2023年		凭证号数	摘要	借方	贷方	借或贷	余额
月	日						
12	1		月初余额			借	360 000
	31	转 17	转入完工产品成本	324 000		借	684 000
	31	转 18	结转销售产品成本		576 000	借	108 000
	31		本月合计	324 000	576 000	借	108 000

表 9-25 **长期股权投资总账**

2023年		凭证号数	摘要	借方	贷方	借或贷	余额
月	日						
12	1		月初余额			借	566 700
	20	转 7	以无形资产对外投资	40 000		借	606 700
	31		本月合计	40 000		借	606 700

表 9-26 **固定资产总账**

2023年		凭证号数	摘要	借方	贷方	借或贷	余额
月	日						
12	1		月初余额			借	2 276 030
	28	转 10	收到投资者投资	130 000		借	2 406 030
	31	转 21	盘亏		6 000	借	2 400 030
	31		本月合计	130 000	6 000	借	2 400 030

表 9-27 **累计折旧总账**

2023年		凭证号数	摘要	借方	贷方	借或贷	余额
月	日						
12	1		月初余额			贷	700 510
	31	转 12	提取本月折旧		11 000	贷	711 510
	31	转 21	盘亏	2 000		贷	709 510
	31		本月合计	2 000	11 000	贷	709 510

表 9-28 **无形资产总账**

2023年		凭证号数	摘要	借方	贷方	借或贷	余额
月	日						
12	1		月初余额			借	150 000
	20	转 7	以无形资产对外投资		46 000	借	104 000
	31		本月合计		46 000	借	104 000

表 9-29 **累计摊销总账**

2023年		凭证号数	摘要	借方	贷方	借或贷	余额
月	日						
12	1		月初余额			贷	17 800
	20	转 7	以无形资产对外投资	6 000		贷	11 800
	31	转 15	摊销无形资产		900	贷	12 700
	31		本月合计	6 000	900	贷	12 700

表 9-30　　长期待摊费用总账

2023年		凭证号数	摘要	借方	贷方	借或贷	余额
月	日						
12	1		月初余额			借	51 000
	31	转 15	摊销		600	借	50 400
	31		本月合计		600	借	50 400

表 9-31　　待处理财产损溢总账

2023年		凭证号数	摘要	借方	贷方	借或贷	余额
月	日						
12	31	转 21	盘亏固定资产	4 000		借	4 000
	31	转 22	经批准转销		4 000	平	0
	31		本月合计	4 000	4 000	平	0

表 9-32　　短期借款总账

2023年		凭证号数	摘要	借方	贷方	借或贷	余额
月	日						
12	1		月初余额			贷	70 000
	7	收 2	借入短期借款		50 000	贷	120 000
	31		本月合计		50 000	贷	120 000

表 9-33　　应付票据总账

2023年		凭证号数	摘要	借方	贷方	借或贷	余额
月	日						
12	1		月初余额			贷	30 000
	31		本月合计			贷	30 000

表 9-34　　应付账款总账

2023年		凭证号数	摘要	借方	贷方	借或贷	余额
月	日						
12	1		月初余额			贷	94 750
	6	转 2	购入乙材料款暂欠		94 468	贷	189 218
	31	转 23	结转无法支付款项	3 000		贷	186 218
	31		本月合计	3 000	94 468	贷	186 218

表 9-35　　其他应付款总账

2023年		凭证号数	摘要	借方	贷方	借或贷	余额
月	日						
12	1		月初余额			贷	640
	31		本月合计			贷	640

表 9-36　　应付职工薪酬总账

2023年		凭证号数	摘要	借方	贷方	借或贷	余额
月	日						
12	1		月初余额			贷	70 062
	15	付 8	支付工资	35 000		贷	35 062
	31	转 13	分配本月工资		35 000	贷	70 062
	31	转 14	计提应付福利费		4 900	贷	74 962
	31		本月合计	35 000	39 900	贷	74 962

表 9-37　　应交税费总账

2023年		凭证号数	摘要	借方	贷方	借或贷	余额
月	日						
12	1		月初余额			贷	99 000
	2	付 1	购进甲材料进项税	33 085		贷	65 915
	6	转 2	购进乙材料进项税	10 868		贷	55 047
	10	付 5	缴纳税金	99 000		借	43 953
	13	收 5	销售产品销项税		55 120	贷	11 167
	18	转 6	销售材料销项税		2 730	贷	13 897
	23	转 8	销售产品销项税		65 000	贷	78 897
	31	转 20	计算城市维护建设税、教育费附加		7 889.70	贷	86 786.70
	31	转 26	计算本月所得税		83 613.15	贷	170 399.85
	31		本月合计	142 953	214 352.85	贷	170 399.85

表 9-38　　应付利息总账

2023年		凭证号数	摘要	借方	贷方	借或贷	余额
月	日						
12	1		月初余额			贷	1 600
	31	转 11	预提本月借款利息		800	贷	2 400
	31	付 10	支付利息	2 400		平	0
	31		本月合计	2 400	800	平	0

表 9-39　　应付利润总账

2023年		凭证号数	摘要	借方	贷方	借或贷	余额
月	日						
12	31	转 29	应付给投资者利润		200 000	贷	200 000
	31		本月合计		200 000	贷	200 000

表 9-40　　长期借款总账

2023年		凭证号数	摘要	借方	贷方	借或贷	余额
月	日						
12	1		月初余额			贷	400 000
	31		本月合计			贷	400 000

表 9-41　　生产成本总账

2023年		凭证号数	摘要	借方	贷方	借或贷	余额
月	日						
12	1		月初余额			借	23 650
	10	转 4	领用材料	253 390		借	277 040
	31	转 13	计提生产工人工资	30 000		借	307 040
	31	转 14	计提生产工人福利费	4 200		借	311 240
	31	转 16	转入制造费用	12 760		借	324 000
	31	转 17	结转完工产品成本		324 000	平	0
	31		本月合计	300 350	324 000	平	0

表 9-42　　制造费用总账

2023年		凭证号数	摘要	借方	贷方	借或贷	余额
月	日						
12	10	转 4	领用材料	200		借	200
	31	转 12	计提折旧	8 000		借	8 200
	31	转 13	计提车间管理人员工资	4 000		借	12 200
	31	转 14	计提车间管理人员福利费	560		借	12 760
	31	转 16	结转本月制造费用		12 760	平	0
	31		本月合计	12 760	12 760	平	0

表 9-43 **实收资本总账**

2023年		凭证号数	摘要	借方	贷方	借或贷	余额
月	日						
12	1		月初余额			贷	3 200 000
	28	转 10	接受投资		130 000	贷	3 330 000
	31		本月合计		130 000	贷	3 330 000

表 9-44 **资本公积总账**

2023年		凭证号数	摘要	借方	贷方	借或贷	余额
月	日						
12	1		月初余额			贷	8 860
	31		本月合计			贷	8 860

表 9-45 **盈余公积总账**

2023年		凭证号数	摘要	借方	贷方	借或贷	余额
月	日						
12	1		月初余额			贷	100 600
	31	转 28	提取法定盈余公积		103 505.77	贷	204 105.77
	31		本月合计		103 505.77	贷	204 105.77

表 9-46 **本年利润总账**

2023年		凭证号数	摘要	借方	贷方	借或贷	余额
月	日						
12	1		月初余额			贷	784 218.25
	31	转 24	转入收入类账户		958 000	贷	1 742 218.25
	31	转 25	转入成本类账户	623 547.40		贷	1 118 670.85
	31	转 26	转入本月所得税	83 613.15		贷	1 035 057.70
	31	转 27	结转本年净利润	1 035 057.70		平	0
	31		本月合计	1 742 218.25	958 000	平	0

表 9-47 **利润分配总账**

2023年		凭证号数	摘要	借方	贷方	借或贷	余额
月	日						
12	1		月初余额			贷	100 000

续表

2023年		凭证号数	摘要	借方	贷方	借或贷	余额
月	日						
	31	转27	结转本年净利润		1 035 057.70	贷	1 135 057.70
	31	转28	提取法定盈余公积	103 505.77		贷	1 031 551.93
	31	转29	向投资者分配利润	200 000		贷	831 551.93
	31	转30	结转利润分配明细科目	303 505.77		贷	528 046.16
	31	转30	结转利润分配明细科目		303 505.77	贷	831 551.93
	31		本月合计	607 011.54	1 338 563.47	贷	831 551.93

表9-48 **主营业务收入总账**

2023年		凭证号数	摘要	借方	贷方	借或贷	余额
月	日						
12	13	收5	销售产品		424 000	贷	424 000
	23	转8	销售产品		500 000	贷	924 000
	31	转24	结转本月销售收入	924 000		平	0
	31		本月合计	924 000	924 000	平	0

表9-49 **其他业务收入总账**

2023年		凭证号数	摘要	借方	贷方	借或贷	余额
月	日						
12	18	转6	销售材料		21 000	贷	21 000
	31	转24	结转本月销售收入	21 000		平	0
	31		本月合计	21 000	21 000	平	0

表9-50 **主营业务成本总账**

2023年		凭证号数	摘要	借方	贷方	借或贷	余额
月	日						
12	31	转18	结转已销产品成本	576 000		借	576 000
	31	转25	结转销售成本		576 000	平	0
	31		本月合计	576 000	576 000	平	0

表 9-51

其他业务成本总账

2023年		凭证号数	摘要	借方	贷方	借或贷	余额
月	日						
12	31	转 19	结转已销材料成本	15 270		借	15 270
	31	转 25	结转销售成本		15 270	平	0
	31		本月合计	15 270	15 270	平	0

表 9-52

税金及附加总账

2023年		凭证号数	摘要	借方	贷方	借或贷	余额
月	日						
12	31	转 20	计算城建税及教育费附加	7 889.70		借	7 889.70
	31	转 25	结转税金及附加		7 889.70	平	0
	31		本月合计	7 889.70	7 889.70	平	0

表 9-53

销售费用总账

2023年		凭证号数	摘要	借方	贷方	借或贷	余额
月	日						
12	14	付 6	支付广告费	12 000		借	12 000
	31	转 25	结转本月销售费用		12 000	平	0
	31		本月合计	12 000	12 000	平	0

表 9-54

财务费用总账

2023年		凭证号数	摘要	借方	贷方	借或贷	余额
月	日						
12	31	转 11	预提借款利息	800		借	800
	31	转 25	结转本月财务费用		800	平	0
	31		本月合计	800	800	平	0

表 9-55

管理费用总账

2023年		凭证号数	摘要	借方	贷方	借或贷	余额
月	日						
12	6	付 4	支付办公费	200		借	200
	10	转 4	领用材料	100		借	300
	12	转 5	差旅费	800		借	1 100

续表

2023年		凭证号数	摘要	借方	贷方	借或贷	余额
月	日						
	22	付9	电话费	847.70		借	1 947.70
	31	转12	计提折旧	3 000		借	4 947.70
	31	转13	工资	1 000		借	5 947.70
	31	转14	福利费	140		借	6 087.70
	31	转15	摊销	1 500		借	7 587.70
	31	转25	结转		7 587.70	平	0
	31		本月合计	7 587.70	7 587.70	平	0

表9-56　　营业外收入总账

2023年		凭证号数	摘要	借方	贷方	借或贷	余额
月	日						
12	12	收3	接受捐赠		10 000	贷	10 000
	31	转23	无法支付的应付账款		3 000	贷	13 000
	31	转24	结转营业外收入	13 000		平	0
	31		本月合计	13 000	13 000	平	0

表9-57　　营业外支出总账

2023年		凭证号数	摘要	借方	贷方	借或贷	余额
月	日						
12	31	转22	经批准处理的盘亏	4 000		借	4 000
	31	转25	结转营业外支出		4 000	平	0
	31		本月合计	4 000	4 000	平	0

表9-58　　所得税费用总账

2023年		凭证号数	摘要	借方	贷方	借或贷	余额
月	日						
12	31	转26	计算本月应交所得税	83 613.15		借	83 613.15
	31	转26	结转本月所得税		83 613.15	平	0
	31		本月合计	83 613.15	83 613.15	平	0

（5）编制总分类账户本期发生额及余额表，见表9-59。

表9-59 **总分类账户本期发生额及余额表** 单位：元

账户名称	期初余额		本期发生额		期末余额	
	借方	贷方	借方	贷方	借方	贷方
库存现金	980		36 000	36 100	880	
银行存款	1 067 130.25		551 120	437 732.70	1 180 517.55	
应收票据	5 000		565 000	5 000	565 000	
应收账款	1 120 560		28 730	12 000	1 137 290	
其他应收款	—		900	900		
在途物资	—		338 100	338 100		
原材料	56 990		338 100	268 960	126 130	
库存商品	360 000		324 000	576 000	108 000	
长期股权投资	566 700		40 000		606 700	
固定资产	2 276 030		130 000	6 000	2 400 030	
累计折旧		700 510	2 000	11 000		709 510
无形资产	150 000			46 000	104 000	
累计摊销		17 800	6 000	900		12 700
长期待摊费用	51 000			600	50 400	
待处理财产损溢			4 000	4 000		
短期借款		70 000		50 000		120 000
应付票据		30 000				30 000
应付账款		94 750	3 000	94 468		186 218
其他应付款		640				640
应交税费		99 000	142 953	214 352.85		170 399.85
应付职工薪酬		70 062	35 000	39 900		74 962
应付利息		1 600	2 400	800		
应付利润				200 000		200 000
长期借款		400 000				400 000
生产成本	23 650		300 350	324 000		
制造费用			12 760	12 760		
实收资本		3 200 000		130 000		3 330 000

续表

账户名称	期初余额		本期发生额		期末余额	
	借方	贷方	借方	贷方	借方	贷方
资本公积		8 860				8 860
盈余公积		100 600		103 505.77		204 105.77
本年利润		784 218.25	1 742 218.25	958 000		
利润分配		100 000	607 011.54	1 338 563.47		831 551.93
主营业务收入			924 000	924 000		
主营业务成本			576 000	576 000		
其他业务收入			21 000	21 000		
其他业务成本			15 270	15 270		
税金及附加			7 889.70	7 889.70		
销售费用			12 000	12 000		
财务费用			800	800		
管理费用			7 587.70	7 587.70		
营业外收入			13 000	13 000		
营业外支出			4 000	4 000		
所得税费用			83 613.15	83 613.15		
合计	5 678 040.25	5 678 040.25	6 874 803.34	6 874 803.34	6 278 947.55	6 278 947.55

（6）编制资产负债表（简表）和利润表（简表），见表9-60和表9-61。

表9-60　**资产负债表（简表）**

编制单位：东方公司　　2023年12月31日　　单位：元

资产	期末余额	负债和所有者权益（或股东权益）	期末余额
流动资产：		流动负债：	
货币资金	1 181 397.55	短期借款	120 000
交易性金融资产		交易性金融负债	
应收票据	565 000	应付票据	30 000
应收账款	1 137 290	应付账款	186 218
预付款项		预收款项	
其他应收款		应付职工薪酬	74 962

续表

资产	期末余额	负债和所有者权益（或股东权益）	期末余额
存货	234 130	应交税费	170 399.85
一年内到期的非流动资产		其他应付款	200 640
其他流动资产		一年内到期的非流动负债	
流动资产合计	3 117 817.55	其他流动负债	
非流动资产：		流动负债合计	782 219.85
长期股权投资	606 700	非流动负债：	
固定资产	1 690 520	长期借款	400 000
在建工程		非流动负债合计	400 000
无形资产	91 300	负债合计	1 182 219.85
开发支出		所有者权益（或股东权益）：	
长期待摊费用	50 400	实收资本（或股本）	3 330 000
其他非流动资产		资本公积	8 860
非流动资产合计	2 438 920	盈余公积	204 105.77
		未分配利润	831 551.93
		所有者权益（或股东权益）合计	4 374 517.70
资产总计	5 556 737.55	负债和所有者权益（或股东权益）总计	5 556 737.55

表9-61　**利润表（简表）**

编制单位：东方公司　2023年12月　单位：元

项目	本期金额
一、营业收入	945 000.00
减：营业成本	591 270.00
税金及附加	7 889.70
销售费用	12 000.00
管理费用	7 587.70
财务费用	800.00
加：投资收益（损失以“-”号填列）	
二、营业利润（亏损以“-”号填列）	325 452.60
加：营业外收入	13 000.00
减：营业外支出	4 000.00

续表

项目	本期金额
三、利润总额（亏损总额以“-”号填列）	334 452.60
减：所得税费用	83 613.15
四、净利润（净亏损以“-”号填列）	250 839.45
五、其他综合收益的税后净额	
六、综合收益总额	
七、每股收益：	
（一）基本每股收益	
（二）稀释每股收益	

三、汇总记账凭证账务处理程序

（一）汇总记账凭证账务处理程序的概念

汇总记账凭证账务处理程序是指对发生的经济业务事项，先根据原始凭证或汇总原始凭证编制记账凭证，再定期根据记账凭证分类编制汇总记账凭证（汇总收款凭证、汇总付款凭证和汇总转账凭证），然后根据汇总记账凭证登记总分类账的一种账务处理程序。其特点是：按照会计账户的对应关系，定期根据记账凭证分类编制汇总收款凭证、汇总付款凭证和汇总转账凭证，再根据汇总记账凭证登记总分类账。

（二）汇总记账凭证账务处理程序下凭证与账簿的设置

在汇总记账凭证账务处理程序下，记账凭证除设置收款凭证、付款凭证和转账凭证（或通用记账凭证）外，还应设置汇总收款凭证、汇总付款凭证和汇总转账凭证，账簿的设置与记账凭证账务处理程序基本相同。如企业采用每隔10天汇总一次，其汇总收款凭证格式见表9-62，汇总付款凭证格式见表9-63，汇总转账凭证格式见表9-64。

表9-62 汇总收款凭证

借方科目 年 月 第 号

贷方科目	金额				总账页数	
	日至 日收款凭证 号至 号	日至 日收款凭证 号至 号	日至 日收款凭证 号至 号	合计	借方	贷方
本月合计						

【提请注意】汇总收款凭证是按照“库存现金”“银行存款”科目的借方设置，按其对应的贷方科目分设专行加以归类，定期汇总填列。月末，结算出汇总收款凭证的合计数，据以登记总分类账，即一方面登记在“库存现金”或“银行存款”账户的借方，另一方面登记在有关对应账户的贷方。

表 9-63 汇总付款凭证

贷方科目 年 月 第 号

借方科目	金额				总账页数	
	日至 日付款凭证 号至 号	日至 日付款凭证 号至 号	日至 日付款凭证 号至 号	合计	借方	贷方
本月合计						

【提请注意】汇总付款凭证是按照“库存现金”“银行存款”科目的贷方设置，按其对应的借方科目分设专行加以归类，定期汇总填列。月末，结算出汇总付款凭证的合计数，据以登记总分类账，即一方面登记在“库存现金”或“银行存款”账户的贷方，另一方面登记在有关账户的借方。

【课堂讨论】编制汇总凭证，如何处理库存现金与银行存款之间的划转业务？

由于库存现金与银行存款之间相互划转的业务只填制付款凭证，不填制收款凭证，因而库存现金汇总收款凭证所汇总的现金收入金额不全。其中，从银行提取现金的业务，因编制银行存款付款凭证，应汇总在银行存款付款汇总凭证之中。同样，银行存款汇总收款凭证所汇总的银行存款收入金额也不全。其中，库存现金存入银行的业务，由于编制库存现金付款凭证，因此，也只能汇总在库存现金汇总付款凭证之中。但在登记总分类账以后，“库存现金”和“银行存款”总账可汇总反映两个账户的全部借贷发生额。

表 9-64 汇总转账凭证

贷方科目 年 月 第 号

借方科目	金额				总账页数	
	日至 日转账凭证 号至 号	日至 日转账凭证 号至 号	日至 日转账凭证 号至 号	合计	借方	贷方
本月合计						

【提请注意】汇总转账凭证一般按照每一贷方科目分别设置，并根据转账凭证按借方科目归类，定期（5天或10天）汇总填列一次，每月编制一张。月末结算出合计数，据以登记总分类账。在汇总转账凭证中，贷方发生额的合计数不一定是该科目的全部贷方发生额。这是因为涉及“库存现金”“银行存款”收款业务的贷方发生额填列在汇总收款凭证中；同样，涉及“库存现金”“银行存款”付款业务的借方发生额填列在汇总付款凭证中。

【课堂讨论】汇总转账凭证为何按贷方科目设置？

汇总转账凭证从理论上讲可以按借方设置，也可以按贷方设置，但不可以按借、贷两方同时设置，否则会造成重复记账。但若按每一借方科目设置，按贷方科目归类，会使编制的汇总转账凭证过多，失去了汇总登记总账从而减轻登记总分类账工作量的作用。因为一般经济业务的会计分录大都是一借一贷和多借一贷形式，汇总转账凭证按贷方科目设置，就会减少汇总凭证的张数，减轻登记总账的工作量。为了便于编制汇总转账凭证，所有转账凭证中的账户的对应关系应该是一借一贷和多借一贷的形式，尽量避免编制多借多贷的分录。如果在月份内某一贷方科目的转账凭证为数不多时，也可不编制汇总转账凭证，直接根据转账凭证登记总分类账。

（三）汇总记账凭证账务处理程序的核算步骤及其优缺点

1.汇总记账凭证账务处理程序的核算步骤

（1）根据原始凭证编制汇总原始凭证；

（2）根据原始凭证或汇总原始凭证，编制记账凭证；

（3）根据收款凭证和付款凭证及所附原始凭证，逐笔登记现金日记账和银行存款日记账；

（4）根据原始凭证、汇总原始凭证和记账凭证，登记各种明细分类账；

（5）根据各种记账凭证编制有关汇总记账凭证；

（6）根据各种汇总记账凭证登记总分类账；

（7）月末，现金日记账、银行存款日记账和各明细分类账的余额与有关总分类账的余额相核对；

（8）月末，根据总分类账和明细分类账的有关材料，编制会计报表。

汇总记账凭证账务处理程序如图9-2所示。

2.汇总记账凭证账务处理程序的优缺点

汇总记账凭证账务处理程序的优点是：根据汇总记账凭证登记总账，大大减轻了登记总分类账的工作量；由于按财务对应关系汇总编制记账凭证，便于了解账户之间的对应关系。其缺点是：按每一贷方科目编制汇总转账凭证，不利于会计核算的日常分工；当转账凭证较多时，编制汇总转账凭证的工作量较大。因此，汇总记账凭证账务处理程序适用于规模较大、经济业务较多的单位。

四、科目汇总表账务处理程序

（一）科目汇总表账务处理程序的概念

科目汇总表账务处理程序又称记账凭证汇总表账务处理程序，是指对发生的经济业务事项，先根据原始凭证或汇总原始凭证编制记账凭证，再根据记账凭证定期编制科目汇总表，然后根据科目汇总表登记总分类账的一种账务处理程序。其特点是：根据记账凭证定期编制科目汇总表并据以登记总分类账。

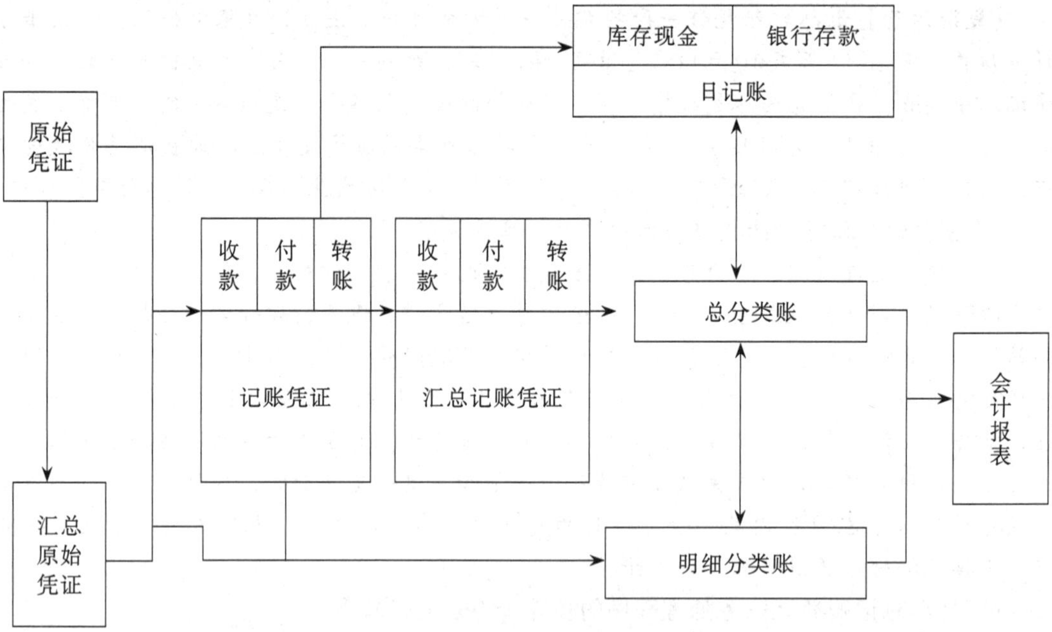

图 9-2 汇总记账凭证账务处理程序

（二）科目汇总表账务处理程序下凭证与账簿的设置

在科目汇总表账务处理程序下，记账凭证除设置收款凭证、付款凭证和转账凭证（或通用记账凭证）外，还应设置科目汇总表；账簿的设置与记账凭证账务处理程序基本相同。科目汇总表的格式见表9-65。

表9-65 科目汇总表

年 月 日至 日 第 号

会计科目	本期发生额		总账页数
	借方金额	贷方金额	
合计			

附：记账凭证 张 自第 号起至第 号止

【提请注意】科目汇总表的编制方法：根据收款凭证、付款凭证和转账凭证，按照相同的会计科目归类，定期汇总每一个会计科目的借方发生额和贷方发生额，并将发生额填入科目汇总表的相应栏目内。按会计科目汇总后，应加总借方、贷方发生额，进行发生额的试算平衡。科目汇总表的编制时间，应根据单位业务量的大小而定。业务量较大的，可以每日、每旬汇总；业务量较小的，可以半个月或是一个月汇总一次。每次汇总都应注明汇总记账凭证的起讫字号，以便检查。

（三）科目汇总表账务处理程序的核算步骤及其优缺点

1.科目汇总表账务处理程序的核算步骤

（1）根据原始凭证编制汇总原始凭证；

（2）根据原始凭证或汇总原始凭证，编制记账凭证；

（3）根据收款凭证和付款凭证及所附原始凭证，逐笔登记现金日记账和银行存款日记账；

（4）根据原始凭证、汇总原始凭证和记账凭证，登记各种明细分类账；

（5）根据各种记账凭证编制科目汇总表；

（6）根据科目汇总表登记总分类账；

（7）月末，现金日记账、银行存款日记账和各种明细分类账的余额与有关总分类账的余额相核对；

（8）月末，根据总分类账和明细分类账的有关资料，编制会计报表。

科目汇总表账务处理程序如图9-3所示。

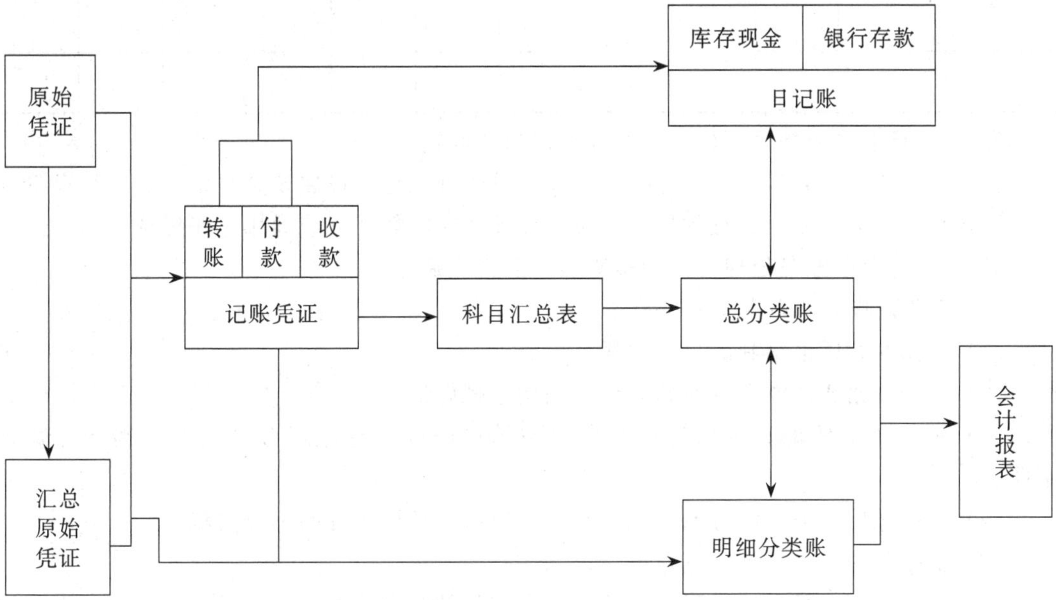

图9-3　科目汇总表账务处理程序图

2.科目汇总表账务处理程序的优缺点

科目汇总表账务处理程序的优点是：根据科目汇总表登记总账，大大减轻了登记总分类账的工作量；根据科目汇总表中各科目的借方发生额合计与贷方发生额合计之间的相等关系，能起到入账前的试算平衡的作用。其缺点是：科目汇总表不能反映账户之间的对应关系，不便于查对账目。因此，科目汇总表账务处理程序一般适用于经营规模较大、经济业务较多的单位。

五、日记总账账务处理程序

（一）日记总账账务处理程序的概念

日记总账账务处理程序是指对发生的经济业务事项，先根据原始凭证或汇总原始凭证编制记账凭证，再根据记账凭证逐笔顺序登记日记总账的一种账务处理程序。其特点是：设置日记总账，直接根据记账凭证逐笔顺序登记日记总账。

日记总账是将总分类核算和序时核算相结合而设置的一种总分类账，其格式见表9-66。其中“发生额”栏属于序时性记录；按账户名称分设的借方、贷方栏目，则是分类性记录。日记总账既要根据业务发生的时间顺序登记，又要将所有科目的总分类核算都集中到一张账页上。因此，它既是日记账，又是总账。

表9-66 日记总账

年		凭证号数	摘要	发生额	××科目		××科目		××科目		××科目	
月	日				借方	贷方	借方	贷方	借方	贷方	借方	贷方

（二）日记总账账务处理程序下凭证与账簿的设置

在日记总账账务处理程序下，除设置日记总账外，还需设置现金日记账、银行存款日记账和各种明细分类账以及收款凭证、付款凭证和转账凭证（或通用记账凭证）。

（三）日记总账账务处理程序的核算步骤及其优缺点

1.日记总账账务处理程序的核算步骤

（1）根据原始凭证编制汇总原始凭证；

（2）根据原始凭证或汇总原始凭证，编制记账凭证；

（3）根据收款凭证和付款凭证及所附原始凭证逐笔登记现金日记账和银行存款日记账；

（4）根据原始凭证、汇总原始凭证和记账凭证，登记各种明细分类账；

（5）根据各种记账凭证逐笔登记日记总账；

（6）月末，现金日记账、银行存款日记账和各种明细分类账的余额与有关总分类账的余额相核对；

（7）月末，根据总分类账和明细分类账的有关资料，编制会计报表。

日记总账账务处理程序如图9-4所示。

2.日记总账账务处理程序的优缺点

在日记总账账务处理程序下，由于总分类核算和序时核算结合进行，核算手续简单，易于掌握和操作；账户之间对应关系可在同一账页中体现，便于进行试算平衡。但全部账户集到一张账页上，账页篇幅过大，不利于登记，也不利于会计人员分工。因此，日记总账账务处理程序一般适用于经济业务简单、使用会计科目不多的单位。

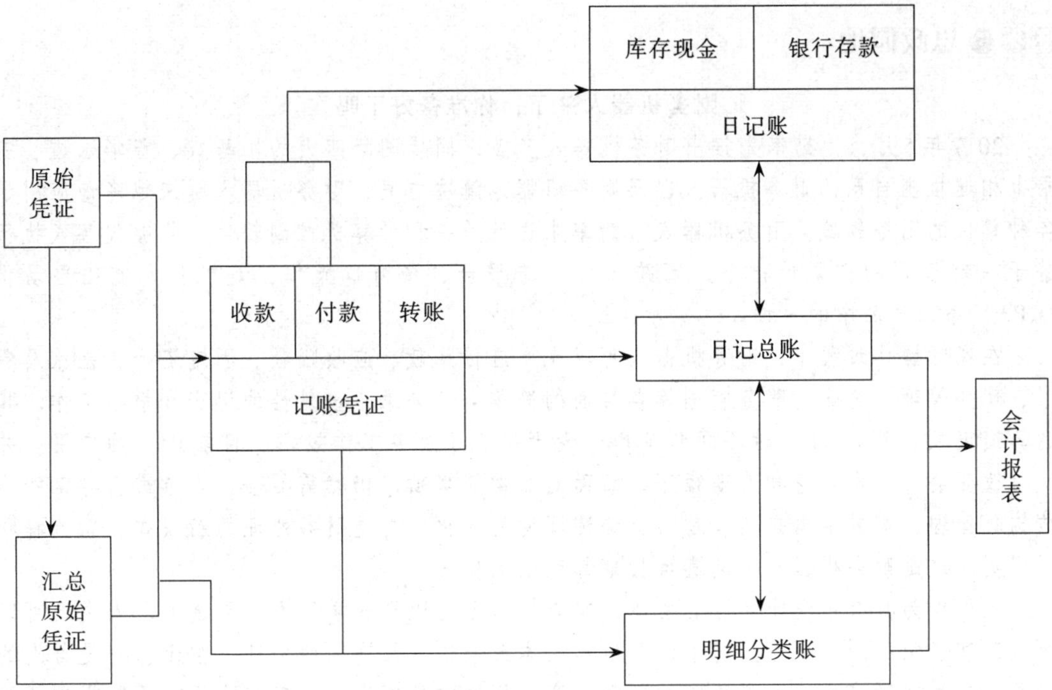

图 9-4　日记总账账务处理程序图

【提请注意】各种账务处理程序的主要区别在于登记总分类账的依据和方法不同，但是，出纳业务处理的步骤基本上一致，其基本程序是：

(1) 根据原始凭证或汇总原始凭证填制收款凭证和付款凭证；对于转账投资有价证券业务，还要根据原始凭证或汇总原始凭证直接登记有价证券明细分类账（债券投资明细分类账、股票投资明细分类账等）。

(2) 根据收款凭证和付款凭证及所附原始凭证逐笔登记现金日记账、银行存款日记账、有价证券明细分类账。

(3) 现金日记账的余额与库存现金每天进行核对，与现金总分类账定期进行核对；银行存款日记账与开户银行出具的银行对账单逐笔进行核对，至少每月一次，银行存款日记账的余额与银行存款总分类账定期进行核对；有价证券明细分类账与库存有价证券要定期进行核对。

(4) 根据现金日记账、银行存款日记账、有价证券明细分类账、开户银行出具的银行对账单等，定期或不定期编制出纳报告，提供出纳会计信息。

在实际工作中，上述各种账务处理程序往往结合运用。例如，采用汇总记账凭证账务处理程序时，如果转账业务不多，可以直接根据转账凭证登记总分类账，而不必编制汇总转账凭证，从而使记账凭证账务处理程序和汇总记账凭证账务处理程序结合运用。总之，各单位在选择和运用账务处理程序时，必须结合自身具体情况，既要有利于提高会计核算工作的质量和效率，又能满足经济管理的要求。随着科学技术的发展，会计的手工操作逐步被电子计算机所替代，账务处理程序也将通过软件和计算机语言予以规范，并实现程序运转和数据自动化。

延伸阅读 9-1

会计核算组织程序的启示——选择职业发展应基于自身条件

思政园地

财务机器人来了，你准备好了吗

2017年5月，德勤率先推出财务机器人产品，同属国际四大的毕马威、普华永道、安永也相继推出自己的财务机器人以及财务机器人解决方案，财务机器人越来越多地应用于各种单位的财务领域。财务机器人，简单来说就是一种计算机控制软件，能够代替人执行基于一定规则的重复性指令，可跨软件、跨平台、多窗口操作，是机器人流程自动化（RPA）系列产品中的一种。

在实际操作过程中，财务机器人可以完成应付账款、应收账款、固定资产、差旅及费用、现金管理、总账、账务管理等各层面的简单会计分录、重复性的记账和报销工作。其运算速度快，可以24小时不间断工作，大大提高了财务工作效率。目前RPA的应用，并没有改变会计基本理论和处理程序，而面对非常规事项，仍然需要会计人员进行异常的非结构化处理，需要根据自然、政治、经济环境的变化，再造财务处理的新模式、新流程和新规则，这是财务机器人短期甚至长期都无法实现的。

人类作为具有主观能动性的主体，有着机器无可比拟的学习力、创造力，人类还可以做人工智能做不到的事情。对于财务机器人本身来说，最难的两个地方在于：一是与人的沟通；二是对新信息的不断获取和判断。商业环境瞬息万变，人工智能很难不断根据新的变化作出准确的判断。而与人沟通的能力，以及面对复杂商业环境挑选最有用的信息进行分析并作出决策的能力，至少在短时间内，人工智能是难以超越人类的。

而随着新技术的应用，社会对于会计本身的要求也发生了改变，复合型人才的作用和重要性凸显。实际上，很多财务问题，并不只是专业性的问题，而是人的问题、管理的问题、文化的问题等，这也是管理会计在中国迅速崛起的原因。

资料来源：钛媒体.解码财务机器人：是助手，而非“毒药”[EB/OL].[2024-06-05]. https://baijiahao.baidu.com/s?id=1602124556753821002&wfr=spider&for=pc.

【思政解读】

会计从手工算账记账到会计电算化，再到ERP，又发展到RPA，人工智能确实是一个不可逆的趋势，但是人类作为会计规则的制定者，永远都不会被机器所替代。财务机器人可以实现数据和报表处理，但是只有通过人的思考分析，解读出数据背后的信息，才能够转化成为对企业行之有效的决策信息，比如计划预测、内部控制、投资分析等，这种多层次、多维度的思考能力，是财务人区别于机器人的关键。会计人员只要在工作中一直进步，不断提升自己处理复杂事件的完成能力，就永远都不会被淘汰。

思考与练习

一、思考题

1. 什么是账务处理程序？合理组织账务处理程序有什么意义？
2. 记账凭证账务处理程序的特点是什么？简述其核算步骤。
3. 科目汇总表账务处理程序的特点是什么？科目汇总表如何编制？
4. 汇总记账凭证账务处理程序的特点是什么？汇总记账凭证如何编制？
5. 简要说明记账凭证账务处理程序、科目汇总表账务处理程序、汇总记账凭证账务处理程序的优缺点及其适用范围。

二、单项选择题

1.一般说来，企业的一个会计循环通常要历时（ ）。

A.一个月 B.一个季度 C.半年 D.一年

2.账务处理程序的核心是（ ）。

A.凭证组织 B.账簿组织 C.记账程序 D.报表组织

3.设计账务处理程序是（ ）的一项重要内容。

A.会计凭证设计 B.会计制度设计 C.会计账簿设计 D.会计报表设计

4.对于汇总记账凭证核算形式，下列说法正确的是（ ）。

A.登记总账的工作量大 B.不能体现账户之间的对应关系

C.明细账与总账无法核对 D.汇总记账凭证的编制较为烦琐

5.直接根据记账凭证逐笔登记总分类账的账务处理程序是（ ）。

A.记账凭证账务处理程序 B.汇总记账凭证账务处理程序

C.科目汇总表账务处理程序 D.日记总账账务处理程序

6.下列属于汇总记账凭证账务处理程序优点的是（ ）。

A.便于进行分工核算 B.总分类账户反映较详细

C.简化了编制凭证的工作量 D.便于了解账户间的对应关系

7. 平时在填制记账凭证时，应尽量使账户的对应关系保持“一借一贷”是（ ）的要求。

A.记账凭证核算形式 B.科目汇总表核算形式

C.汇总记账凭证核算形式 D.多栏式日记账核算形式

8. 平时在填制转账凭证时，应尽量使账户的对应关系保持“一借一贷”或“一贷多借”是（ ）的要求。

A.记账凭证核算形式 B.科目汇总表核算形式

C.汇总记账凭证核算形式 D.多栏式日记账核算形式

9.汇总收款凭证的借方科目可能是（ ）。

A.库存现金或银行存款 B.生产成本或制造费用

C.固定资产或无形资产 D.短期借款或长期借款

10. 适用于规模较小、业务量不多的单位的账务处理程序是（ ）。

A.记账凭证账务处理程序 B.科目汇总表账务处理程序

C.汇总记账凭证账务处理程序 D.多栏式日记账账务处理程序

11. 编制科目汇总表的直接依据是（ ）。

A.原始凭证 B.汇总原始凭证 C.记账凭证 D.汇总记账凭证

12.以下项目中，属于科目汇总表账务处理程序缺点的是（ ）。

A.增加了会计核算的账务处理程序 B.增加了登记总分类账的工作量

C.不便于检查核对账目 D.不便于进行试算平衡

13. 汇总记账凭证账务处理程序的适用范围是（ ）。

A.规模较小，业务较少的单位 B.规模较小，业务较多的单位

C.规模较大，业务较多的单位 D.规模较大，业务较少的单位

14.下列凭证中，不能作为登记总分类账的依据的是（　　）。

A.记账凭证　　B.科目汇总表　　C.汇总记账凭证　　D.原始凭证

15.汇总转账凭证是按（　　）科目设置。

A.借方　　B.贷方　　C.借方或贷方　　D.借方和贷方

16.关于汇总记账凭证账务处理程序，下列说法正确的有（　　）。

A. 汇总付款凭证按现金、银行存款账户的借方设置，并按其对应的贷方账户归类汇总

B. 汇总收款凭证按现金、银行存款账户的借方设置，并按其对应的借方账户归类汇总

C. 能反映账户之间的对应关系

D. 能起到试算平衡的作用

17.各种不同的账务处理程序之间最大的不同点是（　　）。

A.登记总账　　B.登记明细账　　C.登记日记账　　D.填制记账凭证

18. 关于科目汇总表账务处理程序，下列说法中正确的是（　　）。

A. 登记总账的直接依据是记账凭证

B. 登记总账的直接依据是科目汇总表

C. 编制会计报表的直接依据是科目汇总表

D. 与记账凭证账务处理程序相比较，增加了一道编制汇总记账凭证的程序

19. 科目汇总表账务处理程序登记总账的依据是（　　）。

A.科目汇总表　　B.汇总记账凭证　　C.多栏式日记账　　D.记账凭证

20.日记总账账务处理程序在账簿设置上与其他账务处理程序不同点体现在（　　）。

A.设置现金日记账　　B.设置银行存款日记账

C.设置日记总账　　D.设置各种明细分类账

三、多项选择题

1.一个完整的会计循环过程，主要由（　　）环节组成。

A.会计确认　　B.会计计量　　C.会计记录　　D.会计报告

2.账务处理程序也叫会计核算程序，它是指（　　）相结合的方式。

A.会计凭证　　B.会计账簿　　C.会计科目　　D.会计报表

3.记账凭证账务处理程序、汇总记账凭证账务处理程序和科目汇总表账务处理程序应共同遵循的程序有（　　）。

A. 根据原始凭证、汇总原始凭证和记账凭证登记各种明细分类账

B. 根据记账凭证逐笔登记总分类账

C. 期末，日记账和明细分类账的余额与有关总分类账的余额核对相符

D. 根据总分类账和明细分类账的记录，编制会计报表

4.下列项目中，属于科学、合理地选择适用于本单位的账务处理程序的意义有（　　）。

A.有利于会计工作程序的规范化　　B.有利于提高会计信息的质量

C.有利于增强会计信息可靠性　　D.有利于保证会计信息的及时性

5.常用的账务处理程序主要有（　　）。

A.记账凭证账务处理程序　　B.汇总记账凭证账务处理程序

C.科目汇总表账务处理程序　　D.日记总账账务处理程序

6.以下属于汇总记账凭证账务处理程序优点的有（　　）。

A.反映内容详细　　B.简化总账登记

C.手续简便　　D.能反映账户对应关系

7.下列项目可以根据记账凭证汇总编制的有（　　）。

A.科目汇总表　　B.汇总付款凭证

C.发出材料汇总表　　D.汇总转账凭证

8.会计核算账务处理程序主要是下列（　　）内容的合理组织过程。

A.会计凭证　　B.会计分录　　C.会计账簿　　D.会计报表

9.在各种账务处理程序下，明细分类账可以根据（　　）登记。

A.原始凭证　　B.记账凭证　　C.原始凭证汇总表　　D.记账凭证汇总表

10.账簿组织包括（　　）。

A.账簿的种类　　B.账簿的格式　　C.账户的名称　　D.账簿之间的关系

11.在记账凭证账务处理程序下，不能作为登记总账直接依据的有（　　）。

A.原始凭证　　B.记账凭证　　C.汇总原始凭证　　D.汇总记账凭证

12.以下属于记账凭证账务处理程序优点的有（　　）。

A.简单明了、易于理解

B.总分类账可较详细地记录经济业务发生情况

C.便于进行试算平衡

D.减轻了登记总分类账的工作量

13.在汇总记账凭证账务处理程序下，记账凭证可以采用（　　）。

A.通用的统一格式的记账凭证

B.收款、付款、转账三种专用格式的记账凭证

C.数量金额式

D.横线登记式

14.汇总收款凭证应根据“库存现金”“银行存款”账户的借方设置，按贷方账户归类汇总，所以，平时收款凭证应保持（　　）。

A.一借一贷　　B.一借多贷　　C.多借一贷　　D.多借多贷

15.汇总付款凭证应根据“库存现金”“银行存款”账户的贷方设置，按借方账户归类汇总，所以，平时付款凭证应保持（　　）。

A.一借一贷　　B.一借多贷　　C.多借一贷　　D.多借多贷

16.汇总转账凭证应按每一账户的贷方分别设置，按借方账户归类汇总，所以，平时记账凭证应保持（　　）。

A.一借一贷　　B.一借多贷　　C.多借一贷　　D.多借多贷

17.在科目汇总表账务处理程序下，月末应将（　　）与总分类账进行核对。

A.现金日记账　　B.银行存款日记账　　C.明细分类账　　D.备查账

18.下列属于科目汇总表账务处理程序优点的有（　　）。

A.反映内容详细　　B.简化总账登记

C.便于试算平衡　　D.能反映账户对应关系

19.在科目汇总表账务处理程序下，不能作为登记总账直接依据的有（　　）。

A.原始凭证　　B.汇总记账凭证　　C.科目汇总表　　D.记账凭证

20.在日记总账账务处理程序下需要设置的账簿有（　　）。

A.现金日记账　　B.银行存款日记账

C.日记总账　　D.各种明细分类账

四、判断题

（　　）1.试算平衡可以在每个会计循环过程中多次进行。

（　　）2.账务处理程序就是指记账程序。

（　　）3.同一企业可以同时采用几种不同的账务处理程序。

（　　）4.不同的凭证、账簿组织以及与之相适应的记账程序和方法相结合，构成不同的账务处理程序。

（　　）5.各个企业的业务性质、组织规模、管理上的要求不同，企业应根据自身的特点，选择和运用恰当的会计账务处理程序。

（　　）6.企业不论采用哪种会计账务处理程序，都必须设置日记账、总分类账和明细分类账。

（　　）7.记账凭证账务处理程序的主要特点就是直接根据各种记账凭证登记总账。

（　　）8.记账凭证是登记各种账簿的唯一依据。

（　　）9.记账凭证账务处理程序一般适用于规模较大、经济业务频繁的企业。

（　　）10.汇总记账凭证账务处理程序能减轻登记总分类账的工作量，且便于了解账户之间的对应关系。

（　　）11.汇总记账凭证账务处理程序适合规模小、业务量少的单位。

（　　）12.汇总记账凭证一律按每一账户的借方设置，并按其对应的贷方账户归类汇总。

（　　）13.汇总记账凭证能反映各账户之间的对应关系。

（　　）14.在科目汇总表账务处理程序下，总分类账必须逐日逐笔登记。

（　　）15.科目汇总表账务处理程序能科学地反映账户之间的对应关系，且便于对账。

（　　）16.记账凭证账务处理程序是最基本的一种账务处理程序。

（　　）17.科目汇总表最大的缺点是不能反映各账户之间的对应关系。

第九章
即测即评

（　　）18.科目汇总表账务处理程序的主要特点是根据记账凭证编制科目汇总表，并根据科目汇总表填制报表。

（　　）19.日记总账账务处理程序的特点是：设置日记总账，直接根据记账凭证逐笔顺序登记日记总账。

（　　）20.日记总账是将总分类核算和序时核算相分离而设置的一种总分类账。

五、案例分析

（一）某公司采购员张方2023年6月1日从外地采购材料回来，按规定可报销差旅费1 200元，其原借款1 000元，财会部门用库存现金支付不足款200元，该业务发生后，在记账凭证账务处理程序下，会计人员进行如下会计处理。

第一步：审核有关原始凭证（差旅费报销单及所附车票、住宿费发票等单据）。

第二步：根据审核无误的原始凭证编制记账凭证，见表9-67。

表9-67

记账凭证

2023年6月1日

字第 号

附件2张

摘要	会计科目	明细科目	借方金额	记账	贷方金额	记账
报销差旅费	管理费用		1 200.00	√		
	其他应收款	张方			1 000.00	√
	库存现金				200.00	√
合计			¥1 200.00		¥1 200.00	

主管： 会计： 记账：×× 审核：×× 制单：××

第三步：根据记账凭证登记现金日记账，见表9-68。

表9-68

现金日记账

2023年		凭证号数	摘要	对方科目	收入	支出	结余
月	日						
6	1		承前页				758
	1	1	王川预支差旅费	其他应收款		400	358
	1	2	提现备用	银行存款	4 000		4 358
	1	3	购买办公用品	管理费用		560	3 798
	1	4	张方报销费用余额退回	管理费用	200		3 998
	1		本日合计		4 200	960	3 998

第四步：根据原始凭证及记账凭证分别登记有关明细账，见表9-69至表9-71。

表9-69

其他应收款明细分类账

明细账户：王川

2023年		凭证号数	摘要	借方	贷方	借或贷	余额
月	日						
6	1	1	王川预支差旅费	400			400

表9-70

其他应收款明细分类账

明细账户：张方

2023年		凭证号数	摘要	借方	贷方	借或贷	余额
月	日						
6	1	1	承前页			借	1 000
		4	张方报销费用		1 000	平	0

表 9-71

管理费用明细分类账

2023年		凭证号数	摘要	借方				合计
月	日			职工薪酬	办公费	差旅费	…	
6	1	3	购买办公用品		560			560
	1	4	张方报销费用			1 200		1 200

第五步：根据记账凭证逐笔登记有关总分类账，见表9-72至表9-74。

表 9-72

现金总分类账

2023年		凭证号数	摘要	借方	贷方	借或贷	余额
月	日						
6	1		承前页			借	758
	1	1	王川预支差旅费		400	借	358
	1	2	提现备用	4 000		借	4 358
	1	3	购买办公用品		560	借	3 798
	1	4	张方报销费用余额退回	200		借	3 998

表 9-73

管理费用总分类账

2023年		凭证号数	摘要	借方	贷方	借或贷	余额
月	日						
6	1	3	购买办公用品	560		借	560
	1	4	张方报销费用余额退回	1 200		借	1 760

表 9-74

其他应收款总分类账

2023年		凭证号数	摘要	借方	贷方	借或贷	余额
月	日						
6	1		承前页			借	1 000
	1	1	王川预支差旅费	400		借	1 400
	1	4	张方报销费用余额退回		1 000	借	400

要求：请分析上述账务处理是否正确？在记账凭证账务处理程序下，其账簿组织如何设置？

（二）某公司关于账务处理程序的描述如下：

（1）会计人员根据审核后的原始单据填制记账凭证。

（2）根据经过财务经理审核后的记账凭证登记明细账。

（3）月末，会计人员根据各记账凭证汇总编制汇总记账凭证。

（4）会计人员根据汇总记账凭证与出纳员核对现金账发生额和银行存款发生额。

（5）会计人员根据汇总记账凭证登记总账。

（6）会计人员进行总账与明细账、现金账、银行存款账核对，现金账的余额与库存现金数核对。

（7）会计人员根据总分类账编制各种会计报表。

（8）出纳员根据银行账与银行对账单相核对，并登记未达账项。

备注：

（1）原始单据一定要按照公司的财务制度规定的程序审核签字。

（2）记账凭证要由财务经理审核。

（3）月末，会计人员要监督出纳人员进行账库核对。

（4）会计人员要检查支票备查簿并要核实，签字。

（5）出纳员要认真登记未达账单，会计人员要审核签字。

要求：请根据上述描述，对该公司的账务处理程序作出评价，说明其优缺点及改进措施。

研讨与交流

普通日记账核算组织程序

在某些西方发达国家的企业会计实务中，广泛使用着普通日记账。普通日记账一般只设置借方和贷方两个金额栏，并按经济业务发生的时间先后顺序予以登记，故亦称两栏式日记账或分录簿。实际上，当采用普通日记账时，会计分录的载体是普通日记账而非记账凭证。

要求：

1. 普通日记账核算组织程序下的账务处理步骤是怎样的？

2. 普通日记账核算组织程序有何优缺点？

3. 以普通日记账代替记账凭证时，对原始凭证的存放和保管有哪些特殊要求？

第十章　企业、会计工作组织与会计职业

【内容导读】

在现代企业中，会计工作不仅是记录与核算，更是决策支持和价值创造的核心。本章简单介绍了企业、工作组织和会计职业，帮助学生理解会计在企业管理中的位置与作用，探讨了会计组织结构的设置与职责划分，并关注会计职业发展路径，同时强调了会计职业道德与操守和诚信原则在会计工作中的不可或缺性。

【学习目标】

✔ 价值塑造目标

➢树立“不以规矩，不成方圆”的信念，培养法治精神和规则意识，立志成为懂法、守法的合格会计人才；

➢坚持原则，熟悉财经法律法规和国家统一会计制度，确保会计信息真实、准确、完整，维护国家利益、社会公众利益和正常的经济秩序；

➢爱岗敬业，廉洁自律，诚实守信，品行端正，具有高度的社会责任感。

✔ 知识传授目标

➢理解会计业务处理必须按照准则的要求，按照一定程序有条不紊地进行。会计工作的根本大法是《会计法》，会计工作除了遵守《会计法》，还要遵守《证券法》、《公司法》及税法以及国务院、各部委颁布的行政法规和部门规章、制度。

➢理解会计通过会计机构展开工作，从事会计工作需要具备一定的资格，会计工作分为企业内部会计工作和外部会计工作（即在会计师事务所从事鉴证工作的注册会计师）。

➢理解会计工作是一项专业性很强的工作，需要一定的知识技能。

➢理解从事会计工作，必须遵守职业道德。会计师遵守会计人员职业道德，注册会计师遵守《中国注册会计师职业道德准则》。

✔ 能力培养目标

➢培养遵纪守法内化于心，外化为能够作出合乎逻辑、有道德的商业决策的能力；

➢通过对会计行业各项规章制度的学习，不仅要坚定制度自信，更要培养遵纪守法的良好素质，主动践行诚实守信的职业品格和职业信念；

➢培养自觉抵制做假账的意识。理解和认识中国经济和资本市场的健康发展必须遵纪守法，以及良好道德行为是基础和前提。

当今社会，企业随处可见。历史上最早出现的企业是手工作坊，而手工作坊则是工业企业的萌芽。现代企业领域已经从传统的工业迅速扩展到商业、建筑、金融、采掘、运输、邮电等各个领域。企业不仅要有相应的组织形式，还要建立科学的会计工作组织，设

立会计机构，配备一定数量的遵守财经法规、坚持会计准则、讲求职业道德的会计人员，并选择合适的会计工作组织形式。在我国从事会计工作应当具备从事会计工作所需要的专业能力，随着电子计算机技术的飞速发展，会计职业的国际化趋势得到了进一步增强，会计日益成为人们羡慕的职业。

第一节　企业和企业的基本业务流程

【导入案例】随着高等教育教学改革的不断深入，应用型本科院校都十分重视实践教学，以培养学生的实际动手能力和岗位技能。会计专业、财务管理专业的大一新生应被安排到相关企业参观，目的是让学生认知企业，了解企业的基本业务流程，为今后进一步学习会计知识和岗位技能奠定基础。某高校大一的李丽同学被分派到由张杨个人开办的旅店实习，张芳同学被分派到济南市用友会计文化用品商店实习。参观实习后，两人都产生了类似的疑问。李丽认为，个人开办的旅店不能算是企业，张扬开的旅店不应该执行《小企业会计准则》；张芳不理解用友会计文化用品商店为什么也执行《小企业会计准则》，难道说商店也属于企业？

一、企业的概念

企业是指从事生产、流通、服务等经济活动，以生产或服务满足社会需要，自主经营、独立核算、依法设立的一种营利性的经济组织。企业的作用主要表现在：

（一）企业是市场经济活动的主要参与者

市场经济活动的顺利进行离不开企业的生产、销售和服务活动，离开了企业的生产、销售和服务活动，市场就成了无源之水、无本之木。因此，企业的生产和经营活动直接关系着整个市场经济的发展。

（二）企业是社会生产、流通和服务的直接承担者

社会经济活动的主要过程即生产、流通和服务，都是由企业来承担和完成的。离开了企业，社会经济活动就会中断或停止。企业的生产状况和经济效益直接影响着国家经济实力的增长、人民物质生活水平的提高。

（三）企业是社会经济技术进步的主要力量

企业不仅通过生产和经营活动，创造和实现了社会财富，而且也是先进技术和先进生产工具的制造者和采用者，这在客观上推动了整个社会经济技术的进步。我国国民经济体系由千千万万不同形式的企业组成，企业的生产和经营活动不仅决定着市场经济的发展状况，而且决定着我国社会经济活动的生机和活力。所以，企业是最重要的市场主体，在社会经济生活中发挥着巨大作用。

二、企业组织形式的类型

企业组织形式按不同的标准可分为不同的类型。

（一）按照财产的组织形式和所承担的法律责任划分

企业按照财产的组织形式和所承担的法律责任可分为独资企业、合伙企业和公司企业。

1.独资企业

独资企业也称“单人业主制”，是指由某个人出资创办的企业。独资企业有很大的自由度，只要不违法，如何经营，雇多少人，贷多少款，全由企业主自己决定。赚了钱，交了税，一切听从企业主的分配；赔了本，欠了债，全由企业主的资产来抵偿。我国的个体户和私营企业很多都属于此类企业。

独资企业的特点是：（1）企业的建立与解散程序简单。（2）经营管理灵活自由。企业主可以完全根据个人的意志确定经营策略，进行管理决策。（3）企业主对企业的债务负无限责任。当企业的资产不足以清偿其债务时，企业主以其个人财产偿付企业债务。（4）企业的规模有限。独资企业有限的经营所得、企业主有限的个人财产、企业主一人有限的工作能力和管理水平等都制约着企业经营规模的扩大。（5）企业的存在缺乏可靠性。独资企业的存续完全取决于企业主个人的得失安危，企业的寿命有限。

2.合伙企业

合伙企业是指由两个或两个以上的个人或法人共同出资、合伙经营的企业。

合伙企业分为普通合伙企业和有限合伙企业两类。普通合伙企业由普通合伙人组成，合伙人对合伙企业债务承担无限连带责任。有限合伙企业由普通合伙人和有限合伙人组成，普通合伙人对合伙企业债务承担无限连带责任，有限合伙人以其认缴的出资额为限对合伙企业债务承担责任。

合伙企业的特点是：（1）合伙企业是不具备法人资格的营利性经济组织；（2）普通合伙人对合伙企业的债务承担无限连带清偿责任；（3）全体合伙人须订立书面合伙协议；（4）合伙人共同出资、合伙经营、共享收益、共担风险。

3.公司企业

公司企业又叫股份制企业，是指由两个以上投资人（自然人或法人）依法出资组建，有独立法人财产，自主经营、自负盈亏的法人企业。

公司企业是所有权和经营权分离，出资者按出资额对公司承担有限责任的企业，主要包括有限责任公司和股份有限公司。

有限责任公司是指不通过发行股票，而由为数不多的股东集资组建的公司（一般由2人以上50人以下股东共同出资设立），其资本无须划分为等额股份，但股东出让股权要受到一定的限制。有限责任公司的高级管理人员往往具有股东身份，这使得所有权和经营权的分离程度不如股份有限公司那样高。有限责任公司的财务状况不必向社会披露，公司的设立和解散程序比较简单，管理机构也比较简单，比较适合中小型企业。股份有限公司是指全部资本分成等额股份，股东仅以其认购的股份全额为限而不以其私人的全部财产负责的公司。股份有限公司的财务状况必须向社会公开；公司股份可以自由转让，但不能退股；公司设立和解散有严格的法律程序，手续复杂。

（二）按照国民经济行业分类标准划分

企业按照国民经济行业分类标准可分为制造企业、商品流通企业和服务企业等。

1.制造企业

制造企业是指对制造资源（物料、能源、设备、工具、资金、技术、信息和人力等）按照市场要求，通过制造过程，转化为可供人们使用和利用的工业品与生活消费品的企业。

2.商品流通企业

商品流通企业是指独立于生产领域之外，专门从事商品经营和流通服务的独立核算的经济组织。其特点是：(1) 专门从事商品（含生活资料和生产资料）经营和流通服务活动；(2) 经营业务主要是购、销、运、存；(3) 流动资金占用比例高；(4) 经营的商品种类多；(5) 消费者（含生产性用户）数量多等。

【课堂讨论】从事物流运输业务的公司属于商品流通企业吗？

3.服务企业

服务企业是指为政府、事业单位、企业和居民提供各种服务的企业。它不生产物资产品，但为制造企业和商品流通企业提供资金、保险、技术服务，为行政事业单位和居民提供生活、餐饮、娱乐、旅游等服务。

在我国国民经济核算中，将服务企业视为第三产业，即将服务业定义为除农业、工业、建筑业之外的其他所有产业部门，包括：(1) 交通运输、仓储和邮政业；(2) 信息传输、计算机服务和软件业；(3) 批发和零售业；(4) 住宿和餐饮业；(5) 金融业；(6) 房地产业；(7) 租赁和商务服务业；(8) 科学研究、技术服务和地质勘查业；(9) 水利、环境和公共设施管理业；(10) 居民服务和其他服务业；(11) 教育；(12) 卫生、社会保障和社会福利业；(13) 文化、体育和娱乐业；(14) 公共管理和社会组织；(15) 国际组织。

由于制造业是最典型的一个行业，是国民经济的基础产业，所以本书所说的企业或公司均指制造企业。

三、制造企业的组织机构和基本业务流程

不同的企业，由于性质不同，其组织机构和基本业务流程也不完全一样。下面以制造企业为例，简要介绍其组织机构和基本业务流程，如图10-1和图10-2所示。

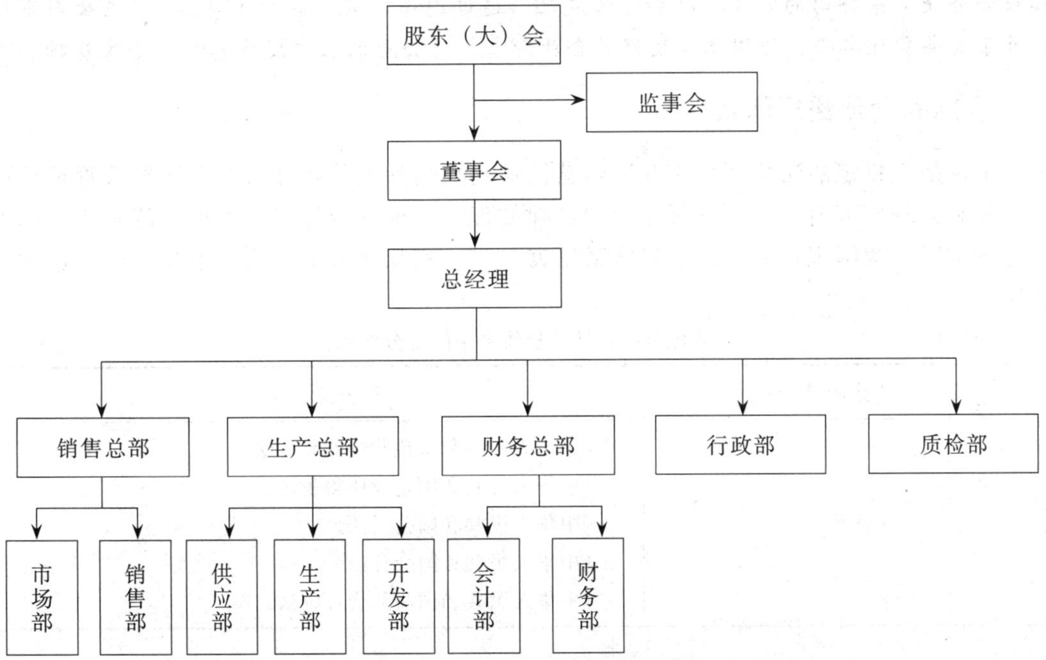

图10-1 公司制企业的组织机构

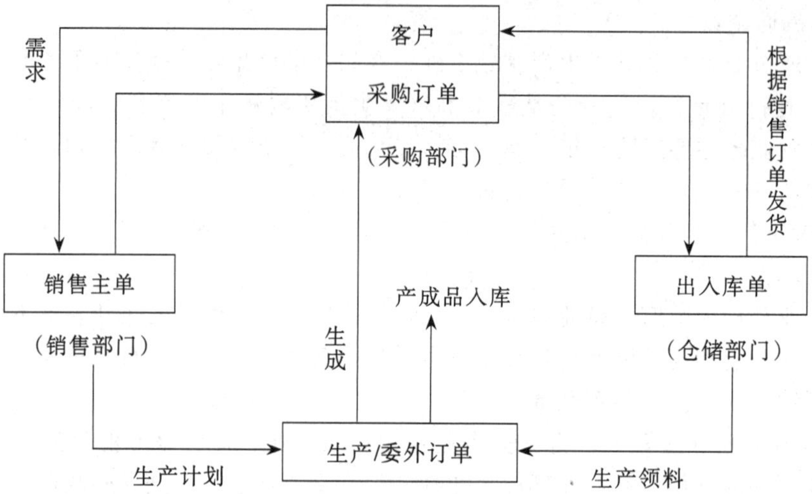

图10-2 制造企业基本业务流程

第二节 我国的会计法规体系

【导入案例】近年来，某大型制造企业A公司在日常运营中，始终遵循《企业会计准则》的要求，规范会计核算和报告流程，确保财务信息的真实性和可靠性。在制定内部会计制度时，A公司参考了《中华人民共和国会计法》及其他相关法规，结合公司实际情况，形成了科学、合理、合法的会计制度体系。此外，A公司还注重财务报表的编制和披露工作，严格按照会计法规的要求，定期编制并公开财务报告，及时向投资者、监管部门和社会公众披露公司的财务状况和经营成果。通过遵循我国的会计法规体系，A公司不仅提升了财务管理水平，还树立了良好的企业形象，为公司的长远发展奠定了坚实基础。

一、我国的会计法规体系

企业是在特定的法律环境中开展经营活动的。会计人员在履行对企业经营管理活动的反映和监督职能时，必须掌握相应的法律知识。我国的会计考试均把经济法律知识列入考试范围。我国现行的会计法规体系见表10-1，就层级效力而言，下位法应当遵循上位法。

表10-1 我国现行会计法规体系中的部分法规

法律渊源	法规示例
法律	《中华人民共和国税收征收管理法》 《中华人民共和国企业所得税法》 《中华人民共和国公司法》 《中华人民共和国会计法》 《中华人民共和国注册会计师法》

续表

法律渊源	法规示例
行政法规	《总会计师条例》 《企业财务会计报告条例》
规章	《企业会计准则——基本准则》 《注册会计师全国统一考试办法》
部门规范性文件	《企业会计准则第1号——存货》等42项具体会计准则 《小企业会计准则》 《会计基础工作规范》 《会计专业技术资格考试暂行规定》 《会计档案管理办法》

二、法律

《中华人民共和国立法法》第十条规定，全国人民代表大会和全国人民代表大会常务委员会根据宪法规定行使国家立法权。全国人民代表大会制定和修改刑事、民事、国家机构的和其他的基本法律。全国人民代表大会常务委员会制定和修改除应当由全国人民代表大会制定的法律以外的其他法律；在全国人民代表大会闭会期间，对全国人民代表大会制定的法律进行部分补充和修改，但是不得同该法律的基本原则相抵触。

以下简要介绍会计相关的法律，主要有《中华人民共和国会计法》《中华人民共和国税收征收管理法》《中华人民共和国公司法》《中华人民共和国刑法》。

《中华人民共和国会计法》是会计工作的根本大法。该法强调了会计信息的真实、完整，严格禁止虚假信息；明确规定单位负责人对本单位的会计工作和会计资料的真实性、完整性负责；要求各单位强化会计监督，建立健全内部会计监督制度，并提出了内部会计监督制度的具体要求；强调了应在国有和国有资产占控股地位或者主导地位的大中型企业设置总会计师。

《中华人民共和国税收征收管理法》第十九条规定，纳税人、扣缴义务人按照有关法律、行政法规和国务院财政、税务主管部门的规定设置账簿，根据合法、有效凭证记账，进行核算。第二十条规定，从事生产、经营的纳税人的财务、会计制度或者财务、会计处理方法和会计核算软件，应当报送税务机关备案。纳税人、扣缴义务人的财务、会计制度或者财务、会计处理办法与国务院或者国务院财政、税务主管部门有关税收的规定抵触的，依照国务院或者国务院财政、税务主管部门有关税收的规定计算应纳税额、代扣代缴和代收代缴税款。

《中华人民共和国公司法》规定了公司利润分配的程序。

《中华人民共和国刑法》第一百六十一条规定，依法负有信息披露义务的公司、企业向股东和社会公众提供虚假的或者隐瞒重要事实的财务会计报告，或者对依法应当披露的其他重要信息不按照规定披露，严重损害股东或者其他人利益，或者有其他严重情节的，对其直接负责的主管人员和其他直接责任人员，处五年以下有期徒刑或者拘役，并处或者单处罚金；情节特别严重的，处五年以上十年以下有期徒刑，并处罚金。第一百六十二条规定，公司、企业进行清算时，隐匿财产，对资产负债表或者财产清单作虚假记载或者在未清偿债务前分配公司、企业财产，严重损害债权人或者其他人利益的，对其直接负责的主管人员和其他直接责任人员，处五年以下有期徒刑或者拘役，并处或者单处二万元以上二十万元以下罚金。隐匿或者故意销毁依法应当保存的会计凭证、会计账簿、财务会计报告，情节严重的，处五年以下有期徒刑或者拘役，并处或者单处二万元以上二十万元以下罚金。第二百二十九条规定，承担资产评估、验资、验证、会计、审计、法律服务、保荐、安全评价、环境影响评价、环境监测等职责的中介组织的人员故意提供虚假证明文件，情节严重的，处五年以下有期徒刑或者拘役，并处罚金。

三、行政法规

《中华人民共和国立法法》第七十二条规定，国务院根据宪法和法律，制定行政法规。行政法规可以就下列事项作出规定：(1) 为执行法律的规定需要制定行政法规的事项；(2) 宪法第八十九条规定的国务院行政管理职权的事项。

与会计相关的行政法规主要是《企业财务会计报告条例》《总会计师条例》。

《企业财务会计报告条例》对财务会计报告的构成、编制、对外提供、法律责任等作出了规定。

《总会计师条例》对总会计师的设置、职权、任免和奖惩做了规定。

四、规章

规章包括国务院部门规章和地方政府规章。《中华人民共和国立法法》第九十一条规定，国务院各部、委员会、中国人民银行、审计署和具有行政管理职能的直属机构以及法律规定的机构，可以根据法律和国务院的行政法规、决定、命令，在本部门的权限范围内，制定规章。部门规章规定的事项应当属于执行法律或者国务院的行政法规、决定、命令的事项。第九十五条规定，部门规章应当经部务会议或者委员会会议决定。第九十六条规定，部门规章由部门首长签署命令予以公布。

《企业会计准则——基本准则》是具体准则的制定依据，在整个企业会计准则体系中扮演概念框架的角色，起统驭作用。

《企业财务通则》对国有企业财务管理体制、资金筹集、资产营运、成本控制、收益分配、重组清算、信息管理、财务监督等方面进行了规范。

五、其他规范性文件

关于规范性文件缺乏公认的定义。广义的规范性文件，泛指立法法所指的立法性文件（具体包括宪法、法律、行政法规、地方性法规、自治条例和单行条例、国务院部门规章和地方政府规章）和此外由国家机关和其他团体、组织制定的具有约束力的非立法性文件的总和。

通常所称规范性文件，乃是取其狭义，指行政机关制定的规范性文件，如国务院主管部门以部门文件形式印发的规范性文件。

实务中的会计法规大多属于这种意义上的规范性文件，例如，财政部于2006年2月以财会〔2006〕3号文件印发的《企业会计准则第1号——存货》等38项具体准则、2006

年10月以财会〔2006〕18号文件印发的《企业会计准则——应用指南》、2011年10月以财会〔2011〕17号文件印发的《小企业会计准则》、2014年以来陆续发布的具体会计准则（其中4项新准则、10项经修订的准则）等，均属于这种规范性文件。根据立法动态来看，我国企业会计实务已经初步形成大中型企业执行企业会计准则，小型企业执行小企业会计准则的局面。

我国自1992年以来的会计改革借鉴国际会计准则和美国证券市场上的公认会计原则，于2006年建立了与国际会计准则“实质性趋同”的企业会计准则体系。目前，这一体系由1项《企业会计准则——基本准则》、42项具体会计准则和9份企业会计准则解释组成，迄今已推行于大中型企业和上市公司。

第三节　会计工作组织

【导入案例】中联机械制造厂（以下简称中联厂）是一家中型国有企业（增值税一般纳税人），近日就要正式开业了。为了加强会计核算，中联厂对会计人员的选聘十分重视，从当地人才市场挑选了一批素质较高的会计人员。经面试和答辩，该厂会计人员的人选已确定，共8人，其中会计机构负责人王伟是该厂厂长的侄子。在会计机构负责人的人选问题上，尽管该厂主管业务的副厂长王新刚一直持反对意见，但反对无效。会计部全体人员已在负责人王伟的带领下着手开展工作。你如何看待这个问题？

一、会计工作组织概述

会计工作组织是指对会计机构的设置、会计人员的配备、会计制度的制定与执行等各项工作所做的统筹安排。

会计工作既是一项综合性、政策性很强的管理工作，也是一项严密细致的工作。它是企业经营管理的重要组成部分，同时又与统计、审计及其他各项管理工作密切相关。要想做好会计工作，实现会计目标，协调好会计工作与其他经济管理工作之间的关系，就必须科学、合理地组织会计工作，以便具体实施对会计工作的有效管理。

科学合理地组织会计工作是实现目标的前提，对充分发挥会计在经济管理中的作用具有以下重要意义：

（1）有利于保证会计工作的质量，提高会计工作的效率。

（2）有利于会计工作与其他经济管理工作的相互协调，提高企业的整体管理水平。

（3）有利于完善企业单位的内部经济责任制。

（4）有利于维护财经法规，保护利益相关者的权益，建立良好的社会主义市场经济秩序。

二、会计机构设置

会计机构是指单位内部设置的办理会计事务和组织领导会计工作的职能部门。设置会计机构要考虑单位的具体情况，根据会计业务的需要设置。具备设置条件的单位，应当单独设置会计机构。设置会计机构的单位，应当配备会计机构负责人，并至少应该设置两个会计岗位，即会计机构负责人（会计主管）岗位和出纳员岗位。不具备单独设置会计机构条件的单位，应当在有关机构中配备专职会计人员，并且应当在专职会计人员中指定会计主管人员。不单独设置也不在有关机构指定会计主管人员的单位，应在有关机构中设置一名出纳员。不设置会计机构和配备会计人员的单位，应当根据我国的《代理记账管理暂行办法》，委托会计师事务所或者持有代理记账许可证书的其他代理记账机构进行代理记账。

一个单位是否需要设置会计机构，一般取决于三方面的因素：一是单位规模的大小；二是经济业务和财务收支的繁简；三是经营管理的需要。

三、会计从业人员

（一）会计人员任用

我国法律法规对会计人员的任用有以下规定：

（1）国家机关、国有企业、事业单位任用会计人员实行回避制度。单位负责人的直系亲属不得担任本单位会计机构负责人或会计主管人员，会计机构负责人和会计主管人员的直系亲属不得在本单位担任出纳工作。

直系亲属包括夫妻、直系血亲、三代以内旁系血亲以及近姻亲。

（2）设总会计师的单位，总会计师人选须由本单位主要行政领导人提名，政府主管部门任命或聘任；免职或解聘程序与任命或聘任程序相同。

总会计师是在单位负责人领导下，主管经济核算和财务会计工作的负责人。

我国《会计法》规定："国有的和国有资产占控股地位或者主导地位的大、中型企业必须设置总会计师。"国有大、中型企业以外的其他单位可以根据业务需要，视情况自行决定是否设置总会计师。

（3）设总会计师的单位，会计人员的任用、晋升、调动、奖惩，应当事先征求总会计师的意见；会计机构负责人或会计主管人员的人选，应当由总会计师考核，并履行规定审批程序。

【课堂讨论】某国有企业经过严格考核，决定聘用本公司李总经理的侄女李小玉在本公司财务部门从事出纳工作。你认为该公司的上述决定正确吗？为什么？

（二）会计人员岗位责任制

各单位应当根据会计业务需要设置会计工作岗位，对各个岗位的会计人员按照岗位责任进行考评。

我国《会计基础工作规范》规定："会计工作岗位一般可分为：会计机构负责人或会计主管人员、出纳、财产物资核算、工资核算、成本费用核算、财务成果核算、资金核算、往来核算、总账报表、稽核、档案管理等。"实行会计电算化和管理会计的单位，可以根据需要设置相应工作岗位，也可以与其他工作岗位相结合。

会计工作岗位可以一人一岗、一人多岗或者一岗多人，但出纳人员不得兼任稽核、会计档案保管和收入、支出费用、债权债务账目的登记工作。会计人员的工作岗位要有计划地进行轮换，以促进会计人员全面熟悉业务和不断提高综合业务素质。

各个会计工作岗位的职责如下：

1.会计机构负责人工作岗位

该岗位主管本单位财务会计的全面工作，主要负责组织制定本单位的财务会计制度及核算办法，督促其贯彻执行；组织编制本单位的财务会计费用计划、筹资计划和资金使用预算；组织会计人员学习业务；及时准确地编制会计、统计报表；分析财务成本费用和资金执行情况，总结经验，提出改进的意见并参与决策。

2.出纳工作岗位

该岗位负责办理现金收付和结算业务；登记现金和银行存款日记账；保管库存现金、有价证券、空白收据和支票；保护现金、有价证券和票据的安全、完整。

3.财产物资核算工作岗位

该岗位负责拟定固定资产管理和核算办法；参与固定资产需用量的核定，参与固定资产更新创造和大修理计划的编制；固定资产的明细核算；按期编制反映固定资产增减变动的会计报表；计算和提取固定资产折旧；会同有关部门定期对固定资产进行盘点和清查并及时进行账务处理。

4.工资核算工作岗位

该岗位负责计算职工的各种薪酬，办理职工薪酬分配、结算和明细核算；分析工资政策的执行情况，监督工资薪酬的支付；编制有关的工资报表。

5.成本费用核算工作岗位

该岗位负责编制成本费用计划，并将计划分解落实到责任部门或个人；归集和分配费用，计算产品成本；对发生的成本费用进行记录与核算，并登记成本费用明细账；编制费用报表，并分析成本计划的执行情况。

6.财务成果核算工作岗位

该岗位负责编制收入、利润计划，督促销售部门完成销售计划；计算销售收入和经营业务收入，审查收入凭证并进行利润计算和分配；进行利润的明细分类核算，登记销售、利润和税金明细账；编制有关收入、利润方面的报表，并对实现情况进行分析；预测销售前景，提出增加利润的措施。

7.资金核算工作岗位

该岗位主要负责资金的筹集、使用、调度和核算；了解和掌握资金的市场动态，为企业筹集所需资金，并合理安排、调度和使用资金；各项投资的明细分类核算。

8.往来核算工作岗位

该岗位负责其他暂收、应收应付业务的办理、核对和清算；备用金的明细核算和管理；管理往来业务所涉及的凭证、账册及其他资料；及时处理无法收回或无法支付的款项，查明原因并及时向会计机构负责人报告。

9.总账报表工作岗位

该岗位负责总账的登记以及日记账、明细账的核对工作；编制会计报表，并对财务状况进行综合分析；制订或参与制订财务计划，参与生产经营决策等。

10.稽核工作岗位

该岗位负责组织稽核工作，确定稽核工作的组织形式和人员分工；制定稽核工作职责；复核会计凭证、账目和报表，审核财务收支的合理合法性；审查各项财务收支以及计划的执行情况，提出经营管理的建议。

11.档案管理工作岗位

该岗位负责制定会计档案管理方面的规章制度，包括会计档案的立卷、归档、保管、借阅和销毁等制度；保护会计档案的安全和完整，保证商业秘密不外泄。

延伸阅读10-1

会计专业技术资格的取得和职务的评聘

（三）会计人员职业道德

职业道德是指同人们的职业活动紧密联系的符合职业特点要求的道德准则、道德情操与道德品质的总和。在会计工作过程中，会计人员应遵守职业道德规范，树立良好的职业形象，形成严谨的工作作风，严格执行工作纪律，不断提高工作质量和效率。会计人员职业道德约束，既是会计行业对从业人员在职业活动中行为的要求，又是会计行业对社会所负的道德责任与义务。它可以约束和调整会计人员的执业行为，使会计人员在工作中自律。会计人员职业道德的内容，主要包括以下几个方面：

1.爱岗敬业

热爱本职工作，这是做好一切工作的基础。会计人员只有爱岗敬业，才会勤奋、努力钻研业务，以强烈的事业心、责任感从事会计工作。

2.熟悉法规

会计工作时时、事事、处处涉及执法守规方面的问题。会计人员不仅要熟悉财经法规，还要能结合会计工作进行广泛宣传，做到在处理各项经济业务时知法依法、知章循章。

3.依法办事

会计人员应当按照会计法律、法规、规章制度的程序和要求从事会计工作，树立自己的职业形象，敢于抵制歪风邪气，保证所提供的会计信息合法、真实、准确、及时、完整。

4.客观公正

会计人员在办理会计事务时，应当实事求是、客观公正。做好会计工作，不仅需要有过硬的技术和本领，也需要有实事求是的精神和客观公正的态度。

5.搞好服务

会计人员应当熟悉本单位的生产经营和业务管理情况，以便运用所掌握的会计信息和会计方法，为改善单位的内部管理、提高经济效益服务。会计人员是经济管理的重要组成部分，树立服务意识、提高服务质量、努力维护和提升会计职业的良好社会形象，是会计人员的责任所在。

延伸阅读10-2

会计更要廉洁自律

6.保守秘密

会计人员应当保守本单位的商业秘密，除法律规定和单位领导人同意外，不能私自向外界提供或者泄露单位的会计信息。会计人员对于知悉的内部机密，在任何时候、任何情况下都要严格保守，不能信口吐露，更不能为了一己的私利而向外界提供。

【课堂讨论】东方公司会计李娟因工作努力，钻研业务，积极提出合理化建议，多次被公司评为先进工作者。李娟的丈夫在一家私有电子企业担任总经理，在其丈夫的多次请求下，李娟将在工作中接触到的公司新产品研发计划及相关会计资料复印件提供给了他，结果给东方公司带来了一定的经济损失。你认为会计李娟违反了哪些会计职业道德要求？

【课堂讨论】2002年11月19日，朱镕基同志在第16届世界会计师大会闭幕式上演讲时指出："在现代市场经济中，会计师的执业准则和职业道德极为重要。诚信是市场经济的基石，也是会计执业机构和会计人员安身立命之本。"结合近年来国内外出现的会计造假事件，你是如何理解这句话的？

（四）会计人员继续教育

会计人员继续教育是指取得会计从业资格的人员继续接受一定形式的、有组织的理论知识、专业技能、政策法规和职业道德的教育和培训活动，不断提高和保持其专业胜任能力和职业道德水平。会计专业技术人员继续教育内容包括公需科目和专业科目。公需科目包括专业技术人员应当普遍掌握的法律法规、政策理论、职业道德、技术信息等基本知识，专业科目包括会计专业技术人员从事会计工作应当掌握的财务会计、管理会计、财务管理、内部控制与风险管理、会计信息化、会计职业道德、财税金融、会计法律法规等相关专业知识。会计人员继续教育的形式以接受培训为主，在职自学是会计人员继续教育的重要补充。会计人员可以自愿选择参加继续教育主管部门认可的接受培训的形式。会计人员参加继续教育采取学分制管理制度，每年参加继续教育取得的学分不得少于90学分，学分在全国范围内有效，其中，专业科目一般不少于总学分的三分之二，接受培训的，1学时折合1学分；通过会计类职称、资格考试的，每通过一门折合90学分；发表会计类期刊论文，每篇论文折合30学分；参加国家教育行政主管部门承认的中专以上会计类专业学历（学位）教育，通过当年度一门学习课程考试或考核的，折算为90学分。各项学分具体计算可参考财政部印发的财会〔2018〕10号文件关于会计人员继续教育的规定。

会计人员继续教育的内容主要包括会计理论、政策法规、业务知识、技能训练和职业道德等。其中会计理论继续教育，重点加强会计基础理论和应用理论的培训，提高会计人员用理论指导实践的能力；政策法规继续教育，重点加强会计法规制度及其他相关法规制度的培训，提高会计人员依法理财的能力；业务知识和技能训练，提高会计人员的实际工作能力和业务技能；职业道德继续教育，重点加强会计人员职业道德的培训，提高会计人员职业道德水平。

对未按规定参加继续教育或者参加继续教育未取得规定学分的会计人员，继续教育管理部门应当责令其限期改正。

四、会计工作组织形式

会计工作组织形式主要有集中核算形式和非集中核算形式两种。

（一）集中核算形式

集中核算形式是指整个单位的会计工作，包括经济业务核算、会计报表编制和有关的会计分析等工作，都集中由会计部门进行。在集中核算形式下，单位内部的其他部门和下属单位只对其发生的经济业务填制原始凭证，定期对这些原始凭证进行初步的审核、整理和汇总，送交会计部门。集中核算的优点是：会计部门能及时掌握企业经济业务的全面情况，便于对企业内部各个部门进行会计监督，也便于对会计人员的管理。集中核算的缺点是：不利于单位内部经济责任制的落实。因此，集中核算形式一般适用于小型企事业单位。

（二）非集中核算形式

非集中核算形式是指将会计工作分散在单位内部所属单位、部门进行核算的组织形式。在非集中核算形式下，企业的产品成本由生产产品的生产车间进行核算，而损益则由厂部会计机构负责核算。该组织形式层次多、手续复杂、核算工作量大，不利于会计人员分工，但便于内部单位利用会计资料加强经营管理，有利于经济责任制的落实。因此，非集中核算形式一般适用于大中型企事业单位。

集中核算和非集中核算是相对的，而不是绝对的。在实际工作中，企事业单位可分别采用集中核算和非集中核算两种形式。但无论采用哪种形式，企事业单位对外的现金、银行存款往来、物资购销、债权债务的结算都应由会计部门集中办理。

第四节　会计职业

【导入案例】每年新生入学，各院校都要给新生进行专业介绍。多年来专业介绍都是以老师讲解的方式，向学生介绍每个专业所开设的课程、学分、技能证书以及毕业时的就业去向等。近年来，许多院校在这项工作中一改往日的做法，在向学生介绍完每个专业所开设的课程、学分、技能证书等内容后，老师会提出会计是干什么的、会计专业学生毕业后可以到哪些单位去工作、会计职业的发展前景如何、除了学习会计知识和技能外还应该具备哪些素质才能胜任会计工作等问题，然后，让学生发表自己对这些问题的看法。请问你是如何看待会计职业的？

一、会计职业的概念

会计职业一般是指会计从业人员所从事的职业。会计职业由来已久，是一个传统的职业，可追溯到1854年苏格兰爱丁堡会计师公会的成立。会计职业伴随着经济的发展而发展。在当今社会，会计同医生和律师一样，是人们所向往的职业。

会计职业有三大特点：一是会计职业具有行业特征。如业务处理需要遵循各类相关法规，在法规框架下操作；业务过程体现价值运动，更多是与货币资金打交道；工作重心主要是为利益相关者进行经济决策提供数据等。二是会计职业具有很大的责任和风险。会计人员除了对管理层负责之外，还要对各利益相关者负责，这就使得会计人员面临着更多的风险和责任。三是会计职业实行“门槛”准入制。会计人员须持证上岗，且要终身学习，不断更新自身的知识。

【提请注意】据美国《福布斯》杂志的统计，世界500强企业的首席执行官中，约有25%以上的教育背景是会计专业，有35%是从首席财务官升任的。

二、会计职业的种类

按照会计岗位工作目标和作用的不同，会计职业可分为单位会计职业和公共会计职业两类。

（一）单位会计职业

单位会计职业是指企业、政府机关、社会团体等单位的会计，其主要工作任务是会计核算、会计监督和财务管理等。

随着会计在促进社会经济发展中的重要性日益凸显，许多人都把未来能从事会计职业作为一种职业生涯发展规划。然而，会计行业纷繁复杂的证书令人眼花缭乱，往往让人难以抉择。不同证书的适用对象各不相同。2013年5月中国会计视野网站整理了比较知名的财会类资格考试的相关信息，具体情况见表10-2、表10-3。

表10-2　**财会类资格考试知名度指数排名**

考试名称	知名度指数	知名度排名	知名度星级
注册会计师/CPA	99.55	1	★★★★★
会计职称考试（中级）	98.96	2	★★★★★
会计职称考试（初级）	98.28	3	★★★★★
注册税务师/CTA	95.65	4	★★★★★
会计职称考试（高级）	94.52	5	★★★★☆
注册资产评估师/CPV	86.99	6	★★★★
英国特许公认会计师/ACCA	81.88	7	★★★☆
国际注册内部审计师/CIA	71.83	8	★☆
房地产估价师	65.06	9	★★
造价工程师	63.29	10	★★
审计职称考试（中级）	62.06	11	★★
审计职称考试（初级）	61.82	12	★★
土地估价师	57.81	13	★☆
美国注册会计师/AICPA	55.57	14	★☆

表10-3　**财会类资格考试价值评价**

资格名称	价值评分	知名度星级
注册会计师/CPA	4.18	★★★★☆
英国特许公认会计师/ACCA	3.74	★★★★
会计职称考试（高级）	3.58	★★★★☆
注册税务师/CTA	3.44	★★★☆
注册资产评估师/CPV	3.31	★★★☆
注册金融分析师/CFA	3.3	★★★☆
美国注册会计师/AICPA	3.22	★★★☆
造价工程师	3.14	★★★☆
会计职称考试（中级）	3	★★★☆

续表

资格名称	价值评分	知名度星级
房地产估价师	2.92	★★★
土地估价师	2.81	★★★
审计职称考试（中级）	2.43	★★☆
审计职称考试（初级）	2.07	★★☆
会计职称考试（初级）	1.81	★★

（二）公共会计职业

公共会计职业是指为社会各界服务的会计，主要是指注册会计师。执行会计业务的注册会计师，受企业等的委托，对该企业的会计凭证、账簿、会计报表等进行检查，一般是为了鉴定企业的会计报表是否恰当、真实地反映其财务状况、经营成果和现金流量，也有为了特殊目的而审查的。注册会计师在服务社会、服务国企改革、促进资本市场发展等方面发挥了重要的审计监督和专业服务作用。

在我国从事注册会计师工作，必须取得注册会计师考试全科合格证，并在会计师事务所从事审计工作两年以上，申请注册取得执业资格，才能独立承担审计业务。未取得执业资格者，只能作为注册会计师的助理人员。

新中国最早的会计师事务所是1981年1月1日成立的“上海会计师事务所”。目前，在国际上最具影响力的会计师事务所主要有普华永道（PWC）、毕马威（KPMG）、德勤（DTT）和安永（EY）。

三、会计职业的发展趋势

1.管理会计将成为会计管理的重要手段。管理会计不仅涵盖了传统的会计职能，如核算、监督等，更将视野拓宽至企业战略规划、成本控制和绩效评估等多个层面。管理会计通过深入分析财务数据，为企业提供精准的经营决策依据，帮助企业有效规避风险，实现资源的优化配置。同时，管理会计还注重对企业内部运营流程的优化，通过对各个环节的精细化管理，提升企业整体运营效率和竞争力。因此，管理会计在现代企业中发挥着越来越重要的作用，成为推动企业持续发展的关键力量。

2.管理理论的发展迫使会计职业作出变革。美国管理会计师协会（IMA）资助进行的一项关于会计职业的现在和未来的调查研究显示，今后数年会计职业的主要活动有：客户和产品获利能力分析、流程改善、业绩评价、长期战略计划、计算机系统及其操作、成本会计系统、合并购售和剥离、项目会计、职业教育、内部咨询、财务和经济活动分析、质量系统及其控制等。

3.会计职业的国际化趋势日趋明显。

4.会计职业安全和自我保护意识逐渐增强。

5.从事会计职业所需要的知识基础与技术能力进一步扩宽。“没有金刚钻，不揽瓷器活”，一名职业会计师的胜任能力标准，不仅应包括会计领域先进的专业技术知识，还应涵盖商业方面综合扎实的知识基础，以及全球商业环境的应用知识等。除此之外，职业会计师还应具备将其他学科与会计学科的概念融会贯通的能力、领导技巧、对复杂的经济业务交易进行分析并与他人进行沟通的能力，同时还应具有较强的职业操守。

6.会计职业是最受人尊敬的职业之一。会计职业是一把“双刃剑”。会计职业是受人尊敬的职业，同时对从业者有很高的要求，特别是在会计行业负面报道不断、人们对会计职业的信任度不断下降的情况下。所以，目前会计师应该做到：把道德放在最高位置。无论是审计者、税务咨询还是财务总监，会计师都应代表最高质量和诚信。由于会计职业是组成市场的关键部分，因此，会计师必须保持洞察力和独立性。

思政园地

华锐风电：坚守原则，还是同流合污？

2015年11月5日，中国证监会发布的对华锐风电科技股份有限公司（以下简称华锐风电）的行政处罚决定书（〔2015〕66号）指出，华锐风电2011年1月上市后，受风电行业政策影响，为粉饰上市首年业绩，在董事长韩某安排下，华锐风电财务、生产、市场、客服四个部门通过伪造单据等方式提前确认收入，对2011年财务报告的影响为：虚增营业收入2 431 739 125.66元，营业成本2 003 916 651.46元，多预提运费31 350 686.83元，多计提坏账118 610 423.77元，虚增利润总额277 861 363. 60元，占2011年利润总额的37. 58%。

华锐风电在2011年年报中通过提前确认收入的方式虚构营业收入、营业成本，虚增利润的行为，违反了《证券法》第六十三条关于“发行人、上市公司依法披露的信息，必须真实、准确、完整，不得有虚假记载，误导性陈述或者重大遗漏”的规定，构成《证券法》第一百九十三条第一款所述“发行人、上市公司或者其他信息披露义务人未按照规定披露信息，或者所披露的信息有虚假记载，误导性陈述或者重大遗漏”的违法行为。

2011年6月末，韩某召集陶某（2011年8月至2012年10月期间兼任公司财务总监）等人开会，表示对2011年财务数据不是很满意，上市第一年净利润下降不能超过50%，要求按其授意虚增收入并结转成本。

华锐风电时任财务总监魏某（2011年7月离职）称，2011年韩某希望把一些未完成吊装项目提前确认收入，其不同意，就辞职离开公司了。

陶某是非会计专业人士，临时代为履行财务总监一职，对于财务造假，其争辩道：“在任职期间，我多次向时任总裁韩某提出辞去财务总监的申请，韩某均予拒绝。韩某较多介入财务部的工作和安排，我只能尊重和服从韩某的领导。”陶某等人在听证与申辩材料中提出，其对于2011年度财务会计差错事项不知情且未直接参与，不是华锐风电年报财务舞弊直接负责的主管人员，对于2011年年报内容已尽到审慎注意，请求从轻、减轻处罚。

证监会认为，韩某直接授意、策划、组织了财务舞弊行为，是华锐风电2011年年报信息披露违法行为最主要的直接负责的主管人员。陶某作为时任华锐风电副总裁、财务总监，与分管客服部、市场部、生产部的几位副总裁，均为公司分管重要业务的高级管理人员，所分管的部门直接参与财务舞弊，是华锐风电信息披露违法行为直接负责的主管人员。根据其履职情况和任职能力，其应当了解在韩某的安排下指示所分管的部门完成、配合相关财务工作是财务舞弊的流程或环节，证监会认定其为涉案违法行为直接负责的主管人员。

资料来源：证监会.中国证监会行政处罚决定书（华锐风电科技（集团）股份有限公司、韩俊良、陶刚等15名责任人员）[EB/OL]．[2024-06-05]．http：//www.csrc.gov.cn/csrc/c101928/c1042913/content.shtml.

【思政解读】

为了配合收入虚假确认，华锐风电从生产部开始进行虚假的存货入库、出库操作，市场部出具虚假的销售通知单，客服部提供虚假的吊装报告，财务部依据虚假报告进行账务处理，这显然是生产、市场、客服和财务四个部门配合默契的造假流水线，单凭一个财务部门无法完成虚增收入和利润，背后一定是公司高层领导有组织有计划的安排。然而，再严密的造假计划也会有疏漏的地方，公司在2015年最终被确认有利润操纵违法行为，得到了相应的惩罚。

同样作为财务总监的两个人的不同选择，值得我们深思。魏某坚持原则，拒绝同流合污，最终辞职离开公司。而陶某等人屈服于领导安排，随波逐流，最终走上违法违规道路。对比两人不同选择带来的不同职业行为和后果，可见，是否能够坚持原则、客观公正地履行会计职责，最终的职业前景是完全不同的。

思考与练习

一、思考题

1.会计工作组织的意义和原则包括哪些内容？其形式主要有哪些？

2.我国对会计从业人员是如何进行管理的？会计机构负责人应具备哪些任职资格和条件？

3.什么是会计职业道德？其内容主要包括哪些？

二、单项选择题

1.总会计师在（　　）领导下，主管经济核算和财务会计工作。

A.单位负责人　　B.注册会计师　　C.财务部门负责人　　D.部门经理

2.由个人出资创办的，有很大的自由度，只要不违法，如何经营，雇多少人，贷多少款，全由业主自己决定的企业属于（　　）。

A.独资企业　　B.合伙企业　　C.股份有限公司　　D.有限责任公司

3.以下不属于合伙企业特点的是（　　）。

A.企业不具备法人资格

B.全体合伙人订立书面合伙协议

C.全体合伙人对合伙企业的债务承担无限连带清偿责任

D.全体合伙人对合伙企业的债务承担有限清偿责任

4.有限责任公司一般由（　　）股东共同出资设立。

A.5人以上30人以下　　B.1人以上30人以下

C.2人以上50人以下　　D.10人以上50人以下

5.具备单独设置会计机构条件的单位，应当设置会计机构，并应当配备会计机构负责人，并至少应该设置（　　）个会计岗位。

A.三　　B.两　　C.四　　D.五

6.我国的个体户和私营企业多属于（　　）。

A.独资企业　　B.股份有限公司　　C.合伙企业　　D.有限责任公司

7．国家机关、国有企业、事业单位任用会计人员实行回避制度。单位负责人的直系亲属不得担任本单位（　　）。

A.总账会计　　B.出纳员　　C.会计主管人员　　D.稽核人员

8．“常在河边走，就是不湿鞋”这句话体现的会计职业道德要求是（　　）。

A.诚实守信　　B.廉洁自律　　C.坚持准则　　D.提高技能

9.下列考试在财会群体中知名度从高到低的顺序是（　　）。

A.中级会计师→注册会计师→注册税务师→高级会计师

B.注册会计师→注册税务师→高级会计师→中级会计师

C.注册会计师→中级会计师→注册税务师→高级会计师

D.中级会计师→高级会计师→注册会计师→注册税务师

三、多项选择题

1.按照国民经济行业分类标准，企业可分为（　　）等类型。

A.制造企业　　B.商品流通企业　　C.服务企业　　D.有限责任公司

2.会计工作组织的工作内容包括（　　）。

A.会计机构的设置　　B.会计人员的配备

C.会计制度的制定　　D.会计制度的执行

3.会计工作岗位可以一人一岗、一人多岗或者一岗多人，但出纳人员不得兼任（　　）。

A.稽核　　B.收入、支出费用账目的登记工作

C.会计档案保管　　D.债权债务账目的登记工作

4.下列各项中，属于会计机构负责人工作岗位职责的有（　　）。

A.组织会计人员学习业务　　B.制定本单位的财务会计制度

C.编制会计报表　　D.编制本单位的财务成本费用计划

5.下列各项中，属于会计人员职业道德的内容有（　　）。

A.敬业爱岗　　B.熟悉法规　　C.依法办事　　D.客观公正

6.具备单独设置会计机构条件的单位，应当设置会计机构，并应当配备会计机构负责人，并至少应该设置（　　）。

A.会计机构负责人岗位　　B.记账会计岗位

C.出纳员岗位　　D.工资会计岗位

7．现代企业的组织形式，分为（　　）。

A.外商企业　　B.独资企业　　C.合伙企业　　D.公司

8．下列不属于会计工作岗位的有（　　）。

A.总会计师岗位　　B.财产物资的收发、增减核算岗位

C.内部审计岗位　　D.会计机构内的会计档案管理岗位

9.下列各项中，属于会计人员继续教育内容的有（　　）。

A.学历教育　　B.会计理论与实务

C.会计职业道德规范　　　　　　　　D.财务、会计法规制度

10.下列各项中，属于注册会计师考试科目的有（　　）。

A.会计和审计　　　　　　　　　　B.财务成本管理

C.经济法和税法　　　　　　　　　D.公司战略与风险管理

四、判断题

（　　）1.企业是自主经营、独立核算、依法设立的一种营利性的经济组织。

（　　）2.独资企业是个人出资创办的，不受任何个人、组织和法律的约束。

（　　）3.企业都是以营利为目的，性质相同，所以所有企业的基本业务流程都是一样的。

（　　）4.所有的单位都必须建账并且设置会计机构。

（　　）5.会计人员继续教育只能是接受培训，不能自学，否则就属于没有完成继续教育。

第十章
即测即评

（　　）6.我国规定会计设置岗位时只能一人一岗或一岗多人，不得设置一人多岗，这主要是为了执行内部牵制制度。

（　　）7.廉洁自律既是会计人员必须具备的行为品德，也是会计职业道德的灵魂。

（　　）8.会计职业是随着社会经济的发展而发展的。

（　　）9.出纳工作岗位具体负责办理现金收付和银行结算业务。

五、实务题

[目的] 掌握会计岗位的责任范围

[资料] 东方公司财务部门1月发生下列经济业务或事项：

1.1日，组织编制公司的财务成本费用计划；

2.2日，编制筹资计划和资金使用预算；

3.10日，登记现金和银行存款日记账；

4.12日，填写现金支票；

5.31日，计算职工的各种薪酬；

6.31日，计算产品成本；

7.31日，编制会计报表；

8.31日，分析财务成本费用和资金执行情况；

9.31日，会同有关部门盘点固定资产；

10.31日，计算企业实现的利润。

要求：确认每一经济业务或事项的岗位所属，即应该由哪一个岗位的人员来完成。

研讨与交流

一、南方公司的各项业务处理正确吗？

南方公司是一家国有独资公司，本年度发生了以下事项：

1.1月6日，鉴于公司会计科科长已到退休年龄，新上任的总经理决定任命其妻弟王文兵接替，王文兵自参加工作以来一直从事文秘工作，从未接受会计教育。

2.3月5日，公司会计科一名档案管理人员胡某生病临时交接工作，胡某委托单位出

纳员李某临时保管会计档案。

3. 8月15日，公司从外地购买了一批原材料，收到发票后，与实际支付款项进行核对时发现发票金额错误，经办人员在原始凭证上进行更正，并加盖了自己的印章，作为报销凭证。

4. 7月25日，从甲公司购入原材料一批，价税款56.5万元，材料已验收入库。9月2日，甲公司业务员持甲公司开具的增值税专用销售发票到公司来结算货款。甲公司业务员要求将56.5万元的款项转入丙公司银行账户，声称原因是甲公司欠丙公司款项，业务员为此写了情况说明并签了字。公司的财务人员根据甲公司发票以及业务员签字的情况说明将此笔款项划入丙公司银行账户。

5. 10月30日，公司有一批保管期满的会计档案，按规定需要销毁。公司档案管理部门编制了会计档案销毁清册，档案管理部门的负责人在会计档案销毁清册上签了字，并于当天销毁。

要求：根据会计工作组织和相关会计法律制度的有关规定，请指出南方公司存在的问题，并提出改进意见。

二、多变的张会计

下面是发生在东方公司会计科的一幕：

东方公司退休工人老李，拿着一叠发票走进财务科说："张会计你好，最近我到医院看了几次病，花了不少钱，现在家里又等着钱花，你能给我报销吗？"张会计："我现在很忙，没有时间，而且现在规定很多，我也弄不清楚您的医药费能报销多少，等我有空时再说吧。"老李点点头，"好好，那我先走了，我等你通知，谢谢。"

老李刚走，厂长走了进来，"小张，昨天我给小孩买了台电脑，你给我想办法处理一下。"张会计："行行行，您把发票放这儿，我帮您作办公用品报销，钱先拿去。"

厂长刚走，电话铃响了，张会计拿起电话，"喂，原来是老同学呀，有什么事吗？……哦!你想了解一下我们单位最近开发的新产品的成本、定价情况，还要把有关资料带出来给你瞧瞧？哎呀，厂里规定资料不准带出，特别是机密资料，我这么做有困难。但考虑到我们的关系，这样吧，我变通一下，凭记忆，给你讲讲，怎么样？好，就这样，晚上见。"

要求：根据上述情境，请分析张会计的言行违背了哪些会计职业道德要求，并说明理由。

第十一章　会计的未来：智能会计

【内容导读】

在数字化浪潮的推动下，会计行业正迎来一个全新的时代——智能会计时代。本章阐述了智能会计产生和发展的政策背景和技术背景，同时对智能会计的发展趋势、技术应用及其对会计职业的影响进行了分析。

【学习目标】

✔ 价值塑造目标

➢ 了解会计的未来发展趋势，熟悉政策背景和技术背景，做好迎接未来的准备；

➢ 树立正确的发展观，为实现可持续发展和平衡发展奠定基础。

✔ 知识传授目标

➢ 通过了解智能会计发展的政策背景和技术背景，理解智能会计发展的时代背景；

➢ 通过学习智能会计的未来发展趋势，正确认识新技术在推动会计变革中的作用。

✔ 能力培养目标

➢ 开阔视野，用发展的眼光看待会计未来的发展；

➢ 增强自信心，熟悉智能会计发展的背景，建立适应未来智能会计发展的信心。

智能会计是会计转型发展的方向。随着网络技术和人工智能的深入发展，当今世界已经进入了一个由网络协同和数据智能双螺旋驱动的智能商业时代。换句话说，今日之社会已经进入了一个以“数字技术、人工智能、量子计算、万物互联”为代表的第四次科技与产业革命时代。在这个新时代，人类社会的生产方式、消费形态、经济范式、管理模式和营商环境都已经或将会发生复杂的、系统的和深刻的颠覆式变化。这种变化的基本趋势是由工业文明时代的机械化、自动化、线性化和简单化向生态文明时代的智能化、生态化、集成化、复合化转型升级。会计作为服务于经济和管理工作的经济信息系统或企业管理活动，正面临着百年未有之大变局。

在数字经济时代，商业模式、产业环境、生产要素以及企业结构等方面发生了诸多变化，从而使得传统会计已无法满足时代变革要求，智能会计将以强劲势头引领全新的会计模式，智能会计时代已然到来。

第一节　智能会计发展的政策背景及技术背景

【导入案例】随着数字化和智能化浪潮的推进，政府对智能会计的发展给予了高度关注和大力支持。近年来，我国政府陆续出台了《关于深化会计改革服务经济高质量发展的指导意见》等政策文件，明确提出要推动会计信息化、智能化发展，加强会计数据资源的开发利用。在技术层面，人工智能、大数据、云计算等技术的成熟应用为智能会计的发展提供了坚实基础。这些技术使得财务数据处理更加高效、准确，为企业的决策提供了有力支持。在这样的政策和技术背景下，智能会计的发展前景广阔，你做好迎接智能会计的准备了吗？

一、智能会计发展的政策背景

（一）管理会计发展方面

2014年10月27日，财政部印发了《关于全面推进管理会计体系建设的指导意见》（财会〔2014〕27号），2016年6月22日财政部又印发了《管理会计基本指引》（财会〔2016〕10号），这标志着会计核算向会计管理转型发展的新时代的到来。随后，财政部又陆续出台了30多项管理会计应用指引，在学界和业界掀起了会计转型发展的热潮。

与核算会计相比，作为一种对内会计，管理会计主要是为企业或单位内部管理和决策提供会计信息和其他经济信息的系统，是完善现代企业制度、推动企业或单位治理现代化的重要制度安排。各项政策的出台，有助于推进核算会计向管理会计升级转型。

（二）数据要素及资源方面

2020年3月30日，中共中央、国务院印发了《关于构建更加完善的要素市场化配置体制机制的意见》（以下简称《意见》）。《意见》强调，要充分体现技术、知识、管理、数据等要素的价值，加快培育数据要素市场，推动政府数据开放共享，提升社会数据资源价值，加强数据资源整合和安全保护。

数据与土地、劳动、资本、技术一样，已成为要素市场的主要构成部分。数据就是价值，数据就是财富，数据就是资源，数据就是资产，已经成为经济社会中的共识。作为主要的数据尤其是经济数据形成和利用系统，会计必将迎来转型发展的重要战略机遇期。

（三）数字经济发展方面

2020年8月21日，国务院国资委办公厅印发了《关于加快推进国有企业数字化转型工作的通知》（以下简称《通知》）。《通知》要求，大力推动新一代信息技术与制造业深度融合，打造数字经济新优势，促进国有企业数字化、网络化、智能化发展。数字经济是指以使用数字化的知识和信息作为关键生产要素、以现代信息网络作为重要载体、以信息通信技术的有效使用作为效率提升和经济结构优化的重要推动力的系列经济活动。

推动数字经济的关键在于强化企业尤其是国有企业数字化转型工作。通过数字对产业的牵引拉动，数字经济将大幅度推进产业模式的更新换代，新产品、新服务会层出不穷，进而带来会计的转型升级，使其由传统模式不断向智能化模式创新发展。

二、智能会计发展的技术影响

科学技术是推动会计转型发展的主要动因。人类社会在经历了分别以蒸汽机、电气、计算机为代表的三次技术革命之后，现在又掀起了以“数字技术、人工智能、量子技术、万物互联”为代表的第四次技术革命。人类社会即将或已经进入经济场景、经济模式、经济业态都会或都已发生根本变化的智能时代。

在智能时代，商业模式（简单地讲，就是为实现客户价值最大化，把企业运行的内外要素及其相互关系整合起来所形成的商业逻辑、运行系统和解决方案）将会或已经由农耕文明时代的“点”状思维和“点”状结构、工业文明时代的“线”性思维和“线”状结构转变为智能时代的“网”性思维和“网”状结构，最终形成以消费互联网为支撑、以平台企业为介质的场景化、生态化、实时化的消费端到制造端（C2M）直联的新商业模式；生产方式将会或已经由工业文明时代的存货式、订单式、机械化、自动化、规模化生产转变为以消费者个人偏好、个性化需求牵引的后推式、定制式、实时化、智能化、范围化生产，最终形成以工业互联网为支撑、以消费者为中心的低成本、全连接、大规模、个性化的新生产方式，也就是高韧性的智能制造方式；管理方式将会或已经由以中心化、价值链、科层化、标准化、同质化、闭环式为特征的科学管理转变为以去中心化、自主化、链接化、中台化、多模态、开环式为特征的智慧管理，最终形成以人工智能等新技术为支撑、以生态系统思维为指引的自组织、多主体、各生态协同演进的生态化管理范式。

延伸阅读 11-1

财务机器人

会计是为经济管理服务的，随着商业模式、生产方式和管理范式在科学技术推动下的跃升转变，作为企业管理重要组成部分的会计，不仅实现了从蒸汽时代“算盘+纸张”的“手工会计”，到电气时代“计算机+磁盘”的“电算会计”，再到互联网时代“计算机+局域网（PC+互联网）”的“信息会计”的转变，而且终将实现向智能时代“人工智能+万物互联（PC+移动互联网）”的“智能会计”的转变。

第二节　智能会计发展的未来趋势

【导入案例】随着科技的快速发展，智能会计的未来趋势愈发明显。想象一下，在不久的将来，企业财务报表不再需要人工编制，而是通过智能会计系统自动生成，数据实时更新，分析深入透彻。此外，这些系统不仅能够提供历史数据，更能预测未来的财务走势，助力企业作出更为精准的决策。智能会计还将与其他企业系统深度整合，如供应链管理、客户关系管理等，为企业提供全面的数据支持和决策依据。智能会计的未来发展将重塑企业财务管理的面貌，为企业创造更大的价值。

智能会计是一项基础性企业管理活动，一项以数字经济为前提、业财融合为基础、财务共享为平台、人工智能为支撑，在宏观和微观经济与管理领域，发挥大数据分析和辅助决策支持作用的人机共生、协同进化、管理赋能的会计管理活动（王爱国，2020）。在本质上，它是一个链接数字企业价值重构、价值共创与价值共生的数字记录和数字运用技术装置系统，也是一个由规则（会计规则）和数据（业务数据）共同驱动的计算智能体，具有大数据、大算力和大模型等技术特征。

在大智移云物区等新一代信息技术的冲击和挑战下，“没有人能够左右变化，唯有走在变化之前”（彼得·德鲁克，1985），会计工作者要做到：一要坚持会计自信，坚信“办经济离不开会计，经济越发展，会计越重要”“良好的会计基础是构建文明的基石”（Ray Ball，2023）；二要坚持人的主体性，坚信技术的局限性和人的不可替代性；三要坚持守正创新，坚信会计主导下的技术融合。

一、数字化是必然趋势

万物皆数据，一切都可以数字化。所谓数字化，就是用数据来说明、解释、证实事物的真相。数字化的一个基本假设，就是一切都可以量化。一切能够被数字化的事物，都可以被量化为具体的数据。人们日常工作生活中的一切事物（包括文字、方位、沟通、考核等）本质上都符合各种数学规律，都可以数字化，都可以成为各种数据，数字化成为社会发展的主旋律。数字化就是对海量数据进行采样、存储、挖掘、共享和分析，涉及文、图、音、像、表等多源、多元数据，可以说“处处是沙子，到处是黄金”。数字化的战略意义在于对庞大的数据进行专业化处理，挖掘数据自身潜在的价值。数字化的核心价值是用数据还原过去、描述现实和规划未来。

企业数字化转型并不是对以往生产经营流程的推倒重来，而是在整合优化以往生产经营流程的基础上，重新设计整体业务流程，包括精简各种程序、压缩文件数量、开发自动化决策流程，用新的数字技术手段提升企业的竞争力。在数字化时代，企业需要从数据层面理解客户痛点、完善产品功能和增强产品体验，快速响应客户需求，深度挖掘客户的潜在价值。企业的核心竞争力将取决于获取和利用数据的能力。

二、智能会计的发展趋势

基于会计自身质量提升的内在要求以及人工智能等新技术的外部助力，智能会计由核算反映型会计向智能决策型会计转型。

智能会计由核算反映型会计向智能决策型会计转型的过程，重点表现为以下几个变化：财务会计的自动化、管理会计的智能化、财务会计与管理会计的高度融合。

（一）财务会计的自动化

智能会计的发展趋势之一是财务会计的自动化，包含将新技术与财务工作相融合的会计核算全流程自动化、构建去中心化的财务共享服务平台。

智能会计能够将人工智能等新技术与财务工作相融合，实现会计核算全流程自动化。会计核算工作是会计工作中最基础的组成部分，企业的预算管理、投融资分析、预测、决策等管理活动都需要会计核算的数据支撑。会计核算工作效率和会计数据质量直接影响企业的生产经营及价值创造过程。企业的会计核算工作繁杂，通常存在效率低下、差错率高的现象。智能感知、数据爬虫、光学字符识别（OCR）、电子发票、移动支付、RPA、自然语言理解、基于知识图谱或处理规则的专家系统、会计信息标准以及神经网络等技术能够将电子和非电子票据等原始凭证进行智能化处理，通过自动验证、自动审核，自动形成记账凭证，并自动记账、自动对账。如：在费用报销时，员工把增值税发票等原始凭证通过移动端拍照上传至云共享平台即可；电子发票的使用能够降低数据转换的差错率，提升录入速度及准确率，促使核算快速完成；电子档案和电子合同促使自动审核实现，提高审核效率。在会计信息输出端，会计智能化系统也能够将自动处理结果（如多维报表信息）实时地、动态地、个性化地呈现，以供决策者参考。会计智能化借助智能技术和信息展示软件实现会计核算全流程自动化。一些大型集团企业在端到端的流程处理中，把系统之间重复的规则处理工作交由RPA来完成。会计核算全流程自动化将财务人员从大量的、重复性高的、繁琐的会计核算工作中解放出来，使之不再是传统的“账房先生”，从而降低人力成本，提高核算效率。

智能会计的发展需要构建去中心化的财务共享服务平台。此平台的构建需要以数据爬虫、OCR、专家系统、RPA、电子发票、电子档案、移动计算、财务云、数据挖掘、数据展示等技术为基础。财务共享服务平台通过运用这些技术，能够将财务数据、业务数据以及其他结构化和非结构化数据进行集成，以弥补过去会计数据分散的不足；能够建设集团统一的数据管理中心，以完成数据的分类、汇总、传输、分析等过程。原来由财务人员采集获取的标准财务信息，现在可通过平台自动获取，并通过分析加工有针对性地提供给不同的信息使用者。财务共享服务平台在实现财务处理集中化、标准化、流程化和信息化的基础上进一步实现自动化，并将服务内容从应收、应付、总账、资产管理、费用报销、资金管理等一般事务性流程领域扩展到税务分析、资金运作、内部审计等流程领域。财务共享服务平台能够通过数据集中降低成本，进而实现财务会计的自动化。

（二）管理会计的智能化

智能会计的发展趋势之二是管理会计的智能化，通过人机智能一体化、业财管融合，为利益相关者提供智能决策支持。

人机智能一体化、业财管融合的实现，需要以云共享、大数据处理、物联网、机器人以及自然语言理解、深度学习模型等技术的高级运用为基础。人机智能一体化是伴随会计智能化出现的重要管理模式，强调人脑智能、人工智能以及会计环境之间的相互协作和相互融合。智能会计未来会将业务活动、财务活动和其他管理活动深度融合，实现业财管融合。业务、财务和其他管理活动的融合不仅能够使业务流程标准化、智能化，而且能够提高企业的管理控制水平。人机智能一体化及业财管融合的实现对智能化程度要求较高。人机智能一体化系统需要科学设计人和智能机器的功能，合理分配二者的任务，同时考虑由此带来的伦理风险。业财管融合系统中，业务人员、财务人员及管理人员的分工更多的是信息应用视图的划分，原始分工将在会计智能化进程中被彻底改变。

智能会计智能决策支持的实现需要以数据挖掘、知识图谱、神经网络、遗传算法、大数据分析、对话机器人、智能诊断、智能预警和虚拟展示等技术为基础，同时运用信息论、控制论、系统论、数量经济学和模糊数学等理论。智能决策支持系统运用这些技术和模型，对企业运营产生的财务数据、业务数据等进行实时自动采集并形成数据仓库；然后运用数据挖掘技术及数据分析模型，挖掘数据之间的内在关联性，分析有价值的数据信息，进而向不同的利益相关者提供趋势性统计分析和预测报告以及由系统提供可供选择的决策方案，帮助其进行科学分析决策。智能决策支持系统能够实现企业生产经营过程中的事前预测、事中控制和事后分析。在数据分析结果输出方面，智能决策支持系统能够利用数据可视化技术，将企业的资产使用情况、收支情况、业务分布情况、盈利状况等数据进行可视化输出，从而使各利益相关者更加全面、直观地了解和分析相应的会计数据，进而作出科学决策。智能决策支持系统能够基于技术实现数据的自动采集及分析，生成实时的趋势性统计分析和预测报告以及可供选择的决策方案，提供智能决策支持，降低价值创造各环节的成本，提高运营管理效率及风险管理水平，最终实现管理会计的智能化。

（三）财务会计与管理会计的高度融合

智能时代财务会计和管理会计高度融合，我们很难再对二者进行严格的区分。会计的本质在于提供信息，未来会计只能区分对内会计信息和对外会计信息，二者相辅相成。会计信息大体可划分为三个层次：第一个层次是按照统一的会计准则对外披露的标准化会计报告。无论社会和科技怎样进步，人类都需要经济组织披露共享、可比的经济信息。这些经济信息就是会计信息，也就是当前的财务会计信息，它的作用主要是让不同经济主体之间进行信息比较。由于可比性的要求，其内容一定是不完整的，但一定是关键的、可比的。第二个层次是会计主体愿意对外披露的个性化信息。这一类信息是各个会计主体自愿对外披露的个性化信息，是对标准化会计报告的补充，这极可能是不可比的。第三个层次是会计主体对内提供的个性化报告。这类信息主要是为单位内部的生产经营决策提供支持，更多体现为内部决策信息。因此，智能时代会计信息应分为对外的标准化信息、对外的个性化信息、对内的个性化信息三个层次。

延伸阅读11-2

数字经济时代会计人面临的挑战

三、正确认识新技术在推动会计变革方面的作用

一方面，科学技术是第一生产力。我们在坚信新技术对经济社会发展和人类文明进步具有巨大推动与引领作用的同时，也应该或必须承认，相对于人类本身，也就是人的认知、思维和智慧而言，一切技术又都是辅助性和工具性的。我们既不能片面地夸大技术尤其是人工智能技术的辅助性、工具性作用，怀疑会计存在的必要性、正当性和合理性，否定会计专业知识和会计专业能力在未来会计发展与应用中的不可或缺性和不可替代性，又要防止思维惯性、路径依赖和行为固化，过分强调会计知识内容与学科体系的相对稳定性，弱化技术推动会计教育教学变革的必然性和趋势性，否定或拒绝会计学科和会计教育的智能化转型升级。

另一方面，人工智能推动了经济、管理和会计的变革，其中最重要的是提高了会计信息的确定性和逼近性，向信息的对称性迈出了坚实的一大步。但是，作为一种先进技术，人工智能在会计核算和会计管理领域发挥作用，一定是建立在会计这个信息系统所提供的系统性、结构化以数据为主要内容的会计信息基础之上；相反，一定不会是利用人工智能技术直接从海量的、繁杂的、低价值密度的所谓“大数据”中抓取数据来为经济和管理提供数据分析与辅助决策服务。也就是说，智能会计更加需要会计知识、会计思维和会计逻辑，即更加需要会计知识水平、会计认知能力、会计逻辑思维和会计技术能力，只不过是更高阶的，更加需要数学思维、统计方法和计算机语言的系统性支持，通过数学建模、复杂线性回归和重要性参数的嵌入，实时可信、低成本地提供越来越逼近经济管理现实世界的辅助决策信息。正是由于人工智能等新技术的介入，才使实时会计核算成为可能，才使智慧会计管理愈发重要，才使业务、数据与财务完整地融为一体，才使会计数据信息更为精确、准确。

思政园地

会计的思想精髓是照亮管理者前行的明灯

随着人工智能、区块链技术的不断成熟，机器人取代会计的脚步声似乎越来越近，这给会计教育带来了强烈的冲击。会计还会像以前那样“吃香”吗？会计知识还有学习的必要吗？这些问题引发了学术界的热议，也一度成为许多会计专业师生的共同担忧。

众所周知，会计作为人类经济生活不可或缺的一部分已延续了数千年，会计所蕴含的管理智慧是我们取之不尽的源泉，更为重要的是，会计是一把打开商业世界大门的钥匙，

让我们足不出户就可以领略商业世界的万千变化。会计是一门通用的商业语言，让我们与世界各国的经济交往变得畅通无阻！当然，会计绝不是一成不变的“老古董”，随着科学技术的飞速发展，会计工作模式、会计核算程序、会计监督方式等都会相应发生变化，在不久的将来，凭证、账簿和报表等传统的账务处理完全被计算机取代也不是没有可能。但正如电算化或互联网只会使会计变得越来越轻松和高效，却不会改变复式记账的原理和会计的基本职能那样，无论是在人工智能还是大数据环境下，只要人类还存在商业行为，还讲求经济效益，还需要对经济活动进行管理，就一定需要会计！未来的会计，可能其存在形式较之于现在有所不同，但其思想精髓犹如一盏永不熄灭的明灯，将始终照亮着管理者前行的征程！未来的会计人才，可能其规模较之于现在显著缩减，但其储备的知识应更为厚重，分析问题、解决问题的能力应更强！因此，我们认为，社会经济环境的任何变化，都不会使“经济越发展，会计越重要”这一经典论断过时，更不会让拥有会计知识特别是基础会计知识变得无足轻重！

【思政解读】

会计作为一种管理活动，其思想精髓是对经济活动真实、准确、完整的记录和反映。这种记录和反映不仅是企业内部管理的基础，也是国家宏观经济调控的重要依据。另外，会计的思想精髓强调管理者的责任担当和决策智慧。企业的管理者必须具备深厚的会计知识和敏锐的财务洞察力，才能准确把握企业的经济状况，作出科学的决策。这种责任担当和决策智慧不仅体现了管理者的个人素质和能力，更体现了其对企业和国家经济发展的责任感和使命感。

思考与练习

1. 请分析人工智能、大数据、云计算等技术是如何推动智能会计发展的。

2. 请从智能会计的角度，分析会计行业面临的主要挑战是什么。

3. 智能会计可能朝着哪些方向发展？在这些发展趋势下，会计人员需要具备哪些新技能或知识？

研讨与交流

财务机器人是财会人的“毒药”还是“解药”

2017年开始，四大会计师事务所纷纷推出财务机器人，人工智能市场如火如荼。

财务机器人是机器人流程自动化（Robotic Process Automation，RPA）系列产品的一种。财务机器人是一种计算机控制软件，能够代替人执行基于一定规则的重复性指令，可跨软件、跨平台、多窗口操作。财务机器人可以实现应付账款、差旅及费用、账务管理等各个层面的灵活应用，也就是说，简单的分录、记账和报销工作今后可能不需要人力了。

财务机器人能大大提升财务处理的速度和准确性，它的有效应用将对基础性、规范化、结构化、重复性的财务处理工作产生显著的影响。财务机器人还可以降低操作人员的情绪影响，不需HR设计激励机制。它在财务共享中心的广泛应用，可能会导致大量会计自动化工厂的出现。

诚然，财务机器人与AI的自主学习、深度学习存在着相当大的距离。财务机器人的建设也会带来一些额外工作量，如构建、设计、选择等，同时还要考虑财务机器人的广泛推广所带来的社会影响。

目前，财务机器人的使用仍然没有改变财会工作的准则制度和原则。面对突发情况，仍然需要人类工作者进行异常的非结构化处理。再造财务处理的新模式、新流程和新规则是财务机器人短期甚至长期都无法实现的。

面对技术恐慌，许多人认为财务机器人的入侵会让自己下岗，但是，人类作为具有主观能动性的主体，有着机器无可比拟的学习力、创造力。随着新技术的应用，社会对于财会本身的要求也发生了改变，复合型人才的作用和重要性凸显。

要求：请结合本章资料，并查阅其他相关资料，分析财务机器人给财务工作带来的影响，讨论未来的财务工作中会计工作会发生的改变。

参考文献

［1］中华人民共和国财政部.企业会计准则（2020）［M］. 北京：经济科学出版社，2020.

［2］中华人民共和国财政部.企业会计准则——应用指南（2020）［M］. 北京：中国财政经济出版社，2020.

［3］财政部会计资格评价中心.初级会计实务［M］. 北京：中国财政经济出版社，2024.

［4］财政部会计资格评价中心.中级会计实务［M］. 北京：中国财政经济出版社，2024.